LA FAMILLE D'AUBIGNÉ

ET

L'ENFANCE DE Mme DE MAINTENON

SUIVI

DES MÉMOIRES INÉDITS

DE LANGUET DE GERGY.

L'auteur et l'éditeur déclarent réserver leurs droits de reproduction et de traduction à l'étranger.

Ce volume a été déposé au ministère de l'intérieur (direction de la librairie) en juin 1863.

Paris. — Typographie de Henri Plon, imprimeur de l'Empereur,
8, rue Garancière.

LA FAMILLE D'AUBIGNÉ

ET

L'ENFANCE DE Mme DE MAINTENON

PAR THÉOPHILE LAVALLÉE

SUIVI DES

MÉMOIRES INÉDITS DE LANGUET DE GERGY

ARCHEVÊQUE DE SENS

SUR

Mme DE MAINTENON

ET

LA COUR DE LOUIS XIV

PARIS

HENRI PLON, IMPRIMEUR-ÉDITEUR

8, RUE GARANCIÈRE

—

MDCCCLXIII

Tous droits réservés

PRÉFACE.

L'étude ou notice historique sur *La famille d'Aubigné et l'enfance de madame de Maintenon*, qui se trouve en tête de ce volume, a été faite presque entièrement avec des documents originaux et inédits que j'ai recueillis dans le Poitou, pays natal de madame de Maintenon et de sa famille, et qui m'ont été communiqués principalement par M. Benjamin Fillon, de Fontenay (Vendée), si honorablement connu par ses travaux d'archéologie et de numismatique. Ces documents consistent en lettres autographes d'Agrippa d'Aubigné et de ses enfants, pièces judiciaires, reçus, contrats, testaments, etc. J'ai pu les compléter avec des lettres autographes de la même famille qui m'ont été communiquées par M. le duc de Noailles, et qui proviennent des archives dispersées de la Maison royale de Saint-Cyr. Enfin, j'ai emprunté des fragments à d'autres lettres qui ont été récemment publiées, d'après les autographes, soit dans les *Archives historiques du département de la Gironde*, soit par M. Honoré Bonhomme dans le *Bulletin du bibliophile* [1].

Au moyen de ces documents nouveaux et authen-

---

[1] Ces dernières ont été réunies dans un petit volume plein d'intérêt : *Madame de Maintenon et sa famille* (Paris, Didier, 1863).

tiques, tout ce qu'on a écrit sur Agrippa d'Aubigné, sur sa famille, sur l'enfance de madame de Maintenon, se trouve singulièrement modifié, et même ce qu'en ont dit les personnes qui semblaient être le mieux informées, comme madame de Caylus, mademoiselle d'Aumale et les dames de Saint-Cyr. Madame de Maintenon savait elle-même peu de chose de l'histoire de sa famille ; elle n'aimait pas à en parler, et l'on verra qu'elle avait pour s'en taire d'assez bonnes raisons ; le peu qu'elle en a pu dire a été mal rendu par celles qui l'écoutaient, et c'est ainsi que ses historiens, même les plus sérieux, les mieux disposés, n'ont pu donner sur ce sujet que des détails et des faits erronés. On verra, par cette étude historique, combien les aventures et les malheurs de sa famille, les malheurs et les aventures de son enfance, si agitée, si abandonnée, ont dû avoir d'influence sur le caractère, l'esprit, les qualités, les défauts de madame de Maintenon, combien ils contribuent à expliquer sa vie et ses destinées.

L'étude historique sur *La famille d'Aubigné et l'enfance de madame de Maintenon* peut être regardée comme l'introduction d'un document nouveau et important sur le règne de Louis XIV, resté jusqu'à présent inconnu, qui est pourtant, à mon avis, ce qu'on a écrit de plus vrai et de plus simple sur madame de Maintenon et sur la part qu'elle a prise aux événements de son temps : ce sont les *Mémoires de Languet de Gergy*, écrits en 1740 et 1741.

PRÉFACE.

Jean-Joseph Languet de Gergy, né à Dijon en 1677, d'une famille parlementaire, était l'aîné de cinq frères, qui ont tous marqué par des services rendus à l'Église et à l'État. Compatriote et protégé de Bossuet, il parut à la cour dès l'année 1700, et fut nommé, en 1703, aumônier ordinaire de la duchesse de Bourgogne. En 1709 il obtint du roi une abbaye en Bretagne, et l'évêque d'Autun le prit pour son grand vicaire; mais il ne cessa point d'appartenir à la maison de la duchesse de Bourgogne, et ce fut lui qui assista cette princesse dans ses derniers moments. Il resta à la cour jusqu'en 1715, où il fut nommé évêque de Soissons. Il avait été, dès l'abord, distingué de madame de Maintenon à cause de sa piété, de son savoir, de son zèle pour l'Église; aussi fut-il employé par cette dame « dans des affaires secrètes », dit-il lui-même, qui avaient principalement pour objet les querelles du jansénisme et les efforts qu'elle fit pour en tirer le cardinal de Noailles. De ce moment jusqu'à sa mort, il se trouva mêlé très-activement à ces querelles; les jansénistes n'eurent pas d'adversaire plus courageux, plus sincère, plus indépendant, et sa vie se passa à faire contre eux des mandements, des lettres pastorales, des livres de controverse, dont quelques-uns furent même condamnés par le Parlement. Ses ennemis ne lui épargnèrent pas les injures et les calomnies, et Saint-Simon qui trouvait dans ce digne prélat, dans ce protégé de madame de Maintenon, dans cet ennemi du jansénisme, tout ce qui excitait

PRÉFACE.

sa verve et sa haine, les a transmises à la postérité [1]. Il n'en jouissait pas moins de la plus haute considération, étant regardé à la cour comme une des lumières de l'Église, et dans son diocèse, à cause de ses œuvres de charité et de sa vie austère, comme un vrai successeur des apôtres. Il fut nommé membre de l'Académie française en 1721, archevêque de Sens en 1730, membre du conseil privé en 1747. Il mourut en 1753, âgé de soixante-seize ans. Voici ce qu'en dit le duc de Luynes dans ses Mémoires, qui viennent d'être publiés :

« Du lundi 14 mai 1753, Versailles.

» On apprit avant-hier que M. l'archevêque de Sens mourut vendredi dans son diocèse. Sa maladie n'a pas été longue, car il instruisoit encore ses prêtres, dans leur retraite, mercredi ou jeudi. C'est une vraie perte pour l'Église ; jamais prélat ne fut plus occupé de ses devoirs et ne les remplit avec plus d'édification. Tout son tems étoit employé aux soins de son diocèse, aux arrangements pour former des sujets capables de l'aider dans cette administration, à soulager les pauvres, à instruire les peuples, et enfin à soutenir la religion par ses conseils et par ses savants écrits, qui seront à jamais des monuments, dans l'Église, de sa capacité et de son zèle. Honorable dans sa dépense quand il convenoit de

---

[1] Voir les *Mémoires*, t. XIII, p. 239, etc. (édit. de 1853), et les additions au *Journal de Dangeau*, t. IX, p. 445 ; XIII, p. 12 ; XV, p. 341, etc.

l'être, il vivoit, dans les autres tems, simplement et frugalement; et quoique obligé d'avoir une représentation convenable, suivant son état, il menoit une vie apostolique. On ne lui a trouvé, à sa mort, que quarante-six livres dix sols, et il a ordonné qu'on les portât à l'hôpital. Il étoit un des trois conseillers d'État du conseil privé [1]. »

Les ouvrages de Languet de Gergy sont aujourd'hui presque entièrement oubliés, comme le jansénisme qui les fit naître; ils ne sont pourtant point sans mérite, et se distinguent principalement par le bon sens, la sincérité, l'absence d'efforts de l'auteur, ainsi que par son zèle éclairé et qui n'a rien d'étroit ni d'exclusif; on comprend que madame de Maintenon ait beaucoup goûté ce jeune prélat, dont le tour d'esprit avait tant de rapports avec le sien. Ses ouvrages de polémique ont été recueillis par lui-même, en deux volumes in-folio, imprimés à Sens. Parmi les autres on remarque : *Traité de la confiance en la miséricorde de Dieu pour la consolation des âmes que la crainte jette dans le découragement.* Ce traité, écrit à la demande de madame de Maintenon, fut publié en 1718 en un volume in-douze. Il a été souvent réimprimé et traduit. — La *Vie de la vénérable mère Marguerite-Marie Alacoque, religieuse de la Visitation,* morte en odeur de sainteté en 1670. Paris, 1729, in-quarto. C'est le plus médiocre

---

[1] *Mémoires du duc de Luynes*, publiés par MM. L. Dussieux et Eud. Soulié, t. XII, p. 449.

des ouvrages de Languet de Gergy ; il lui valut beaucoup d'injures et même les moqueries de Voltaire. — Des *Discours académiques*, un *Catéchisme* pour le diocèse de Sens, une *Histoire abrégée de l'Ancien et du Nouveau Testament*, etc.

Languet de Gergy avait la plus grande vénération pour madame de Maintenon. Pendant son séjour à la cour, il avait recueilli sur cette dame et sur les affaires où elle l'avait employé, des notes et des documents. Il était aussi grand admirateur de l'établissement de Saint-Cyr, visitait souvent les dames de Saint-Louis, et se plaisait à lire et même à copier les nombreux manuscrits qu'elles avaient rassemblés sur madame de Maintenon. En 1740 et 1741, il mit tous ces documents en œuvre et en composa des *Mémoires* qui ne devaient pas être publiés et qu'il donna avant sa mort aux dames de Saint-Louis. Le manuscrit de ces mémoires resta dans les archives de Saint-Cyr jusqu'à la destruction de la maison ; il fut, en 1793, emporté par les dames avec leurs autres manuscrits, et il passa successivement en plusieurs mains. Il y a environ vingt ans qu'il m'a été donné par un ecclésiastique de Paris. Ce manuscrit est l'œuvre d'un copiste, mais il porte des corrections de la main du prélat ; l'avant-propos et le courant du récit témoignent surabondamment qu'il en est l'auteur.

Les *Mémoires* de Languet de Gergy forment, selon moi, le plus intéressant de ses ouvrages, et le seul qui tirera son nom d'un injuste oubli. Ce n'est pourtant pas une œuvre historique de premier ordre, qui mette au jour des événements inconnus et des faits nouveaux; mais c'est un document sincère, composé avec des pièces originales, plein de curieux détails, écrit naturellement et sans passion, une lecture honnête et saine qui fait justice de nombreux mensonges, de nombreuses exagérations; enfin, si ce n'est pas précisément une révélation sur madame de Maintenon, c'est une confirmation de la vérité historique sur ce personnage tant discuté, tant controversé, et dont la vie extraordinaire devient, grâce à ces Mémoires, moins romanesque et mystérieuse, plus simple, plus ouverte, plus unie, et en définitive facile à comprendre et à expliquer.

Les *Mémoires* de Languet de Gergy ne portent aucune note. Celles qu'on trouvera au bas des pages sont de l'Éditeur de ces *Mémoires*.

TH. LAVALLÉE.

LA FAMILLE D'AUBIGNÉ
ET
L'ENFANCE
DE Mme DE MAINTENON.

Dans les temps anciens, le golfe de l'Aiguillon, où se jette la Sèvre niortaise, s'étendait jusque dans le voisinage de Luçon, de Fontenay, de Maillezais et de la Rochelle, c'est-à-dire que presque tout le pays compris entre ces villes et le littoral actuel était autrefois couvert par l'Océan. Les atterrissements formés par la Sèvre, la Vendée, l'Autise et autres rivières, alors abondantes et navigables, ont comblé peu à peu le golfe et reculé le rivage jusqu'à la ligne indécise de vases ou de *fagnes* qui le ferme aujourd'hui [1].

Le pays, ainsi délaissé par la mer, et qui a gardé le nom de *Marais*, forma d'abord de nombreuses îles fangeuses et désertes dont les noms sont restés à des territoires qui n'ont aujourd'hui rien d'insulaire : ainsi, au sud de Luçon, on trouve les *îles* de Saint-Michel en Lherm, de Chaillé, de Vouillé ; au sud de Fontenay les *îles* de Vix, de Maillezais, de Marans, etc. Puis le pays fut peu à peu mis en culture et habité, mais il resta en grande partie inondé, mouillé, marécageux, et on dut le dessécher au moyen de rigoles, de tranchées, de fossés, de canaux, dont

---

[1] Il faut joindre à ces atterrissements une révolution physique qui a changé la face de tout le littoral, et dont les traces sont très-visibles en plusieurs lieux. On peut lire, sur ce sujet, les détails qui se trouvent dans la *Géographie universelle*, par Malte-Brun et Th. Lavallée, t. II, p. 240.

le nombre s'élève à plus de vingt mille, et qui sont devenus les routes ordinaires et naturelles du pays. Chaque champ forme un petit carré enveloppé d'eau, et qu'on n'aborde qu'en bateau; chaque village a son réseau de canaux de dessèchement et d'irrigation, lesquels vont se déverser soit dans de grands canaux navigables, soit dans la Sèvre et ses affluents. Des compagnies, qui se sont formées dans le seizième siècle, réglementent la direction, les embranchements, l'usage, l'entretien de tous ces canaux.

L'une des parties les plus curieuses de ce bas pays est l'*île de Maillezais*, qui se trouve comprise entre les deux bras de l'Autise, à l'endroit où cette rivière afflue dans la Sèvre par deux différents points voisins de Maillé. Cette île étant la plus éloignée de la mer, qui est distante de huit lieues, et la plus voisine de la partie sèche du Poitou qu'on appelle la *Plaine*, se trouve moins basse et moins mouillée que les autres îles; mais elle est, comme elles, coupée d'une infinité de canaux. Elle est très-fertile en blés et en pâturages, renferme aujourd'hui quatre communes, et avait, au seizième siècle, douze paroisses. On n'y arrive que par une bonne route, celle de Fontenay, qui aboutit au hameau dit la *Porte de l'Isle*. Ce hameau était, en effet, l'unique entrée de l'île de Maillezais, et l'on voit encore les restes du pont-levis, des tours et des fossés qui en formaient la défense. De tous les autres côtés, l'île, protégée par ses deux rivières et par les canaux qui les bordent, est difficilement accessible. Dans la partie la plus sèche est le bourg de Maillezais, autrefois peuplé et important, aujourd'hui fort triste et peu habité, et à l'extrémité de ce bourg, sur une éminence peu sensible, l'abbaye de Maillezais, aujourd'hui détruite.

Cette abbaye, fondée dans le huitième siècle, fut reconstruite dans le quatorzième, et acquit une grande célébrité. Les comtes de Poitiers s'y faisaient enterrer, et l'on voit encore cachés dans l'herbe les restes du tombeau de Guillaume Tête d'Étoupes, que les paysans avaient transformé en *saint Étoupe*, et qui était l'objet d'un pèlerinage. L'abbaye fut érigée en évêché au quatorzième siècle. Elle avait de fortes murailles, de hautes tours, des douves profondes, et, à cause de sa situation dans une île enveloppée de marais, elle formait une position militaire très-importante. L'église était magnifique; quand, de la route de Fontenay, on voit ses ruines majestueuses se dresser tout à coup à l'horizon, on est saisi d'étonnement, d'admiration et de respect. L'une des grosses tours existe encore : de son sommet délabré on découvre un vaste paysage d'une beauté monotone et sévère; partout une verdure profonde, découpée à l'infini par des canaux où glissent silencieusement de petites barques; au nord, les clochers de Fontenay et de Niort; au couchant, la mer qu'on devine; au-dessous, l'humble bourg de Maillezais et les restes imposants de l'abbaye, qui témoignent à quelle profondeur le catholicisme avait pénétré dans cette partie mal connue de la France.

L'abbaye ou la forteresse de Maillezais, située au confluent de la Sèvre avec l'Autise, non loin du confluent de la Vendée, dominait les cours de ces trois rivières, qui, dans le moyen âge et jusqu'au dix-septième siècle, avaient une grande importance; et, en effet, elles charriaient vers la mer tous les produits de la Plaine, les blés et les bestiaux de Fontenay, les marchandises de Niort, lesquels étaient conduits par bateaux jusqu'à la Rochelle, et s'en allaient de là en Espagne. Aussi l'abbaye fut plusieurs fois disputée par les armes dans le moyen âge. Elle servit de refuge aux populations voisines dans les guerres contre les Anglais. A l'époque des guerres de religion, l'évêché était devenu en quelque sorte la propriété de la famille Escoubleau de Sourdis, qui s'en servait comme de marchepied pour arriver à l'archevêché de Bordeaux [1]. Les protestants

---

[1] Le dernier évêque fut Henri de Sourdis, si célèbre par ses talents et

s'emparèrent de l'abbaye, la saccagèrent avec une fureur sauvage, et la mirent dans l'état où nous la voyons aujourd'hui, c'est-à-dire qu'il ne reste de l'église qu'une partie du transept, deux tours, deux pans de muraille. On voit encore au pied de la grosse tour les traces de l'incendie qu'ils allumèrent, et dans les nervures des croisées celles des arquebusades qui les déchiquetèrent. Le cloître a entièrement disparu. Le réfectoire, qui fut dans le dix-septième siècle transformé en église, forme aujourd'hui une petite ferme et des écuries. Enfin, la maison de l'abbé ou de l'évêque fut conservée, fortifiée, et existe encore; on y remarque surtout la chambre voûtée en ogive, qui fut, dit-on, le cabinet des livres ou la chambre de travail d'un homme qui a rendu Maillezais célèbre, Agrippa d'Aubigné, dont nous allons parler [1].

Les catholiques reprirent aisément Maillezais; ils s'en firent une place d'armes que les protestants menacèrent plusieurs fois. Enfin, en 1588, les chefs de *la cause* dans le Poitou s'étant emparés de Niort, l'un d'eux, d'Aubigné, qui avait apprécié l'importance de la vieille abbaye, se mit à la tête de quelques compagnies, et marcha sur Maillezais. C'était en plein hiver, et les rivières, gelées, pouvaient porter du canon. L'île et la forteresse avaient pour gouverneur un gentilhomme du pays, Saint-Pompain, qui avait négligé de les mettre en défense; il ne s'y trouvait que soixante-dix soldats, une coulevrine et d'assez grands magasins de bouche et de guerre. D'Aubigné, ayant trouvé la *Porte de l'Isle* abandonnée, pénétra dans le bourg et commença le siége de l'abbaye. Mais Saint-Pompain se rendit presque sans résistance, et « Maillezais demeura à

ses expéditions maritimes. Il avait succédé à son oncle en 1623, et fut nommé à l'archevêché de Bordeaux en 1629. L'évêché de Maillezais fut alors transféré à la Rochelle.

[1] Les ruines et le domaine de Maillezais appartiennent aujourd'hui à M. Poey d'Avant, auteur du savant ouvrage : *les Monnaies féodales de la France*, 3 vol. in-4º.

son preneur [1] », qui s'en fit un gouvernement, et donna à cette place une nouvelle importance.

Agrippa d'Aubigné [2] descendait d'une famille fort ancienne, mais peu célèbre ; il était né près de Pons en Saintonge, le 8 février 1552. Son père, Jean, chancelier du roi de Navarre, avait embrassé la religion réformée, était devenu l'un des chefs de la conspiration d'Amboise, et fut blessé à mort au siége d'Orléans en 1553. Agrippa avait perdu sa mère en naissant ; il se trouva donc à l'âge de onze ans orphelin et presque sans biens, car son père avait dissipé les siens pour la cause de la réforme, et il n'eut de sa mère que la petite terre des Landes-Guinemer, près de Mer, qui donnait trois à quatre cents livres de rente. Néanmoins il reçut une éducation qu'il appelle lui-même « exquise », et qui devait faire de lui un des écrivains les plus féconds, les plus spirituels du seizième siècle, l'un des créateurs les plus énergiques de la langue française [3].

« A la reprise des troisièmes armes », en 1568, Agrippa, qui avait seize ans, s'échappa de la maison de son tuteur, « pieds nus et en chemise », et s'en alla joindre une troupe de soldats calvinistes, avec lesquels il commença une vie d'aventures, de brigandages, de prises et sacs de villes à peu près semblable à celle des routiers du moyen âge, et où le zèle religieux semble n'avoir été qu'un prétexte à

[1] *Hist. univ. d'Agrippa d'Aubigné*, t. III, p. 157.

[2] D'*Aubigné* ou d'*Aubigny*. Le véritable nom paraît être d'*Aubigny*, et les pièces les plus anciennes que j'ai entre les mains sont ainsi signées ; cependant quelques-unes portent d'*Aubigné*. Ce dernier nom a prévalu.

[3] Les ouvrages d'Agrippa d'Aubigné ont été presque entièrement négligés ou dédaignés de la fin du dix-septième siècle : madame de Maintenon elle-même évitait d'en parler, et je crois qu'elle n'a jamais lu que l'*Histoire universelle* et les *Mémoires* de son grand-père. Dans le dix-huitième siècle on remit en honneur et l'on vanta outre mesure son caractère et sa vie, mais on s'occupa peu de ses nombreux écrits ; ce n'est que de nos jours qu'on a rendu justice à cet écrivain original dont on peut apprécier différemment la conduite et les actions, mais qui est incontestablement l'une des gloires littéraires de la France.

l'amour du pillage et du gain. Lui-même raconte qu'étant malade, et confessant les pilleries qu'il avait faites, il fit dresser les cheveux à ses camarades. C'était d'ailleurs la vie de la plupart des chefs protestants ou catholiques, qui ne faisaient la guerre civile que dans des vues d'ambition ou de fortune, pour se faire de petits États de leurs châteaux forts ou de leurs domaines, et y narguer les *royats de Paris*, ainsi que leurs ordres et leurs ministres. Il ne paraît pas que d'Aubigné, au moins dans les premiers temps de ses campagnes, ait vu ou cherché autre chose dans son attachement à la réforme : c'était un intrépide chef de bande, toujours la dague au poing et le derrière sur la selle, aimant le bruit, le danger, les coups, « âpre à la picorée, vidant les pochettes des papistes », disant brutalement leur fait à tous princes et seigneurs, mais visant surtout à gagner dans la bagarre quelque bon nid féodal d'où il pût rançonner le commun, se faire compter des chefs de parti, et répondre à coups de fauconneau aux ordres de la cour. Il se distingue d'ailleurs de la foule des aventuriers de son époque par son esprit satirique, son amour des lettres, ses écrits pleins de verve et de malice, la multiplicité et la fécondité de ses talents, et on le trouve, au retour des plus sanglantes mêlées, théologien, poëte, courtisan, faiseur de mascarades et de ballets, puis duelliste, conspirateur, diplomate, procédurier, fort entendu aux affaires d'argent; mais dans toute cette vie agitée, telle que d'Aubigné lui-même la raconte pour l'instruction de ses enfants, on remarque difficilement une idée politique, un sentiment français, même de la passion religieuse. De loin en loin apparaissent quelques actes de fierté brutale, de *rude probité*, avec lesquels on a pu, grâce à ses propres *vantances* et à son style gaulois, faire de ce turbulent aventurier, de cet incurable rebelle, une sorte de grand homme de l'antiquité.

D'Aubigné « se trouva aux escarmouches de Jazeneuil,

à la bataille de Jarnac et au grand combat de la Roche-l'Abeille [1] ». Le hasard d'un duel le fit échapper à la Saint-Barthélemy, et une maladie l'empêcha de prendre part à la guerre qui suivit ce massacre. Après la paix de la Rochelle, il avait vingt-deux ans, et se voyant aussi pauvre qu'au commencement de la guerre, il songea à se produire auprès de quelque prince. Le roi de Navarre, depuis la Saint-Barthélemy, était demeuré prisonnier de la cour. Agrippa fut recommandé à ce prince « comme un homme qui ne trouvoit rien trop chaud », et entra à son service comme écuyer. Le jeune huguenot, arrivé à la cour, se mit dans la familiarité du duc de Guise, et il n'eut aucun scrupule à suivre l'armée catholique que ce prince conduisait contre les protestants levés en Allemagne par le prince de Condé. Il se trouva à la bataille de Dormans, et n'en témoigne d'autre regret dans ses Mémoires que par ces mots : « en cette meslée, où il entra trente pas devant les rangs, il ne lui put tomber aucun chef entre les mains. » Il passa deux années à la cour, divertissant Catherine de Médicis par ses poésies, ses bons mots, ses ballets, ses mascarades, gagnant les bonnes grâces du duc de Guise et des autres princes « par ses capriolles et afféteries de cour », passant d'ailleurs le reste du temps à des duels, des coups de main, des orgies, qui étaient dans les mœurs de l'époque.

En 1576 il s'enfuit de la cour avec le roi de Navarre, et recommença sa vie de guerres et d'aventures; mais il ne marqua d'abord qu'en faisant massacrer de sang-froid, en représailles de la Saint-Barthélemy, vingt-deux catholiques de Dax qui s'étaient rendus à lui sans combat. Il trouva d'ailleurs dans cette nouvelle prise d'armes si peu de profit sous un prince pauvre, et qui avait deviné l'humeur de son écuyer, que, la paix étant faite, il quitta le service du Navarrais en lui reprochant son ingratitude et

[1] *Mémoires d'Agrippa d'Aubigné*, édit. de M. Lalanne, p. 17.

« sa main vuide de bienfaits ». Il songea alors à se mettre à la solde d'un prince allemand, Jean Casimir; mais, en passant près de Niort, il rencontra la fille d'Ambroise de Lezay, seigneur de Surimeau, et en devint amoureux. Suzanne de Lezay n'avait qu'un frère qui était infirme et mourut sans postérité; elle pouvait donc devenir une riche héritière, et semblait peu faite pour un capitaine d'arquebusiers huguenots. Aussi Agrippa rentra au service du roi de Navarre, et s'efforça d'intéresser « ce ladre vert » à son projet de mariage, « en se rendant nécessaire et recommandable ». Il prit part aux intrigues et aux coups de main de la honteuse guerre des *Amoureux,* et obtint en récompense que le roi viendrait lui-même en Poitou « pour honorer la recherche de son domestique ». Le Béarnais y vint en effet, et donna des fêtes, mascarades et courses de bague à Suzanne de Lezay. Enfin, en juin 1583[1], « d'Aubigné épousa sa maîtresse », qui lui apporta de grands biens dont nous aurons à parler.

Après ce mariage, qui changeait l'aventurier en seigneur terrien, Agrippa continua de servir le roi de Navarre avec la même ardeur, mais avec des vues d'ambition plus élevées, et en s'efforçant de devenir l'un des chefs du parti huguenot. Aussi quand la guerre recommença, en 1585, il joua un rôle plus sérieux et plus important, leva jusqu'à douze ou quinze cents soldats, et, au lieu de s'amuser aux pochettes des papistes, il chercha à s'emparer de quelque place ou forteresse dont il pût se faire un bon gouvernement. Il jeta d'abord les yeux sur l'île d'Oléron, « et résolut de trier cinq cents hommes de deux mille qu'il avait, et s'aller perdre ou établir dans cette île[2] ». Il s'en saisit avec peu ou point de résistance, et s'en fit donner le gouvernement; mais il y fut assiégé par les catholiques,

---

[1] Le contrat de mariage est du 6 juin 1583, reçu par Vallée, notaire à Bougouin.

[2] *Hist. univ.,* t. III, p. 7.

et après de nombreux combats, dans l'un desquels il resta prisonnier, obligé de quitter ce poste « qu'il avait acquis si chèrement », et que le roi de Navarre vendit aux ennemis. Cette vente le remplit d'indignation et « d'un juste désir de vengeance ». Il prit son congé, se retira en sa maison, et résolut même un moment de se jeter dans le parti catholique. Son maître l'ayant recherché de nouveau, il reprit sa casaque de guerre, rejoignit l'armée protestante à Coutras, et prit place dans cette bataille avec les maréchaux de camp. Enfin, Agrippa trouva le nid qu'il cherchait depuis vingt ans : les protestants s'étant emparés de Niort, il se mit à la tête de quelques compagnies, et surprit, comme nous l'avons vu, la forteresse de Maillezais. « Il en demeura gouverneur au regret de son maître, qui lui ordonna le plus misérable état qu'il put pour le faire démordre; mais il était trop las de courir... Ce fut le premier repos, dit-il lui-même, ou plutôt le premier intervalle de labeurs que cet homme eût essuyé depuis l'âge de quinze ans jusqu'à trente-sept ou environ qu'il avait lors, pouvant dire avec vérité que, hormis les temps de maladie et de blessures, il ne s'était point vu quatre jours de suite sans corvées[1]. »

Nous avons dit quelle était l'importance de Maillezais : cette forteresse tenait les débouchés de la Plaine, commandait le bas Poitou, couvrait et alimentait la Rochelle, qu'on ne pouvait assiéger sans que Maillezais fût occupée. Il faut ajouter pour d'Aubigné que l'abbaye n'était qu'à quelques lieues des domaines de Surimeau et de Mursay, que lui avait apportés sa femme. Il avait donc trouvé le petit royaume qu'il convoitait depuis longtemps, et d'où il comptait se faire respecter de tous les partis, surtout du sien.

Après avoir mis bonne garnison dans Maillezais, il continua à suivre le roi de Navarre, qui devint quelques mois après le roi de France; et il assista au siége de Paris, aux

[1] *Mémoires d'Agrippa d'Aubigné*, p. 89.

combats de Lagny, au siége de Rouen, etc. Sa position était devenue telle, qu'on lui donna à garder dans sa forteresse le cardinal de Bourbon, oncle et prisonnier de Henri IV, et que la Ligue reconnaissait pour roi sous le nom de Charles X. Après la paix de Vervins et la publication de l'édit de Nantes, il revint à Maillezais, qui était devenue l'une des places de sûreté des protestants, ayant de la cour sept mille livres de pension, et la vice-amirauté des pays d'Aunis et de Saintonge, charge qui doublait l'importance de Maillezais, en ce qu'elle donnait à d'Aubigné « la superintendance de la navigation et du commerce » sur les côtes, les îles et les rivières de ces pays. Nous verrons plus loin que ces récompenses ne rendirent pas Agrippa plus soumis à Henri IV et moins disposé à prendre part à toutes les intrigues contre le gouvernement de ce prince.

Cependant il sembla d'abord presque uniquement occupé de sa fortune, qui consistait : dans les terres et seigneuries de Surimeau, de Mursay, de la Berlaudière, dans la métairie de l'Herce, dans les terre et moulin de Taillon, etc. Tout cela lui venait de sa femme, qui l'avait eu en dot ou par héritage, et il n'avait en propre que la terre des Landes-Guinemer, qui valait seulement sept à huit mille livres. Il améliora la terre de Surimeau, qu'il estime lui-même, « à cause d'un bois de haute futaie », à quatre-vingt-dix mille livres, et rapportant trois mille huit cents livres[1]. Il fit de même à la terre de Mursay, qui rapportait quinze cents livres de rente, et il y bâtit une maison « fortement et commodément », ce qui donna à ce domaine une valeur de quarante-cinq mille livres. Quant à la Berlaudière, l'Herce, etc., elles étaient moins importantes et estimées seulement à vingt-cinq mille livres. En résumé, Agrippa possédait en terres une valeur d'environ cent soixante-dix mille livres, rapportant au moins six mille

[1] Il faut au moins tripler ces sommes pour avoir la valeur actuelle des biens de d'Aubigné.

six cents livres[1]. Mais, outre les pensions que d'Aubigné recevait de la cour, la capitainerie de Maillezais lui était d'un grand profit, car il percevait tout le revenu de l'évêque Escoubleau de Sourdis, qui essaya vainement de s'en remettre en possession : les collecteurs et les agents épiscopaux furent reçus à coups de fauconneau, ce qui n'empêchait pas d'Aubigné de sceller ses actes avec le sceau de l'évêque. D'ailleurs ce hardi chef de bande, ce faiseur de vers satiriques, était un homme très-retors en affaires, très-dur à ses débiteurs, et sachant aussi bien se servir des ruses de la chicane que de son épée de combat[2].

Cependant Suzanne de Lezay était morte en 1596. D'Aubigné la pleura trois ans, dit-il lui-même. Il en avait eu cinq enfants, qui étaient tous vivants en 1597, mais dont trois seulement lui survécurent : Constant, qui fut le père de madame de Maintenon ; Marie, qui épousa, en 1613, Josué

[1] Nous tirons ces chiffres d'une déclaration de biens faite à son futur gendre Dadou, écrite de sa main, et qui m'a été communiquée par M. B. Fillon ; mais cette déclaration est pleine d'obscurités, d'atténuations et de contradictions. Elle a été publiée par M. Lalanne dans son édition des Mémoires d'Agrippa d'Aubigné, et je crois inutile de la reproduire.

[2] J'ai entre les mains de nombreuses pièces autographes qui témoignent l'humeur procédurière de d'Aubigné. En voici une où il est question d'une transaction :

« Mon curateur, je vous envoye le Camus depesché pour aller à Saint-Jehan ; il ne lui fault que vostre depesche, laquelle je vous prie lui bailler promptement et l'argent qu'il faudra pour la comparution. Cependant si M. du Vanneau voulait arrester un compte des interests au denier douze et faire une transaction du tout sans déroger à l'ancienneté de l'obligation, pourveu qu'il me donnast une robe de bureau pour plege comprenant aussi les despends, je lui quitterois mes interrests et mon voyage de Paris. J'entends que l'intérêt de l'année fut dans le globe. Si vous entrez en propos avec lui, dites que vous me le ferez faire, encore que ma colère me pousse bien loing de là, mais toujours en redoublant nos poursuites jusques à la dicte transaction signée et un plege trouvé. Son fils est ici à qui je parlerai plus rudement que cela. Vous aurez toujours de la peine pour

» Votre bien obligé pupille, D'AUBIGNY.

« De Mursay en montant à cheval pour aller à Maillezais ce 14 de juillet 1600.

Au dos : « A monsieur Esserteau à Niort. »

de Caumont, sieur d'Adde ou Dadou; Louise-Arthémise, mariée en 1610 à Bénjamin le Valois, sieur de Villette.

Constant, né en 1585, et devenu le fils unique d'Agrippa, « fut nourri par son père avec tout le soin et dépense qu'on eût pu employer au fils d'un prince, institué par les plus excellents précepteurs qui fussent en France[1] ». Après avoir demeuré pendant quelque temps comme page dans la maison du sieur de Baudéan, gouverneur de Niort, il fut envoyé à Sedan, où était une sorte d'université protestante; « mais, dit Agrippa, ce misérable s'y débaucha par les ivrogneries et les jeux, et puis s'étant détraqué des lettres, s'acheva de perdre dans les jeux en Hollande. » Cependant il revint dans le Poitou, et son père lui fit donner la lieutenance du gouvernement de Maillezais, et le titre de gentilhomme ordinaire de la chambre du roi; il lui fit prendre aussi le nom de baron de Surimeau. Constant ne continua pas moins à mener une vie de désordre et à faire des dettes. En 1608, et pendant un voyage que son père fit à Paris, il rencontra à la Rochelle une veuve très-belle, mais de peu de vertu et sans biens, qui se nommait Anne Marchant. Cette veuve était d'une famille rochelloise, anoblie par l'échevinage, et elle avait épousé en premières noces Jean Couraut, baron de Chatellaillon, dont elle n'eut pas d'enfants. Constant en devint amoureux; le 10 octobre 1608 il l'épousa[2] en l'absence de son père, qui fut très-irrité de ce mariage; et dès que celui-ci fut revenu, il lui demanda compte du bien de sa mère. Agrippa ne voulut d'abord « donner aux deux époux que leurs nourritures pendant trois ans »; puis, pressé par eux et par leurs créanciers, il consentit à remplacer « ladite nourriture tous les ans par une somme de quinze

[1] *Mém. d'Agrippa*, édit. de M. Lalanne, p. 151.
[2] L'acte de mariage est aux registres d'état civil des protestants déposés au greffe du tribunal de la Rochelle. Le contrat fut reçu le 30 septembre 1608 par Dupuis, notaire à la Rochelle.

cents livres[1] ». Grâce à cet accord, Constant vécut auprès de son père pendant quatre ans, mais en faisant de nouvelles dettes et en ayant de nombreuses aventures.

Deux de ces aventures firent grand bruit.

A l'époque du mariage de Louise d'Aubigné avec le sieur de Villette, Constant chevauchait avec son beau-frère, sur la route de Maillezais à Niort, lorsqu'il fit rencontre d'un gentilhomme, dont on ne dit point le nom, et qui était son ennemi. Celui-ci voulut éviter son adversaire, mais Constant lui dit de mauvaises paroles, et, malgré les efforts de Villette pour empêcher un duel, ils tirèrent l'épée. Le gentilhomme fut tué. Cette mort fut

---

[1] Voici le texte de cette convention, dont je possède l'autographe, dictée sans doute par Agrippa à Constant, qui l'a écrite et signée avec sa femme. Dans la première ligne Constant a mis par inadvertance : *mon père et ma femme*, au lieu de *mon fils et sa femme* :

« C'est l'accord fait entre mon père et ma femme et moy que au lieu de la nourriture que par leur contract de mariage je leur dois donner trois ans, il me plaît les mettre en leur ménage et leur donner au lieu de ladite nourriture tous les ans la somme de quinze cents livres; eux aussi l'ont agréé ainsi, à savoir mille livres à deux termes et cinq cents dont je payerai de leurs debtes qu'ils tiendront pour argent reçu en leur rapportant les cédules; et, pour commencement desdits payements, je leur ai compté ce jourd'huy la somme de cinq cents livres dont ils sont tenus pour payés et contents. Fait à Maillezais le second jour de l'an mil six cent neuf. CONSTANT D'AUBIGNY. ANNE MARCHANT. »

Cette convention, qui a eu des suites importantes, fut exécutée, ainsi que le témoignent les pièces suivantes, dont les autographes sont entre mes mains :

« Nous confessons selon l'accord fait entre mon père et nous du 2e de l'an 1609, par lequel il nous plaît donner par chacun an quinze cents livres, avoir été entièrement payés et satisfaits du contenu en icelui, encore que toutes lesdites sommes n'aient été payées aux créanciers comme il étoit obligé, ains à nous dont nous le quittons ensemble de tout le passé sans préjudice des trois cents soixante-six livres qui restent de cette présente année 1611, pour l'employer en mon acquit soit envers M. de Maleray ou autre qu'il plaira à mon père, et ne servira ce présent acquit que pour une seule des années passées. Fait à Maillezais le 14 février 1611. CONSTANT D'AUBIGNY. ANNE MARCHANT. »

« Je soussigné confesse avoir reçu de monsieur mon père sept cent cinquante livres sur les quinze cents livres qu'il lui plaît chacun an de me donner, en témoin de quoi j'ai signé la présente de ma main. Ce 30 janvier 1612. CONSTANT D'AUBIGNY. »

mal vue, non-seulement de la famille qui en fit de grandes plaintes, mais de tout le pays. On prétendit que la rencontre n'avait pas été loyale, et que les deux beaux-frères avaient pris part au combat. Agrippa eut une grande peine à apaiser cette affaire, qui alla jusqu'à la cour, et il y dépensa beaucoup d'argent, qu'il se fit rendre par son fils.

La deuxième aventure eut pour Constant de plus fâcheuses suites.

Un de ses amis et compagnons de plaisirs était le sieur Du Fief, d'une famille de l'Aunis, qui devint amoureux de la demoiselle de la Saussaye, fille unique de Claude d'Angliers, procureur du roi au présidial de la Rochelle, laquelle devait avoir de grands biens. Il demanda cette demoiselle en mariage, et, ayant éprouvé un refus, à cause de sa mauvaise vie, il résolut, d'accord avec Constant, de l'enlever et de l'épouser de force. Les deux amis, ayant corrompu un prêtre et s'étant fait aider de trois aventuriers, pénétrèrent de nuit dans la maison du magistrat, enlevèrent sa fille, tuèrent ou blessèrent deux familiers de la maison et s'enfuirent à Niort, où le prêtre maria de force ou de gré la demoiselle avec son ravisseur. Le père se mit diligemment à la recherche de sa fille, et parvint à la reprendre; mais Du Fief et d'Aubigné s'enfuirent à Paris. Il s'ensuivit un procès criminel, dont l'issue nous est révélée par cet extrait du *Diaire* ou journal de *Merlin* :

« Le dernier octobre de 1613 ont été *cadelés*[1] le sieur Du Fief et le sieur de Surimeau pour avoir ravi la fille de M. de la Saussaye, effigiés dans un tableau pour avoir la tête tranchée avec quatre autres qui sont représentés être pendus, desquels l'un est prêtre qui a épousé ledit sieur Du Fief avec la fille ravie[2]. »

---

[1] C'est-à-dire que les noms des condamnés furent affichés en lettres *cadelées* ou moulées.

[2] Pièce communiquée par M. Fillon, et tirée de la bibliothèque de la Rochelle.

Constant d'Aubigné fut arrêté à Paris et gardé quelque temps en prison à Angers ; son père s'en alla à la cour et parvint à obtenir sa grâce. Quant à Du Fief, il passa dans les Pays-Bas et y mourut. Agrippa, pour cette aventure comme pour la première, fit payer par son fils et sur sa pension toutes les dépenses qu'il avait faites à ce sujet. Il était fort ménager de son bien, fort vigilant à l'augmenter, très-rigoureux dans ses comptes même avec ses enfants[1], et il avait là-dessus de continuelles contestations, surtout avec son gendre Caumont d'Adde.

Des trois enfants d'Agrippa le préféré était la plus jeune des filles, Louise-Arthémise, mariée à M. de Villette, et qu'il appelait *son unique* et *sa fillette*. Elle méritait cette affection par sa sagesse et ses vertus, et nous verrons qu'elle servit de mère à madame de Maintenon ; mais elle était jalousée de son frère et de sa sœur, parce qu'elle avait eu en dot la belle terre de Mursay. Son époux était un homme droit et intelligent, fort économe et entendu aux affaires, ce qui lui avait valu toute la confiance d'Agrippa. Quant à l'aînée, Marie, elle n'était, à ce qui semble, ni belle ni aimable ; son père ne l'avait mariée que tard et à regret ; il lui avait promis une somme de trente mille livres « à prendre sur tous et chacun de ses biens » ; mais en réalité il ne lui avait donné que deux cent cinquante livres de revenu « à prendre sur le plus clair de Surimeau, en s'engageant à lui faire assiette de dépendances de cette terre pour une valeur de dix mille livres[2] ». L'époux de Marie d'Aubigné, Caumont d'Adde ou Dadou[3] était un pauvre gentilhomme

---

[1] J'ai entre les mains de nombreux comptes d'Agrippa avec Constant : le père ne fait pas grâce d'un denier à son fils, et tient note même d'une mesure de blé, même de deux écus donnés à sa femme.

[2] Papiers autographes de Sansas de Nesmond. — On verra plus loin quel était ce personnage, gendre de Caumont d'Adde. Ses papiers sont une des abondantes sources où j'ai puisé pour faire cette notice.

[3] Ce gentilhomme prétendait sans raison être de la famille illustre des Caumont. J'ai entre les mains de nombreuses lettres de Sansas de Nesmond

de Gascogne, qui avait servi Agrippa dans plus d'une entreprise ; il était laid, grossier, prodigue, et faisant sa compagnie de gens de peu. Voyant les vaines promesses et la mauvaise foi de son beau-père, il ne cessa de s'en plaindre, de mettre en regard de la petite rente qu'on lui donnait le traitement fait à M. de Villette, et à la fin, en 1616, il força d'Aubigné à faire un arrangement par lequel celui-ci partagea à ses enfants le bien qu'il tenait de leur mère.

Agrippa estimait ce bien seulement à quatre-vingt-dix mille livres, prétendant que ce qu'il possédait en plus provenait de ses propres acquêts ; il devait donc donner trente mille livres à chacun d'eux. M. de Villette eut définitivement Mursay, mais à la charge de payer six mille livres à Dadou ; on donna à celui-ci la Berlaudière et l'Herce, petits domaines dépendants de Surimeau et estimés dix mille livres ; enfin la part de Marie dut être complétée par une somme de huit mille livres à prendre sur Surimeau, et par sa rente de deux cent cinquante livres estimée en capital à six mille livres. Quant à Constant, il eut le domaine de Surimeau à la charge de payer huit mille livres à Dadou ; mais il n'en eut réellement que le titre, car son père, tenant compte des dépenses faites pour lui en divers cas, le réduisit à sa rente de quinze cents livres, et continua de jouir de Surimeau, tout en faisant signer par son fils les baux, fermages et autres actes relatifs à ce domaine. En définitive, Agrippa, malgré cet arrangement, continua à frauder les deux enfants qu'il n'aimait pas, car Dadou n'eut en définitive que les six mille livres payées par M. de Villette ; les autres huit mille livres ne furent point payées, et il ne fut mis en possession de la Berlaudière que huit ans après. Nous verrons comment il s'en vengea et quelle

à son beau-père, Caumont d'Adde ; toutes les suscriptions portent à *monsieur Dadou*, et il était ordinairement nommé ainsi dans la famille d'Aubigné.

influence eut cet homme sur le père et la mère de madame de Maintenon.

Nous avons anticipé sur les événements pour expliquer quelles étaient la fortune et la famille d'Agrippa d'Aubigné. Revenons à sa vie politique.

L'agitation et la conspiration étaient dans les habitudes et le tempérament de cet homme turbulent; les siens auraient été les vainqueurs et les maîtres, qu'il se fût, dès lors, tourné contre eux. Aussi ne put-il vivre dans la soumission avec Henri IV, encore bien qu'il eût un très-vif et très-sincère attachement pour ce prince; il lui reprocha maintes fois son apostasie et son ingratitude; il se mêla à toutes les intrigues qui embarrassèrent son règne; enfin, dans les assemblées des réformés, il opina constamment pour l'abaissement de l'autorité royale et pour l'établissement des églises en une sorte d'état indépendant. Cependant, vers la fin de sa vie, Henri IV lui communiqua ses grands projets pour le remaniement de l'Europe; d'Aubigné devait prendre part à leur exécution; il ressentit la plus vive douleur de sa mort, et il le témoigna dans les termes les plus touchants.

Dès que la régence de Marie de Médicis se fut établie, Agrippa envoya son fils à Paris, moins pour faire sa soumission que pour tirer de la cour une augmentation de ses pensions. Constant ne s'étant occupé que de ses plaisirs, il alla lui-même tâter le terrain et reconnut « qu'il n'y avait qu'à se faire valoir ». Aussi il continua, pendant le règne de Louis XIII, sa vie d'intrigues et de rébellions. Il n'y eut pas une brouillerie, un mouvement, une révolte où il ne prît part. Ainsi il fut l'un des inspirateurs de l'assemblée de Saumur où l'on renouvela le projet d'une union générale des Églises réformées et du partage de la France protestante en cercles ou départements; de même il fut l'un des agents les plus actifs du duc de Rohan « qui pensait dès lors à hasarder tout et périr ou faire une république ! » ; enfin il se mêla de la première prise d'armes des seigneurs contre Concini.

La régente, après avoir essayé de le calmer par quelque faveur, ordonna de ne plus payer ses pensions et sa garnison de Maillezais. Elle chercha même à lui lier les mains dans sa forteresse, et elle en demanda les moyens au gouverneur de Niort, lieutenant du roi dans le bas Poitou.

Ce gouverneur était Jean de Baudéan, comte de Parabère, baron de Neuillant, qui, ayant épousé une tante de Suzanne de Lezay, avait depuis longtemps des relations de parenté et d'amitié avec Agrippa. Celui-ci avait même, vingt ans auparavant, placé son fils comme page dans la maison de ce seigneur, et Constant s'y était lié avec le fils de Baudéan, qui devint l'un de ses compagnons de plaisirs et de débauches. Le gouverneur de Niort était calviniste, mais fort soumis à la cour et n'ayant d'autre passion que de lui plaire : il conseilla à la reine de briser la force de Maillezais en occupant et fortifiant le Doignon.

A l'extrémité occidentale de l'île de Maillezais, au confluent de la Sèvre et de l'Autise, près de Maillé, se trouve une petite île formée par la Sèvre, et qui commande les deux bords de cette rivière. Cette île, appelée le *Dognon* ou le *Doignon*, est enveloppée de toutes parts par un réseau inextricable de canaux qui la rendent inabordable. Elle est couverte au nord par le grand canal de Vix, au midi par le grand canal de Banche, au levant par l'île de Maillezais, au couchant par les cours de la Sèvre et de la Vendée, dont le confluent n'est qu'à deux lieues de là. La position de cette île neutralise celle de Maillezais en coupant sa communication avec la mer.

La régente agréa les avis de M. de Baudéan, et elle donna secrètement des ordres pour acheter le Doignon ;

---

[1] *Mémoires de Fontenay-Mareuil*, I, 148.

mais d'Aubigné en fut averti. Il avait été profondément offensé du retranchement de ses pensions « gagnées, disait-il, par quarante ans de services bien recognus »; mais il n'en avait rien témoigné, « ayant les moyens, ajoutait-il, de se payer par ses propres mains ». Il avait depuis longtemps reconnu l'assiette du Dognon, et résolut de n'être point à la merci de la clôture ou du *pertuso*, comme il l'appelle, qu'on voulait mettre à son petit royaume. Il prit possession de l'île, en mit hors les habitants en les indemnisant par un contrat régulier et se hâta d'y construire un fort qui servirait, pour ainsi dire, de réduit à Maillezais. De là il pourrait prendre l'équivalent de ses pensions retranchées et de ses garnisons non payées, en rançonnant les bateaux qui descendaient l'Autise, la Sèvre et même la Vendée, c'est-à-dire qu'il tiendrait sous les coulevrines de ces deux places dominant ce pays inondé, Fontenay, Niort, Mauzé et jusqu'à la route de la Rochelle. La cour s'alarma de cette construction et ordonna à M. de Baudéan d'aller la voir. D'Aubigné se contenta de lui montrer une maison qu'il bâtissait à Maillé pour y établir une presse et y faire imprimer son *Histoire universelle*; puis il continua ses travaux. Et quand le gouverneur de Niort voulut revenir, il répondit « que la besogne n'en valait pas la peine et qu'il cherchât qui lui donnerait à dîner[1] ». Il continua de fortifier le Dognon et d'y amasser des armes et des vivres. Vainement la cour lui fit des défenses et des menaces : « il n'y eut de réponse que des résolutions à toutes extrémités[2]. »

Vinrent alors les premiers remuements du prince de Condé et des autres seigneurs. D'Aubigné n'hésita pas « à mettre sur ses épaules le fardeau de leurs guerres », encore bien que la cause des réformés n'y fût nullement intéressée; « mais cette première émeute, dit-il, s'évanouit

---

[1] *Mémoires d'Agrippa d'Aubigné*, p. 119.
[2] *Ibid.*, p. 120.

en accord et oubliance pour tous, hormis pour lui-même, qui pour tous remèdes fortifia ses deux places et mit la dernière en état de prêter le collet[1]. »

Le prince de Condé reprit les armes. Sully, qui était gouverneur du Poitou, essaya de maintenir d'Aubigné dans la soumission, en lui montrant l'exemple de tous les seigneurs de la province. Agrippa levait alors un régiment pour son fils; il ne répondit à l'invitation de Sully qu'en faisant battre les tambours pour le départ, et il chassa de Vouillé deux compagnies qui gardaient les gués de la Vendée. Dans cette guerre, il secourut les rebelles de cinq mille soldats « avec dépense, dit-il lui-même, de seize mille écus bien avoués, comptés et payés »; et pourtant « tout ce mouvement, ajoute-t-il, n'apporta que le traité de Loudun, qui fut une foire publique d'une générale lâcheté, d'une particulière infidélité[2] ». Condé, revenu à la cour, « pour ses bons services, rendit à d'Aubigné ce témoignage qu'il était ennemi de la royauté et capable d'empêcher un roi de régner absolument tant qu'il vivrait[3] ».

Cette turbulence extrême, ce besoin insatiable d'agitations et de révoltes avaient rendu Agrippa redoutable et odieux à tous les partis, même aux huguenots, et tous convoitaient la possession ou la ruine des deux repaires d'où il menaçait tout le monde. Ainsi les Rochellois, qui se sentaient bridés par lui, d'une part demandaient au parti d'acheter ses forteresses, d'autre part sollicitaient la cour « de lui raser ses maisons sur les oreilles[4] »; le duc de Rohan aurait voulu les acquérir pour compléter les places de sûreté qu'il avait déjà dans la Saintonge; le duc d'Épernon, chef du parti de la reine mère, et qui voulait

[1] *Mémoires d'Agrippa d'Aubigné*, p. 120.
[2] *Ibid.*, p. 122.
[3] *Ibid.*, p. 123.
[4] *Ibid.*, p. 131.

donner à cette princesse un refuge dans l'Angoumois et le bas Poitou, offrait à d'Aubigné d'acheter ses forteresses deux cent mille francs; enfin, la cour, gouvernée par le duc de Luynes, et qui dès lors « méditait à ruiner les huguenots par la prise de la Rochelle », enjoignit à d'Aubigné de restituer Maillezais à son évêque. A toutes ces demandes, à toutes ces provocations, à toutes ces menaces, il ne répondit que par des paroles vagues, du dédain et des ombres de promesse. « Telles paroles, raconte-t-il, accompagnées d'effets et de pourvoyances à la défense des dites places, firent qu'on donna charge à Vignoles, maréchal de l'armée du roi, de voir sur quoi se fondoit l'audace de d'Aubigné. Il le vint donc voir comme ami, et rapporta l'importance et la force du Dognon, disant que la Rochelle ne pouvoit être assiégée, que la rivière de Sèvre, possédée par ces deux places et qui nourrit les deux tiers d'Espagne, ne fut libre pour le pain de l'armée du roi [1]. » La Force, qui accompagnait Vignoles, ajouta que « Maillezais coûteroit toujours un bon siége royal et le Dognon plus à être assiégé que la Rochelle à être prise [2] ». Tout cela était singulièrement exagéré; néanmoins sur ce rapport on dépêcha à d'Aubigné deux maîtres des requêtes pour traiter de la reddition de ses deux places; mais il employa tant de ruses, qu'il prolongea la négociation pendant deux ans. Alors la cour essaya de lui enlever Maillezais et le Dognon par surprise ou par trahison.

Après la guerre du prince de Condé, Constant était venu à Paris, et y avait cherché fortune en fréquentant la cour. Il y fut bien accueilli, car c'était un homme d'esprit, brave, galant, de belle mine, jouant du luth et de la viole, faisant des vers pompeux et sonores, à l'imitation de son père, qui disait, en exagérant ses mérites comme il exagérait ses vices : « C'eût été un esprit sublime sur tous ceux de son

---

[1] *Mémoires d'Agrippa d'Aubigné*, p. 131.
[2] *Ibid.*, p. 131.

siècle ¹. » Mais il était surtout homme de plaisir, ne regardant point à la dépense, puisant, sans souci de rendre, de petites sommes dans la bourse de ses amis ou dans celle des marchands. « Il perdit au jeu, raconte son père, vingt fois ce qu'il avait vaillant, et à cela ne trouva de remède que de renoncer sa religion. Agrippa, averti de sa grande fréquentation avec les jésuites, lui défendit par lettres telle compagnie... Il n'en tint compte, traita secrètement avec la cour, et vint en Poitou pour empoigner les places de son père ². » « Celui-ci, voulant le ramener à bien, lui confia la garde de Maillezais, et se retira au Dognon. » « Maillezais, raconte-t-il, fut bientôt un brelan, un bordeau et une boutique de faux monnoyeur ³ ; et le galant se vante à la cour qu'il n'avait plus de soldats qui ne fussent pour lui contre son père, lequel, averti de toutes ces choses, met des pétards et quelques échelles dans un bateau, et, arrivé

---

¹ Sept pièces de vers de Constant d'Aubigné ont été publiées dans un recueil intitulé *le Séjour des Muses*, 1626, in-12. Elles ne sont point sans mérite, quoique pleines de la pompe et du mauvais goût de l'époque. On y sent l'imitation des poésies paternelles. La meilleure est celle qui a pour titre : *Défi au malheur*, et dont voici la première et la dernière strophe :

> Accourez, ennemis, pour me faire souffrir,
> Je ne peux plus pour vous ni trembler, ni mourir,
>   Il faut qu'autre s'en mêle.
> Ni le ciel qui peut tout, ne peut pas, pour tonner,
>   Ou qu'il vente ou qu'il grêle,
> Ni me faire pâlir, ou me faire étonner.
>
> Comme un roc assuré que la vague ne rompt,
> Comme un Atlas qui lève et l'épaule et le front,
>   Le chrétien est au monde.
> L'orage dessus lui passe sans le troubler,
>   Les flots, le vent et l'onde,
> Comme un autre Arion ne le peut accabler.

² *Mémoires d'Agrippa d'Aubigné*, p. 152.

³ En 1860 j'ai visité, en compagnie de M. Fillon, l'emplacement du Doignon, dont il ne reste pas une pierre. Une paysanne, dont la maison est bâtie probablement sur les fondations de la forteresse, nous a montré des moules en pierre qu'elle avait trouvés dans la terre et qui paraissaient avoir servi à une fabrication de fausse monnaie. Peut-être venaient-ils de Maillezais.

dans le derrière de Maillezais, s'avança seul, travesti, pour gagner la porte de la citadelle; à quoi la sentinelle voulant faire refus, il lui sauta au collet avec un poignard, se fit maître et chassa ceux qu'il estimait infidèles[1]. »

Constant se réfugia à Niort, auprès de son cousin Charles de Baudéan, qui, s'étant aussi fait catholique pour plaire à la cour, se trouvait de même en révolte contre son père. Là, il eut une aventure qui fit grand bruit, mais dont les détails sont restés inconnus : il tua sa femme, Anne Marchant. Agrippa, dans ses Mémoires, se contente d'énoncer le fait sans en dire la cause. Mademoiselle d'Aumale est un peu plus explicite : « Constant, dit-elle, fut accusé de la mort de cette femme et de celle d'un homme dont on prétendoit qu'il étoit jaloux avec raison. » Enfin, une lettre du 13 février 1619, écrite par Anne de Rohan, sœur du duc Henri, à madame de la Trémoille, s'exprime ainsi :

« La belle-fille de M. d'Aubigny a fait un voyage en l'autre monde par le moyen de son mari qui l'a tuée, l'ayant trouvée avec le fils d'un avocat qu'il tua de trente coups de poignard et sa femme de sept, après l'avoir fait prier Dieu. On dit qu'il est allé à Paris pour avoir sa grâce; mais avant, son père, avec qui il étoit fort mal, lui manda force bonnes paroles[2]. »

La famille d'Anne Marchant avait du crédit dans la province : elle fit commencer des poursuites criminelles contre le meurtrier, qui s'enfuit à Paris. Ces poursuites furent entravées par Agrippa, qui approuva la double vengeance de son fils, et l'aida dans ses démarches auprès de la cour, jusqu'à ce qu'il apprit que Constant, pour obtenir des lettres de rémission, tramait de nouveau quelque trahison contre les chères forteresses de son père. Il en fut désespéré. Alors, se voyant délaissé et menacé de toutes parts, même par les siens, il reconnut qu'il serait bientôt

---

[1] *Mémoires*, p. 152.
[2] Autographe tiré des archives du château de Thouars.

forcé d'abandonner, et sans compensation, le gîte qu'il avait eu tant de peine à se faire, et il se décida à le vendre.

A cette époque, la reine mère avait été délivrée de sa prison de Blois par le duc d'Épernon, et elle s'était retirée à Angoulême. Tous les grands accouraient auprès d'elle, croyant le moment venu, à l'ombre de son nom, de renverser le duc de Luynes et de rançonner la royauté. Les chefs protestants étaient pleins de joie, disposés à faire révolter toutes leurs églises, et comptant profiter de la guerre civile pour établir leur république, à la façon des Provinces-Unies. Le duc de Rohan intriguait par toute la France, faisait des levées d'hommes, garnissait les places calvinistes. Il proposa à d'Aubigné de servir la cause en lui cédant ses deux forteresses, sans lesquelles la Rochelle, cette citadelle du protestantisme, ne pouvait être en sûreté. D'Aubigné fit ses conditions, prit ses avantages, et le duc étant venu le trouver au Dognon le 29 avril 1619, deux longs traités, où l'on reconnaît, à la multitude des détails, l'art et la main du vendeur, furent conclus.

Par le premier, d'Aubigné cédait au duc de Rohan le gouvernement de la forteresse et de l'île de Maillezais, avec les armes, vivres, munitions qui se trouvaient tant dans la forteresse que dans la maison et aussi à la Porte de l'Isle, moyennant cent mille livres payées comptant en or. Par le deuxième traité, d'Aubigné cédait, délaissait et transportait au duc de Rohan, à perpétuité, la maison et forteresse du Dognon, avec ses appartenants et dépendances, clôtures, fossés, viviers; « item, la maison sise au bourg de Maillé, et généralement tous les autres domaines qui appartiennent au sieur d'Aubigné en l'île de Maillezais, déclarant que lesdits domaines sont un fief de l'évêque de Maillezais, et sujets à certains cens et rentes que le sieur d'Aubigné n'a su pour le présent exprimer ». Et cela était vrai, puisqu'il ne les payait pas et ne les avait jamais payés. En retour de cette cession, le duc de Rohan cédait, transportait et promettait garantir de tous troubles et empêchements au sieur d'Aubigné, à perpétuité, pour lui et les siens, la terre et seigneurie du port d'O, paroisse de Blain en Bretagne.

A la suite de ces deux traités, d'Aubigné prêta au duc de Rohan la somme de quarante-huit mille livres, que celui-ci s'engagea à lui rendre dans trois années, et pour laquelle il lui donna une rente annuelle de trois mille livres, hypothéquée sur la seigneurie de Frontenay et payable par les fermiers de ladite seigneurie.

Ainsi qu'on le voit, d'Aubigné, tout en trahissant le gouvernement royal et en servant les intérêts du parti protestant, faisait une bonne affaire d'argent. La terre d'O, qu'il échangeait contre le Dognon, avait six fois la valeur de ce petit domaine; il se faisait payer argent comptant la cession du gouvernement de Maillezais qu'il avait acquis par la force et sans bourse délier; enfin il complétait tout cela par un prêt avantageux. Hâtons-nous de dire que cette série d'affaires lui réussit mal : il ne put jamais se mettre en possession de la terre d'O; les intérêts du prêt de quarante-huit mille livres ne furent point payés; enfin, et comme nous allons le voir, il fut réduit à emporter en exil les cent mille livres de la vente de Maillezais.

D'Aubigné fit ses apprêts de départ, mais il fut retenu à Maillezais par une maladie, et plaça au Dognon pour lieutenant le serviteur le plus dévoué du duc de Rohan, le sieur de Hautefontaine [1]. Les arrangements qu'il venait de prendre étaient tenus secrets, mais il en courait quelque bruit.

Cependant Constant était revenu à Niort avec des lettres de la cour qui suspendaient les poursuites commencées contre lui, et avec la promesse de sa grâce s'il parvenait à s'emparer des forteresses de son père. Il corrompit quelques soldats de la garnison de Maillezais, et avec cent quatre-vingts aventuriers, qui allaient moitié par terre,

---

[1] Voir son *historiette* dans Tallemant des Réaux, t. III, p. 104.

moitié par les canaux, il marcha secrètement sur le Dognon: Agrippa l'apprit; quoique malade de la fièvre, « il demanda ses chausses, et avec trente-six hommes qu'il put tirer de la garnison, il résolut d'aller guetter son fils à un passage commun. Son gendre, M. d'Adde, vint à lui au galop, et à grand'peine impétra de le renvoyer en son lit; puis, ayant pris sa leçon, à deux heures de là trouva son beau-frère marchant à l'entreprise du Dognon, le chargea[1] », et le mit en déroute.

Agrippa quitta Maillezais le 29 avril 1619, et en s'en allant il adressa à M. de Pontchartrain, conseiller d'État et secrétaire des commandements de Sa Majesté, une lettre où il annonçait la cession qu'il avait faite de ses forteresses au duc de Rohan dans les termes les plus dérisoires. Il prétendait, dans cette lettre, qu'il avait accepté toutes les conditions qui lui avaient été faites de la part de la cour « pour la vendition de sa maison du Dognon et la démission de son gouvernement de Maillezais »; mais ces conditions, disait-il, ayant été « abandonnées tout à plat, je me suis dépouillé, tant de ma charge que de ma maison, entre les mains de monseigneur le duc de Rohan, ne pouvant chercher aucun plus fidèle et passionné au service du roy... J'ai voulu montrer par cet exemple qu'un bon François, quoique déchiré, dépouillé et traité comme je suis, n'est pas moins obligé à toute fidélité envers son roy[2] »...

D'Aubigné se retira à Saint-Jean d'Angély, qui appartenait au duc de Rohan; et il refusa d'abord de suivre ce seigneur dans la petite guerre faite en faveur de la reine. Il parut même ne s'occuper que de l'achèvement de son *Histoire universelle*, dont deux volumes avaient été imprimés en 1618 dans sa petite maison de Maillé. Il avait emporté ses presses à Saint-Jean d'Angély, et y acheva son troisième volume; mais il fut bientôt obligé de reprendre son épée.

---

[1] *Mémoires*, p. 153.
[2] *Bulletin de la Société du protestantisme* (janvier 1853).

Les princes ayant été battus aux Ponts-de-Cé, les habitants de Saint-Jean chassèrent la garnison du duc de Rohan, et les troupes royales s'avancèrent dans le Poitou. Alors d'Aubigné se joignit au duc, et essaya avec quinze cents hommes de se maintenir dans le pays inondé qu'il connaissait si bien. Mais le roi ayant en diligence rempli le Poitou de son armée, rien ne lui résista : Maillezais fut pris sans coup férir; le Dognon se rendit à la première sommation, et fut immédiatement démoli par les paysans voisins, heureux de se défaire de ce nid à tyrans; enfin, la tête des chefs du parti ayant été mise à prix, « d'Aubigné prit sa résolution de venir prendre le chevet de sa vieillesse et de sa mort à Genève [1] ». Il s'enfuit à travers mille dangers avec quatre gentilshommes, douze chevaux, nanti de l'argent de la vente de Maillezais, et arriva à Genève le 19 septembre 1620.

D'Aubigné, âgé de soixante-huit ans, condamné à mort, réduit à l'exil, privé de sa famille, ne resta point dans le repos. Il passa sa vie à conspirer contre le gouvernement de Louis XIII, et devint l'un des agents les plus actifs des ennemis de la France. Il eut procuration des Rochellois pour traiter avec tous les princes protestants et lever des troupes suisses qu'il devait commander; il s'employa à fortifier Bâle, Berne et les autres villes des cantons protestants; il fut sur le point de servir de général aux bandes de Mansfeld et de Weimar qui devaient pénétrer en France, et sans les plaintes du roi, il aurait pris le commandement des troupes à la solde de Venise. Les mêmes plaintes furent faites aux Genevois, qu'il conseillait et gouvernait, et on les appuya d'une condamnation à mort contre Agrippa, « la quatrième, dit-il lui-même, pour crimes pareils qui lui ont tourné à gloire et à profit ». Mais Genève était menacée par le duc de Savoie, et, depuis Henri III, la France avait pris cette république sous sa protection,

---

[1] *Mémoires*, p. 134.

pour garantir sa propre frontière. Le gouvernement de Louis XIII n'était donc pas fâché que Genève eût, pour la fortifier et la défendre, un aussi bon capitaine que d'Aubigné. Aussi les plaintes, les menaces de l'envoyé français ne furent pas suivies d'effets, et Agrippa, malgré ses menées hostiles contre la France, put vivre et mourir en repos dans le gîte qu'il s'était choisi. D'ailleurs et malgré les bravades passionnées que renferment ses Mémoires, il écrivait en secret plus humblement, et aurait bien voulu trouver une voie « d'être employé, disait-il, pour le service de notre grand et juste roi ». C'est ce que témoigne cette lettre à sa fille, madame de Villette :

« Ma fillette, vous n'aurez par ce porteur qu'une assurance de mon bon portement et des nouvelles communes, car j'espère toujours vous envoyer Logan, et écrire par lui plus expressément. J'ai été bien aise de ce que m'écrit votre doux maître [1]. Nous sommes sur le point d'être employés pour le service de notre grand et juste roi; les résolutions qui se prendront ou se prennent maintenant à Paris nous donneront certitude de mal ou de bien. Nous sommes demi-assiégés, et envoyons devers le roi en espérance d'être assistés par lui. La calamité est partout pour ce que le péché était partout. Je vous prie, faites savoir à M. de Chauffepié [2] que j'espère en peu de jours une voie sûre et ouverte, pour faire savoir de mes nouvelles à vous et à lui plus à plein. Dieu veuille vous garantir contre l'orage, et nous faire la grâce de nous voir encore une fois [3] !

» Ce 8 de mars 1622. Style nouveau. »

Cependant Agrippa, quoiqu'il eût le désir de rentrer en France, s'était arrangé pour passer le reste de sa vie à Genève. « Il avait apporté de grands deniers, dit un de ses

---

[1] C'est M. de Villette qu'Agrippa désigne ainsi.
[2] Célèbre ministre protestant.
[3] Autographe appartenant à M. le duc de Noailles.

petits-gendres dont nous parlerons plus tard, ayant laissé
ses filles payées de leurs dots et du fonds pour achever de
payer son fils. » De ces grands deniers, il avait acheté près
de Genève, sur la rive gauche du lac, dans une charmante
situation, la terre du Crest, qui lui coûta, dit-il, onze mille
écus, et il s'y était bâti un joli château qui existe encore.
Enfin, à l'âge de soixante et onze ans, il se remaria avec
une veuve riche et distinguée par l'esprit et le caractère,
Renée Burlamachi, d'une famille de Lucques[1]. En même
temps qu'il travaillait aux intérêts de la cause, il s'occupait
activement du règlement des affaires qu'il avait laissées en
France. Il y était aidé par son gendre Villette ; mais, selon
ses habitudes, il se disait réduit à la misère, et, pour le
mettre dans ses intérêts, « il ne vouloit, disait-il, que part
d'aîné dans ce qu'on pourroit sauver de la tempête[2]. » Il
parvint ainsi à se faire rembourser des quarante-huit mille
livres prêtées au duc de Rohan, « dont la privation lui eût

[1] Voici la lettre que celle-ci écrivit à ce sujet à madame de Villette
(autographe du cabinet de M. le duc de Noailles) :

« Madame, comme je reconnais une singulière grâce de Dieu envers
moi qu'il lui ait plu lorsque moins j'y pensois m'appeler en une si digne
alliance que la vôtre, par l'honneur que monsieur votre père m'a faite,
daignant me favoriser de son amitié afin que je lui tienne fidèle compagnie
et rendre tous les devoirs d'une humble épouse qui le serve affectueuse-
ment tous les jours que Dieu me fera le bien de le pouvoir faire. Aussi
sachant, madame, combien vous est au cœur l'état d'un si excellent père,
j'ai cru être mon devoir de vous assurer par ces lignes que je me sens tellement obligée à la bienveillance particulière dont il m'a honorée et aux
rares vertus d'un seigneur de tel mérite, que me dédiant et venant à lui
rendre très-humble service, je ne puis que témoigner à tous ceux qui lui
attachent de si près combien j'estime l'honneur d'avoir un tel chef, et
notamment vous déclare que je ne saurois vous dire ni écrire assez amplement avec combien d'affection je désire m'employer à votre service lorsque
Dieu m'en donnera les moyens, lequel je supplie, madame, vous avoir
en sa sainte protection avec M. de Villette, à qui je suis servante bien
humble et à vous aussi, madame, et après supplie que j'aye l'honneur
d'être toute ma vie, etc. Renée Burlamachi.

» De Genève, ce 8 avril 1613. »

[2] Lettres d'Agrippa d'Aubigné à M. de Villette, publiées par M. H. Bonhomme dans le *Bulletin du Bibliophile* de novembre et décembre 1860.

été fort dure ». « Je n'ai point de parolles, disait-il, à vous remercier de votre labeur par lequel j'ai ce que j'ai sauvé. Quand vous aurez loisir, vous mettrez à part vos dépenses pour moi avec la perte du gasteau, et puis nous verrons ce que Dieu nous donne pour vous y donner autant de puissance qu'à moi... comme étant réduit au petit pied sans votre filiale action[1]. »

Il est temps de voir ce qu'était devenu Constant d'Aubigné depuis la déconfiture et la fuite d'Agrippa.

« Constant, à qui le roi avoit dit qu'ayant perdu son père il lui seroit le sien, se trouva en peu de temps en exécration à tous les siens et en horreur et mépris à ceux qui le servoient, chassé de tous, hormis de filles perdues qui le nourrissoient[2]. » De plus, les parents d'Anne Marchant reprirent leurs poursuites criminelles, et l'obligèrent à sortir du royaume. « Il acheta un établissement à la Martinique, et, après avoir rétabli ses affaires domestiques, croyant son affaire assoupie, il revint en France[3]. » « Il fit parler à son père de réconciliation ; la réponse fut que sa paix étant faite avec le Père céleste, le terrestre y soussigneroit[4]. » Il vint à Genève : « Nous avons eu ici votre frère, écrivait Agrippa à sa *fillette*, duquel je ne puis dire ni bien ni mal qu'il ne nous ait fait voir ce que je n'ose dire. Je ne daterai son changement qu'après les effets. Votre doux maître m'en a écrit en homme de bien. » « Il fit toutes les abjurations et reconnoissances qui lui furent enjointes, écrivit en vers et en prose furieusement contre la papauté, obtint de l'argent et une pension telle que pouvoit donner un père hors de son bien[5], » et s'en alla dans le Poitou.

---

[1] Lettres publiées par M. H. Bonhomme dans le *Bulletin du Bibliophile* de novembre et décembre 1860.
[2] *Mémoires d'Agrippa d'Aubigné*, p. 153.
[3] *Mémoires inédits de mademoiselle d'Aumale.*
[4] *Mémoires d'Agrippa d'Aubigné*, p. 154.
[5] *Mémoires, ibid.*

La fuite et la condamnation d'Agrippa d'Aubigné avaient entraîné la confiscation de ses biens. Cette confiscation avait été achetée par le sieur de Vaugelas, parent du célèbre grammairien, mais elle n'avait porté que sur la petite terre des Landes-Guinemer, seul bien patrimonial de d'Aubigné; et elle devait avoir pour effet de donner à Constant tout le revenu de Surimeau, dont la propriété lui appartenait du chef de sa mère. Constant ne profita pas de cet avantage. « Ayant mangé son bien et beaucoup au delà, et créé tant de dettes, il fut contraint de faire banqueroute et abandonnement de ses biens[1]; » par jugement du tribunal de Niort, rendu à la requête de ses créanciers, en 1625, un curateur fut nommé pour les gérer; Caumont d'Adde, qui était secrètement d'accord avec Agrippa, se fit donner cette fonction, et obtint même du fermier la cession de la ferme. « C'étoit, disait-il, pour savoir la valeur du revenu de cette terre et avoir un logis[2]. » Il s'engagea à payer à Constant, sur les fruits de Surimeau, la pension de quinze cents livres que lui faisait son père, et en outre à satisfaire ses plus pressants créanciers. Puis, du consentement d'Agrippa, qui continua à se regarder comme le propriétaire de Surimeau, il s'installa dans cette terre comme fermier, comme gérant, avec la résolution de n'en jamais sortir; et il y réussit si bien que ses descendants en sont encore aujourd'hui possesseurs. Peu de jours après son établissement, sa femme, qu'il avait mal traitée, vint à mourir, laissant deux fils qui ne vécurent point et deux filles dont nous aurons à parler. Quatre mois après, il se remaria avec Madeleine Mériodeau, « femme de basse condition, fille de son procureur, laquelle pour tout dot, lui apporta six cents livres et lui donna de nombreux enfants[3] ». Ce mariage fit beaucoup de peine à

---

[1] Papiers autographes de Sansas de Nesmond.
[2] *Ibid.*
[3] *Ibid.*

Agrippa, et Renée Burlamachi en écrivait à madame de Villette :

« Je ne saurois assez dire la tristesse que nous avons sentie avec vous de la résolution précipitée de M. d'Adde. Il n'a rien à dire qui le puisse excuser. Hélas! madame ma fille, je vous ai bien plainte de voir ce subit changement auprès de vous (14 déc. 1625)... M. d'Adde écrit à monsieur que ses enfants vont vous voir souvent. C'est un grand bien pour eux, et qui donnera lieu à leur belle-mère de leur rendre tout le devoir qu'elle leur doit. Il est impossible que ce trop subit changement ne fasse mal au cœur à tous ceux à qui ils appartiennent. J'en gémis avec monsieur... (5 mai 1626). » Enfin, Agrippa eut même l'intention de prendre auprès de lui l'une de ses petites-filles.

« Je change de propos, écrivait-il à M. de Villette, en vous priant que, en prenant à bon escient le conseil de mon *unique,* vous deux me conduisiez à donner quelque soulagement à la famille de M. Dadou, car encore qu'il semble s'étranger de moi, je ne prendrai la faute de personne pour excuse à mon devoir. J'ai donné charge à Tonnerac[1] de sentir à bon escient d'Arthémise[2] si sa volonté est tendue à venir vers moi, si ses mœurs s'accorderont bien à la modestie et humilité qu'il faut à Genève ; je demanderai aussi au père s'il auroit plaisir que je la mariasse à ma volonté ; s'il y a quelque chose à redire, je pourrai essayer à ployer les plus petits. Je vous prie d'en parler expressément ensemble, et puis avec moi (21 juin 1626)[3]. »

Cependant Constant, après l'accord fait avec Dadou, s'en était allé à Paris, et il y avait repris sa vie ordinaire. Comme sa pension était souvent mangée à l'avance, il con-

---

[1] Le porteur de la lettre.

[2] Fille aînée de Dadou, qui devint la femme de Sansas de Nesmond. Nous en parlerons plus loin.

[3] Autographe du cabinet de M. le duc de Noailles. La lettre, dictée par Agrippa, est de la main de sa femme.

tinuait à faire des dettes et à demander de l'argent à son père, en se plaignant avec raison de Dadou qui ne le payait pas, et se servait à son profit des revenus de Surimeau. Agrippa voulut se débarrasser de cet incorrigible vaurien, et il songea à l'envoyer dans l'armée de Christian, roi de Danemark, qui marchait au secours des protestants d'Allemagne. « Je suis après, écrivait-il à M. de Villette, à envoyer mon débauché dans l'armée de Danemark, où je lui ai préparé un ami pour le recevoir travesti et inconnu pour le commencement. Je le connois bien pour être ennemi des entreprises rudes comme il a nommé celle-là ; mais pour lui faire quitter son Paris, par quelques intercessions puissantes sur moi qu'il a employées, il n'a su obtenir de moi le secours d'un teston. Maintenant, il promet de franchir la barrière. Je lui écris que m'en assurant, je lui ferai donner de quoi partir de Paris et aller jusques à Hambourg ; là, il recevra de quoi achever son voyage. Je veux éloigner de mon nez et d'autrui la puanteur de sa vie. Si je pouvois le faire employer plus loin, je le ferois pour lui faire goûter là quelque vie honnête ; et moi, soigneux de lui à Paris, je ne connois point s'il me trompe par quelque excuse que ce soit. De l'argent du desloger, il m'épargnera plus en deux ans qu'il n'aura dérobé à soi-même[1]. »

Constant refusa de partir : « cela était trop éloigné de ses prétentions[2]. » Il continua de s'amuser à Paris, en donnant de belles paroles à son père, qu'il croyait néanmoins d'accord avec Dadou pour le frauder de son bien, et en se moquant du vieil avare qui paraissait tout occupé de tripotages d'argent fort obscurs[3].

[1] Lettre publiée par M. H. Bonhomme dans son ouvrage : *Madame de Maintenon et sa famille*, p. 32.

[2] *Mémoires d'Agrippa d'Aubigné*, p. 154.

[3] Agrippa, à la date du 21 juin 1626, écrivait à M. de Villette :
« Je vous ai déjà assuré par une autre dépêche que j'ai bien reçu les lettres de change pour la somme de seize mille francs et elles agréées et avouées par ceux à qui elles s'adressoient. Il est vrai que je n'en puis rien

Cependant la Rochelle était assiégée par Louis XIII, et la ruine des protestants résolue. Le roi d'Angleterre, voulant secourir cette ville, consulta les chefs du calvinisme et surtout d'Aubigné. Celui-ci ayant besoin d'un homme sûr pour porter sa réponse en Angleterre, Constant vint s'offrir. On l'accepta; mais Agrippa, « soupçonnant ce méchant esprit, ne lui donna lettre ni pour le roi ni pour le duc de Buckingham, mais seulement pour quelques amis, et avec restriction[1] ». Cela suffit à Constant. En passant à Paris, il vit secrètement le maréchal de Schomberg, lui révéla sa mission et reçut des instructions pour la continuer. Il arriva en Angleterre, se présenta au roi et excusa son manquement de lettres sur le danger des chemins. « Il fut écouté comme dépesché de son père, et assista au conseil, où la guerre fut résolue avec les plus pesantes particularités[2]. » L'une fut d'envoyer querir d'Aubigné : « le galant s'en chargea. »

A son retour, il vit de nuit Louis XIII et le maréchal de Schomberg, et leur découvrit les affaires d'Angleterre.

toucher que d'ici à deux mois par quelque ordre qu'ils ont entre eux en me payant un et demi pour cent. J'ai honte de vous dire que j'étois à sec et que j'aurois besoin que vous me fissiez envoyer par la dernière voie quelques quatre mille livres si la doute (sic) de l'affaire de Maillezais le veut ainsi ; car vous n'aurez cette lettre que vous n'ayez vu quel il fait là-bas et aussi qu'il faut ouvrir la gueule au bœuf qui a foulé le grain. En cela je vous demande une privauté de plus que de fils encore, et que vous me donniez ma leçon en la franchise de votre cœur, le mien y répondra. Je m'en vais écrire à M. Dadou pour suivre votre bon avis en ce qui est des deux obligations; mais cependant si, pour payer comptant à Paris, vous pouviez garantir quelque chose, je vous dis encore une bonne fois que je ne vous prescris rien... J'ai tant de lettres à faire qu'il me faut quitter celle-ci en priant Dieu pour la prospérité de votre famille, et vous de la part de mon secrétaire et de moi que vous n'épargniez ni la peine ni les frais d'une course vers nous pour goûter en présence l'amitié et l'honneur qu'on vous porte ici de loin*. »

[1] *Mémoires*, p. 154.
[2] *Ibid.*

* Autographe du cabinet de M. le duc de Noailles.

Revenu à Genève, après avoir raconté sa mission à son père, il fut soupçonné d'avoir passé par Paris, et le nia avec toutes sortes de serments; mais il ne put déterminer Agrippa à faire le voyage d'Angleterre, car, en même temps que le rusé vieillard conspirait contre Louis XIII avec les ennemis de la France, il cherchait, mais en conservant une certaine dignité, à ménager sa grâce et son retour. C'est ce que témoigne la lettre suivante à M. de Villette, où, comme de coutume, il est encore question des interminables dettes de Constant. M. de Villette se trouvait alors à Paris.

« J'ai reçu de nuit votre depesche avec mille remerciements de la peine immense que vous prenez à me réjouir par ces fleurs estranges. Quant au fait des deptes, je n'adjoute rien à ce que j'écrivis hier en attendant que vous m'en puissiez instruire plus au net. Quant à M. Malleray, la promesse qu'il avoit s'est convertie en une affaire où il a composé, et depuis je fis le serment de ne payer jamais un denier de ces deptes, sans lequel je serois en mauvais état. Il est certain que nulle des deptes de mon fils ne m'a tant offensé que celle-là. Or, pour ne pas faire tort à mes paroles, j'agrée le présent de cent écus, mais non pas en payement de deptes. Votre prudence conciliera cela. J'ai encore un mot à vous dire. Vous m'obligerez beaucoup quand vous me pourrez faire donner liberté de me promener en France, non pour effacer l'ignominie de l'arrest qui a été mis sur ma tête quatre fois en ma vie, car je tiens ces persécutions à tel honneur, que je serois bien marri de dépendre un écu pour les abolir, comme aussi mes affaires ne le requièrent pas, car de tout ce que vous avez heureusement et fidèlement fait pour moi, il s'en faut deux cents livres que mon revenu m'acquitte de ce que je suis obligé d'employer tous les ans; il vaut donc mieux faire ce que pourra la bonne volonté du roi, et non pas me mettre à l'escorcherie de mes faux juges. J'ai reçu avec votre paquet celui de M. de Rohan, qui m'instruit des affaires de la Rochelle et de ce qui s'est passé entre Toiras et les Anglais [1].

» Ce 8/18 novembre 1626. »

Cependant Constant avait quitté Genève, toute affection entre le père et le fils étant décidément rompue. Il passa encore à Paris, et on le voit, au mois de juillet 1627, demeurant rue Chapon, paroisse Saint-Nicolas des Champs, chez une demoiselle Ollivier, veuve d'un commissaire des guerres, en compagnie d'un de ses amis, Antonin de Verteul, baron de Freillas en Bourdelois. La demoiselle et les deux gentilshommes paraissent également avoir la bourse vide, car ils empruntent en commun à un sieur Marchant, « advocat en Parlement, demeurant à Blois, pour leurs besoins et nécessités », une somme de cent cinquante livres tournois, qu'ils promettent de rendre dans quatre mois prochains. Par une nouvelle fraude, Constant prend dans l'acte le titre de *seigneur et baron du Crest*[2].

Quelque temps après, il s'en alla dans le Poitou, avec le projet d'expulser Dadou du domaine de Surimeau et de prendre arrangement avec ses créanciers. Mais la cour le surveillait; elle n'avait accueilli qu'avec une grande défiance « ses commerces avec les Anglais, dont on lui faisait un crime d'État[3] ». Toutes ses démarches étaient donc épiées. Enfin le duc d'Épernon, qui de tout temps avait été l'ennemi du vieux d'Aubigné, soit de son propre mouvement, soit par les ordres du roi, fit arrêter Constant à Niort, où il se trouvait auprès de son ami Beaudéan. On le conduisit à Bordeaux, et on l'enferma au Château-Trompette. C'était vers la fin de septembre 1627.

Constant fut traité durement dans sa prison, et sollicita

---

[1] Autographe du cabinet de M. le duc de Noailles.

[2] Voir cet acte dans l'ouvrage de M. H. Bonhomme intitulé *Madame de Maintenon et sa famille*, p. 55.

[3] *Mémoires de mademoiselle d'Aumale.*

vainement qu'on lui fît son procès. « Je vois bien qu'on me le fait de tous côtés, écrivait-il, et Dieu prend plaisir quelquefois à nous punir d'accusations fausses pour d'autres crimes véritables[1]. » Il trouva des consolations dans une famille protestante alliée lointainement aux d'Aubigné, celle de la Peyrère, qui lui prêta de l'argent, fournit à ses principaux besoins, et lui envoya même une viole « pour charmer son ennui ». Il témoignait à cette famille une telle affection, qu'il n'appelait madame de la Peyrère que « sa très-honorée mère ». « C'est d'un style de mère, lui écrivait-il, que vous m'avez honoré, et qui me témoigne que vous souffrez l'hardiesse que mon ressentiment m'a fait prendre de me dire votre fils; mais ce mot exprimant puissamment l'obéissance, l'amour et le respect que je vous rendrai à ma vie m'a été si doux que j'ai osé me l'attribuer, quelque indigne que j'en sois[2]. »

On voit de quelles cajoleries Constant savait user dans ses nécessités. Il avait gardé tous ses moyens de séduction, faisait des vers et de la musique, et écrivait en rendant la viole qu'on lui avait prêtée : « Elle et moi commencions à nous bien accorder. » Mais il continuait à s'endetter, et il répondait hypocritement aux reproches que lui en faisait madame de la Peyrère :

« Je vous avoue n'avoir pas été soigneux d'acquitter cette dette dont vous me parlez. La bonté du presteur et ma malice en sont cause. J'espère, quand Dieu m'aura rendu la liberté, d'être un peu plus vigilant, et je vous le promets. Et souvenez-vous que dans un an vous direz que je suis un homme de bien, ou le ciel ne voudra pas pour mes péchés me faire cette grâce[3]. »

---

[1] *Archives historiques du département de la Gironde*, t. I, p. 15. — Les autographes des lettres insérées dans ces archives appartiennent à M. Jousselin de Brassay.

[2] *Ibid.*, t. I, p. 16.

[3] *Ibid.*

Constant usait du même langage, des mêmes flatteries avec son père, qu'il avait, disait-il, un passionné désir de revoir, voulant, dès qu'il serait délivré, s'établir auprès de lui à Genève. Il en usait encore avec le maréchal de Schomberg et ses amis de Paris, qu'il assurait de sa fidélité en sollicitant son élargissement. Enfin, il en usait même avec ses gardiens, que séduisaient sa bonne mine, ses belles paroles et ses relations avec la cour. Le lieutenant du duc d'Épernon dans le gouvernement du Château-Trompette était Pierre de Cardilhac, sieur de Lalanne, marié à Louise de Montalembert. Il avait une fille âgée de seize ans, belle, noblement élevée, et dont le mérite a été démontré par ses malheurs. Constant se trouvait à peine depuis trois mois au Château-Trompette, qu'un mariage fut arrêté entre lui et cette jeune fille. Il avait alors quarante-trois ans, et était veuf depuis sept ans; il était ruiné et perdu de dettes, maudit de son père, exécré des protestants, méprisé des catholiques; emprisonné par ordre royal, il avait la tache d'une condamnation à mort, du meurtre de sa femme, d'une vie passée dans le désordre. Le sieur de Cardilhac était pauvre, mais de vieille et honnête noblesse du Midi, ayant quelque parenté avec le duc d'Épernon; sa famille était restée fidèle au catholicisme, avait servi vaillamment pendant les guerres civiles et s'était donné un grand honneur par son alliance avec les Montalembert. Comment un tel mariage put-il se faire? c'est un problème qui probablement ne sera jamais résolu. Il paraît seulement certain que le mariage fut précipité et forcé. Voici ce qu'en dit mademoiselle d'Aumale :

« La fille de Cardilhac prit du goût pour M. d'Aubigné. Elle était catholique, et a toujours été depuis une femme d'esprit et de mérite; mais la médisance veut qu'elle soit devenue grosse du prisonnier de son père avant de l'avoir épousé. Voilà d'où vient le faux bruit parmi bien des personnes, que madame de Maintenon était fille d'un geôlier. »

Les Mémoires de Languet de Gergy se contentent de dire : « Cardilhac avait une fille aimable, à laquelle d'Aubigné s'efforça de plaire, et il y réussit. La compassion qu'elle eut pour lui devint bientôt de l'amitié, et l'amour s'introduisit ensuite à la faveur de l'une et de l'autre. »

La seule pièce que nous ayons sur ce mariage est une lettre de Constant à M. de la Peyrère; elle rend le fait encore plus mystérieux, et semble accréditer la médisance dont parle mademoiselle d'Aumale :

« M. le duc (d'Épernon) envoya querir, hier au soir, M. de Cardilhac et ses enfants, commanda que le mariage se consumât entre cy et dimanche, et défense après cela, au père et au fils, de ne voir de leur vie ni ma maîtresse, ni moi[1]. »

Quoi qu'il en soit, le mariage eut lieu le 27 décembre 1627. Le contrat en fût passé par Justian, notaire à Bordeaux. Constant y prend les titres de « chevalier, seigneur et baron de Surimeau en Poitou, fils de haut et puissant seigneur Théodore-Agrippa d'Aubigny, seigneur du Crest ». Il ne paraît pas que Jeanne de Cardilhac ait apporté à son mari d'autre dot qu'une petite somme d'argent, probablement trois mille livres.

Au moment où se fit ce mariage, Constant avait obtenu, par l'entremise du duc d'Épernon, son élargissement; mais, comme il ne pouvait payer les dettes contractées dans sa prison, il y resta jusqu'au 20 février 1628. Pierre de Cardilhac refusa de le cautionner, encore bien que la somme fût médiocre, et Constant eut de nouveau recours

---

[1] *Archives du département de la Gironde*, t. I, p. 17. — Le mot de *maîtresse* n'est pas une preuve de la médisance : ce mot était alors employé en bonne part. Agrippa d'Aubigné s'en sert lui-même en parlant de Suzanne de Lezay, et avant son mariage.

à la bourse de la Peyrère. Il sortit donc de prison en étant redevable à cet ami de cent soixante-six livres, dues pour ses dépenses personnelles, plus de cent soixante livres données en prêt. Il est probable que la première somme fut payée plus tard; mais la deuxième ne l'était pas en 1631, puisque Constant renouvela, à cette date, son billet à la Peyrère; elle ne l'était pas encore en 1640, puisque la Peyrère céda cette créance à son gendre, « pour qu'il s'en fît payer comme il pourroit [1] ». Enfin, on peut croire qu'elle ne fut jamais payée.

On ne sait ce que devint Constant à sa sortie de prison. Sa jeune femme ne conserva pas longtemps d'illusions sur l'étrange époux qu'elle s'était donné, car un an après son mariage elle demanda au tribunal de Niort une séparation de biens, qui lui fut accordée par jugement du mois d'avril 1629. Elle venait d'accoucher de son premier enfant. Ses malheurs allaient commencer, et elle ne trouva ni aide ni consolation dans sa propre famille, avec laquelle elle ne paraît pas avoir conservé de relations. Elle perdit son père en 1633, et transigea avec son frère, César de de Cardilhac, « sur les différends qu'ils avoient pour le partage qu'elle demandoit dans la succession de son père ». Cet acte est du 1er mars 1634.

Cependant, Caumont d'Adde continuait à jouir de Surimeau; mais il avait plusieurs enfants de son second mariage, et il s'efforçait de les enrichir aux dépens de ses enfants du premier lit. Il n'avait donc payé aucun des créanciers de Constant, et Constant lui-même n'avait rien reçu des quinze cents livres qu'on devait lui donner annuellement, d'après la convention faite en 1625. Celui-ci s'en plaignit véhémentement à son père, qui avait garanti cette convention, et il lui réclama la rente à lui promise par son contrat de mariage. Agrippa lui répondit en rappelant toutes les dépenses qu'il avait faites

[1] *Archives historiques du département de la Gironde*, t. I, p. 18.

pour lui en divers temps; il lui fit donner quelque argent comptant par M. de Villette, enjoignit à Dadou de lui payer les arrérages, et obtint ainsi de Constant un acquit général, signé à Niort le 21 février 1630. Par cet acte, qui constate, en passant, ses nombreux emprisonnements, Constant reconnaît « que son père l'a payé ou fait payer de la rente à lui promise par son contrat de mariage; lequel payement il reconnoît avoir été fait tant en deniers comptants que dettes par lui payées à son acquit, à personnes ayant charge de lui à cette fin, qui l'auroient à plusieurs et diverses fois retiré de prison en divers lieux où il avoit été constitué prisonnier, tant aux villes de la Rochelle, Paris, Angers, que Bordeaux, même hors de ce royaume, et fait divers frais et voyages, tant à la cour qu'ailleurs, pour moyenner son élargissement [1]. »

Quant à Dadou, pressé par Agrippa, il s'engagea (13 avril 1630) à donner à Constant une somme de trois mille livres, payable en dix ans et par parties égales, hypothéquée sur Surimeau.

Cependant Agrippa avait atteint sa quatre-vingtième année. Il gardait toute son activité d'esprit, et s'occupait avec ardeur des affaires de la *cause;* mais il commençait à s'affaiblir, et M. de Villette, qui avait une correspondance très-suivie avec Renée Burlamachi, recevait de cette dame, le 14 avril 1630, une lettre où elle disait :

« La grande promptitude de monsieur n'est point amoindrie avec l'âge, ni son excellent esprit à qui il donne quelquefois plus de liberté que les affaires de ce temps ne permettent. Je lui dis souvent qu'il est temps d'arrêter sa plume. Ce sera du soulagement pour lui et ses amis. Il a eu ces jours passés une bourrasque à cause du livre de *Fœneste,* augmenté de nouveau, qui n'a pas été bien pris en ce lieu-ci, où les personnes pensent trois fois une chose avant que de la mettre en effet une. J'espère que

---

[1] Autographe appartenant à M. Fillon.

le bruit sera autre; mais ce n'a pas été sans peine. Il a été travaillé d'une très-mauvaise colique avec des tenesmes fort fâcheuses, qui, depuis ce matin, commencent à lui donner un peu de relâche. Nous sommes en soupçon de son érysipèle, car la cuisse commence à lui douloir... »

Le 30 avril, Renée écrivait :

« Il faut que je vous dise avec une main tremblante et le cœur plein d'angoisse et d'amertume que Dieu a retiré à soi notre bon seigneur et affectionné père, et à moi aussi père et mari si cher et bien-aimé, que je m'estime bien heureuse d'avoir servi, et malheureuse de ne le servir plus. Hélas! tout d'un coup il m'a été ravi, et il me semble impossible de croire que le coup soit arrivé! Je ne le verrai donc plus! Je n'aurai donc plus la consolation de vous voir ici avec votre chère moitié, qui eût vu la sainte union de notre famille désolée... Mon bon seigneur fit cet été son testament. A cette heure il a ajouté quelque chose, et l'a fait clore par le notaire... »

Et quelque temps après elle écrivait :

« Je n'oublierai jamais celui de qui j'ai eu l'honneur d'être si chèrement aimée et à qui je ne puis penser que je ne jette un ruisseau de larmes. L'heure de son repos étoit venue. Il s'alloit mettre dans un labyrinthe de fâcheuses affaires, que je n'ai su qu'après sa mort [1]. »

[1] Elle envoya aussi à M. de Villette un récit détaillé de la maladie d'Agrippa, et dont j'ai l'autographe entre les mains. En voici les principales parties :

« M. d'Aubigny, de très-heureuse mémoire, devint malade le dimanche à quatre heures du matin, le neuvième jour du mois d'avril (style vieux) 1630. Il s'étoit fort bien porté depuis le commencement de l'année jusqu'à l'heure même que le mal le print, après avoir dormi fort doucement toute la nuit. Il s'éveilla avec des quintes...... (Une page de détails médicaux).

» Il a été traité par son médecin ordinaire de qui il s'est toujours bien trouvé. Il fut visité par divers médecins, ses amis, à qui l'on a communiqué tout ce que l'on fesoit autant pour sa nourriture que pour les remèdes. A la fin il se laissa conseiller de prendre un autre médecin, ce qu'il n'avoit pas voulu permettre, car étant en santé, il blâmoit le nombre et disoit qu'il

Agrippa avait fait, le 24 avril 1630, un testament où, après des préliminaires très-pompeux, il disait :

« Je déclare Constant d'Aubigné, mon fils aîné et unique, pour le destructeur du bien et honneur de sa maison, en tant qu'en lui a été, et pour avoir mérité d'être entièrement déshérité par plusieurs offenses énormes, par-

aimoit mieux un seul et que c'étoit son opinion. M. de la Fosse (Nathan d'Aubigné) y a toujours été. Nous appellâmes donc M. Daufin, qui nous donna espérance de mieux, et tous ensemble concluant que s'il se fût nourri, selon l'apparence, il se fût bien porté, car, quand il avoit pris nourriture, il sembloit tout remis et prenoit plaisir d'entretenir ses amis de ses agréables discours. Le lundi, 14 du mois, il soupa encore bien d'un restaurant qu'il trouva bon, et print la nuit son lait d'amande, comme il avoit accoutumé; mais le vendredi le voilà en humeur de ne rien prendre tout à fait. Il demeura vingt-quatre heures sans rien mettre dans son corps, ni pour prières ni supplications de ses amis, ni pour mes larmes; on ne put jamais rien obtenir de lui, tellement que nous ne lui en osions plus parler, car il se mettoit en colère. Il fut en inquiétude tout ce jour qui lui donna le coup, car n'ayant pris nourriture, il perdit ses forces et commença à s'abaisser. La nuit du samedi, il prit son lait d'amande qui nous donna de la joie; mais aussi ce fut le dernier, car il n'en voulut plus prendre, mais il se laissoit persuader de prendre de fois à autre quelques cuillerées de restaurant de perdrix, de jus de mouton et de sirop de Capendu; ç'a été sur la fin sa plus agréable nourriture. Cependant ses forces étoient encore bonnes qui ne nous ôtoient pas du tout l'espérance... Il eut très-bonne connoissance jusques quelques heures avant qu'il mourût; le mercredi tout le jour il sommeilloit et s'éveilloit en riant et levant les mains et les yeux au ciel. Il nous a rendu grand témoignage de la joie qu'il sentoit, et, quand il faisoit des difficultés de pouvoir prendre nourriture, il disoit : « Ma mie, laisse-moi aller en paix, je veux aller manger du pain céleste. » Il a été servi en tout ce qui m'a été possible de m'imaginer; ma peine n'a été rien, car si j'eusse pu donner mon sang et ma vie pour lui, je l'eusse fait et de bon cœur. En ses deux dernières nuits, il fut consolé par deux excellents ministres ses amis. Enfin, et jour et nuit, il ne lui a été manqué ni d'assistance ni de consolations, jusques à son dernier soupir, par tous ses bons amis et des plus excellents hommes de la ville; ce n'eusse en être tant que son mérite en requerroit davantage. Mais je vous prie de croire que pour le lieu où nous sommes, on a fait tout ce qu'on a pu. Il est regretté de tous les gens de bien; il a achevé ses jours en paix, et, deux jours avant sa fin, il me dit d'une face joyeuse et un esprit paisible et content : « La voici l'heureuse journée que Dieu a faite à plein désir, par nous soit joye demenée et prenons en elle plaisir[*]. »

[*] Autographe du cabinet de M. de Noailles.

ticulièrement pour avoir été accusateur et calomniateur de son père, en crime de lèze-majesté ; c'est pourquoi je le prive de tous mes meubles et acquêts de quelque qualité qu'ils soient ; toutefois, s'il se présente quelque enfant bien légitime de lui [1], à ses enfants, non à lui, je laisse la terre des Landes-Guinemer, près Mer, qui est mon seul patrimoine....

» Je fais mes héritiers de tout ce qui me reste d'acquêts ou meubles de quelque nature qu'ils soient : premièrement, les quatre enfants de ma fille aînée, Marie, à savoir, Arthémise, Louise, Josué et... de Caumont, pour partager entre eux les trois quarts de ce qui me reste à disposer également, hormis trois mille livres que je donne par préciput à mon petit-fils Josué ; et pour ce que Arthémise, à l'âge de quatre ans et demi, me dit une parole que je promis faire valoir mille écus, je lui donne mes quatre cents perles, mon gros diamant et le petit en pointe, mes deux grandes émeraudes et un nœud où il y a vingt-cinq diamants enchâssés, que je lui ordonne recevoir et compter pour les mille écus promis.

» Quant au quart de ce qui reste du total, je le donne à ma bien-aimée fille Louise, femme de M. de Villette, pour en partager ses enfants, selon sa pure volonté ; que s'il y a quelque disproportion entre les enfants de Marie et les siens, je la prie donner cela à la pauvreté de ceux-là, et à quelques avantages, quoique bien mérités, ci-devant faits à son mari et à elle. »

Ainsi qu'on le voit, Agrippa semblait vouloir, par son testament, réparer les injustices qu'il avait faites de son vivant à sa fille Marie ainsi qu'aux enfants de cette fille ; mais il ne persista pas longtemps dans cette résolution, car, par un codicille du 24 avril 1630, il déclara vouloir

---

[1] Constant n'avait encore de son deuxième mariage qu'un fils né en 1629. Agrippa semble l'ignorer ou douter si son union avec Jeanne de Cardilhac était légitime.

et ordonner « que les sept enfants de ses deux filles partagent sa succession par tête, sans autre distinction sinon qu'il donne et lègue en préciput et prérogative aux deux fils de ses deux filles à chacun mille écus, outre le préciput de pareille somme léguée à Arthémise de Caumont. »

Agrippa déclarait par son testament qu'il laissait un enfant naturel, Nathan, né en 1601, qu'il avait marié et partagé suivant sa condition, et qui s'était rendu « recommandable par probité de vie, doctrine non commune, l'ayant accompagné en ses périls contre l'autre fils [1] ».

Renée Burlamachi était nommée exécutrice testamentaire.

Ce testament solennel, où Agrippa parle si hautement de lui-même, où il énonce si nettement ses volontés, était, comme presque tous les actes de ce personnage, entaché de duplicité et d'obscurité. La terre du Crest était, avec les biens meubles, la seule propriété qu'il laissât à partager à ses enfants; or, par un acte secret et antérieur, il en avait fait aux enfants de sa fille aînée « une donation pure, simple, irrévocable, entre vifs, homologuée par le sénat de Genève ». Le testament n'avait donc plus pour objet que les biens meubles consistant en bijoux, armes, mobilier, ustensiles, etc. L'inventaire de ces biens, que j'ai sous les yeux, témoigne qu'Agrippa aimait le luxe et vivait dans une sorte d'opulence; mais ils ne constituaient pas une richesse, et le partage qui en fut fait entre ses sept petits-enfants ne donna que peu de chose à chacun d'eux. Quant à la petite terre des Landes-Guinemer, qu'il laissait aux enfants légitimes de Constant, nous avons vu qu'elle avait été confisquée, et appartenait au sieur de Vaugelas.

Le testament, le codicille et la donation d'Agrippa causèrent beaucoup de surprise. Tout le monde n'avait pas

---

[1] De ce Nathan, qui mourut en 1669, descendent les Merle d'Aubigné, l'une des familles notables de Genève.

pour Constant d'Aubigné l'aversion bien méritée que lui portait son père. Madame de Villette lui témoignait « une vraie passion de sœur », et ne voyait dans sa vie que de « légers désordres ». M. de Villette partageait cette indulgence, les vices de Constant étant communs à une grande partie de la noblesse de son temps. Il n'était pas jusqu'à la sévère Burlamachi qui n'eût été séduite par la bonne mine et les belles paroles du vaurien, et qui n'eût cherché à lui rouvrir le cœur de son père. Enfin on s'apitoyait sur son mariage, sur son enfant, sur sa jeune femme, dont on vantait les grandes qualités. Aussi le testament d'Agrippa fâcha toute sa famille, à l'exception de Dadou, qui se hâta d'en profiter, et envoya le procureur Mériodeau se mettre en possession du Crest. On avait espéré qu'Agrippa, à l'approche de la mort, aurait eu pitié de l'héritier de son nom, et lui aurait laissé les moyens de le soutenir : Mursay avait été gracieusement donné à la fille cadette; les enfants de la fille aînée semblaient à peu près nantis de Surimeau; en laissant le Crest à son fils, il lui eût permis de reprendre une vie honnête, ou du moins de pourvoir aux besoins de sa famille.

« Hélas! écrivait la veuve d'Agrippa à M. de Villette, je suis triste jusqu'à la mort qu'il n'ait pas disposé de son bien à votre contentement, mais quand il avoit résolu quelque chose, il étoit si absolu, qu'on ne lui eût osé contredire. Sa volonté eût été de vendre la terre du Crest... Je lui disois souvent que l'inégalité pourroit causer quelque mécontentement; il disoit : « Changeons de propos; j'aime » tous mes enfants; mais il faut que je songe aux plus » pauvres [1]. »

Le testament et la donation furent donc regardés comme une nouvelle bizarrerie de son auteur, un acte inique et inacceptable, enfin une sorte de défi porté aux lois du royaume, puisque Agrippa, étant mort civilement et ayant

[1] Lettre du 13 juillet 1630.

ses biens confisqués, savait parfaitement que le testament et la donation n'avaient nulle valeur en France. Aussi la famille Villette fut d'avis qu'il ne fallait point en tenir compte, et que Constant devait « interrupter Dadou et ses filles dans la possession du Crest » qui lui appartenait légitimement. C'était aussi l'opinion de la veuve d'Agrippa, de Nathan d'Aubigné et de plusieurs gens de loi. Ce ne fut point celle de Constant, qui, malgré les supplications de sa femme, refusa de rien faire.

Il venait d'obtenir de Dadou le payement des arrérages de sa rente de quinze cents livres pendant quatre ans; il était occupé de nouvelles aventures, parmi lesquelles on croit démêler qu'il participait à quelque fabrication de fausse monnaie; enfin, à l'époque où Gaston d'Orléans essaya de soulever les provinces contre le cardinal de Richelieu, il trempa dans cette révolte. Ses ennemis, et principalement les parents de sa première femme, le dénoncèrent, et, en décembre 1632, il fut arrêté par les ordres du cardinal et enfermé de nouveau au Château-Trompette. Il devait cette fois être privé de sa liberté pendant dix ans.

On ne sait ce que devint Jeanne de Cardilhac pendant les deux premières années de la captivité de son mari; il est probable qu'elle vint s'établir à Bordeaux, et peut-être même au Château-Trompette, puisque, au commencement de l'année 1634, elle accoucha d'un deuxième fils, qui fut nommé Charles [1]. Après ses couches, elle obtint que son mari fût transféré à Poitiers, et un acte signé d'elle constate qu'elle demeurait, le 11 décembre 1634, « dans la maison d'un pâtissier sise rue Notre-Dame la Petite, pendant que son mari était aux prisons de la conciergerie du palais de ladite ville [2] ». Elle y devint de nouveau enceinte, obtint

---

[1] C'est ce frère aîné de madame de Maintenon qui lui donna tant de soucis et qui ressemblait un peu à son père.
[2] Autographe communiqué par M. Fillon.

encore que d'Aubigné fût transféré « aux prisons de la conciergerie du palais de Niort [1] », enfin, laissant ses deux fils aux soins charitables de madame de Villette, elle alla s'enfermer avec son mari. Elle était alors tombée dans le plus grand dénûment, Dadou ne la payant que par petites sommes qu'il fallait arracher [2], et elle voulait être à portée des secours qu'elle recevait de la famille Villette. Constant ne s'occupait point des besoins de sa famille ; il avait perdu toute activité et toute énergie, et semblait usé par sa vie d'aventures et de débauches. C'est dans cette affreuse situation que Jeanne de Cardilhac accoucha, le 27 novembre 1635, d'une fille qui devait être madame de Maintenon. Elle fut assistée par madame de Villette, qui, sur les instantes prières de la mère, et même par la volonté expresse du père, la fit baptiser dans une église catholique.

Voici l'acte de baptême extrait du registre de l'église Notre-Dame de Niort, déposé aux archives de la mairie de cette ville :

« Le vingt-huitième jour de novembre 1635 fut baptisée Françoise, fille de messire Constant d'Aubigny, seigneur d'Aubigny et de Surimeau, et de dame Jeanne de Cardilhac, conjoints. Son parrain fut François de la Rochefoucault, fils de haut et puissant messire Benjamin de la Rochefoucault, seigneur d'Estissac et de Maigno, et sa marraine demoiselle Suzanne de Beaudéan, fille de haut et puissant Charles de Baudéan, seigneur baron de Neuilhant, gouverneur pour Sa Majesté de cette ville et château.

» Suzanne de Baudéan, François de la Rochefoucault, Constant d'Aubigny, Meaulme (curé). »

---

[1] Cette prison n'existe plus. Il ne faut pas la confondre avec le château de Niort, qui existe encore, où Constant ne fut jamais enfermé, quoique plusieurs historiens fassent naître madame de Maintenon dans ce château.

[2] J'ai entre les mains trois reçus de Jeanne de Cardilhac à Dadou, en date du 12 février 1635 ; le premier est de cent quatre-vingt-huit livres, le deuxième de cent quarante livres, le troisième de cent livres.

Le parrain et la marraine de Françoise d'Aubigné étaient deux enfants de neuf à dix ans. Le parrain était le petit-neveu de l'auteur des *Maximes*; la marraine était fille de Charles de Baudéan, le compagnon de débauches de Constant d'Aubigné, qui s'était fait catholique pour conserver les charges de son père. Suzanne de Baudéan avait pour mère une femme qui fut la vraie marraine de Françoise, car elle lui donna son nom et s'attribua des droits sur la malheureuse enfant : c'était Françoise Tiraqueau, petite-fille du jurisconsulte de ce nom, fille d'un ligueur passionné, catholique très-ardente qui, en 1629, avait chassé les protestants de ses terres et avait introduit les jésuites dans le bas Poitou. C'était une femme de beaucoup d'esprit, mais dure, avare, ambitieuse. Nous avons dit plus haut que Charles de Baudéan avait eu pour mère une tante de Suzanne de Lezay, mère de Constant d'Aubigné; c'est ainsi que Françoise Tiraqueau, baronne ou comtesse de Neuillant, se disait parente des d'Aubigné et s'attribuait un droit de protection sur les enfants de Constant, principalement sur celle qui venait de naître. Ajoutons que l'enfant qu'on avait donné pour marraine à Françoise devint la maréchale de Navailles, dame d'honneur de la reine Marie-Thérèse, si honorablement célèbre par la disgrâce qu'elle encourut de la part de Louis XIV [1].

Madame de Villette, qui avait déjà soin des deux fils de son frère, emporta l'enfant nouvellement née, et lui donna la même nourrice qu'avait eue la seconde de ses filles [2]. Quant à Jeanne de Cardilhac, elle resta encore un an dans la prison de Niort avec son mari [3]. Enfin, se voyant

---

[1] Voir sur ce sujet les *Mémoires de Saint-Simon*. Voir aussi sur Suzanne de Baudéan, ce qu'en dit dans ses *Mémoires* Mademoiselle, dont elle fut quelque temps l'amie.

[2] Cette fille devint la marquise de Sainte-Hermine.

[3] C'est ce qui résulte du reçu suivant :

« Je, soussigné, confesse avoir reçu de M. Alry, maître apothicaire en cette ville, la somme de soixante-quinze livres à la décharge de M. Dade,

chargée de trois enfants avec un mari qui semblait s'accommoder de pourrir en prison, elle résolut de l'abandonner pour travailler à ravoir une partie de son bien. Elle avait alors vingt-cinq ans. C'était une femme de goûts paisibles, de beaucoup d'intelligence, d'une grande fermeté, ayant, avec un air sévère, des manières pleines de charme. Elle allait, après huit années du plus triste mariage, commencer sa vie de luttes, d'aventures et de misères.

Dadou continuait à jouir de Surimeau au nom des créanciers de Constant, et du Crest au nom de ses deux filles (il avait perdu les deux autres enfants de sa première femme); mais il continuait aussi à beaucoup dépenser et à frauder les créanciers de Constant, ainsi que ses propres filles, pour enrichir les enfants de son second mariage. Jeanne de Cardilhac ne cessait de l'inquiéter dans sa possession, et elle parvenait par ses menaces à lui arracher quelque argent. C'est ainsi qu'on trouve, à la date du 3 juillet 1636, un reçu d'elle pour une somme de quatre cents livres, qu'elle reconnaît lui avoir été donnée « pour la levée et jouissance que fait le sieur Dadou de la terre de Surimeau [1] ». Enfin les plus anciens créanciers de son

mon frère, de laquelle somme je promets lui tenir compte sur les trois cents livres échues à la Saint-Michel du reste de plus grande somme. Fait en la conciergerie de Niort, ce 13 octobre 1636.

» J. DE CARDILHAC, CONSTANT D'AUBIGNY. »

[1] Je, soussignés, confessons avoir reçu de M. Dadou, notre beau-frère, la somme de trois cents livres et cent livres avant les présentes, selon qu'il est arrêté entre nous par accord ci-devant, et ce sans préjudice de trois cents livres qu'il nous doit pour les mêmes raisons, payables à la Saint-Michel prochain venant; les cent premières livres n'étant pas mentionnées dans notre accord par écrit, n'étant promis que verbalement, desquelles quatre cents livres nous le tenons quitte, sans préjudice des trois cents susdites et autres affaires entre ledit Dade notre beau-frère et nous, recognoissant que lesdites quatre cents livres nous sont données pour la levée et jouissance que fait ledit sieur Dadou de la terre et seigneurie de Surimeau. En foi de quoi je, J. de Cardilhac, femme séparée de biens, ai signé la présente pour M. d'Aubigny. A Niort, ce 3 juillet 1636.

J. DE CARDILHAC, CONSTANT D'AUBIGNY.

mari la sollicitèrent de s'accommoder de leurs créances; elle y consentit. Par le conseil et avec l'assistance de Villette, elle s'en alla à Paris, où se trouvaient ces créanciers, traita avec eux, soit par achat, soit par contre-lettres, et étant subrogée en leur lieu et droit, elle demanda judiciairement à Dadou « la reddition du compte des fruits de Surimeau dus à Constant ». C'était vers la fin de 1636.

Dadou fut extrêmement troublé de cette demande. Voulant à tout prix conserver Surimeau pour ses enfants du second lit, il songea à détourner le coup et à transiger. Il demanda à racheter à la dame d'Aubigné « les créances dont elle s'était adjustée », et comme il n'avait pas d'argent à lui donner, il résolut d'aliéner le Crest, qui appartenait à ses deux filles, et qu'il avait si mal ménagé depuis sept ans, que sa valeur en était diminuée de moitié. Pour y parvenir, il sollicita secrètement la dame « de l'interrupter dans la possession du Crest dont il jouissait comme ayant la garde noble de ses filles »; il lui dit « que la donation faite par Agrippa de cette terre était nulle, comme ayant été faite par un homme condamné à mort et dont les biens étaient confisqués; qu'elle devait faire saisir cette terre en vertu des créances qu'elle avait acquises, et au nom de Constant, qui en était l'héritier et possesseur légitime; que dès que la saisie serait faite, il vendrait la terre, et en ferait signer la vente à ses filles; il protestait d'ailleurs qu'il ne prétendait, ni lui ni les siens, toucher en nulle façon aux deniers du fonds ni des fruits du Crest[1] », le produit devant être employé à racheter et éteindre les dettes de Constant.

« Dadou ne faisait cela, dit Sansas de Nesmond dans un des nombreux factums qu'il écrivit plus tard contre son beau-père, que pour qu'on le laissât jouir de la seigneurie de Surimeau, qui était à Constant, et qu'il en pût convertir les revenus et jouissances au profit de son second mariage;

[1] Papiers autographes de Sansas de Nesmond.

et de fait, ledit sieur s'était emparé desdits biens il y avait douze ans (1625) déjà, et en avait toujours joui et jouit encore après jusqu'en 1642 inclusivement; et, par le moyen de cette vente du bien de ses enfants, il évita la reddition du compte des fruits de Surimeau dus à Constant, il fit taire la dame de Cardilhac, qui les vouloit avoir comme créancière de son mari, à qui les biens étoient, et se les appropria. »

Jeanne de Cardilhac consentit à tout ce manége, étant guidée par M. de Villette et sans l'avis de son mari, qui semblait indifférent à toutes les affaires litigieuses dont sa vie désordonnée fut la cause. Elle fit saisir le Crest au nom des créanciers de Constant; un procès fut commencé; Dadou s'empressa d'y mettre fin en cherchant en secret un acheteur, le nommé Michely, d'une riche famille de Genève, qui promit de prendre le Crest pour vingt et une mille livres, avec « une somme notable sous main ». Le marché fut conclu, et l'argent déposé au greffe des consignations à Genève.

Il fallait avoir le consentement des filles de Dadou, surtout de l'aînée, Arthémise, âgée alors de vingt et un ans, belle, orgueilleuse, résolue, qui supportait avec indignation la vie de son père, et qui, malgré les mauvais traitements qu'elle en recevait, ne cachait pas son mépris pour sa belle-mère et les *petits Mériodeau* : c'était le nom qu'elle donnait à ses frères du second lit. Ces demoiselles disaient que la vente du Crest était une trahison et une spoliation, car cette terre avait coûté à Agrippa d'Aubigné, soit en achat, soit en constructions, quarante-cinq mille livres; « que les créances de Constant, conçues en France, n'avaient point d'hypothèque hors du royaume, qu'il y avoit en France du bien hypothéqué suffisant pour payer les créanciers ». Pour apaiser leurs larmes et vaincre leur résistance, Dadou leur remontrait que le Crest rapportait à peine les réparations qu'il exigeait, qu'au moyen des quatorze mille six cents livres de créances qu'il devait acheter de la dame d'Aubigné, il éteignait quarante-huit mille livres d'hypothèques sur Surimeau, et que cette terre devenait leur propriété. Enfin, à force de prières et de rigueurs, les demoiselles de Caumont consentirent à la vente.

La veuve d'Agrippa était favorable à la réclamation de la dame d'Aubigné; sur la demande de M. de Villette, qui menait toute cette tortueuse affaire, elle retira les vingt et une mille livres déposées au greffe de Genève, les envoya à Paris, et ce fut la dame d'Aubigné qui toucha cette somme au moyen d'une procuration signée de Dadou et de ses filles [1]. Quelques jours après, cette dame signa une transaction par laquelle « elle cède et transporte aux demoiselles Caumont d'Adde les créances qu'elle a par cession des premiers et plus anciens créanciers, moyennant le remboursement du prix payé par elle et qu'elle affirme être de quatorze mille six cents livres ». Ces quatorze mille six cents livres lui furent payées : 1° six mille livres en lui engageant la métairie de l'Herce, dépendante de Surimeau et rapportant quatre cents livres; 2° huit mille six cents livres à prendre sur les vingt et une mille livres de la vente de Crest. Les douze mille quatre cents livres restant de cette vente devaient être données aux demoiselles de Caumont, « pour, en acquérant et payant des créances conjointement avec ce que leur donne la dame d'Aubigné, absorber tout ce qui peut être dû à Constant, à raison des mille cinq cents livres de rente qui lui ont été

[1] M. de Villette écrivait à l'acheteur du Crest, le 2 juin 1637, une lettre où il l'engageait à se mettre en possession immédiate, à envoyer l'argent de la vente à Paris et à ne le donner qu'à la *baronne* d'Aubigné. « J'aurai l'œil que rien ne se passe que bien et que l'argent soit employé à l'acquit des premières et plus considérables dettes du baron, desquelles je vous envoie un mémoire ci-joint, vous certifiant sur mon âme et sur mon honneur que lesdites dettes sont véritables et les premières qui entreroient en ordre dans un décret fait à tout rigueur. » (Autographe.)

constituées sur tous et chacun des biens paternels et maternels [1] ».

Cette transaction était à peine en voie d'exécution que des difficultés surgirent, car Dadou n'avait traité qu'avec une arrière-pensée. Les demoiselles de Caumont prétendirent qu'elles avaient été trompées par la dame d'Aubigné, que les créances que celle-ci leur cédait n'avaient été payées par elle que sept mille huit cents livres, et ne libéraient qu'en partie le domaine de Surimeau; elles refusèrent de les prendre pour ce prix, et demandèrent qu'on leur en donnât d'autres pour le prix convenu. En même temps, Dadou se plaignit à la veuve d'Agrippa du marché qu'il avait fait; il se disposa à attaquer la vente du Crest, et ne s'arrêta que devant les observations sévères de Renée Burlamachi, qui lui écrivit : « Vous savez bien que le Crest n'a été vendu qu'à votre plein et entier consentement; c'est une affaire faite et finie. Dieu vous garde de plaider à Genève! Je souhaite que l'argent que vous emploieriez à plaider, vous en achetiez de belles robes à mademoiselle Arthémise [2].... »

De son côté, la dame d'Aubigné accusa les demoiselles de Caumont de mauvaise foi, et ce semble avec raison, car les créances avaient été réellement achetées pour la somme qu'elle avouait; elle refusa de donner mainlevée desdites créances, puisque leur valeur était déniée, et cependant elle se mit en possession de la métairie de l'Herce, garda les douze mille quatre cents livres provenant de la vente du Crest, et avec les huit mille six cents livres qu'elle avait eues sur cette vente, solda les achats ou emprunts qu'elle avait faits auparavant. Dadou, au nom de ses filles, l'attaqua devant le parlement de Paris non-seulement pour avoir la mainlevée des créances, mais en restitution de toutes les sommes qu'elle avait reçues pour le Crest. Elle

---

[1] Papiers autographes de Sansas de Nesmond.
[2] Autographe du 20 juillet 1636.

se défendit en achetant d'autres créances, avec lesquelles elle demanda de nouveau que Dadou fût contraint de rendre compte de tous les produits de Surimeau pendant douze ans.

Elle s'engagea ainsi dans une suite de procès fort compliqués, qui durèrent de 1637 à 1642, où il est difficile, même avec les pièces que j'ai entre les mains, de démêler le droit et la vérité, mais où elle trouva constamment l'approbation de la famille Villette et de la veuve d'Agrippa, qui la regardaient comme « persécutée et dépouillée ». Elle passa presque tout ce temps à Paris, et logeait dans la cour de la Sainte-Chapelle, pour être à portée des gens de loi à qui elle avait affaire. Elle avait auprès d'elle ses deux fils, qu'elle élevait avec beaucoup de tendresse, et elle avait laissé sa fille, pour laquelle elle ne ressentait que de la froideur, aux soins de madame de Villette, qui l'élevait, contrairement à son baptême et aux volontés de ses père et mère, dans la religion réformée. Elle n'avait pour vivre que le produit de la métairie de l'Herce, et se trouva réduite à dépenser peu à peu, soit en achat de créances, soit pour les geôlages de son mari, les douze mille quatre cents livres restant de la vente du Crest. Elle se tenait dans la retraite, et voyait néanmoins quelques personnes de la cour, notamment madame de Neuillant, qui venait souvent à Paris. Ses ennemis ont dit, et nous le verrons plus loin, qu'elle avait eu pendant ces cinq années une vie dissipée et même « noircie de crimes ». L'estime que lui témoigna constamment la veuve d'Agrippa, l'appui qu'elle ne cessa de trouver dans la famille Villette, la misère où elle fut réduite pendant plusieurs années, enfin la noblesse de sentiments que révèlent ses lettres, répondent suffisamment à cette calomnie.

Quant à ses relations avec son mari, elles se bornaient à quelques missives nécessitées par les affaires judiciaires. Jeanne de Cardilhac ne pouvait dissimuler l'aversion que lui inspirait l'auteur de tous ses maux, et cependant nous verrons qu'elle fit quelques efforts pour le délivrer de sa prison. Quant à lui, il n'écrivait à sa femme que pour lui demander de l'argent, car sa misère était fort grande. Il tirait des secours de madame de Villette, qui allait souvent le voir en compagnie de Françoise qu'il aimait tendrement. « Je n'ai d'autre consolation, disait-il, que de ma petite innocente [1]. » Il recourut aussi à son frère Nathan, qui lui répondit « avec une charité chrétienne et fraternelle ».

Dans le commencement de ses procès, Jeanne de Cardilhac eut d'abord l'avantage, grâce à deux auxiliaires. Le premier fut le sieur de Vaugelas, adjudicataire de la confiscation des biens d'Agrippa, qu'elle suscita contre Dadou, et qui attaqua en effet celui-ci dans la possession de Surimeau; il le malmena de telle sorte, que Dadou fut obligé de venir à composition, et de donner à son adversaire une indemnité de quatre mille livres. Le second fut le sieur de Lisières, chanoine de la Sainte-Chapelle, qui avait cautionné jadis Constant pour une somme de trois mille livres. Il céda sa créance à la dame d'Aubigné, l'aida de son crédit et de ses conseils, enfin fit si bien, qu'un arrêt du parlement enjoignit à Dadou de rendre compte des sommes qu'il avait perçues sur le domaine de Surimeau depuis douze ans. Dadou fut un peu étourdi du coup; ses filles le pressaient d'aller à Paris pour y conduire ses affaires, mais il aimait ses aises, et répugnait à quitter ses *petits Mériodeau;* comme il n'avait à Paris

---

[1] *Notes des D. de Saint-Cyr.* — C'est sans doute à ces visites de Françoise d'Aubigné dans la prison de son père qu'il faut rapporter l'anecdote suivante que mademoiselle d'Aumale place inexactement au Château-Trompette :

« Elle se souvenoit d'avoir joué avec la fille du geôlier, qui étoit de son âge. Celle-ci avoit un ménage d'argent, et madame de Maintenon n'en avoit pas; elle lui reprochoit qu'elle n'étoit pas si riche qu'elle. Non, mais, répondit Françoise, je suis demoiselle, et vous ne l'êtes pas. »

qu'un procureur peu zélé, il est probable qu'il aurait succombé dans cette lutte de chicanes, s'il ne lui était arrivé un puissant soutien.

Les deux filles de Dadou, maltraitées par leur belle-mère, privées de tout plaisir par leur père, manquant même de vêtements, étaient en âge d'être mariées : l'aînée, Arthémise, avait vingt-cinq ans, la cadette, Louise, vingt-quatre. On les croyait légitimes propriétaires de Surimeau et du Crest, et des partis s'étaient présentés qui avaient tous été refusés par Dadou. Enfin il s'en offrit un plus vaillant ou plus opiniâtre : c'était un gentilhomme catholique nommé Sansas de Nesmond, n'ayant que peu de bien, mais fort instruit et fort méchant, neveu d'un président au parlement de Paris, et comptant d'autres parents dans la magistrature. Il devint amoureux d'Arthémise, qui était d'une beauté remarquable, et la demanda en mariage, même sans dot, même sans s'inquiéter de l'étrange famille où il voulait entrer. Dadou le refusa, non par scrupule religieux, mais parce qu'il craignait de trouver dans un tel gendre un contrôleur de sa vie et qui fouillerait ses malversations. Sansas ne se rebuta pas, étant assuré des sentiments d'Arthémise, qui jura à son père de n'avoir pas d'autre époux, et le menaça même d'avoir recours au roi et à sa justice. Cette lutte fit grand bruit dans la province, à cause de la religion du prétendant, qui semblait envoyé exprès de Paris pour enlever à la réforme une petite-fille d'Agrippa d'Aubigné. M. et madame de Villette étaient alors complétement en désaccord non-seulement avec Dadou, mais avec ses filles, « qui ne leur faisaient pas les respects qu'elles leur devaient ». Ils se montrèrent étonnés et mécontents du projet de mariage, essayèrent vainement d'en éloigner leur nièce, et en instruisirent Renée Burlamachi, qui en témoigna une grande indignation, ainsi que de la conduite de Dadou envers madame d'Aubigné.

« Madame la baronne d'Aubigny, leur écrivait-elle le

7 mai 1641, m'a fait la faveur de me donner de ses nouvelles par un jeune homme qui m'est venu voir de sa part... Cette pauvre dame est encore à Paris, après les mauvaises affaires que M. Dadou lui donne; à la fin il s'en lassera et verra si la fin louera l'œuvre, mais à son dam, car qui tourmente autrui se donne de la peine à soi-même... Si ses filles étoient sages, elles seroient à plaindre; mais quelques affaires qu'il y ait, je ne leur pardonne point qu'elles ne fassent leur devoir envers vous, monsieur, et madame ma fille; elles doivent en faire état comme de ce qu'elles ont de plus cher pour leur honneur; elles connoîtront un jour leur faute. Ce seroit avec un extrême regret, si l'aisnée se laissoit aller jusques-là de se marier sans le conseil de vos dignes personnes, et surtout à un papiste. Si le père est si malheureux que de consentir à telle chose, il feroit dire à beaucoup de personnes qu'il a peu la mémoire de notre bon monsieur, encore qu'il le témoigne assez par beaucoup de mauvaises actions [1]. »

Quant à madame d'Aubigné, elle n'avait pas les mêmes motifs de répulsion contre Sansas de Nesmond, et comme elle espérait que le gendre serait plus accommodant que le beau-père, elle écrivait à M. de Villette le 12 juin 1641 :

« MONSIEUR MON FRÈRE,

» J'ai reçu la chère vôtre du 23 mai, où j'ai pensé voir une raillerie en termes bien doux de quelque mot qui m'est possible échappé sentant la moralle que je souhaiterois

---

[1] Extrait de lettres publiées par M. H. Bonhomme dans le *Bulletin du Bibliophile*, novembre et décembre 1860. — Renée Burlamachi écrivait encore, le 25 juin 1641 : « C'est avec l'amertume de mon âme que j'ai vu le mariage qui se traitoit, et ce qui fait redoubler nos regrets est la digne mémoire de notre bon monsieur, de laquelle ils ont fait peu d'état, et ce peu de semblant n'a été qu'à tirer à eux, ce qui ne peut être suivi de bénédictions, par des procédés si iniques. Je crois que ce mariage se fera, et Dieu veuille que cette fille ne fasse le coup d'une malheureuse révolte ! » (*Bulletin du Bibliophile*, ibid.)

apprendre de vous, plutôt que de prétendre de vous y faire leçon en cela comme en toutes les bonnes choses. Il faut en chercher les principes et l'origine chez vous. J'admire la gentillesse de votre moquerie où vous dites que si je continue, je profiterai plus en la moralle qu'au droit. Je souhaite avec grande passion le mariage de votre bonne niepce, quoique je ne l'espère pas, sur la croyance que j'aurois que ce prétendu gendre seroit plus raisonnable que son père, et qu'ainsi je n'aurois plus à faire de jurisprudence.

» J'ai fait porter et tenir promptement vos lettres à M. de la R., et pour M. de Vaugelas, je lui ai fait faire compliment de votre part; à quoi il a répondu civilement à son ordinaire. Ce Médor duquel vous me parlez en tant que tel méritera un mausolée de votre niepce Arthémise, si tant est que la diversité de religion et autres difficultés leur permettent de conclure. Votre frère m'avait donné espérance de le voir ici, où il vient pour parler de son mariage à son oncle. S'il me fait l'honneur de me voir, vous serez adverti fidèlement de notre dialogue [1]. »

Cependant Arthémise d'Adde et Sansas de Nesmond, à force de prières, même de menaces, virent leurs vœux satisfaits : Dadou consentit à leur mariage, mais à la condition que les deux époux approuveraient absolument les transactions faites pour la vente du Crest, et même qu'ils payeraient la moitié de l'indemnité donnée à Vaugelas. « La passion dans laquelle étoit la demoiselle Arthémise, de sortir des mains d'un père qui mangeoit tous ses biens et la faisoit maltraiter par une belle-mère, la porta à consentir que ladite clause fût insérée dans son contrat de mariage, et pria le sieur de Nesmond de le souffrir [2]. » Un

---

[1] Cette lettre a été donnée inexactement par la Beaumelle (t. IV, p. 30, des *Mémoires sur madame de Maintenon*). Elle a été publiée d'après l'autographe, par M. Bonhomme, dans le *Bulletin du Bibliophile*, et dans son ouvrage : *Madame de Maintenon et sa famille*.

[2] Papiers de Sansas de Nesmond.

an après, la seconde fille de Dadou, Louise, épousa, non sans difficultés de la part de son père, Pierre de Guilloteaux, sieur de Launay, gentilhomme protestant.

L'époux d'Arthémise avait eu confidence des affaires embrouillées de la famille Dadou, et il était résolu à y mettre ordre, même aux dépens de son beau-père. Dès qu'il fut marié, il obtint de celui-ci « de lui laisser le maniement de ses affaires, promettant de le rédimer des vexations de la dame d'Aubigné, qui le poursuivait sous le nom de Lisières[1] ». Il se fit donner procuration par le beau-père et les deux filles, s'en alla à Paris, et mena grand train l'affaire qui traînait depuis quatre ans. C'était le procédurier le plus retors qu'on puisse imaginer, se complaisant dans les chicanes, courant à un procès comme à une fête. Dès son arrivée à Paris, le 28 décembre 1641, il écrivait à Dadou : « J'espère réduire mes gens à demander composition, et n'épargnerai ni amis, ni proches, ni puissances pour qu'ils se rendent à discrétion. Quoi qu'il arrive, je mêlerai si bien les cartes, qu'ils ne sauront plus ni commencer le jeu ni qui est ce qui tourne[2]. »

Cependant madame d'Aubigné ne se doutait pas de l'ennemi qu'elle allait avoir sur les bras. Elle était alors dans un si grand dénûment, « qu'elle sembloit ne vivre, disait-elle, avec ses enfants que par la providence seule de Dieu ». Nous en verrons tout à l'heure les témoignages. Malgré cela, elle songeait à faire venir à Paris sa fille, qu'elle voyait avec peine élevée dans la religion protestante. La famille Villette la blâmait de prolonger son séjour à Paris, l'accusait d'indifférence pour son mari et la pressait de le faire sortir de prison. Constant lui-même lui en écrivait dans des termes assez violents, car il s'était subitement pris de l'envie d'être transféré à Paris auprès de sa femme et de ses enfants. Elle fit quelques démarches

---

[1] Papiers autographes de Sansas de Nesmond.
[2] Ibid.

à ce sujet, et, grâce à M. Citois, médecin de Richelieu, qui était de Poitiers et connaissait sa famille [1], elle put avoir une audience du ministre. La lettre suivante, écrite à madame de Villette le 26 juillet 1642 [2], nous apprend quel fut le résultat de sa démarche, avec quelques autres détails qui ne manquent point d'intérêt :

« Madame ma très-honorée soeur,

» Je ne doute point du peu de temps que vous avez, sachant, comme je fais, les subjets que vous avez de l'employer sans sortir de chez vous, où pour surcroît il faut encore que vous ayez votre petite nièce [3]. Je vous suis d'autant plus obligé de l'honneur qu'il vous plaît me faire de m'écrire, les présents des disetteux étant bien plus estimés, quoique petits, que les magnifiques de ceux qui sont dans l'abondance. Je vous plains de la continuation de la maladie de ma petite niepce [4], car je sais combien ces choses-là vous touchent, du naturel que vous êtes, bon et sensible pour les personnes qui vous touchent, et charitable pour le prochain en général. Vous me donnez des preuves du premier, en ce que vous me mandez de votre frère; mais, ma chère soeur, si vous daignez vous ressouvenir des subjets de soupçon que j'ai de tous côtés de cette part là, vous ne me blâmerez pas tant, et même combien ma facilité et confiance me coûte cher. J'ai bien du regret de n'avoir pu réussir en ce qu'il désiroit de son Éminence; mais il me dispensera de presser cette affaire-là de sa transfération, ayant senti le vent du bureau, et quand le malheur seroit arrivé, on me pourroit dire : On vous l'avoit bien dit. Qu'il cherche donc un autre solliciteur que moi

---

[1] Tallemant des Réaux dit quelques mots de ce médecin, qui était l'ami de Bois-Robert et s'occupait de belles-lettres. Il y a encore dans le Poitou des descendants de cette famille.

[2] Autographe appartenant à M. de Noailles.

[3] C'est-à-dire Françoise d'Aubigné.

[4] L'une des filles de madame de Villette.

pour cela. Je crois qu'il vous aura dit ce que je lui en ai mandé. Son Éminence me dit : « Qu'il ne falloit point songer à sa liberté, et que, pour sa transfération, on verroit, qu'il en parleroit au roi¹. » Et M. Citois, son médecin, qui lui en avoit parlé à ma prière, me dit qu'on avoit fait le prisonnier bien noir, et que je ne devois pas souhaiter ce que je demandois, quoiqu'il crût que je le pouvois obtenir; mais que ce seroit pour lui faire son procès étant ici, car il y avoit bien des choses contre lui. Sur quoi il me demanda si je n'étois pas sa seconde femme, et ce qu'il avoit fait de la première, avec tout plein d'autres choses de pareille farine, si bien que tout le monde me conseille de n'en plus parler du tout.

» Je me réjouis extrêmement de votre bonne santé. Dieu vous fortifie pour le bien et utilité de votre chère et belle famille. Vous faites trop d'honneur à vos pauvres neveux et très-humbles serviteurs de vous souvenir d'eux, et je crains bien que leur sœur vous donne bien de la peine. Si mademoiselle de Sometrou vient ici, comme on dit, ce seroit une bonne occasion de me l'envoyer. Il s'en trouvera peut-être encore d'autres pareilles, et l'hiver est à présent un peu moins rude qu'il n'a été et le sera encore plus d'ici à un mois ou six semaines. Pardonnez-moi ma longueur et même les lignes pressées de mon écriture, ce que je fais de peur de grossir trop les paquets, ayant même à écrire à B..., et croyez que je suis, avec tout le respect et la passion imaginables, madame ma très-honorée sœur,

» Votre très-humble, très-fidèle et très-obéissante servante,

» J. DE CARDILHAC. »

Cependant Sansas de Nesmond s'était mis en campagne :

---

¹ Mademoiselle d'Aumale raconte ainsi cette conversation :

« Madame d'Aubigné demandant un jour la grâce de son mari au cardinal de Richelieu, parce qu'il étoit accusé d'avoir fait de la fausse monnoie, il lui répondit : Vous seriez bien heureuse si je vous refusois. C'est madame de Maintenon qui a conté elle-même ce trait. »

lettres, mémoires, sollicitations, calomnies, il employait tout contre la malheureuse femme qu'il voulait perdre. Il rechercha à son tour des créances de Constant, car on en trouvait partout, « bonnes et valables pour s'en accommoder, disait-il, et s'en servir contre les fraudes et les chicanes de la dame d'Aubigny ». Il se fit donner par Dadou un compte exagéré de tout ce qu'il avait payé pour Constant et sa femme, même en nourriture; « comme aussi qu'ils avoient détérioré le fonds de Surimeau, vendu des titres, coupé des bois, consommé de l'argent pour crimes, comme pour celui du meurtre commis en chemin avec le sieur de Villette, pour lequel le sieur d'Aubigny donna beaucoup pour son fils[1]. » « Je ferai bien valoir tout cela, écrivait-il, et couvrirai de confusion elle et son époux. » Il attaqua le sieur de Vaugelas en restitution des quatre mille livres données indûment par Dadou, et il disait de cet adversaire qui avait du crédit : « Pour ses amis, je ne les crains pas; j'en trouverai plus que lui en bonne justice; son nom ne paroît pas si hautement que le mien sur les fleurs de lys. A Blois, il pourroit l'emporter, mais au palais et au Louvre, il ne paroîtra pas, ou les miens éclateront[2]. »

En effet, il parvint à amener le sieur de Vaugelas à composition. Mais il n'eut pas si bon marché de la dame d'Aubigné, que conseillaient et aidaient le chanoine Lisières, savant en droit, madame de Neuillant, qui avait des relations avec le palais, etc. M. de Villette vint lui-même à Paris pour donner assistance à sa belle-sœur, et sous prétexte d'affaires à la cour; il apporta, de la part de Dadou, des paroles d'accommodement; mais Sansas répondit à son beau-père (6 mars 1641) : « Il n'y a rien dans l'affaire qui pût nous exciter à un accommodement que la compassion de la misère des enfants de notre partie,

---

[1] Papiers de Sansas de Nesmond.
[2] Ibid.

et je vois bien que tôt ou tard nous y viendrons ; mais le sieur de Villette sera de la partie, et payera sa part des aumônes qui seront faites, s'il échoit d'en faire à cette femme de mauvaise foi [1]. »

Cependant Arthémise de Caumont, qui avait cru ne se séparer de son époux que pour un ou deux mois, le pressait de revenir; mais Sansas, quelque épris qu'il fût de sa femme, ne voulait pas quitter la proie qu'il poursuivait. D'ailleurs le dépouillement de la dame d'Aubigné n'était que le commencement de la lutte qu'il voulait engager contre son beau-père, et au bout de laquelle il voyait la possession du beau domaine de Surimeau. Il n'en paraissait rien dans ses lettres à Dadou, où il se montre fils soumis et affectueux, où il n'oublie jamais d'offrir ses respects à *mademoiselle Dadou*, sa belle-mère ; mais le beau-père commençait à s'en douter, et inquiet des succès de Sansas, il le pressait lui-même de revenir. Sansas lui répondit, le 30 mars 1642 :

« Je suis bien affligé de ce que je ne puis vous voir sitôt, mais, monsieur, il faut faire un peu nos affaires et donner, s'il y a moyen, de la terreur à nos ennemis, afin qu'ils appréhendent de nous choquer désormais. Ma présence de par deçà étant très-pesante et fâcheuse à ma partie, j'en supporte avec moins de douleur la durée. Devant que je parte, j'espère lui faire haïr autant par le procès Paris, qu'elle l'a aimé et l'aime encore pour le jeu et les promenades. Devant que j'aie obtenu jugement, j'aurai bien crayonné de ses portraits. Nous n'avons de juge dont je n'en remplisse l'idée, et à qui je ne fasse présent d'un tableau de sa joie et de ses mœurs. La plus grande part savent déjà qu'elle a un procès pour être à Paris, et qu'elle n'est point à Paris pour un procès.

» Je ne sais quel dessein mène le sieur de Villette ici, le roy n'y étant pas ni prêt à y venir; je m'imagine qu'il y

[1] Papiers de Sansas de Nesmond.

vient pour mettre ordre à l'affaire de Genève ou pour me faire presser d'accommodement ; il ne réussira ni dans l'un ni dans l'autre que je n'y trouve très-bien mes sûretés, avec moi surtout, et qu'il ne rende ce qu'il a touché ; je veux qu'il ait sa part de l'orage [1]... »

Pendant que Sansas de Nesmond dépeignait madame d'Aubigné comme occupée de ses plaisirs et menant une vie de désordres, la malheureuse femme était réduite à une profonde misère : elle allait être chassée, faute de payement, du pauvre logis qu'elle habitait, obligée de vendre ses meubles, et de se retirer dans un couvent où une personne charitable lui donna asile en se chargeant de ses enfants. Cependant, grâce à ses manœuvres, Sansas obtint, au rapport du sieur Ferrand, conseiller à la grand'chambre [2], un arrêt du Parlement qui déclara « les fonds provenant de la vente du Crest mal mis aux mains de la dame d'Aubigny ». Celle-ci, voyant sa cause perdue par cet arrêt, et n'ayant plus l'argent de cette vente qu'elle avait dépensé soit en achat de créances, soit pour ses propres besoins, sollicita un accommodement que Sansas refusa en redoublant ses injures et ses menaces. La pauvre femme alla trouver l'oncle de son persécuteur, le président de Nesmond, le supplia de prendre compassion d'elle et de ses enfants, et obtint ainsi le consentement de Sansas à un accommodement. Voici comment celui-ci raconte l'affaire dans une lettre qu'il écrivit à Arnaudeau, procureur à Niort :

« Je vous donne avis que madame d'Aubigny n'ayant pu,

---

[1] Papiers autogr. de Sansas de Nesmond. — Dans cette même lettre il raconte que mesdames de Neuillant et d'Aubigné avaient une petite affaire au palais, dans laquelle se trouvait compromis un *sergent*. « Je me levai un peu matin, dit-il, pour embaucher le rapporteur, qui se trouva heureusement de mes amis. En peu de paroles je lui fis le panégyrique de la dame d'Aubigny et le conduisis au palais. Une heure après jugement fut donné et le sergent condamné à l'amende. »

[2] Ce magistrat devint l'un des amis du surintendant Fouquet. Dans les notes recueillies par celui-ci en 1660, on lit : « Ferrand... de l'esprit, tendant toujours à ses fins ; se charge de toutes sortes d'affaires. »

par divers entretiens qu'elle a eus avec moi, me porter à aucun accommodement, et me sentant résolu de faire donner un jugement sur nos affaires, et que j'avois en main toutes les pièces qui me sont nécessaires pour les requêtes, elle est allée trouver M. le président de Nesmond, auquel elle a représenté toutes mes rigueurs et sévérités contre elle, avec très-humble et très-instante supplication de vouloir prendre compassion d'elle et de ses enfants, et de me porter à un accommodement de douceur et d'amis en suite de cela. Le sieur de Nesmond lui répondit que la crainte que j'avois eue jusques ici et qui me continuoit encore, que je ne pusse trouver mes sûretés avec elle et qu'elle ne fût solvable, et que même elle ne voulût m'amuser pour prendre sur moi quelques avantages de chicane, m'avoit empêché d'accepter diverses propositions de paix, mais que, puisqu'il étoit vrai qu'elle étoit lasse de procès et vouloit en sortir, qu'il se chargeoit de me faire accepter cette voie d'accord, pourvu qu'elle me donnât ses sûretés de tenir l'accord qui se feroit, et qu'elle passât compromis sous des peines pour lesquelles elle donneroit caution; ce que ladite dame a accepté de sa part. Le sieur président m'ayant averti de ce qu'il avoit promis en mon absence, j'ai ajouté que notre pourparler n'empêcheroit aucunement le cours de nos affaires, et que je poursuivrois toujours jusques à ce que nous aurions jugement, ou que nous aurions transigé et fait ratifier par la cour du Parlement notre accord [1]. »

Madame d'Aubigné n'avait plus d'aide de personne : le chanoine Lisières était malade; madame de Neuillant était retournée à Niort; M. de Villette, on ne sait par quelle raison, ne lui avait été d'aucun secours pendant son séjour à Paris, et, lorsqu'il apprit le traité d'accommodement qui était projeté, il lui écrivit de Mursay une lettre sévère pour réserver ses propres droits et l'engager à ne rien

[1] Papiers autogr. de Sansas de Nesmond.

signer. Menacée de ce côté, où elle avait toujours trouvé conseil et affection, et tremblant que l'accommodement ne vînt à manquer, elle communiqua cette lettre à Sansas, qui manda à son beau-père le 26 mai 1642 :

« M. de Villette a écrit à madame d'Aubigné une grande lettre sur le bruit de notre accommodement, par laquelle il la conjure de ne signer rien qu'il n'en ait vu une copie, et que ses droits ne soient conservés contre nous. Elle me l'a communiquée, et prié de la mettre à couvert envers lui, et de faire paroître par notre traité que nos arbitres l'ont obligée de signer ledit traité et l'accommodement sans lui en donner communication ni à moi aussi, et qu'ainsi elle n'a pu lui en donner connoissance. Elle consent déjà que toute clause favorable portée dans notre transaction pour le sieur de Villette et ses enfants demeure nulle, et qu'il me soit permis de rechercher contre lui et ses héritiers un remboursement [1]... »

Sansas fit payer chèrement à la dame d'Aubigné l'accommodement qu'elle désirait. Il alla la voir, la couvrit d'injures et la maltraita tellement, que la malheureuse se mit au lit avec la fièvre. C'est lui-même qui raconte cette scène dans une lettre écrite à son beau-père le jour de la Pentecôte 1642.

« Depuis le jour de notre dernière prise, notre pauvre dame a la fièvre, qui la malmène un peu ; je lui dis trop de vérités et trop sévèrement, je le confesse ; mais je m'en repens. Elle a trop grande envie de terminer nos affaires et de sortir de ma tyrannie ; elle le fait assez paroître par son procédé et par la continuation de notre traité, qu'elle sollicite et fait très-ardemment solliciter, dès notre dernière querelle, où je fis mon possible pour la faire rompre et remettre ma parole, à quoi elle ne voulut jamais consentir, bien que je lui eusse dit jusque-là que je ferois déclarer ses enfants bâtards et illégitimes, si la compassion ne m'en

[1] Papiers autogr. de Sansas de Nesmond.

empêchoit, et justifierois par pièces et témoins que toute sa vie étoit noircie de crimes, fraudes, infidélités et infamies. Tout cela la fit taire court et se plaindre à M. Chaubier de mon procédé. La pâleur et la fièvre se sont saisies d'elle depuis ce temps-là. Je l'ai été voir ce matin au lit malade ; elle m'a promis pourtant qu'elle écriroit ce jourd'hui à son mari pour avoir son autorité. C'est à quoi elle ne manquera pas très-certainement, par l'envie qu'elle a de sortir de mes mains, et des occasions de se voir par moi canonisée...

» Je suis bien aise que le sieur et dame de Villette dorment. Quand je n'aurai qu'eux à combattre, je ne leur donnerai pas moins d'agitations qu'à madame d'Aubigny, leur ancienne camarade [1]... »

Les deux parties, par un acte du 13 juin 1642, reçu par Perrier, notaire au Châtelet de Paris, nommèrent chacun deux avocats au Parlement comme arbitres pour régler leurs différends, et ces arbitres furent présidés par le sieur Benoyse, conseiller en la cour, nommé par le président de Nesmond. Ce conseiller était un ami de Sansas, et celui-ci fut dès lors certain de la victoire [2]. La sentence de ce tribunal fut retardée par la lenteur que mit Constant

[1] Papiers autogr. de Sansas de Nesmond.

[2] Aussi ses lettres à son beau-père sont-elles joyeuses et plaisantes ; il l'entretient même des affaires publiques. Voici ce qu'il dit de la disgrâce de Cinq-Mars :

« Vous aurez appris la chute d'un écuyer peu expérimenté. On tient qu'on lui prépare place à la conciergerie, s'étant trouvé coupable de plusieurs intelligences contre le service de Sa Majesté et les prospérités de l'État. On fait nombre de prisonniers de toutes parts qui ont trempé dans ses funestes pratiques. Partout le génie de Son Éminence triomphe ; les efforts de ses ennemis contre sa prudence n'ont que les effets des orages contre l'Iris ; je veux dire qu'ils ne servent qu'à la peindre de plus grand nombre de belles et précieuses couleurs. Toutes les couronnes, souverainetés et républiques alliées se sont intéressées pour que il continuât ses conduites sur cet État, par le moyen duquel elles résistent à l'ambition d'Espagne et à l'esprit d'usurpation qui possède la maison d'Autriche. — 26 juin 1642. »

d'Aubigné à envoyer sa procuration; il la donna enfin le 7 juillet, et la signa « en l'escrou des prisons royales de Niort, entre les deux guichets de la conciergerie du Palais ».

Pendant que se délibérait la ruine de la famille d'Aubigné, Constant, au lieu d'aider sa femme dans la lutte inégale qu'elle soutenait, commençait à s'irriter de sa longue absence. Il lui fit écrire à ce sujet par madame de Villette, et celle-ci manda en même temps à la pauvre femme que la petite Françoise était malade d'une teigne dangereuse. Jeanne de Cardilhac, au milieu de ses angoisses, tâchait de montrer du calme; elle répondit (14 juillet):

« Je crains bien que cette pauvre galeuse ne vous donne bien de la peine. Ce sont des effets de votre bonté de l'avoir voulu prendre. Dieu lui fasse la grâce de s'en pouvoir revencher, mais non pas en pareil cas. Je plains bien votre frère, et voudrois de tout mon cœur pouvoir être auprès de lui comme il le souhaite, croyant bien qu'il en recevroit quelque soulagement et consolation. Je n'ai au monde de passion plus forte, après celle de vous servir, que de me voir hors de tous mes embarras, parmi lesquels j'éprouve le conseil qu'un de nos auteurs catholiques donne aux veuves de n'avoir point de procès, s'il se peut. C'est feu M. de Salles, évêque de Genève; il en dit les inconvénients. C'est ce qui me feroit sequestrer du monde et trouver un couvent dans ma chambre et parmi les miens, où je trouverois autant d'occasions de servir Dieu que dans un couvent monastique. J'admire la providence de Notre-Seigneur, qui laisse les personnes aux fonctions qui leur sont le moins agréables, vous avouant que je hais le monde de tout mon cœur. C'est une aversion que j'ai toujours eue, ne voyant que corruption de tous côtés. Mais il faut avoir patience; j'espère que je ne me plaindrai pas toujours, et que je me verrai un jour près de vous le plus que je pourrai, et en état de vous y rendre les devoirs, madame ma très-honorée sœur, d'une très-humble, très-fidèle et très-obéissante servante.

» J. DE CARDILHAC. »

Madame de Villette écrivit à sa belle-sœur pour lui apprendre que Constant se préparait à adresser contre elle une requête au tribunal de Niort. En même temps elle la blâmait de son long séjour à Paris, de l'abandon qu'elle faisait de son mari, auquel on ne pouvait reprocher, disait-elle, que de légers désordres ; enfin, elle lui disait que par sa persistance à s'éloigner du pays, et sa résolution de se retirer dans un couvent, elle aurait de la peine « à se justifier elle-même ».

Jeanne de Cardilhac fut navrée de douleur en apprenant le dernier coup que lui préparait son mari, et en voyant les injustes accusations de madame de Villette. Il y avait déjà un mois qu'elle s'était retirée dans un couvent, mais la misère seule l'y avait contrainte. Elle répondit avec dignité à sa belle-sœur (23 juillet 1642) : « J'ai toujours supporté les mauvais déportements de votre frère, et les souffrirai autant de temps qu'il plaira à Dieu, ayant bien mérité le traitement que j'en ai reçu. Mais sur ce que vous me mandez de révoquer la résolution que j'ai prise de me mettre en pension dans un couvent, c'est à présent trop tard... » Et elle lui expliqua, « quoiqu'elle fût fâchée d'écrire ces choses pour l'avantage qu'en peuvent tirer les Caumont », la raison qui l'avait forcée de le faire, et qui n'était que trop légitime, sa misère extrême. Après lui avoir dit « qu'elle s'étoit trouvée sans un sol, devant à tout le monde, trois quartiers de la maison où elle étoit, à boulanger et autres gens », elle lui remontra qu'elle avait été obligée de vendre tous ses meubles, « à la vérité très-peu, disait-elle, d'autant qu'il falloit que ce fût tout à la fois, l'hôte du logis n'ayant rien laissé sortir qu'au préalable on ne l'eût payé. ». Avec le produit de la vente, elle s'était acquittée le plus qu'elle avait pu, et s'était mise dans un couvent, « où une femme d'honneur et de vertu a répondu pour moi, disait-elle, comme elle a fait pour mes enfants qui sont ici près. Voilà la seule assistance que j'ai trouvée ici, que j'aie voulu prendre. Il est vrai qu'on m'a offert assez de choses, mais c'était personnes desquelles je craignois la conséquence... Après cela, jugez si j'aurai de la peine à me justifier moi-même, comme vous dites, et si je pouvois faire chose meilleure et plus honnête selon Dieu et selon les hommes. Vous appelez légers désordres de la part de votre frère de mettre sa femme et ses enfants en tel état tous les jours, et vous voudriez que je ne n'y misse pas ordre! A la fin, madame ma sœur, il est temps que je me fasse sage à mes dépens... Je crois que vous aurez sujet de le trouver bon, puisque j'aurai l'approbation de tous les gens d'honneur et la bénédiction de Dieu, qui voit mon cœur et sait mes raisons [1]... »

Quelques jours après cette lettre, le sort de madame d'Aubigné fut décidé, et la sentence arbitrale prononcée. Cette sentence ordonna la mainlevée du fonds de l'Herce et celle des créances acquises au nom des demoiselles de Caumont; elle condamna la dame Jeanne de Cardilhac à rendre ce qu'elle avait touché du prix du Crest au delà des quatorze mille six cents livres qui lui avaient été promises par la transaction de 1637. Cette sentence fut homologuée par arrêt du Parlement, contradictoirement prononcé; et à la suite de cet arrêt, « la dépositaire des créances en vida ses mains; le sieur de Nesmond les reçut; en vertu d'icelles, les demoiselles de Caumont se firent adjuger les biens de Constant d'Aubigny, qui avoient demeuré vacants et abandonnés par la cession qu'il en avoit faite en 1626;

---

[1] Lettre autographe publiée par M. H. Bonhomme dans le *Bulletin du Bibliophile*, nov.-déc. 1860, et dans l'ouvrage : *Madame de Maintenon et sa famille*, p. 51.

enfin le sieur Dadou, qui avoit joui desdits biens de 1627 à 1641, fut condamné à en rendre compte aux demoiselles de Caumont comme il avoit commencé de le faire à la dame de Cardilhac au nom de Lisières et des autres créanciers[1]. » Enfin, les demoiselles de Caumont se firent relever des consentements qu'elles avaient donnés soit à la vente du Crest, soit à la transaction de 1637.

Le jour même (9 août 1642) où était rendu l'arrêt du Parlement qui achevait la ruine de Constant d'Aubigné, ce *misérable* (ainsi que l'appelait son père) donnait signe de vie; il adressa au tribunal de Niort une requête ainsi conçue :

« Supplie humblement, Constant d'Aubigny, escuyer, prisonnier ès prisons de la cour de céans, disant qu'il auroit épousé, y a quatorze ou quinze ans, dame Jeanne de Cardilhac, laquelle ayant été conseillée pour établir quelque assurance en ses affaires, et avoir de quoi se subvenir et audit suppliant ensemble leurs enfants, de se séparer de biens d'avec lui, elle auroit obtenu sentence de séparation dès l'année 1629, depuis laquelle elle auroit fait divers traités avec les créanciers du suppliant, qui auroient cédé à ladite dame les droits et actions qu'ils avoient contre lui à un prix si favorable, que depuis ayant retrocédé à demoiselles Arthémise et Louise de Caumont, elle en auroit tiré huit mille livres en deniers payés comptant, et en outre la métairie de l'Herce, sise au lieu de Surimeau, estimée six mille livres, qui est de trois cents boisseaux de blé de revenu, lequel revenu, ensemble l'intérêt des huit mille livres, au lieu d'employer par ladite dame, comme elle auroit commencé, en la nourriture et entretien tant dudit suppliant que de demoiselle Françoise d'Aubigny, âgée de six à sept ans, elle retient depuis quelque temps par devers elle tous les biens cy-dessus qu'elle employe à ses usages particuliers dans la ville de Paris, où

[1] Papiers autographes de Sansas de Nesmond.

elle demeure maintenant depuis quatre ans en çà, sous prétexte de quelques procès, et ainsi abandonne contre toute sorte de justice, son mari prisonnier et sa petite fille, que le suppliant est contraint par nécessité de laisser ès mains de personnes faisant profession de la religion prétendue réformée, en quoi elle court d'autant plus grand danger que ces personnes sont de très-bonne vie moralement, ce qui peut facilement faire impression sur l'esprit d'un enfant de cet âge, pour la divertir de la religion catholique, apostolique et romaine, qui seroit le plus grand déplaisir qui pourroit advenir au suppliant parmi les autres afflictions qu'il souffre maintenant, qui sont telles, qu'il ne lui reste aucuns moyens ni pour vivre ni pour payer ses geollages, ni s'entretenir en quelque manière que ce soit.

» Ce considéré, vu qu'il est constant que les quatorze mille livres ci-dessus sont procédés des compositions qu'ont fait à ladite de Cardilhac les créanciers dudit suppliant en sa faveur, et que ledit suppliant et sa fille sont notoirement dans une entière nécessité, il vous plait de lui permettre de faire appeler devers vous ladite dame de Cardilhac pour se voir condamner à lui payer et à sa dite fille, annuellement la somme de quatre cents livres de pension, à quoi peut revenir la moitié des intérêts de ladite somme de quatorze mille livres, et cependant lui permettre de faire saisir et arrester pour l'assurance de ladite pension les deniers, fruits et autres choses qui se trouveront être dus et appartenir à ladite de Cardilhac, et votre jugement exécuté, nonobstant opposition ou appellations quelconques, et sans préjudice d'iceux, et vous ferez bien [1].

» Constant d'Aubigny. »

La détresse dont se plaignait Constant était réelle, car,

---

[1] Pièce originale publiée par M. Fillon dans la *Revue de l'Ouest* de décembre 1853.

à cette époque, il ne pouvait même payer les remèdes donnés à Françoise d'Aubigné pendant sa maladie; aussi le 14 août M. de Villette lui faisait signer le reçu suivant :

« Je confesse avoir reçu de M. de Valloys, par les mains du sieur de Beausobre [1], la somme de soixante et douze livres, qu'il a plu audit monsieur de Villette bailler en pur don, à l'effet de pourvoir aux besoins urgents et frais de maladie de Françoise d'Aubigny, fille de moi et de Jeanne de Cardilhac.

» Fait en la conciergerie du palais de Niort, le 14e jour d'août 1642.

» Constant d'Aubigny. »

On ne sait ce que devint la requête de Constant; elle tomba sans doute d'elle-même par l'issue des procès de Jeanne de Cardilhac, qui se trouva dès lors sans la moindre ressource et en butte aux poursuites de Sansas de Nesmond.

Sansas, ainsi qu'on a pu le voir, avait si bien manœuvré dans toute cette affaire, que les arrêts du Parlement avaient autant frappé le sieur Dadou que la dame d'Aubigné. Aussi, quand il poursuivit la restitution des six mille quatre cents livres que celle-ci avait touchées en trop sur la vente du Crest, et qu'elle déclara n'en avoir plus un denier, il entra dans une grande colère non-seulement contre elle, mais contre son beau-père : « J'ai donc peiné, sué, travaillé inutilement, » dit-il. Il accusa celui-ci de l'avoir trompé, d'avoir trompé ses filles, et il entama contre lui une suite de procès aussi acharnés que scandaleux, qui aboutirent à la ruine entière de Dadou au profit de ses filles, ou plutôt de Sansas, qui resta en définitive propriétaire de Surimeau. Tout ce que Dadou avait pu lui dire de confidentiel et de secret, pour faciliter l'issue de ses procès contre la dame d'Aubigné, fut retourné contre lui-

---

[1] Isaac de Beausobre, apothicaire à Niort, père du célèbre ministre protestant.

même avec une insigne déloyauté. Nous n'avons pas à parler de ces procès, très-confus, qui sont hors de notre sujet et qui offrent pourtant quelque intérêt, comme peinture des mœurs de ce temps. Mais nous devons dire, dès à présent, que la fille de Jeanne de Cardilhac, devenue la femme de Louis XIV, montra, à l'égard de cette famille de Caumont, si hostile à sa mère, une grande longanimité. Elle refusa de faire reviser les procès qui avaient ruiné sa famille; elle alla visiter à Surimeau les filles de Sansas qu'elle prit en affection [1]; elle protégea les fils de Dadou, les *petits Meriodeau,* devenus MM. de Caumont; elle accueillit les plus humbles sollicitations des petits-fils de Sansas. Plusieurs fois elle songea à racheter Surimeau; elle n'entendit jamais ce nom sans se rappeler avec émotion les longues tribulations de sa mère; enfin, son frère, unique héritier du nom de d'Aubigné, garda le titre de baron de Surimeau [2].

[1] Madame de Maintenon revenait d'un voyage dans les Pyrénées en 1675, et elle alla visiter sa famille dans le Poitou. Voici ce qu'elle écrivait à son frère le 28 octobre :

« J'ai été trois jours à Mursay, j'ai été dîner à Surimeau, où l'on m'a régalée, et où je n'aurois pas été si M. de Sansas n'eût été absent. Madame de Launay a très-bien vécu avec moi; mesdemoiselles de Sansas ne m'ont pas quittée; mais, par une conformité de votre goût et du mien, j'ai pris en amitié la pauvre Arthémise (fille aînée de Sansas, mariée au sieur de Mougon). Elle est très-changée et si malade de sa grossesse qu'à peine peut-elle se soutenir; cependant au travers de cette langueur et d'une très-grande tristesse où elle est, elle m'a plu et par sa personne et par son procédé plein de douceur et de franchise, dont je m'accommodois admirablement; elle passoit les journées avec moi... J'ai apporté plusieurs papiers qui prouveront votre noblesse... Parmi ces papiers, j'en ai vu quelques-uns qui m'ont fait voir nos prétentions sur Surimeau, et je pourrois bien faire quelques pas contre eux; mais je vous assure que si je prends ce parti-là, je commencerai par des propositions très-douces et très-raisonnables pour des créatures que je ne voudrois point ruiner. » (Autographe appartenant à M. Feuillet de Conches.)

[2] Un jugement rendu à Poitiers en 1667, par M. de Barentin, commissaire départi pour la vérification des titres de la noblesse du Poitou, confirma Charles d'Aubigné dans le titre de *baron de Surimeau.*

Quelques mois après les arrêts du Parlement, un grave événement changea la position de la famille d'Aubigné : ce fut la mort de Richelieu (4 déc. 1642). Dès son entrée au pouvoir, Mazarin se hâta d'ouvrir la plupart des prisons de l'État : Constant d'Aubigné fut du nombre des délivrés.

Il se hâta d'aller à Paris, rejoignit sa femme, et lui amena Françoise, alors âgée de sept ans. Jeanne n'avait pas vu sa fille depuis quatre années ; néanmoins elle l'accueillit froidement. Françoise pleura, regretta sa tante bien aimée et ne parla jamais de cette entrevue qu'avec émotion. « Elle ne se souvenait, raconte mademoiselle d'Aumale, d'avoir été embrassée de sa mère que deux fois, et seulement au front, après une séparation assez longue. » Le malheur avait desséché le cœur, aigri le caractère de cette femme, qui se voyait condamnée de nouveau à vivre avec son époux. Françoise était déjà jolie, pleine d'agréments et montrant de la fermeté ; aussi, quand sa mère voulut lui apprendre le catéchisme romain, elle résista. « Un jour qu'on la mena à l'église, elle tourna le dos à l'autel ; sa mère lui donna un soufflet qu'elle porta avec un grand courage, se sentant glorieuse de souffrir pour sa religion[1] ». Cette résistance dura peu, et Françoise devint catholique comme ses frères.

Constant d'Aubigné, devenu libre à l'âge de soixante ans, sans biens, sans amis, avec une renommée fâcheuse, recommença à vivre tristement de dettes et d'expédients ; mais les renseignements manquent pendant quelques années sur lui et sa famille. On le voit, à la fin de 1642, recevant une somme de mille florins, que Renée Burlamachi, constante dans son affection, venait de lui léguer par testament. On le voit encore en 1643, écrivant de Lyon à son frère Nathan, qu'il est réduit à la plus grande misère et qu'il va se retirer en Provence. Enfin, à la fin de mars 1645, on le trouve sollicitant quelque emploi de la Com-

[1] *Mémoires de mademoiselle d'Aumale.*

pagnie des îles de l'Amérique, et voici ce qu'on trouve à ce sujet dans les « *actes d'assemblées de la Compagnie des îles de l'Amérique, pour ce qui concerne ses affaires particulières de* 1635 *à* 1648 : »

« Sur le rapport de Fouquet [1], commission de gouverneur pour trois ans et assurance pour trois autres est donnée à Constant d'Aubigny, qui avoit demandé d'aller habiter Marie-Galante, à certaines conditions.

» La Compagnie agrée les articles convenus entre d'Aubigny et Berruyer.

» Incontinent après, d'Aubigny entre en l'assemblée et y prête le serment de gouverneur de Marie-Galante entre les mains de M. d'Aligre [2]. »

Constant partit immédiatement avec sa femme et ses trois enfants.

« En allant à la Martinique, raconte mademoiselle d'Aumale, Françoise fut si mal qu'on la crut morte. On était prêt à la jeter dans la mer. Madame d'Aubigné, sa mère, par un mouvement de tendresse naturelle, la voulut voir avant qu'on la jetât. Elle sentit quelque artère qui battoit encore et dit : « Ma fille n'est pas morte ! » ce qui la sauva. On doutait si peu de sa mort que le canon était prêt à tirer pour quand on la jetterait à la mer. Madame de Maintenon racontant cela dans la suite, un courtisan (M. l'évêque de Metz) qui était présent, dit : « Madame, on ne revient pas de là pour rien. »

D'Aubigné arriva avec sa famille à la Martinique; mais il paraît qu'il ne put faire usage de la commission de gouverneur de Marie-Galante, cette île étant habitée entièrement par des sauvages qu'on appelait les *Irrois*, car on trouve dans les mêmes actes cités, à la date du 12 décembre 1645 :

« La Compagnie approuve ce que M. Berruyer a écrit

---

[1] C'est le père du surintendant.
[2] Pièce communiquée par M. Margry.

au sieur d'Aubigny pour s'habituer en une autre île au lieu de Marie-Galante, au cas qu'elle se trouve habitée par les *Irrois*. »

On croit que d'Aubigné se contenta d'un petit emploi sous les ordres du gouverneur de la Martinique, et que sa famille végéta auprès de lui dans cette île. Il continua néanmoins à faire une grande dépense, par conséquent des dettes, et il donna à sa femme jusqu'à vingt-quatre esclaves pour la servir. Madame de Maintenon a témoigné toute sa vie une grande répugnance à parler de son père et de sa mère; ce n'est qu'à Saint-Cyr, et pour citer des exemples pris sur elle-même, qu'elle a raconté par incident quelques anecdotes à ce sujet. On sait donc très-peu de choses du séjour de la famille d'Aubigné à la Martinique, et seulement ce que mademoiselle d'Aumale tenait de madame de Maintenon.

Jeanne de Cardilhac continua à élever ses enfants dans la religion romaine, pendant que son mari, que nous avons vu si fervent catholique dans sa requête au tribunal de Niort, avait repris la religion réformée. Celui-ci se montrait même outré quand il s'apercevait des instructions que sa femme donnait à ses enfants; il prenait alors Françoise entre ses genoux et lui disait : « Je ne puis souffrir, ma fille, qu'on vous dise de telles rêveries. Vous avez trop d'esprit pour vous laisser ainsi tromper[1]. » Jeanne éleva ses enfants sévèrement et même durement, surtout sa fille, qui ne la regardait qu'en tremblant. Elle leur faisait apprendre à lire dans Plutarque, leur défendant de parler entre eux d'autres choses que de ce qu'ils lisaient dans ce livre[2]. Elle leur formait l'esprit en les forçant à

---

[1] Madame de Caylus raconte ce fait avec quelque différence : « J'ai ouï dire à madame de Maintenon que, la tenant entre ses bras, il lui disoit : « Est-il possible que vous, qui avez de l'esprit, puissiez croire tout ce qu'on vous apprend dans votre catéchisme? »

[2] *Entretiens sur l'éducation des filles,* par madame de Maintenon, p. 163.

écrire des lettres en France, et, en toute occasion, elle leur enseignait la fermeté à soutenir tous les maux de la vie.

« Le feu ayant pris à la maison, raconte mademoiselle d'Aumale, madame d'Aubigné ne songea qu'à sauver ses livres, et voyant sa fille qui pleurait, elle lui dit : « Quoi ! ma fille pleure une maison ? — Hélas ! dit madame de Maintenon, qui nous contait ces petits traits, je pleurois ma poupée que je venois de coucher sur un petit lit, en lui faisant un pavillon de ma coiffe, et je voyais le feu gagner cet endroit-là. »

« Madame d'Aubigné, ajoute mademoiselle d'Aumale, donna deux maximes à ses enfants : la première, de ne jamais faire en particulier ce qu'ils n'oseraient faire devant des gens de respect; la deuxième, que, pour se trouver heureux, il faut considérer ceux qui le sont moins que nous. »

Sansas de Nesmond continua de poursuivre de ses actes judiciaires Jeanne de Cardilhac; il venait pourtant d'être cruellement éprouvé : sa femme, Arthémise, était morte le 10 octobre 1645, en laissant trois filles[1]; mais il se consolait avec la chicane, et il travailla toute sa vie à l'annulation de la vente du Crest. Madame d'Aubigné tint peu compte de ses poursuites, mais elle eut à ce sujet une correspondance suivie avec la famille de Villette, correspondance pleine de sagesse et de dignité, ainsi qu'on va le voir, où perce néanmoins quelque aigreur contre ceux

---

[1] Ces trois filles furent baptisées et élevées dans la religion protestante. L'aînée, Arthémise, née en 1642, morte en 1714, et dont il est question dans les lettres de madame de Maintenon, épousa Aubin Avice, sieur de Mougon; et ses enfants eurent souvent recours à la protection de madame de Maintenon. Cette famille possède aujourd'hui le domaine de Surimeau. La deuxième, née en 1643, mourut fille. La troisième, née en 1645, et dont la naissance causa la mort de sa mère, devint madame de Beaumont. — Je tire ces détails d'une pièce autographe de Sansas de Nesmond, à la fin de laquelle il constate la mort de sa femme en ajoutant : *Memoria ejus sit in benedictione.*

qui avaient causé ses maux. Voici la lettre[1] qu'elle écrivait le 2 juin 1646 à madame de Villette, et où l'on voit que Constant d'Aubigné, livré à la même apathie, la même indolence que dans ses prisons, laissait la pauvre mère de famille s'occuper seule du sort de ses enfants :

« Madame ma très-honorée soeur,

» Excusez-moi si je vous dis que vous n'avez pas pris mes lettres dans le droit sens que je les écrivois, ou bien que je ne sais pas m'expliquer, si vous avez eu subjet de croire que je voulusse taxer M. de Villette, mon très-honoré frère, des choses que vous alléguez par la vôtre. Je n'ai jamais parlé que des vantances du sieur de Sansas, et n'en ai rien dit ni écrit qu'à vous. Mais n'en parlons plus, et qu'il mange à son aise le bien des veuves et des orphelins. Si n'envierai-je jamais sa condition, aimant beaucoup mieux avec ma pauvreté souffrir injustice que de la faire souffrir. Le temps découvrira tout, et la providence de Dieu ne dort pas toujours. Vous suppliant de croire, madame ma soeur, que le changement de lieux ni la longueur des temps ne me fera pas détourner de mes devoirs, tant qu'il plaira au Seigneur m'assister de ses grâces et ne m'abandonner pas à un espoir réprouvé. Je vous assure que, pour le moins, le désir des richesses de celui qui me persécute ne me tourmente nullement, et même je ne me soucie guère d'avoir ce qui m'appartient légitimement, étant plus satisfaite et plus tranquille que celui qui jouit tout à son aise de ce qui est à moi en bonne justice. J'ai appris que la main du Tout-Puissant l'a déjà touché, ayant retiré sa femme; je le prie qu'il ne lui rende pas en l'autre monde ce qu'elle m'a prêté en celui-ci. Je crois, madame ma soeur, que vous étiez en colère contre moi, lorsque vous avez écrit celle dont il vous a plu m'honorer, m'accusant de dire des injures. Certes, je n'en dis jamais à

---

[1] Autographe appartenant à M. le duc de Noailles.

personne; ce seroit le mal entendre que de s'adresser pour cela à une personne de votre singulière vertu et exemplaire piété, et à qui j'ai les obligations que je vous ai, comme le sieur de Sansas pourroit témoigner, s'il vouloit, m'avoir ouï dire en justice, et, pour les mêmes raisons, n'avoir jamais voulu consentir à ce qu'il désiroit de moi contre vous. Madame ma sœur, les bienfaits, comme vous savez mieux que moi, ne sont jamais perdus, quand on les fait en charité, et quand j'aurois assez d'ingratitude pour oublier les bons offices que j'ai reçus de vous et de M. de Villette, votre très-chère et très-digne moitié (ce qui ne m'arrivera pas, je crois), si est-ce que Dieu a bonne mémoire, si cela se pouvait dire de la Divinité; et lisant votre lettre, il m'est venu en pensée que quelqu'un comme votre frère m'a fait écrire ce à quoi je n'ai jamais pensé. Quand il l'auroit fait, cela ne seroit pas nouveau pour parvenir à quelques fins; il m'a fait souvent ce petit jeu à Paris. Je ne vous parlerai point de lui ni de sa conduite, crainte d'affliger derechef votre bon naturel en ce qui le concerne. Seulement vous dirai-je que j'ai dessein d'envoyer votre neveu, le plus grand, en quelque garnison, apprendre ses commencements, car il se perd ici, et perd son temps et sa santé, tant par le mauvais air que par les mauvaises nourritures. Et, pour le cadet, je le souhaiterois page; c'est un fort doux enfant, j'oserai dire cela pour lui, et, puisque leur père ne daigne songer à eux, il faut que je leur serve des deux, de père et de mère. Si vous me faisiez la charité de jeter un peu les yeux en quelque lieu pour cela, me le mandant, je l'enverrois aussitôt, car je vois bien que je suis encore ici pour quelques années, et je crains que leur santé s'altère si fort qu'elle ne se puisse jamais remettre. *Bignette*[1] prend la liberté de vous écrire, honteuse de ce qu'elle oublie tout, et, à cause de la grande

---

[1] Françoise d'Aubigné, que, selon la coutume du Poitou, on appelait *Aubignette* ou *Bignette*.

chaleur du pays et aussi des mauvaises nourritures. Je ne l'ose attacher beaucoup à cela ; elle n'a de joie, la pouvre enfant, que lorsqu'elle peut savoir de vos nouvelles et est toujours en inquiétude pour votre cadette. J'aurois écrit à mademoiselle de Villette, ma belle et vertueuse niepce, sans la crainte de grossir le paquet, car l'honorant et estimant au point que je fais, j'aurois mille choses à lui mander. Je ferai ici mes très-humbles et très-respectueux baise-mains à M. de Villette, mon très-honoré frère, et à toute votre chère, belle et honneste famille, pour la santé et prospérité de laquelle je supplie tous les jours le Créateur, lequel je supplie de tout mon cœur m'oster plutôt la vie que la sensible mémoire des obligations qui m'ont rendue, avec tant d'autres devoirs,

» Madame ma très-honorée sœur, votre très-humble, très-fidelle et très-obéissante servante,

J. DE CARDILHAC. »

En 1647, Constant d'Aubigné tomba malade et mourut. Aussitôt sa veuve se prépara à retourner en France ; elle emporta une petite cargaison de *petun* (c'est ainsi qu'on nommait le tabac) dont elle espérait se faire une ressource à son arrivée. « Le vaisseau dans lequel elle étoit, raconte mademoiselle d'Aumale, pensa être pris par des corsaires. Elle habilla ses enfants de ce qu'ils avoient de plus beau et mit un grand chapelet à sa ceinture, selon qu'elle avoit coutume de le porter, ne craignant pas de marquer par là sa religion. Françoise d'Aubigné disoit tout bas à son frère : Si on nous prend, nous nous consolerons de n'être plus avec elle. C'est que madame d'Aubigné ne les aimoit pas : toute sa tendresse étoit pour son fils aîné. »

Elle débarqua à la Rochelle, et fut contrainte, dit-on, d'aller pendant quelques jours demander la charité à la porte d'un couvent. Elle trouva un asile à Mursay ; mais dès les premiers temps elle éprouva un nouveau malheur :

son fils aîné, qui avait seize à dix-sept ans, et qui pouvait devenir le soutien de la famille, se noya dans un étang. De plus Sansas de Nesmond, dès qu'il apprit qu'elle était de retour, recommença ses poursuites. Madame d'Aubigné plaça son fils Charles comme page chez le comte de Neuillant; elle confia de nouveau sa fille à madame de Villette, et s'en alla à Paris pour solliciter de la cour quelque pension ou gratification et recommencer la lutte contre Sansas de Nesmond.

Françoise d'Aubigné, alors âgée de douze ans, retrouva sa vraie mère avec bonheur : elle fut traitée par madame de Villette avec le même soin et la même tendresse que dans sa première enfance ; mais elle fut de nouveau élevée dans la religion réformée, et elle y prit d'autant plus de goût qu'elle était capable, par sa raison précoce, d'apprécier les vertus de sa tante [1]. Elle reçut de cette femme de mérite une éducation sévère et sensée, avec des habitudes charitables qu'elle garda toute sa vie : « Quand madame de Villette faisoit l'aumône, raconte mademoiselle d'Aumale, elle avoit soin de la faire faire par sa nièce, et la mettoit au bout du pont-levis pour donner aux pauvres. » Elle avait pour sa tante la plus grande vénération [2], et elle en garda toute sa vie le plus tendre souvenir : « elle n'en parlait jamais, disent les Dames de Saint-Cyr, même dans

---

[1] On trouvera quelques détails à ce sujet dans les *Mémoires de Languet de Gergy*, liv. Ier.

[2] Voici un fragment d'une lettre qu'elle lui écrivit en 1655, c'est-à-dire trois ans après son mariage avec Scarron :

« Vous vous moquez de moi de me remercier de la soumission que j'ai pour vous et d'appeler générosité ce qui ne peut partir que du respect que je vous dois et de la tendresse que j'ai pour vous. Je suis contente de moi là-dessus, et je n'ai certainement rien à me reprocher sur les sentiments que je dois avoir et sur la reconnoissance que j'ai de toutes les bontés que vous avez eues pour moi... Je vous conjure, ma chère tante, d'être persuadée que je suis pour vous comme je dois, et que je crois que c'est dire que j'ai pour vous toute l'estime, tout le respect, toute l'amitié et toute la reconnoissance imaginables... »

sa vieillesse, que les larmes aux yeux; » le jour anniversaire de sa mort, elle s'enfermait dans son oratoire afin de prier pour elle, bien convaincue que Dieu lui avait fait miséricorde. On lui avait donné pour gouvernante une femme de chambre bonne et sensée, qu'elle aimait avec une tendresse surprenante, et dont le souvenir lui était si cher que, plus de trente ans après, elle la fit venir auprès d'elle à la cour; elle prit aussi son fils pour maître d'hôtel, et le garda jusqu'à sa mort[1].

Madame de Neuillant affectait de prendre un grand intérêt à la famille d'Aubigné, et surtout à Françoise, qu'elle appelait sa filleule et sa nièce; voulant faire sa cour à la reine mère, Anne d'Autriche, elle lui fit savoir l'éducation protestante que madame de Villette donnait à une fille baptisée catholique et née de parents catholiques. Elle obtint un ordre pour retirer Françoise d'Aubigné des mains de sa tante, et elle la prit chez elle; « mais comme elle était l'avarice même », dit Saint-Simon, elle la relégua parmi ses domestiques, et lui confia le gouvernement de sa basse-cour. « Je me souviens, racontait madame de Maintenon aux demoiselles de Saint-Cyr, que j'étois chez une de mes tantes, assez riche pour avoir un carrosse à six chevaux, un autre pour elle-même, une litière, car elle étoit assez malsaine pour en avoir besoin. Cependant quoiqu'elle ne fût pas pauvre, je n'avois dans la maison que des sabots, et on ne me donnoit des souliers que lorsqu'il venoit compagnie. Je me souviens encore que ma cousine et moi, qui étions à peu près du même âge, nous passions une partie du jour à garder les dindons de ma tante. On nous plaquoit un masque sur notre nez, car on avoit peur que nous ne nous hâlassions; on nous mettoit au bras un petit panier où étoit notre déjeuner, avec un petit livret des quatrains de Pibrac, dont on nous donnoit quelques pages à apprendre par jour; avec cela on nous mettoit une

[1] Voir les *Entretiens sur l'éducation des filles*, p. 315.

grande gaule dans la main, et on nous chargeoit d'empêcher que les dindons n'allassent où ils ne devoient point aller [1]. »

Madame de Neuillant essaya de ramener Françoise au catholicisme, même par de mauvais traitements; celle-ci résistant avec beaucoup de fermeté, elle s'en lassa et la mit au couvent des Ursulines de Niort, mais en refusant de payer sa pension, qu'elle voulut mettre à la charge de madame de Villette. « Quelque amitié que cette dame eût pour sa nièce, dit mademoiselle d'Aumale, elle ne voulut jamais, comme bonne huguenote, payer la pension; elle lui donnait bien pour sa personne des habits et des petites choses dont elle avait besoin, mais pour la pension, elle ne la voulut pas payer, et elle était encore due quand madame de Maintenon se trouva en faveur. Elle l'a bien payée depuis. »

Elle eut dans ce couvent une maîtresse qu'elle aimait « à un point que je ne puis dire, racontait-elle aux demoiselles de Saint-Cyr. Je n'avois pas de plus grand plaisir que de me sacrifier pour son service. J'étois fort avancée dans les exercices, de sorte que, dès qu'elle étoit sortie, je faisois lire, écrire, compter, l'orthographe et jouer toute la classe, et je me faisois un plaisir de faire tout son ouvrage, sans qu'il me fallût d'autre récompense que celle de lui faire plaisir. Je passois les nuits entières à empeser le linge fin des pensionnaires, afin qu'elles fussent toujours propres et qu'elles fissent honneur à la maîtresse, sans qu'elle en eût la peine; j'étois charmée de voir son étonnement de trouver tout son ouvrage fait sans elle... Je pensai mourir de chagrin quand je sortis de ce couvent... Je priois pour elle tous les jours, et étant ensuite entrée dans le monde, je ne l'ai jamais oubliée; je lui écrivois régulièrement deux fois la semaine, quelque affaire pressée que j'eusse. Quand je fus établie à la cour, je demandai d'aller faire un voyage dans le Poitou pour voir mes parents, mais c'étoit en effet pour aller voir ma chère mère

---

[1] *Conseils et instr. aux demoiselles de Saint-Cyr*, t. I, p. 98.

Céleste ; je fis cinquante lieues exprès, et mon amitié pour elle n'a fini qu'avec sa vie [1]. »

Malgré sa grande amitié pour la mère Céleste, malgré les exhortations des Ursulines, Françoise refusa de se convertir. Alors les religieuses se lassèrent d'une fille qui ne les payait pas et était une sorte de scandale pour leur maison, encore bien qu'elles l'aimassent à cause de son bon cœur et de son esprit ; elles la renvoyèrent à madame de Neuillant. « Celle-ci s'ennuya bien vite de se voir chargée d'une demoiselle sans bien, quoique sa parente ; elle voulut s'en défaire à quelque prix que ce fût », la ramena à Paris et la remit à sa mère.

Jeanne de Cardilhac avait vécu de quelque gratification qu'elle obtint de la cour, et elle luttait contre sa mauvaise fortune avec une énergie désespérée ; elle avait repris ses procès contre la famille de Caumont, mais elle avait été contrainte, en définitive, à signer une transaction qui lui assurait, en échange de tous les droits des d'Aubigné sur le domaine et les dépendances de Surimeau, une misérable rente de deux cents livres. Jeanne de Cardilhac n'avait alors que trente-huit ans ; mais elle paraissait très-vieille, tant le chagrin avait endurci ses traits et son cœur ; elle était devenue d'une dévotion outrée, et voulut à son tour dompter la petite huguenote ; mais elle n'y réussit pas davantage. Alors elle la mit chez les Ursulines du faubourg Saint-Jacques, où les obsessions pour la convertir devinrent « rudoiements, duretés et façons cruelles ». La jeune fille était alors âgée de treize ans ; déjà grande, forte, résolue, elle rappelait par son énergie et son intelligence le caractère et l'esprit d'Agrippa. C'est alors que poussée à bout, elle jeta un cri de détresse vers sa tante si vénérée, et lui écrivit une lettre touchante, la première que nous ayons d'elle, et où se révèlent déjà son esprit et son caractère.

---

[1] *Entretiens sur l'éducation*, p. 314.

« Madame et tante,

» Le ressouvenir des grâces singulières qu'il vous a plu faire tomber sur de pauvres petits abandonnés, me fait tendre les mains devers vous et vous supplier d'employer votre crédit et vos soins à me tirer de céans, la vie m'y étant pire que mort. Ah! madame et tante, vous n'imaginez l'enfer que m'est cette maison soy disant de Dieu, et les rudoiements, duretés et façons cruelles de celles qu'on a fait gardiennes de mon corps, et de mon âme non, pour ce qu'elles n'y peuvent joindre. Rivette vous dira tout au long mes angoisses et souffrances, estant céans seule et unique à qui me fier. Vous supplie derechef, madame et tante, de prendre en pitié la fille de vostre frère et humble servante,

FRANÇOISE D'AUBIGNY [1].

» De Paris, ce 12 octobre 1649. »

Madame de Villette n'entendit ou n'écouta pas cette plainte. Alors la pauvre fille, qui avait déjà fait un si cruel apprentissage de la vie, commença à faiblir. D'ailleurs, on prit pour la vaincre d'autres moyens plus efficaces, la douceur et la persuasion. Voici comment les dames de Saint-Cyr racontent sa conversion :

« Nous lui avons entendu dire qu'étant aux Ursulines de la rue Saint-Jacques, elle trouva une maîtresse fort habile qui ne voulut point la gêner pour sa religion ; elle la laissoit libre de manger gras les jours maigres et ne l'obligeoit point d'aller à la messe. Par ses manières sages, prudentes et gracieuses, elle s'insinua dans son esprit et gagna sa confiance; ensuite elle l'instruisit adroitement de la vérité de notre sainte religion, et lui en donna assez l'estime pour lui faire désirer de s'en éclaircir à fond; car elle ne vouloit point se rendre qu'elle ne fût convaincue par des

[1] Pièce communiquée par M. Fillon (de Fontenay).

preuves solides que la religion catholique étoit la seule sûre. Elle n'avoit pourtant alors que douze ou treize ans, mais sa raison et son discernement étoient déjà bien avancés. Pour ne faire rien qu'avec mûre délibération et assurer sa conscience, elle voulut voir disputer devant elle un docteur catholique avec un ministre; ils vinrent au parloir des religieuses; mademoiselle d'Aubigné s'y trouva avec sa maîtresse, et fit mettre devant elle la sainte Bible, pour lire, de son côté, les passages sur lesquels les docteurs appuyèrent leurs raisons. Ces conférences durèrent plusieurs jours... Les huguenots qui savoient qu'on l'instruisoit et qui craignoient qu'elle ne quittât leur parti, lui faisoient de puissantes sollicitations, et lui jetèrent des billets par-dessus le mur du couvent, où ils l'exhortoient de ne se point rendre et de se souvenir qu'elle étoit la petite-fille du grand Théodore Agrippa, qui étoit toujours demeuré si ferme dans leur religion, que rien n'avoit été capable de l'ébranler. C'étoit bien son dessein d'abord, mais ensuite elle s'aperçut que le ministre tronquoit quelques passages de la Bible...; enfin, elle trouva, étant éclaircie, sans doute intérieurement, que la vérité devoit être du côté où il y avoit plus de droiture. C'est ce qui la détermina à embrasser le parti catholique, après une assez longue résistance et assez honorable pour son âge; ensuite elle fit son abjuration, et elle nous a dit, qu'auparavant, s'étant rendue sur des articles principaux de la religion, elle fut quelque temps à ne se vouloir convertir, qu'à condition qu'on ne l'obligeroit pas de croire que sa tante, madame de Villette, qui étoit morte dans ce temps-là [1], fût damnée : tant elle conservoit de l'amitié pour elle et de reconnoissance des obligations qu'elle lui avoit. »

Elle sortit du couvent après son abjuration, et vint

[1] Les dames de Saint-Cyr se trompent: madame de Villette vivait encore en 1660. Nous venons de voir que Françoise d'Aubigné lui écrivit en 1655; et j'ai entre les mains son testament daté de 1658.

rejoindre, dans une petite chambre de la rue des Tournelles, sa mère, qui vivait du travail de ses mains et de sa rente de deux cents livres. Françoise était déjà remarquée pour sa beauté; elle l'était aussi pour son esprit et sa raison. Les agitations et les misères de son enfance, tout ce qu'elle avait pu savoir, tout ce qu'elle avait vu des aventures et des malheurs de sa famille, sa propre vie si délaissée, si agitée, si misérable, avaient donné à sa personne un air sérieux, grave, même défiant, qui n'était pas de son âge et qui imprima sur sa figure une sorte de tristesse sévère dont elle ne se défit jamais.

Dans le voisinage de la dame d'Aubigné demeurait un homme célèbre par ses ouvrages, son esprit, ses précoces et cruelles infirmités : c'était Scarron, né en 1610, et qui appartenait à une famille honorable du parlement de Paris. Comme il désirait avoir des renseignements sur la Martinique, où il avait le projet de s'établir pour y refaire sa santé, il s'adressa à madame de Neuillant, qui était liée avec lui, Bois-Robert et les autres beaux esprits de ce temps [1]. Celle-ci amena à Scarron madame d'Aubigné et sa fille. La jeune Françoise apparut dans la chambre du poëte, remplie comme de coutume du plus grand monde, avec une robe si courte et une toilette si pauvre qu'elle en rougit et se mit à pleurer. Scarron, qui avait le cœur le plus généreux, en fut touché, et prit dès lors de l'affection pour cette enfant si intéressante par ses malheurs et sa beauté : « voyant qu'elle manquait de beaucoup de choses nécessaires, dit mademoiselle d'Aumale, il lui offrit une somme d'argent qu'elle refusa avec beaucoup de hauteur. » Quelques mois après, madame d'Aubigné, pressée par la misère, quitta Paris

---

[1] On trouve dans les *OEuvres de Scarron* une épître à l'une des filles de madame de Neuillant, celle qui était la marraine de Françoise d'Aubigné. Cette épître commence ainsi :

Belle Neuillant, fille charmante
Beaucoup aimée et point aimante...

avec sa fille et retourna à Niort. Elle y mourut de chagrin presque en y arrivant.

Françoise se trouva de nouveau à la charge de madame de Neuillant et resta auprès d'elle pendant plus d'une année; à la fin celle-ci la ramena à Paris, avec le dessein de s'en défaire, sans qu'il lui en coûtât, et si l'on en croit Languet de Gergy, avec le projet bien arrêté de la faire épouser par Scarron. Ce projet était étrange, car le poëte n'avait pas de biens et était perclus de tous ses membres, et la jeune fille qu'on lui destinait, avec sa merveilleuse beauté, ne devait être qu'une garde-malade. Cependant Scarron, pressé par madame de Neuillant et plus encore par la bonté de son cœur, offrit généreusement à Françoise d'Aubigné ou de la prendre pour femme ou de payer sa dot dans un couvent. Elle accepta d'être la femme du pauvre cul-de-jatte, et le mariage se fit au mois de mai 1652. Tels étaient sa misère et son isolement, que ce fut pour elle une sorte de fortune inespérée, un asile et une protection pour sa jeunesse si tourmentée, si malheureuse, si abandonnée; ajoutons que ce fut aussi l'origine de son élévation, puisque c'est dans la maison de Scarron, « rendez-vous de tout ce qu'il y avait de plus poli à la cour et de tous les beaux esprits de Paris [1] », qu'elle connut les personnages qui devaient la conduire près du trône de Louis XIV [2].

[1] *Mémoires de Segrais*, p. 85.

[2] Pour cette dernière partie de l'enfance de madame de Maintenon, je renvoie aux *Mémoires de Languet de Gergy*, qui renferment plus de détails.

MÉMOIRES

SUR

Mme DE MAINTENON

PAR

LANGUET DE GERGY[1].

---

[1] Voir, pour la personne et les écrits de Languet de Gergy, la *Préface*.

AVANT-PROPOS.

Il est d'autres vertus que le courage, d'autres succès que les victoires qui peuvent mériter aux rois le nom de grand; c'est même abuser de ce titre glorieux de le donner à ceux qui ont fait gémir le monde sous le poids de leurs armes, aussi injustes qu'heureuses, et qui, par le sang et le carnage, ont fait changer de maîtres aux nations sans les rendre ni plus fortunées ni plus libres; ceux qui ont procuré le bonheur de leurs sujets, qui ont eu pour eux des entrailles de charité et de tendresse, qui ont veillé à leurs besoins, qui leur ont procuré du soulagement dans leurs misères, méritent bien mieux les titres honorables que l'histoire donne aux grands hommes, et le vainqueur de ses voisins me paraît bien moins digne d'éloges que celui qui s'est fait le père de ses sujets.

Mais ceux-là sont encore plus grands, qui ont perpétué dans les siècles à venir les biens qu'ils avaient procurés à leurs peuples, qui par une sage prévoyance ont ménagé des remèdes aux misères futures, et qui, embrassant tous les siècles dans les charitables projets de leur bienfaisance, ont prévu les besoins de ceux qui n'étaient pas encore et leur ont assuré des ressources.

La foi nous découvre un degré de gloire encore plus sublime dans ces rois aussi religieux que bienfaisants qui, ne bornant pas leur prévoyance aux besoins temporels de leurs peuples, leur ont préparé des secours pour arriver au bonheur éternel, que l'Évangile nous fait envisager comme le seul bien véritable; des rois qui, comme le dit saint Augustin, attentifs sur ce royaume céleste où ils n'auront à craindre ni les jaloux ni les usurpateurs, ont employé leur puissance et leurs trésors à procurer la connaissance, le désir et la possession des biens éternels à leurs sujets et à toute la postérité.

C'est par cet endroit que Louis XIV m'a paru plus digne de porter le nom de grand, nom qui par un événement singulier, après lui avoir été prodigué pendant sa vie avec flatterie, lui a été conservé avec justice après sa mort. Deux monuments illustres présentent des preuves sensibles de ce que j'avance ici à son sujet; monuments durables, qui transmettront aux temps à venir sa puissance et sa gloire, et encore mieux sa piété et sa charité. Ces monuments sont, l'un, l'hôtel royal des Invalides, et l'autre la maison de Saint-Louis établie à Saint-Cyr. Ces deux établissements ont des objets bien opposés; mais en les réunissant dans un même point de vue, on y trouve également l'éloge le plus glorieux que l'on puisse donner à la mémoire d'un roi pieux et digne du nom de Très-Chrétien. Dans l'un, Louis XIV a voulu donner aux vieux guerriers un saint repos et une mort chrétienne; dans l'autre, il a voulu préparer aux jeunes filles de sa noblesse une éducation pure et pieuse, et dans tous les deux procurer également aux uns et aux autres des secours encore plus utiles à leur sanctification qu'à leur subsistance. En soulageant dans les vieux soldats les ennuis et les fatigues de la vieillesse, il leur a préparé des remèdes aux vices trop communs parmi les militaires; en soulageant la pauvreté des filles d'une noblesse ancienne, et leur procurant une éducation aussi chrétienne que gratuite, il leur a ménagé des moyens d'assurer leur salut et d'en prévenir les écueils; il a garanti les uns d'une vieillesse oisive, et les autres d'une jeunesse ignorante. Or, combien de l'un et de l'autre état qui ont été déjà et qui seront encore dans la suite des siècles redevables de leur salut éternel à l'ingénieuse libéralité d'un grand roi.

AVANT-PROPOS.

Ces réflexions conduisent naturellement à désirer que l'histoire de la fondation de Saint-Cyr soit transmise à la postérité; mais cette histoire sera nécessairement mêlée à celle de madame de Maintenon, cette femme célèbre qui a possédé si longtemps la confiance du plus puissant de nos rois; qui, ayant fixé son cœur pendant tant d'années, l'a tourné du côté de la piété, et, par des conseils sages et salutaires, l'a conduit par une vie chrétienne à une mort édifiante.

C'est particulièrement le souvenir de cette dame illustre qui m'excite à recueillir les mémoires qui la concernent, et cela dans la vue de lui rendre une justice que le monde ne lui a pas rendue entièrement pendant sa vie, et que peut-être la postérité ne lui rendroit pas non plus, si elle n'étoit connue que par les mémoires de gens passionnés ou mal instruits qui ont écrit et pendant sa vie et depuis sa mort. Peu de gens ont bien connu cette femme héroïque dont la modestie égaloit le crédit et l'élévation, et qui, cachant par humilité une vie sainte et même pénitente, sembloit consentir à être une espèce d'énigme pour le monde. Ce monde, qui n'envisageoit en elle que sa fortune, son élévation, son pouvoir, ne pouvoit se figurer qu'elle fût montée si haut par d'autres voies que celles que l'ambition a coutume de tracer aux hommes, et qu'ils ne suivent qu'aux dépens de la conscience et de l'honneur. Il est vrai que, quant aux femmes ambitieuses, on adoucit sous le nom de faiblesses les criminelles complaisances qui les conduisent à la fortune; mais on a beau adoucir les tours qu'on donne à leurs faiblesses, on ne les lave pas pour cela de la tache qui doit les déshonorer dans la postérité.

La fortune de madame de Maintenon n'a point eu ces criminelles sources; son esprit, son caractère gai et aimable, sa conversation charmante, les grâces dont la nature lui avait été prodigue, en ont occasionné les commencements;

sa piété, sa modestie, une vertu à l'épreuve de l'ambition et de l'intérêt en ont jeté les fondements les plus solides. Ce que le monde appelle hasard des rencontres heureuses, et ce qu'un chrétien ne peut regarder que comme un arrangement d'une providence sage et éclairée, s'en est mêlé; elle est devenue la femme la plus accréditée du royaume sans vouloir l'être; elle a approché le plus près du trône sans y vouloir monter; elle a enfin fixé à une vie réglée et chrétienne un prince dont le cœur volage avoit déjà éprouvé tant de passions scandaleuses. Tout cela s'est passé sans que, pendant plus de trente ans qu'a duré son crédit, elle soit sortie des bornes de la modestie de son état; sans qu'elle ait acquis aucun titre d'honneur, sans qu'elle ait amassé aucun bien, sans qu'elle ait quitté ses pratiques de piété et de charité, auxquelles elle s'est appliquée depuis sa jeunesse jusqu'à la fin de ses jours.

Une femme de ce caractère est un prodige, et un prodige unique, et son histoire mérite d'être transcrite à la postérité. Elle lui servira d'instruction; on y verra que la sagesse et la modestie sont quelquefois couronnées dès ce monde; que le chemin que l'on fait par cette route est plus assuré, et moins sujet aux révolutions que celui où l'on a les passions pour appui et pour guide; on y verra que le terrain qui environne le trône, quoique difficile et glissant, n'est pas inaccessible à la piété, et que l'on peut allier le commerce nécessaire du monde avec la pratique continuelle de toutes les vertus chrétiennes; on y apprendra même, par les aveux et l'expérience d'une dame si élevée au-dessus du reste des hommes, que le crédit, la puissance, les dignités ne peuvent rendre une personne véritablement heureuse; que le trône même a ses chagrins et ses amertumes, et qu'on trouve partout des croix fâcheuses à porter avec patience et des chagrins cuisants qu'il faut dévorer avec courage.

Je ne dissimulerai point ici que je me porte d'autant

AVANT-PROPOS.

plus volontiers à écrire ces Mémoires que la reconnoissance m'y invite; je dois à la protection de cette dame et à ses bontés les diverses grâces que j'ai reçues du feu roi, et c'est elle qui a jeté les fondements de l'élévation où je me trouve; mais ma reconnoissance ne m'aveuglera point; je donnerai toujours à la vérité la préférence qu'elle doit avoir, et je le ferai d'autant plus sûrement que je n'ai nul intérêt à flatter la mémoire de cette dame illustre, ni à tourner en panégyrique un récit historique; j'en aurois même plus à me mettre du côté de ses calomniateurs, qui ont été en grand nombre. Vu le goût qu'on a pour les histoires médisantes et malignes, je me ménagerois des applaudissements certains si je mêlois de traits satiriques les portraits que je ferai de son esprit, de ses sentiments, de ses actions; mais, encore une fois, la vérité sera ma règle unique, et si je ne satisfais pas le monde malin, je pourrai instruire le monde équitable.

C'est dans cet esprit que j'ai ramassé tout ce que j'ai pu trouver en différentes sources pour composer ces Mémoires, outre ce que j'ai su par moi-même; j'ai été principalement secouru par les dames de Saint-Louis, qui depuis longtemps avoient recueilli tout ce qui pouvoit servir à conserver la mémoire de leur institutrice; car, dès les commencements de l'établissement de Saint-Louis de Saint-Cyr, plusieurs d'entre elles avoient été soigneuses d'écrire ce qui leur paroissoit contribuer à faire connoître la vertu et le mérite de madame de Maintenon, et à perpétuer la mémoire non-seulement des circonstances de sa vie, mais plus particulièrement de ses vertus et des bons exemples aussi bien que des salutaires instructions qu'elle leur avoit données; elles ont depuis hérité d'elle quantité de papiers et de lettres qui m'ont servi beaucoup à démêler ce fonds de piété et de raison qui étoit en elle et qui a animé toutes les actions de sa vie.

Je n'ai point méprisé plusieurs petits faits et des menus

détails que le monde pourroit mépriser; mais ce que le monde méprise est précieux aux âmes pieuses, qui trouvent dans ces détails des instructions salutaires. Ces instructions même le deviennent bien plus quand elles sont attachées à quelque fait qui fixe le souvenir de l'instruction que cet événement, tout petit qu'il est, a occasionné. Si donc les grands génies trouvent que je m'arrête trop à des choses qui leur paroîtront petites, je leur dirai avec saint Augustin : « Que les aigles se taisent et me laissent en repos nourrir mes colombes. » *Sileant aquilæ dum pascuntur columbæ.*

Ceux qui veulent de grands événements, des batailles ou des intrigues pour contenter leur curiosité, n'ont qu'à les chercher dans l'histoire de Louis XIV; mais dans celle de madame de Maintenon et de l'établissement d'une maison religieuse qu'elle a formée, je ne veux que ce qui est propre à faire connoître cette dame par son propre fond, par ce caractère dominant de piété qui, en elle, ne s'est jamais démenti, par ce zèle qu'elle a eu pour la gloire de Dieu, le soulagement des pauvres et spécialement de la noblesse, enfin pour la sanctification de Louis le Grand.

Je commencerai donc mon récit par recueillir tout ce qui regarde la naissance et la vie de madame de Maintenon jusqu'au temps où elle jeta les fondements du grand établissement de la maison de Saint-Louis.

Je rendrai compte des circonstances de cet établissement; je suivrai madame de Maintenon dans les autres bonnes œuvres qu'elle a pratiquées dans les différents états où elle a été. Enfin on apprendra par ces Mémoires comment, après avoir aidé à retirer Louis le Grand de ses inclinations criminelles, elle l'a conduit dans la piété jusqu'à une mort sainte, et l'a enfin elle-même suivi et imité dans une mort précieuse aux yeux de Dieu.

LIVRE PREMIER.

Naissance de madame de Maintenon. — Aventures de son enfance. Son mariage avec M. Scarron. — Son veuvage [1].

Françoise d'Aubigné étoit petite-fille d'Agrippa d'Aubigné, gouverneur de Maillezais, distingué dans son temps par son ardeur pour la religion protestante et qui suivit Henri IV dans toutes ses expéditions. Ce gentilhomme avoit épousé Suzanne de Lezay, de la maison de Lusignan, dont il eut un fils nommé Constant, père de madame de Maintenon, et deux filles.

Constant d'Aubigné fut toujours malheureux, et mérita ses malheurs par sa mauvaise conduite. Il épousa d'abord une dame veuve dont il n'eut pas d'enfants, et il en étoit veuf quand il fit de mauvaises affaires qui obligèrent le roi de l'envoyer au château Trompette. Là commandoit un gentilhomme nommé Cardilhac, qui avoit été placé dans ce poste par le duc d'Épernon. D'Aubigné, que le malheur de son état rendoit plus souple et moins altier, sut se ménager les bons traitements que lui fit Cardilhac : il fut admis dans sa famille. Cardilhac avoit une fille aimable, à laquelle d'Aubigné s'efforça de plaire; et il y réussit. La compassion qu'elle eut pour lui devint bientôt de l'amitié, et l'amour s'introduisit ensuite à la faveur de l'une et de l'autre. Enfin, le prisonnier épousa la fille du commandant

---

[1] Voir, pour le commencement de ce livre Ier, l'étude historique sur *la Famille d'Aubigné*. Languet de Gergy, comme tous les historiens de madame de Maintenon, savoit peu de choses sur la famille et l'enfance de cette dame. Je relèverai ses principales erreurs.

de la prison. Il en eut deux garçons et une fille : l'ainé mourut jeune, le cadet devint le comte d'Aubigné ; la fille naquit au mois de novembre 1635 et fut la célèbre dame de Maintenon. Ainsi celle qui devoit un jour approcher si près du trône de nos rois naquit dans les horreurs de la prison et de la pauvreté.

Madame d'Aubigné entreprit d'obtenir la liberté de son époux ; elle vint à la cour, la sollicita vivement, et elle lui fut accordée [1]. Alors Constant entreprit de transporter sa famille à la Martinique, ou pour y cacher ses malheurs ou pour les réparer. Il y mourut deux ans après. Sa veuve espéra de trouver en France quelques ressources, elle y revint ; mais elle apprit que le peu de bien qui pouvoit lui revenir avoit été vendu et dissipé. Elle se trouva trop pauvre et trop foible pour le faire restituer. N'ayant pas de quoi nourrir ses enfants, et étant obligée de venir à la cour réclamer la protection de quelques parents qu'elle y avoit, elle fut réduite à les laisser à leur tante, madame de Villette, sœur de Constant, et de les exposer par là à un péril plus funeste que tous ceux qu'elle avoit courus ; car madame de Villette, qui étoit calviniste zélée et qui, en se chargeant de ces deux orphelins, avoit eu dessein de les gagner à sa religion, n'y réussit que trop, et de la petite Françoise elle fit bientôt une ardente huguenote ; elle la fit conférer avec des ministres savants ; toute jeune qu'elle étoit, on lui mit la Bible en main et on lui fit croire qu'elle étoit en droit de décider de sa croyance sans s'embarrasser de l'autorité que Jésus-Christ a mise dans son Église ; en un mot, on voulut en faire une fille savante, et bientôt l'orgueil en fit une opiniâtre.

Il est vrai que cette éducation que reçut la petite Françoise ne fut pas sans quelque avantage pour elle : elle fut formée par cette femme vertueuse, et même dévote selon sa religion, à la pratique de toutes les vertus morales ; la

[1] Voir pages 61 et 73.

pudeur et la modestie dominoient avec la charité pour les pauvres dans le château de Murçay; on y faisoit des aumônes abondantes, et la tante employoit les petites mains de sa jeune nièce pour les distribuer : elle la plaçoit ordinairement au bout du pont-levis du château, la chargeant, tout enfant qu'elle étoit, de ses libéralités, et elle se plaisoit à les lui voir répandre. Ce fut là ce qui séduisoit plus la jeune Françoise que les raisonnements des ministres. Elle ne pouvoit croire qu'une femme qui menoit une vie si régulière et qui faisoit tant d'aumônes pût être dans l'erreur. Elle avoit cela si avant dans l'esprit, que quand on voulut la ramener à la religion catholique, qui seule peut ouvrir la porte du ciel, elle disoit résolûment : « Au moins qu'on n'exige pas de moi que je croye damnée ma tante de Villette. »

Ce qui servit encore à la gagner plus aisément, ce furent les bonnes manières de cette chère tante, dont elle trouvoit l'empire tout autre que celui de madame d'Aubigné. Elle n'éprouvoit de sa part que bons traitements; elle n'y voyoit que de la raison; on lui inspiroit les vertus, mais on ne les commandoit pas; on la reprenoit, mais on ne la grondoit point; on lui donnoit des leçons, mais on lui montroit de l'amitié; les corrections étoient mêlées de caresses, et les répréhensions assaisonnées de raisonnements. Ainsi, l'amitié de la tante et l'orgueil de la nièce concourant à la même séduction, elle devint une huguenote si décidée et si ferme, qu'il fallut combattre longtemps dans la suite pour lui faire oublier toutes ses préventions.

Madame d'Aubigné étant venue à la cour pour y chercher du secours pour ses pauvres enfants, n'oublia pas de pourvoir aussi à leur salut; elle étoit parente par son mari de madame de Neuillant, mère de la maréchale de Navailles, dame d'honneur de la reine mère[1]. Elle lui

[1] Languet de Gergy se trompe. La fille de madame de Neuillant devint en effet la maréchale de Navailles, mais en 1651, c'est-à-dire quatre à

représenta le danger que couroient ces infortunés entre les mains d'une tante aussi zélée pour sa religion que l'étoit madame de Villette. Enfin madame de Neuillant obtint un ordre de la reine, alors régente, pour retirer Françoise d'Aubigné des mains de madame de Villette, et pour la transférer aux Ursulines de Niort. On comptoit que la charitable tante y payeroit sa pension, mais on se trompoit; l'esprit de parti l'emporta sur la parenté et l'affection. La petite Françoise resta sans pension dans le couvent des Ursulines de Niort, et la tante croyoit faire beaucoup de lui donner de temps en temps quelques nippes. Les religieuses, plus courageuses que riches, gardèrent la petite fille sans intérêt, et elles n'ont été payées de ses pensions que longtemps après, par madame de Maintenon, qui, devenue en faveur, marqua à ce couvent la reconnoissance qu'elle avoit conçue pour les premiers soins qu'on y avoit pris d'elle et du zèle désintéressé avec lequel on s'y étoit employé pour la guérir de son égarement. Ces soins furent alors inutiles, car quoique les religieuses essayassent toutes les voies possibles pour amener la petite Françoise à la religion catholique, ce fut en vain. La jeune huguenote sortit de leurs mains presque aussi opiniâtre qu'elle y avoit été mise.

Madame d'Aubigné, sachant que sa fille persistoit dans son erreur au couvent de Niort, espéra qu'elle la ramèneroit si elle l'avoit auprès d'elle. Aidée par madame de Neuillant, elle la fit revenir à Paris; elle comptoit que l'empire qu'elle avoit sur sa fille la détermineroit à changer, elle se trompoit fort : par la dureté de ses représentations, elle ne fit qu'aigrir sa fille et la rendre plus opi-

cinq ans après cette époque; elle devint aussi dame d'honneur de la reine, mais de la reine Marie-Thérèse, et non d'Anne d'Autriche, et ce fut en 1660. Mademoiselle de Neuillant était alors fille d'honneur de *Mademoiselle*. L'enlèvement de Françoise d'Aubigné fut demandé à Anne d'Autriche, non pas par sa mère, mais seulement par madame de Neuillant. Voir l'étude historique sur *la Famille d'Aubigné*, p. 84.

niâtre. Madame de Neuillant, qui étoit encore plus avare que charitable, se lassa bientôt d'avoir sur les bras la mère et les deux enfants. Elle plaça le jeune d'Aubigné page chez M. de Parabère [1], et fit recevoir par charité la petite Françoise aux Ursulines de la rue Saint-Jacques.

Ce fut là que la jeune demoiselle ouvrit enfin les yeux à la vérité, mais ce ne fut qu'après une longue et opiniâtre défense. Comme elle étoit encore extrêmement jeune, on la prit d'abord pour une enfant sans discernement et sans lumière, et on lui parloit quelquefois sur ce pied-là; mais elle tournoit en ridicule les religieuses qui la vouloient gagner par des promesses et des menaces enfantines. La maîtresse des pensionnaires, plus éclairée que les autres, sentit bientôt que cette enfant ne l'étoit pas dans ce qui regardoit la religion; elle l'instruisit par degrés, et n'employa que des motifs raisonnables pour la persuader. Elle lui donna des livres propres à exciter sa curiosité et à lui ouvrir les yeux sur les erreurs de ses premiers maîtres. Elle lui procura la conversation de quelques ecclésiastiques aussi savants que charitables. Elle a raconté dans sa vieillesse qu'elle se souvenoit fort bien combien elle avoit été alors opiniâtre, et d'avoir souvent fatigué, la Bible à la main, ceux qui avoient entrepris de l'instruire. Les protestants firent ce qu'ils purent pour la retenir dans leur religion : ils lui firent tenir des billets par lesquels ils l'exhortoient à tenir ferme pour ce qu'ils appeloient la vérité et l'ancienne doctrine; ils lui rappeloient le souvenir de Théodore Agrippa, qui s'étoit fait tant d'honneur dans leur religion, en s'y attachant au préjudice de sa fortune; et cette considération, qui piquoit la vanité de la jeune demoiselle, servit à nourrir son opiniâtreté. Il se passa un temps assez long dans ce combat; mais enfin la grâce triompha d'elle et la prépara de loin à devenir un jour l'instrument salutaire de la

---

[1] C'est-à-dire chez son mari, Charles de Beaudéan, comte de Neuillant et de Parabère.

conversion d'une infinité d'autres pour lesquels son premier état lui inspiroit de la compassion. Après avoir enfin abjuré ses erreurs, elle fit sa première communion au bout d'un an : elle n'avoit guère encore que douze ou treize ans; cependant, toute jeune qu'elle étoit, elle donna des marques du goût qu'elle auroit un jour pour l'éducation des jeunes filles et de l'habileté avec laquelle elle pourroit s'en acquitter. Les maîtresses, l'y croyant déjà propre, lui donnoient une certaine intendance sur les autres plus jeunes, lui confioient la classe quand elles s'en absentoient et lui faisoient quelquefois même faire la leçon, et la jeune Françoise s'en acquittoit avec sagesse et une intelligence au-dessus de son âge.

Elle sortit du couvent après sa première communion et retourna vers madame sa mère qui restoit à Paris et qui trouva dans la charité de quelques personnes de quoi vivoter avec sa fille. Elle logeoit dans le voisinage de madame de Neuillant, et cette dame habitoit le quartier où demeuroit M. Scarron. La réputation que M. Scarron s'étoit acquise par ses ouvrages enjoués, et ordinairement burlesques, lui avoit attiré beaucoup de connoissances des plus distinguées entre les personnes de la cour et de la ville. Scarron étoit perclus de tous ses membres, il n'avoit guère que la langue de libre, et il en tiroit tout l'avantage possible par sa conversation aussi aimable qu'il peut y en avoir. On retrouvoit tous les jours en lui l'auteur badin et amusant du *Roman comique,* et les saillies journalières de son esprit valoient autant que les plaisanteries d'un livre qu'on peut dire original et unique dans son genre.

Comme M. Scarron étoit connu de la reine, et fort bien reçu près d'elle [1], plusieurs seigneurs et dames croyoient faire leur cour en fréquentant sa maison; il s'y trouvoit

---

[1] Languet de Gergy se trompe : Scarron était disgracié de la reine à cause des pamphlets qu'il avait composés contre Mazarin; il avait même perdu la pension que lui faisait cette princesse.

chaque jour une assemblée choisie de personnes de distinction, et surtout de gens d'esprit; les jeunes gens accouroient comme les autres chez cet homme infirme et cul-de-jatte et s'en faisoient un amusement ou un mérite, croyant se donner, par leur fréquentation, un air de distinction parmi les gens d'esprit. On y conversoit, on y lisoit les nouvelles pièces, soit de Scarron soit des autres, car M. Scarron avoit dans le genre burlesque une prodigieuse fécondité, comme on le voit par le recueil qu'on en a donné au public; on y jouoit quelquefois, on y soupoit, et quoique M. Scarron n'eût aucun bien, les libéralités de la reine fournissoient abondamment à sa subsistance pour que le maître de la maison pût soutenir la dépense honorable que cette affluence de gens de qualité devoit occasionner [1].

Ce fut dans cette maison que madame de Neuillant, qui y fréquentoit, introduisit à sa suite mademoiselle d'Aubigné; car, peu de temps après sa sortie du couvent, madame d'Aubigné mourut [2], et madame de Neuillant se vit forcée, malgré son esprit d'épargne, de donner asile à une fille de quatorze ans, sa parente, qui n'avoit sur la terre aucune ressource. Elle la menoit avec elle à ces assemblées. La jeune demoiselle n'y brilloit que par sa beauté et sa modestie; car pour l'esprit, sa prodigieuse timidité l'empêchoit d'en faire paroître, et la première visite où elle accompagna madame de Neuillant chez M. Scarron ne lui fut pas favorable. Au lieu de parler, elle se mit à pleurer. Les visites suivantes ne lui furent pas plus heureuses, et l'on crut bientôt qu'elle n'avoit point du tout d'esprit parce qu'elle avoit peine à dire une parole.

Cette timidité lui dura longtems même après son ma-

---

[1] Scarron n'avait alors d'autre ressource qu'une pension de Fouquet et le produit de ses ouvrages.

[2] Voir la notice sur *la Famille d'Aubigné*, p. 90. Madame d'Aubigné mourut à Niort, et madame de Neuillant ramena Françoise d'Aubigné à Paris.

riage; et elle a raconté depuis, que comme on lui reprochoit son silence, et qu'on lui disoit qu'il falloit qu'elle se fît violence, elle voulut un jour se la faire, et pour cela elle se prépara à raconter dans la première compagnie où elle se trouveroit l'après-midi, une nouvelle qu'elle avoit apprise le matin. Elle étudia sa leçon, la répéta bien des fois avant de sortir. Arrivée au lieu de la visite, elle voulut commencer, mais elle barbouilla une partie de son histoire, en oublia l'autre, et ce récit fut si mal reçu, que, quand elle sortit, elle entendit que la maîtresse de la maison disoit d'elle, avant qu'elle fût hors de la chambre : « Voilà une sotte petite femme ! » Madame de Maintenon racontoit volontiers ces traits humiliants pour elle; nous en verrons bien d'autres qu'elle a rapportés de même, et cela afin d'en tirer des instructions pour les filles de Saint-Cyr, et leur apprendre à éviter et à vaincre les mêmes défauts qu'elle avoit reconnus en elle-même dans sa jeunesse.

Le silence de la jeune demoiselle ne venoit pas seulement de timidité; les charmes de son air et tous les agréments de sa personne étoient relevés par le plus beau trait de la beauté d'une fille, savoir, la modestie, et cette modestie étoit accompagnée d'une pudeur qui lui faisoit craindre jusqu'à la minutie et au scrupule les plus petites choses qui pouvoient blesser ces vertus si précieuses. Elle cachoit sa gorge, qu'on dit avoir été parfaitement belle, avec le même soin avec lequel on la découvroit en ce temps-là, où l'indécence même étoit devenue à la mode. Elle déconcertoit par son air ceux qui hasardoient devant elle la moindre parole à double sens; elle pleura un jour parce qu'on l'avoit placée vis-à-vis d'une fenêtre où elle se croyoit trop en vue aux yeux de la compagnie. Ces manières et ces délicatesses ne pouvoient plaire au monde, et elle n'avoit de réputation que celle d'une belle idole, quand M. Scarron, plus connoisseur en fait d'esprit, déméla le fonds admirable qui se trouvoit dans la jeune et pauvre demoiselle.

Ce furent quelques billets et quelques lettres qui la décelèrent malgré sa retenue; sa mère, pour cultiver son esprit, l'avoit formée de bonne heure à en faire usage dans ses lettres. La jeune demoiselle s'y étoit exercée avec goût, et personne ne savoit mieux s'exprimer par lettres que cette jeune fille qui ne savoit pas dire deux mots en conversation.

Une lettre qu'elle écrivit[1] à une demoiselle de Saint-Hermant, qui fréquentoit comme elle chez M. Scarron, fut montrée à celui-ci par cette demoiselle qui l'avoit trouvée charmante; Scarron fut dans l'admiration; et il écrivit aussitôt à mademoiselle d'Aubigné ce billet qu'on a imprimé dans ses œuvres :

« Je m'étois bien douté que cette petite fille que je vis entrer il y a six mois dans ma chambre avec une robe trop courte, et qui se mit à pleurer, je ne sais pas bien pourquoi, étoit aussi spirituelle qu'elle en avoit la mine. La lettre que vous avez écrite à mademoiselle de Saint-Hermant est si pleine d'esprit, que je suis mal content du mien, de ne m'avoir pas fait connoître assez tôt le mérite du vôtre; pour vous dire vrai, je n'eusse jamais cru que dans les isles de l'Amérique, ou chez les religieuses de Niort, on apprît à faire de si belles lettres; et je ne puis bien m'imaginer pour quelle raison vous avez apporté autant de soin à cacher votre esprit, que chacun en a de montrer le sien. A cette heure que vous êtes découverte, vous ne devez point faire difficulté de m'écrire aussi bien qu'à mademoiselle de Saint-Hermant; je ferai tout ce que je pourrai pour faire voir une aussi bonne lettre que la vôtre, et vous aurez le plaisir de voir qu'il s'en faut beaucoup que j'aye autant d'esprit que vous, tel que je suis et serai toute ma vie, mademoiselle, votre etc., etc. »

---

[1] Cette lettre fut écrite de Niort, après que mademoiselle d'Aubigné avait perdu sa mère.

M. Scarron disoit beaucoup, lorsqu'il disoit qu'il n'avoit pas tant d'esprit qu'en montroit la jeune demoiselle. Or il faut remarquer qu'alors il n'étoit pas encore amoureux d'elle, et ne songeoit pas à l'épouser. Il ne l'étoit pas même encore, lors que prenant pitié d'une fille de condition qui avoit tant d'esprit *et une robe si courte,* il crut devoir faire à son égard une œuvre de charité en lui présentant en secret une somme d'argent ; mais la jeune demoiselle, plus fière qu'elle n'étoit pauvre, rejeta le présent avec hauteur, dans la crainte de blesser tant soit peu ce que lui dictoit la délicatesse de sa modestie et la noblesse de son sang.

Je dis que la générosité de M. Scarron n'avoit pas été dictée par l'amour, parce que je vois par les mémoires qui m'ont été donnés que ce fut madame de Neuillant qui imagina dans la suite ce beau mariage, et qu'il fut le fruit de son intrigue. Avare comme elle étoit, elle se trouvoit surchargée de l'entretien d'une fille de qualité sa parente, et elle ne songeoit qu'à s'en défaire, sans qu'il lui en coûtât. Ainsi jugeant par la dépense que faisoit M. Scarron qu'il avoit du bien, et sachant qu'il étoit indisposé pour ses parents avec qui il avoit été en procès, elle crut faire un coup d'État de faire épouser mademoiselle d'Aubigné par ce cul-de-jatte et de se décharger de ce fardeau sur lui. La jeune demoiselle ne pouvoit vouloir que ce que vouloit sa protectrice, sans laquelle elle seroit restée sur le pavé, et M. Scarron se trouva trop heureux qu'une personne aussi aimable voulût bien lui donner sa main. Ainsi se fit ce mariage et cette bizarre alliance de l'homme le plus contrefait de Paris avec la fille la plus aimable, et du poëte le plus licencieux avec la fille de France la plus retenue et la plus modeste. Mais la nécessité a les mêmes droits que l'amour, et ce n'est pas la première fois qu'elle a uni des personnes qui ne sembloient pas avoir été créées l'une pour l'autre.

A l'infirmité et à la pauvreté près, M. Scarron n'étoit pas indigne de s'allier à une fille de condition qui n'avoit rien. Il sortoit d'une famille qui avoit quelque distinction dans la robe de Paris; son père et son grand-père avoient rempli depuis plus d'un siècle avec honneur les charges de conseiller du parlement. Un de ses parents de même nom, qui y avoit été conseiller aussi, étoit alors évêque de Grenoble; Catherine Scarron, fille de Michel Scarron, conseiller d'État, son cousin, avoit été mariée à Antoine, duc d'Aumont, au commencement du dix-septième siècle. On dit que cette famille descend d'un Louis Scarron qui, dans le treizième siècle, fonda à Moncalier, en Piémont, une chapelle où l'on voit encore son tombeau de marbre avec les armes de la famille. Mais le pauvre M. Scarron s'étant brouillé avec ses parents, comme je l'ai remarqué, ces alliances ne pouvoient procurer à son épouse ni bien ni protection.

Mademoiselle d'Aubigné n'avoit que quinze ans [1] quand elle l'épousa : une fille si jeune et en même temps si modeste eut à souffrir d'abord dans une maison où la licence des conversations étoit assez ordinaire, et avec un homme qui, à en juger par ses ouvrages, n'a pas été sans doute fort chaste dans ses paroles. Il parle dans un de ses ouvrages de sa petite *muse au nez camard qui l'avoit fait poëte goguenard,* mais cette muse l'avoit fait aussi poëte licencieux et souvent ordurier. Madame Scarron, toute jeune qu'elle étoit, sut enfin prendre le dessus avec lui et lui imposer par sa modestie. Devenue la maîtresse de la maison, elle imposa de même à la jeunesse indiscrète qui n'osoit plus s'échapper en sa présence, et elle captiva jusqu'à la langue libertine de son mari; c'est un caractère qui lui a été propre toute sa vie, et qui l'a suivie à la cour dans sa plus brillante fortune. Elle avoit pris un si grand empire par sa modestie sur tous ceux qui la fréquentoient

[1] Le mariage se fit en mai 1652. Mademoiselle d'Aubigné, née en novembre 1635, avait donc seize ans et demi.

que personne n'osoit s'échapper en sa présence. Ce fut par cette porte, pour ainsi dire, qu'elle commença à sortir de sa prodigieuse timidité. Lors même qu'elle devint plus familière avec le roi, et que le roi se divertissoit à folâtrer avec les femmes de sa cour, quelquefois même jusqu'à une certaine licence que les femmes supportent plus aisément de la part d'une tête couronnée, jamais le roi n'osa se jouer à elle; et un des grands seigneurs de la cour, parlant de l'air imposant que cette femme avoit su prendre dans tout ce qui concernoit la pudeur, disoit un jour : « que s'il avoit une proposition insolente à faire à une dame, il craindroit moins de la faire à la reine qu'à madame Scarron ». Tant il est vrai qu'une femme aimable et modeste a un grand empire dans la société, et qu'il y a lieu de craindre que celles qui, dans les conversations du monde, n'osent réprimer les langues téméraires et les manières licencieuses, n'y prennent un secret plaisir qu'elles n'oseroient avouer.

Comme mademoiselle d'Aubigné avoit embrassé de bonne foi la religion catholique, elle en remplissoit les devoirs avec régularité. On y étoit peu exact chez M. Scarron, et dès lors s'introduisoit à Paris cette scandaleuse coutume, qui n'est que trop fréquente aujourd'hui, de servir la table en gras les jours que l'Église prescrit l'abstinence. Cet homme infirme et contrefait avoit dans son infirmité une excuse pour lui-même, mais la compagnie en abusoit. Sans être infirme comme lui, on mangeoit gras avec lui, et cette liberté servoit à grossir la compagnie. Madame Scarron ne put contredire autrement que par son exemple l'usage établi, d'où il lui arrivoit souvent qu'en carême, avec une table bien servie, elle n'avoit pour elle que de la salade et des harengs. Cette abstinence étoit sans doute bien louable, mais ce qui l'est encore plus, c'est la manière dont elle a raconté dans la suite ces circonstances de sa jeunesse : « J'étois pleine de vanité en cela même, disoit-elle, je m'admirois beaucoup dans ce tems-là de me contenir ainsi au milieu des ragoûts, et mon amour-propre en étoit fort satisfait. »

M. Scarron mourut au bout de deux ans de mariage et laissa sa veuve, âgée de dix-sept ans [1], sans douaire, sans maison, sans meubles, et sans autre appui qu'un frère page et une parente avare. Ainsi elle rentra dans la pauvreté absolue, dont le mariage l'avoit tirée pour un tems. C'étoit un état bien dangereux pour une personne d'une si grande jeunesse et qui n'étoit pas dépourvue d'agréments. Dieu la soutint dans ce pas glissant. « Ce ne fut pas la dévotion, a-t-elle dit plusieurs fois dans la suite, c'étoit ma vanité et l'envie que j'avois de me conserver une bonne réputation. »

Cette réputation lui fut utile : plusieurs femmes de qualité qui l'avoient fréquentée chez M. Scarron, et qui avoient conçu pour elle de l'estime, eurent compassion de son sort, entre autres la maréchale d'Albret [2] et la duchesse de Richelieu [3], et elles cherchèrent à lui donner ou à lui procurer du secours. On lui conseilla de s'adresser au roi pour avoir la pension de feu son mari. Elle présenta un placet, puis un autre, et enfin les multiplia jusqu'à lasser le roi, qui, un jour, en recevant un nouveau placet d'elle, dit avec une espèce d'impatience : Je ne vois autre chose que la veuve Scarron, et toujours des placets qui répètent la veuve Scarron [4]. Heureusement pour elle, il se trouva des amis

[1] Languet de Gergy se trompe : Scarron mourut en 1660, après huit ans de mariage; sa veuve avait vingt-quatre ans.

[2] Fille de Guénégaud, trésorier de l'épargne, mariée à César Phébus d'Albret, comte de Pons.

[3] Anne Poussard de Fors du Vigean, mariée en premières noces au frère du maréchal d'Albret, et en secondes noces au duc de Richelieu, petit-neveu du cardinal.

[4] Il y a confusion dans le récit de Languet de Gergy entre les sollicitations que fit madame Scarron après la mort de son mari, pour obtenir une pension de la reine mère, pension qu'elle obtint, et celles qu'elle fut obligée de faire à la mort de cette princesse pour que cette pension fût continuée. C'est à cette dernière époque qu'il faut rapporter les paroles du roi.

qui firent connoître le mérite et le besoin de la pauvre veuve, et qui mirent à profit le dépit du roi et le refus que ce dépit sembloit annoncer.

A la cour, il faut de la persévérance et de la patience; celle de la veuve ne fut pas infructueuse. On intéressa la reine dans le malheureux état de cette femme rebutée; on lui fit comprendre que le rebut du roi aggravoit son malheur. Tant de gens lui parlèrent de la veuve Scarron, aimable et misérable, de son mérite, de sa jeunesse et du danger où elle devoit être, que cette charitable princesse obtint enfin du roi une pension de deux mille livres. Madame de Maintenon a dit depuis que c'étoit au maréchal de Villeroy qu'elle en avoit l'obligation. D'autres ont dit que le baron de la Garde fut celui qui la demanda le premier à la reine. Quoi qu'il en soit, personne ne lui fit tant d'offres et de caresses que les deux dames que j'ai nommées. La duchesse de Richelieu voulut même la presser de venir loger chez elle; mais la jeune veuve se croyant trop riche avec deux mille livres de pension, craignit d'engager sa liberté et de devenir ou l'esclave ou la confidente de sa bienfaitrice; car il est difficile de se livrer aux bienfaits des personnes de ce rang sans tomber dans l'un ou l'autre inconvénient.

Ces dames, qui avoient de la compassion pour elle, avoient été encore plus touchées de sa modestie que de sa pauvreté. Elle en donna une preuve bien sensible quand il fut question d'aller voir M. Fouquet, surintendant des finances, pour remercier de la pension et pour en solliciter le payement. La jeune veuve savoit la réputation qu'avoit ce ministre, le plus galant de tous les hommes et le plus fortuné en galanterie, celui dont Boileau a dit depuis: *Jamais surintendant ne trouva de cruelles.* Madame Scarron, pour y aller, s'habilla dans un si grand négligé que celle qui devoit la présenter à ce ministre en fut honteuse et lui en fit des reproches. Elle excusa comme elle put sa prétendue négligence, n'osant pas dire qu'elle craignoit de paroître avec quelque agrément aux yeux d'un homme si galant et si libéral.

Un autre trait leur fit connoître jusqu'où alloit en elle cette rare modestie. Un jour d'été qu'elle étoit en conversation chez une de ces dames, la chaleur ayant obligé tout le monde à se débarrasser de ses coiffes et de ses mantilles, les dames remarquèrent que madame Scarron avoit la gorge très-bien faite; elles avoient soupçonné jusque-là, par la manière dont elle affectoit de se coiffer et de s'habiller, que sa gorge ne répondoit pas aux grâces de son visage, et elles furent surprises qu'une jeune femme prît tant de soin de la cacher. Je ne crains pas d'insérer ces menus faits dans mes Mémoires, quoiqu'ils puissent paroître bien petits aux gens du monde, parce qu'il est essentiel de montrer le caractère toujours soutenu de vertu et de retenue qui a le plus contribué à la fortune de cette dame, et qu'elle n'a jamais démenti.

Cette fortune lui fut prédite dans ce tems-là d'une manière fort singulière. Un jour qu'elle dînoit à l'hôtel d'Albret, des maçons travailloient dans cet hôtel à quelques réparations. Celui qui conduisoit l'ouvrage entra dans la chambre où les dames étoient assemblées et dit tout haut qu'il désiroit dire un mot à madame Scarron. Elle fut étonnée, mais on la pressa d'écouter cet homme, qui paroissoit vouloir lui parler en secret; elle passa avec lui dans une chambre voisine, et après quelque peu de conversation cet homme se retira. Madame Scarron, questionnée par les dames, ne voulut point raconter ce qu'il lui avoit dit; seulement pressée par elles, que sa discrétion rendoit encore plus curieuses, elle leur dit : « Si ce que cet homme m'a prédit est vrai, vous ferez bien de me faire la cour d'avance. » Madame de Maintenon ne s'est jamais expliquée davantage sur cet événement; je ne l'aurois pas rapporté si elle ne l'avoit raconté elle-même aux dames de Saint-Louis, sans néanmoins leur développer ce que le devin lui avoit dit, sinon qu'il lui avoit prédit ce qui lui est arrivé dans la suite.

Ce fut sa modestie et le soin qu'elle avoit de sa réputation qui la déterminèrent à se retirer promptement dans un asile saint après la mort de son mari; d'abord elle se logea chez les Hospitalières du faubourg Saint-Marceau, ensuite chez celles de la place Royale [1], plus voisine des connoissances qu'elle avoit formées. Au moyen de sa pension de deux mille francs, elle vivoit doucement et commodément, et elle savoit ménager si bien, qu'elle ne manquoit de rien de tout ce qui étoit de la bienséance et de sa condition. Elle s'occupoit à travailler, et son travail n'avoit d'autre objet que l'économie ou l'envie de faire plaisir aux personnes avec qui elle entretenoit d'honnêtes liaisons. Elle goûtoit beaucoup le bonheur de cet état libre et tranquille, bien différent du tumulte du monde où elle avoit vécu pendant plusieurs années et de cette situation étrange où elle s'étoit trouvée, c'est-à-dire associée à un homme qui lui faisoit éprouver tout ensemble et les importunités de l'abondance et les horreurs de la pauvreté. Elle goûtoit donc le bonheur de sa situation, et elle a dit plusieurs fois, lorsqu'elle étoit au plus haut degré de sa fortune, que jamais elle n'avoit été si heureuse, et qu'elle n'avoit goûté de félicité dans ce monde que dans cette espèce de vie retirée qu'elle menoit alors. Elle s'y trouvoit si bien qu'elle refusa les offres qui lui furent faites par la princesse de Nemours, qui dans ces tems-là fut destinée au trône de Portugal. Cette princesse ayant connu le mérite de la jeune veuve, désira de l'emmener avec elle sur un pied honorable; ses amis la pressoient d'accepter des offres qui paraissoient avantageuses; mais elle préféra

---

[1] Cela n'est pas exact. Elle se logea d'abord aux Hospitalières de la place Royale, puis aux Ursulines de la rue Saint-Jacques.

la retraite et la tranquillité de sa vie à tout ce que ces offres lui présentoient de séduisant [1].

A l'agrément qu'elle trouvoit dans sa retraite et dans le commerce des personnes qualifiées avec qui elle conservoit toujours ses liaisons, elle joignit une grande régularité dans ses mœurs et dans toute sa conduite. Ce n'étoit pas dévotion. Quoiqu'elle n'usât que fort sobrement du monde, cependant elle l'aimoit, et son caractère dominant alors, comme elle l'a raconté depuis plusieurs fois, étoit un désir passionné de se faire une bonne réputation, et ce désir alla quelquefois jusqu'au ridicule; c'est d'elle-même que l'on a appris quelques traits que j'en vais rapporter.

Elle fut un jour fort fâchée contre une de ses amies qui vint lui rendre visite le vendredi saint : « non pas par piété, disoit-elle, mais parce qu'il me sembloit que cette personne n'avoit pas de moi une bonne opinion, me croyant oisive en un si saint jour, et parce que je jugeois qu'il n'étoit pas de bonne grâce qu'une jeune femme ne fût pas occupée saintement en un jour si solennel. »

Dans un voyage de campagne qu'elle fit avec quelques unes de ses amies et des personnes de condition, un de la troupe fut surpris de la petite vérole. Toute la compagnie se dissipa bien vite; elle seule resta afin de donner des ordres pour le secours du malade; elle le vit sans montrer de la crainte; elle pourvut à tout ce qui concernoit le soulagement corporel et spirituel du malade avant de se retirer. Étoit-ce charité ou dévotion qui lui donnoit ce courage? « Non, disoit-elle, mais je voulois qu'on dît que j'étois bonne amie. » Si chacun épluchoit ainsi son âme et démêloit de bonne foi les motifs qui le font agir, il recon-

[1] Ces offres ne furent faites à madame Scarron qu'après la mort de la reine mère et lorsqu'elle se trouva, par cette mort, privée de sa pension et retombée dans la misère. Elle était disposée à les accepter, lorsqu'elle obtint du roi, et probablement par le crédit de madame de Montespan, le rétablissement de sa pension.

noitroit souvent que les fausses vertus dont on se glorifie ne sont que les fruits véritables de l'orgueil qui est en nous. Madame de Maintenon a été assez heureuse pour le reconnoître dans la suite, et elle disoit avec humilité qu'alors elle avoit poussé si loin l'amour de la réputation et le désir d'être admirée, qu'elle avoit souffert souvent le martyre pour cela. En effet, elle se privoit de tout quand il étoit question de marquer de l'amitié et de rendre service. Voyant un jour madame de Montchevreuil, qui lui marquoit de l'amitié et qu'elle fréquentoit beaucoup, la voyant, dis-je, empressée de voir finir un meuble de tapisserie auquel elle travailloit, la jeune veuve, par complaisance, en prit quelques morceaux pour les faire chez elle; et, pour en venir à bout promptement, elle passa quatre mois d'été à se lever à quatre heures du matin afin d'avancer l'ouvrage, sans cependant manquer à rien de ses autres devoirs, et tout cela pour s'attirer la louange d'être habile, adroite et serviable; car elle n'avoit pour objet que l'envie de s'attirer des éloges. « C'est peut-être pour m'en punir, a-t-elle dit dans la suite, c'est pour m'en punir que Dieu a permis mon élévation, comme s'il m'eût dit dans sa colère : Tu veux des louanges, tu en auras jusqu'à en être accablée. »

Elle racontoit volontiers cette conduite serviable qu'elle avoit eue dans sa jeunesse, dans la vue de se faire des amies et de se ménager leur estime par ses soins; et c'étoit aux dames et aux demoiselles de Saint-Louis qu'elle faisoit ces récits, pour leur inspirer ce même caractère serviable et bienfaisant qui lui avoit réussi si heureusement à elle-même; mais elle accompagnoit ces récits de l'humble aveu qu'elle faisoit de la vanité qui la conduisoit uniquement dans ces empressements charitables. Elle racontoit encore qu'elle fut une fois six semaines sans sortir, pour ne pas quitter une vieille amie malade d'une maladie fâcheuse. Cette femme lui disoit souvent d'aller se promener; mais elle le refusoit toujours pour lui marquer que c'étoit avec plaisir qu'elle restoit près d'elle, disant qu'elle ne se soucioit pas de la promenade. « Je m'en souciois cependant infiniment, disoit-elle, et j'aurois été aussi aise qu'une autre de m'aller faire voir au cours. Cette femme étoit charmée et le contoit à tout le monde; voilà ce que je voulois, car je n'avois pour but que de me faire une bonne réputation, n'étant pas encore assez heureuse pour agir dans la vue de Dieu. »

Tel étoit au vrai le caractère de madame de Maintenon dans les premières années de son veuvage, c'est-à-dire qu'il consistoit en régularité et vanité; elle ne se livroit pas au monde, mais elle aimoit à en user; elle le fréquentoit avec mesure et retenue, mais elle aimoit à le fréquenter spécialement chez les deux dames illustres que j'ai nommées ci-dessus, et qui faisoient d'elle un cas singulier: la maréchale d'Albret et la duchesse de Richelieu. Elle s'attacha à ces deux dames, quoique fort âgées en comparaison de sa jeunesse, et encore plus particulièrement à la maréchale, dont le caractère austère et sérieux avoit moins de quoi plaire à une jeune personne. Ce fut cependant celle-ci que la jeune veuve fréquenta plus particulièrement, disant qu'elle aimoit mieux s'ennuyer avec bienséance que de se réjouir au milieu des écueils de la jeunesse. Ce fut là qu'elle forma des liaisons avec deux jeunes personnes de qualité à peu près de son âge, toutes deux parentes de la maréchale, qui vivoient chez elle et sous sa conduite. L'une étoit mademoiselle de Pons, l'autre étoit mademoiselle de Martel. Soit jalousie, soit humeur, ces deux filles ne s'aimoient pas et s'accordoient encore moins. Elles étoient sans cesse ensemble, et sans cesse avoient de petites querelles, au milieu desquelles madame Scarron se conduisoit avec tant de mesure, que ces deux demoiselles ne s'accordoient que dans le seul point de leur amitié pour elle. Elle étoit la confidente de leurs jalousies réciproques, la dépositaire de leurs secrets, l'arbitre de leurs disputes, et conservoit au milieu des petits orages domestiques que ces deux filles fort vives excitoient fréquemment, une tranquillité et une impartialité qui les lui asservissoient l'une et l'autre. Elles étoient de part et d'autre empressées de la retenir quand elle venoit à l'hôtel, impatientes de l'y recevoir quand elle étoit absente, et la raison supérieure de la jeune veuve se faisoit goûter par ces deux jeunes têtes. Devenue madame de Maintenon, elle n'oublia pas ses anciennes amies. J'ignore ce que devint mademoiselle de Martel; pour mademoiselle de Pons, mariée depuis à M. d'Heudicourt, elle éprouva souvent des effets de son amitié, tant pour elle-même que pour sa famille, et, ce qui fut encore plus important pour son salut, elle lui procura une mort sainte en 1709, comme je le raconterai dans la suite.

Ce fut aussi dans ces mêmes tems qu'elle avoit formé d'étroites liaisons avec la maison de Montchevreuil, à laquelle elle a rendu depuis de grands services. Ces liaisons prirent leur source dans la piété dont faisoit profession madame de Montchevreuil[1], et cette piété lui donnoit du goût pour les personnes en qui elle reconnoissoit de la dévotion et de la régularité. Madame Scarron lui plut par cet endroit; elle l'attiroit chez elle et la menoit à sa terre de Montchevreuil, du côté de Magny, dans le Vexin.

Madame de Maintenon n'a point oublié, dans son élévation, les amitiés qu'elle recevoit alors de ses premières connoissances, dont néanmoins elle n'étoit redevable qu'à sa bonne conduite, à sa discrétion et à son empressement pour se rendre utile en toute occasion; car elle portoit si loin l'attention pour ses amies et la complaisance pour tout ce qu'elles pouvoient désirer de raisonnable, qu'elle prenoit volontiers sur elle-même, sur son sommeil, sur son

---

[1] Marguerite Boucher d'Orsay, mariée à Henri de Mornay, marquis de Montchevreuil : elle devint l'amie et la confidente la plus intime de madame de Maintenon.

plaisir, sur son petit revenu pour complaire aux personnes avec qui elle avoit coutume de vivre.

Si ces manières lui concilioient l'amitié de toutes les personnes qu'elle fréquentoit, l'austère régularité de ses mœurs lui conservoit leur estime; et, au milieu des agréments qu'elle recueilloit de ces avantages, elle menoit une vie douce et tranquille dans laquelle, moyennant quelques exercices communs de piété, elle se croyoit dans une route assurée pour son salut. Elle vivoit comme tant d'autres qui, en partageant leurs cœurs et leur tems entre Dieu et le monde, espèrent pouvoir jouir des agréments de celui-ci sans rien perdre des récompenses que Dieu a promises à ceux qui le servent. Cette erreur n'est que trop commune. On veut son salut; mais on veut y parvenir par une route aisée et commode, et quoiqu'on lise souvent l'Évangile de Jésus-Christ, on ignore que c'est par la croix de Jésus-Christ qu'on peut arriver à sa gloire.

Madame Scarron en étoit là lorsque Dieu lui fit la grâce de l'attirer à lui d'une manière particulière, de lui ouvrir les yeux sur le danger d'une situation où elle n'avoit que des éloges et des plaisirs, et de commencer à l'introduire dans cette route de croix et de peines qui ne l'a plus quittée jusqu'à sa mort; car on verra dans la suite de combien d'épines fut semé le chemin de roses où elle paraissoit marcher aux yeux du monde.

Comme elle approchoit des sacrements à toutes les bonnes fêtes selon le bon usage qui régnoit alors, et dont les personnes du grand monde même ne se dispensoient guère, elle crut devoir se fixer à un confesseur, et sur la réputation qu'avoit M. Gobelin, docteur de Sorbonne, elle s'attacha à lui et se livra à sa direction.

Celui-ci étoit à la vérité un homme de bien et fort occupé de la direction des âmes, mais d'un caractère dur et austère, connoissant peu le monde, et n'ayant pas plus d'égards pour ses bienséances que pour ses maximes. Il n'avoit aucune complaisance pour ses pénitentes, il ne leur passoit pas les moindres défauts, il les éprouvoit durement par une contradiction perpétuelle, qu'il opposoit souvent sans mesure aux humeurs et aux penchants qu'il découvroit en elles.

Il connut bientôt que dans la vie sage, modeste et réglée de la jeune veuve dominoit l'amour-propre avec un désir passionné d'être louée et estimée, et il s'appliqua à l'humilier, à la contredire, à l'assujettir à des pratiques tout à fait gênantes et importunes. Elle ne donnoit point dans le luxe, elle étoit même habillée modestement, et elle se contentoit pour son habit ordinaire d'une simple étamine du Lude. Mais le directeur austère, n'ayant rien à critiquer sur l'étoffe, lui reprochoit sa propreté, son beau linge, les petits soins dont elle décoroit ce modeste habillement; il lui faisoit même presque un crime de sa bonne grâce naturelle : « Vous n'avez que des étoffes communes, lui disoit-il un jour, mais je ne sais ce qu'il y a : je vois tomber avec vous, quand vous vous mettez à genoux, une quantité d'étoffes à mes pieds qui a si bonne grâce que je trouve quelque chose de trop bien. »

Il ne la gênoit pas moins sur ses visites et ses conversations : il exigea d'elle plus de retraite et de silence, même plus qu'il ne convenoit à son état et à sa situation ; il exigea d'elle qu'elle portât la réserve « jusqu'à ennuyer le monde », c'étoit son terme. La gêne où il la tenoit par rapport à cette vanité, qui étoit son faible et qui se mêloit dans le commerce qu'elle avoit avec le monde, la réduisit à une réserve dont on s'aperçut bientôt, jusque-là que l'abbé Testu, qui fréquentoit beaucoup la maison d'Albret, et qui y étoit estimé, soupçonna que madame Scarron formoit quelque dessein de se retirer tout à fait du monde, et il dit un jour fort naïvement : « Madame, je ne veux point savoir votre secret, mais vous avez affaire à un directeur qui manque de prudence. »

Il en manquoit si bien alors à l'égard de madame Scarron, qu'elle a avoué depuis que cet homme l'avoit d'abord tant rebutée, qu'elle en étoit tombée dans le découragement, et presque dans l'irréligion et le désespoir. Elle se crut si incapable de la perfection que son directeur exigeoit d'elle, qu'elle se laissa aller jusqu'à négliger pendant quelque tems les devoirs ordinaires de la dévotion et les pratiques de piété auxquelles elle avoit été fidèle jusque-là. Il fut même un tems où elle n'alloit plus à la messe que par bienséance, et s'en seroit abstenue volontiers même les jours de fête, si elle n'avoit pas craint d'être remarquée. Cette triste situation ne dura pas longtems; par un acte de courage, la jeune veuve revint à son directeur et se soumit à toutes ses rigueurs. Elle ne regarda plus en lui que le ministère saint dont il étoit revêtu; elle se résolut de suivre ses conseils et de lui faire le sacrifice de ses lumières avec la même humilité qu'elle lui faisoit l'aveu de ses fautes. Dieu bénit cette résolution courageuse, et soit que le directeur devînt plus prudent, soit que la pénitente devînt plus docile, elle se fixa avec constance à une direction si dure.

M. Gobelin, nonobstant l'austérité de sa conduite, eut toujours, tant qu'il vécut, sa confiance la plus intime, comme on le voit par quantité de lettres qu'elle lui écrivoit, et qui m'ont été confiées [1], et l'on peut juger, tant par ces lettres que par cette confiance constante d'une jeune dame qui avoit en elle un fonds supérieur de discernement et de prudence, qu'il falloit que ce bon docteur, tout dur qu'il étoit, fût au fond bien rempli de l'esprit de Dieu qui cachoit en lui, sous l'écorce de la sévérité, un fonds de cette sagesse chrétienne que le monde ne peut goûter.

[1] L'abbé Gobelin, étant à l'article de la mort, donna ces lettres aux dames de Saint-Cyr; malheureusement, madame de Maintenon avait exigé qu'il lui rendit celles qui étaient relatives à son mariage avec Louis XIV. Celles qui restent ont néanmoins une grande importance, et je les publierai dans la *Correspondance générale de madame de Maintenon*.

En effet, il s'appliqua spécialement à dompter en sa pénitente ce penchant qu'il y voyoit pour la vanité, l'applaudissement et l'estime du monde, passion qui, de son aveu, l'avoit tant tyrannisée, et il en vint à bout avec le tems. « Je devrois, lui disoit-il un jour, vous donner pour pratique d'aller baiser toutes les dévotions et les images qui sont dans les églises, comme font les femmes simples, afin d'humilier votre esprit. » Je l'aurois fait, disoit madame de Maintenon en racontant ces particularités aux filles de Saint-Cyr, à qui elle narroit volontiers toutes les fautes de sa jeunesse, pour les faire servir à leur instruction ; je l'aurois fait s'il me l'eût ordonné, quelque peine que j'en eusse ; je n'y aurois pas manqué, quoique je susse qu'on se seroit bien moqué de moi. »

On voit par cette disposition combien la jeune veuve profita pour la piété sous la conduite de cet homme austère, et combien elle y apprit à connoître ses propres défauts, à se contredire et à se vaincre elle-même ; à n'avoir plus ni vanité, ni humeur, ni fantaisie, ni rien de ces singularités importunes et bizarres qui décréditent souvent la dévotion. Elle y apprit enfin à sanctifier, par l'esprit du christianisme, cette égalité d'âme qui lui étoit comme naturelle, et qui lui fut d'une si grande ressource dans la suite de sa vie.

LIVRE DEUXIÈME.

Madame Scarron est choisie pour élever les enfants du roi.
Elle vient à la cour. — Commencement de sa fortune.

Au milieu des exercices de piété et de retraite dont madame Scarron s'occupa dans son veuvage, elle comprit que la dévotion ne consistoit pas à changer d'état, d'habitudes et de sociétés, quand ces sociétés et ces habitudes n'avoient rien de mauvais; mais qu'elle consistoit à les sanctifier; ainsi elle continua son assiduité chez la maréchale d'Albret, et, comme elle faisoit tout avec une grâce particulière, sa dévotion n'y déplut point; au contraire, on l'en estima davantage, parce que cette dévotion ne la rendoit que plus charitable et plus douce dans le commerce de la vie, et que son bon sens et son juste discernement en toutes choses se manifestoient de plus en plus, en sorte que les personnes du plus haut rang qui fréquentoient l'hôtel d'Albret commençoient à prendre confiance en elle, à l'admettre dans leurs secrets et à lui faire part de leurs projets.

Ce fut là que se formèrent ses premières liaisons avec madame de Montespan, et où elle connut aussi la princesse de Chalais, depuis la fameuse princesse des Ursins qui a joué un si grand rôle en Espagne sous le règne de Philippe V. Celle-ci étoit quelquefois jalouse de madame Scarron, parce que, étant à peu près du même âge, on la laissoit au jeu et aux autres amusements, tandis qu'on tiroit à part la jeune veuve pour lui parler d'affaires sérieuses et la mettre dans tous les secrets : « Nous n'étions contentes ni l'une ni l'autre, disoit depuis madame de Maintenon ; car pour moi je n'écoutois toutes ces intrigues que par complaisance, et j'aurois mieux aimé qu'on m'eût laissée me réjouir avec les personnes de mon âge; » mais la princesse de Chalais dont le goût la portoit à l'intrigue, s'affligeoit, dès ce tems-là, de n'y être pas encore entièrement livrée.

Quant à madame de Montespan, il se forma d'abord entre elle et madame Scarron une grande amitié, car leurs caractères, très-différents en plusieurs choses, se ressembloient beaucoup en d'autres. Elles possédoient l'une et l'autre au souverain degré les charmes de la conversation ; elles avoient l'une et l'autre un caractère de franchise et de naïveté qui plaisoit, et elles étoient également sensibles à l'amitié. Comme madame de Montespan étoit parente de la maréchale [1], et qu'elle fréquentoit souvent l'hôtel d'Albret, la liaison se forma tout naturellement entre les deux jeunes personnes, et ce fut cette liaison qui jeta les fondements de l'immense fortune de Françoise d'Aubigné.

Plusieurs années s'écoulèrent dans cette sorte de commerce dont jouissoit tranquillement madame Scarron, années qu'elle a toujours regrettées, même dans sa plus haute élévation, comme je l'ai déjà fait remarquer, et qu'elle nommoit le seul tems heureux de sa vie. Avec un revenu médiocre, que sa modestie rendoit suffisant à tous ses besoins, elle n'avoit aucune occupation gênante; elle n'avoit aucun autre devoir à remplir que ceux que lui imposoit l'amitié, devoirs qui portent leur douceur avec eux. Elle n'éprouva dans cet intervalle, qui dura près de dix ans, d'autres peines que celles qui lui venoient de son directeur, mais qui servirent à perfectionner son caractère par une dévotion solide et courageuse; dévotion qui la mit en état de profiter, pour son salut et pour celui des autres,

---

[1] C'est-à-dire que le marquis de Montespan et le maréchal d'Albret étaient cousins germains.

des différentes situations où la Providence l'a placée dans la suite; dévotion, en un mot, qui non-seulement fut la principale source de sa fortune, mais même qui sut la fixer pour toujours.

Tandis que la jeune veuve s'occupoit ainsi, et qu'elle goûtoit les douceurs d'une vertu solide, la plupart de ses amies couroient après d'autres idoles. Madame de Montespan fréquentoit la cour et y portoit les attraits les plus brillants; elle étoit elle-même un peu dévote, mais la vanité et l'amour du monde alloient chez elle de pair avec la dévotion. Elle aimoit à paroître à la cour, à y briller, à s'y attirer des applaudissements. Elle cultivoit avec soin les grâces qui étoient en elle, et qui se développoient encore plus dans les cercles, à la danse, dans les conversations; ce furent les piéges dans lesquels elle donna, et où échoua sa fragile vertu.

Alors Louis XIV étoit dans la fleur de son âge, et il avoit un grand penchant pour la galanterie. Madame de Montespan lui parut un objet digne de ses conquêtes. La jeune dame, moitié dévote et moitié mondaine, résista quelque tems; elle étoit flattée de la tendresse que le roi lui témoignoit, elle se crut assez courageuse pour ne lui rien accorder au préjudice de son honneur et de sa vertu; mais qu'est-ce que les résolutions fragiles d'une personne qui ne fuit pas le péril? Le Saint-Esprit a dit que celui qui aime le péril y périra : la jeune dame l'éprouva. Après quelques combats qu'elle livra avec son amant et avec elle-même, elle devint grosse, et il ne lui resta d'abord de sa vertu vaincue que le chagrin de sa défaite et le vif désir d'en cacher la honte au public; encore ce reste de pudeur lui échappa-t-il dans la suite, et un temps vint qu'elle triomphoit du crime dont elle avoit rougi pendant les premières années.

On ne pouvoit tenir secret ce commerce qu'autant qu'on déroberoit au public la connoissance de l'enfant qui en pouvoit venir. Il falloit pour cela se confier à quelqu'un qui eût de l'adresse et de la discrétion. Le roi se reposa du choix sur celle qui avoit le plus d'intérêt à bien réussir, je veux dire madame de Montespan elle-même; elle crut alors ne pouvoir se confier à une meilleure amie, plus serviable et plus adroite, que madame Scarron.

La jeune veuve n'ignoroit pas les intrigues de cette dame, tout le monde les entrevoyoit; mais n'étant pas chargée de la conduite d'une personne plus âgée qu'elle [1], elle se contentoit de n'y pas prendre part et de les désapprouver dans son cœur. Sa vertu et sa discrétion lui attirèrent la confiance de madame de Montespan : celle-ci s'ouvrit à elle et lui fit la proposition de prendre soin de l'enfant qui auroit un roi pour père. La jeune veuve, qui sentoit ce qu'elle étoit née, refusa de se charger de l'éducation d'un enfant de madame de Montespan ; on la pressa cependant de telle sorte qu'elle répondit enfin qu'elle ne se chargeroit pas d'un tel soin, à moins que le roi n'eût la bonté de le lui ordonner lui-même. Le roi le fit ; une entrevue fut ménagée à cet effet; il commanda, et madame Scarron crut ne pouvoir refuser ce bon office à l'ordre de son maître et à l'honneur de son amie. L'austère directeur l'approuva : il jugea que ce n'étoit pas autoriser le crime que de prendre soin de cacher la honte de celle qui l'avoit commis et de procurer au fruit qui en venoit une éducation chrétienne. Sur l'autorité du roi et l'approbation du directeur, madame Scarron promit d'obéir, et il ne fut plus question que de prendre les mesures exactes pour que le secret ne transpirât point.

D'abord son soin se borna à veiller sur la nourrice et à employer ses assiduités à visiter souvent l'enfant qui lui étoit confié; mais ce soin doubla bientôt, car avant un an madame de Montespan eut un second enfant et puis un

---

[1] Languet de Gergy se trompe : madame de Montespan était de cinq ans plus jeune que madame de Maintenon.

troisième; et madame Scarron, qui ne vouloit pas que les petits soins continuels qu'exigeoit une vigilance assidue fussent connus, prenoit sur sa nuit et sur son sommeil une partie du tems qui lui étoit nécessaire, afin de pouvoir se trouver à l'ordinaire dans les lieux et les compagnies qu'elle avoit coutume de fréquenter. Ce n'étoit pas peu que de fournir tout à la fois à la société de ses amies, aux devoirs de la dévotion, et aux assiduités nécessaires à des enfants placés en des lieux éloignés. Mais la jeune veuve trouvoit dans son courage de quoi remplir tous ces devoirs sans embarras, et dans son adresse de quoi dérober au public la connoissance du secret qui lui étoit confié.

L'embarras croissoit avec l'âge des enfants : madame Scarron le prévit; elle prit une maison qui lui parut propre à y élever ces enfants à mesure qu'il faudroit les tirer de nourrice, et à cacher plus sûrement leur nom et leur qualité : cette maison étoit à l'extrémité de la rue de Vaugirard, près la barrière. Elle pria mademoiselle de Pons, devenue madame d'Heudicourt, qui étoit accouchée à peu près dans le même tems que madame de Montespan, de lui confier la fille qu'elle avoit mise au monde, et qui fut depuis la marquise de Montgon, dame du palais de madame la Dauphine. Sous l'ombre de l'éducation de cette fille, elle cachoit l'éducation des autres enfants, et la maison étoit disposée de telle sorte que ceux qui y venoient ne voyoient rien qui leur donnât des soupçons.

Cependant le monde curieux en formoit, car on sait combien la conduite des princes est éclairée, combien il leur est difficile de cacher leurs intrigues amoureuses; et bien des gens cherchoient à découvrir ce que l'on tenoit si caché. On questionnoit la jeune veuve, on tendoit des piéges à sa discrétion, on lui rendoit des visites, espérant de voir par occasion ce qui pourroit appuyer les conjectures que l'on formoit. M. Colbert lui-même, qui alors faisoit bien du progrès dans la confiance du roi, chercha une fois un prétexte pour venir voir madame Scarron, soit pour épier adroitement ce qui se passoit chez elle, soit pour la tenter sur son secret; quoiqu'il la surprit en arrivant à l'improviste, à une heure propre à réussir à son dessein, il ne vit rien. Un de ces petits, qui auroit pu tomber sous ses yeux, fut emporté négligemment, par une femme de chambre, comme un paquet de linge sale, et la dame de la maison, tranquille comme si elle n'eût été chargée de rien, ne fut ni étonnée ni indiscrète. M. Colbert sortit comme il étoit entré, sans avoir ni rien vu ni rien gagné.

Pour mieux déguiser son occupation, elle se prêtoit quelquefois aux amusements honnêtes des sociétés où elle avoit été admise. Madame de Sévigné parle ainsi d'elle dans une de ses lettres du 4 décembre 1673 [1].

« Nous soupâmes hier avec madame Scarron et l'abbé Testu chez M. Boulanger [2] : nous causâmes fort. Vous n'êtes jamais oubliée; nous trouvâmes plaisant de l'aller ramener à minuit au fin fond du faubourg Saint-Germain quasi auprès de Vaugirard dans la campagne : une belle et grande maison, où l'on n'entre point; il y a un beau jardin, de beaux et grands appartements : elle a un carrosse, des gens et des chevaux. Elle est habillée modestement et magnifiquement; elle est aimable, belle, bonne et négligée. On cause fort bien avec elle. » — Et un peu avant : « On étoit hier sur votre chapitre chez madame de Coulanges, et madame Scarron se souvint avec beaucoup d'esprit que vous aviez soutenu autrefois une mauvaise cause à la même place et sur le même tapis. Nous soupons tous les jours avec elle; elle a l'esprit aimable et merveilleusement droit; c'est un plaisir de l'entendre raisonner sur les horribles agitations d'un certain pays qu'elle connoit bien. Ses discours nous mènent quelquefois bien loin de moralité en moralité, tan-

---

[1] Languet de Gergy cite l'édition de 1735.
[2] Les éditions modernes mettent avec raison : *madame de Coulanges*.

tôt chrétienne et tantôt politique; elle aime votre esprit et vos manières, et quand vous vous retrouverez ici, vous n'aurez pas à craindre de n'être pas à la mode [1]. »

On voit dans ce portrait de madame Scarron, encore jeune, les nuances de ce caractère sage, aimable et chrétien qui l'éleva si haut dans la suite.

Le premier enfant qui fut confié à madame Scarron mourut au bout de trois ans; celui qui vint ensuite, et qui depuis fut nommé duc du Maine, attira toutes les attentions de la gouvernante: il étoit né beau et bien fait, mais à trois ans les dents lui causèrent des convulsions qui furent telles, qu'une de ses jambes se retira et le rendit boiteux. Madame Scarron, qui avoit le cœur bien fait et compatissant, avec un penchant naturel pour l'éducation des enfants, se prit d'affection pour ceux qui lui avoient été confiés; et s'ils l'appeloient *maman* par tendresse, elle avoit pour eux des entrailles d'une vraie mère. Elle étoit touchée de leurs peines, elle prenoit sur son repos plus qu'une mère ne l'eût fait pour leur soulagement. Leurs moindres soupirs troubloient son repos, leurs moindres périls alarmoient sa tendresse. Elle pleura amèrement celui qui mourut, comme si ç'avoit été son propre fils, et elle partagea avec le jeune duc du Maine les douleurs violentes qu'il éprouva dans l'accident dont je viens de parler, et dans les remèdes douloureux qu'on employa pour le guérir. Outre ces peines que son bon cœur lui causoit, elle en portoit en même tems d'autres plus fâcheuses par les contradictions continuelles qu'elle éprouvoit de la part de madame de Montespan. Celle-ci, entière dans ses volontés, ne vouloit point suivre les conseils que madame Scarron donnoit, et se livroit à ceux de tous les empiriques: « On tue ces pauvres enfants sans que je puisse l'empêcher », disoit-elle dans une lettre de confiance à l'abbé Gobelin, son directeur. « La tendresse que j'ai

---

[1] Cette lettre est du 13 janvier 1672.

pour eux me rend insupportable à ceux à qui ils sont, et l'impossibilité que j'ai de cacher ce que je pense me fait haïr des gens avec qui je passe ma vie, et auxquels je voudrois ne pas déplaire quand ils ne seroient pas ce qu'ils sont. Je me suis résolue quelquefois à ne pas tant mettre de vivacité à ce que je fais, et à laisser ces enfants à la conduite de leur mère; mais j'entre en scrupule d'offenser Dieu par cet abandon, et je recommence à prendre des soins qui augmentent mon amitié et qui en me renfermant avec eux me fournissent mille occasions de douleur et de chagrin. Voilà l'état où je suis, qui est plein de troubles et de peines. Priez Dieu qu'il me donne la force de le servir, malgré l'abattement et l'agitation où je suis.

» Ce sont, ajoutoit-elle, deux états bien différents qui partagent ma vie et qui sont (comme vous savez mieux que moi) fort opposés à la paix et à la vigilance qu'il faut pour le salut. Dieu soit loué de tout! je n'aurois peut-être jamais bien pensé à lui, si j'avois été satisfaite des hommes[1]. »

J'ai rapporté ce long extrait, parce qu'il peint au naturel non-seulement ce qu'elle souffroit, mais les dispositions pieuses dans lesquelles elle le souffroit, l'usage qu'elle en faisoit pour son salut, la délicatesse de sa conscience, et le désir sincère qu'elle avoit dès lors de travailler sérieusement à sa perfection.

Dans ce tems-là, le roi voulut qu'elle allât à Anvers mener le jeune prince à un vieux médecin qui avoit une grande réputation. Elle y fut sous le faux nom de la marquise de Surgères, qui arrivoit, disoit-on, du Poitou pour consulter ce médecin sur les infirmités d'un enfant qu'elle donnoit comme appartenant à une de ses parentes. Le médecin la trouva si pleine d'affection et si tendre sur l'enfant qu'on lui amenoit de si loin, qu'il vit du mystère dans sa naissance, et comme on lui en parloit : « Je ne sais,

---

[1] Lettre du 30 octobre 1674.

dit-il, mais à coup sûr voilà la mère. » Ses remèdes furent violents, l'enfant souffrit beaucoup, et la prétendue mère aussi. La jambe, raccourcie par la maladie, s'allongea un peu par les remèdes, mais elle resta foible, sans que l'enfant pût s'en aider, et il revint aussi boiteux qu'il étoit parti.

Cependant la plus grande peine de la gouvernante ne venoit pas de ses fatigues ni des infirmités de ses élèves : les fantaisies fâcheuses de madame de Montespan augmentoient chaque jour, et lui devinrent presque insupportables. A mesure que cette dame croissoit en faveur, elle croissoit aussi en orgueil, en humeur, en bizarrerie. Tel est l'effet des passions : elles changent les caractères de ceux qui s'y livrent. David devenu amoureux devint en même tems perfide, ingrat et homicide; son plus fidèle serviteur fut bientôt la victime de la cruauté d'un prince auparavant aimable par son caractère de douceur et d'humanité.

La piété de madame Scarron, qui avoit servi à cimenter leur première amitié, ne faisoit qu'aigrir l'esprit de madame de Montespan, qui ne voyoit plus dans cette piété qu'un reproche muet de sa débauche. C'étoit surtout lorsqu'elle étoit grosse que les yeux perçants de madame Scarron lui étoient à charge : « Au nom de Dieu, lui mandoit-elle un jour en la priant de la venir trouver, ne jetez pas vos grands yeux sur moi. » Elle comptoit pour rien les fatigues et les soins de la gouvernante. Les adresses même dont elle usoit pour cacher le secret des enfants, et qui auroient mérité des éloges, faisoient le sujet ordinaire de ses plaisanteries. Le feu prit un jour à la maison où étoit cachée la petite famille; madame Scarron fut moins effrayée du danger que couroit la maison, que de celui que couroit dans un déménagement précipité le secret qui lui étoit confié; elle envoya demander un prompt secours à madame de Montespan. Celle-ci, pour toute réponse, lui manda « qu'elle se réjouissoit de l'accident du feu parce que c'étoit signe de bonheur ».

Les peines intérieures et les scrupules se mêlèrent aux chagrins que madame Scarron essuyoit de la part de madame de Montespan ; le monde, dont elle voyoit de près tous les défauts, lui paroissoit tout autre qu'elle ne l'avoit vu dans un plus grand éloignement. Dans un poste qui auroit flatté la vanité et les espérances d'une autre, madame Scarron n'avoit pas de désir plus vif que d'être affranchie de ce qu'elle regardoit comme un esclavage ennuyeux. Elle se sentoit attirée intérieurement à une vie plus sainte que celle qu'elle menoit, et elle ne concevoit pas encore que les chagrins qu'elle éprouvoit sans cesse étoient le chemin le plus sûr pour y arriver. Elle s'en ouvrit à son directeur, et n'osoit s'en ouvrir qu'à lui. Un jour elle lui en écrivit en ces termes [1] : « Madame de Montespan et moi avons eu aujourd'hui une contestation fort vive, et comme je suis la partie souffrante, j'ai beaucoup pleuré ; elle en a rendu compte au roi à sa mode. Je vous avoue que j'ai bien de la peine à demeurer dans un état où j'aurai tous les jours de ces aventures-là, et qu'il me seroit bien doux de me mettre en liberté. J'ai eu mille fois envie d'être religieuse, et la peur de m'en repentir m'a fait passer par-dessus des mouvemens que mille personnes auroient appelés vocation. Je meurs d'envie, il y a sept mois, de me retirer, et la même peur m'empêche de le faire ; c'est une prudence bien timide, et qui me fait consommer ma vie dans d'étranges agitations. Songez-y devant Dieu, je vous en conjure, et considérez un peu mon repos. Je sais bien que je puis faire mon salut ici, mais je crois que je le pourrai encore plus sûrement ailleurs. Je ne saurois comprendre que la volonté de Dieu soit que je souffre de madame de Montespan : elle est incapable d'amitié, et je ne puis m'en passer ; elle ne sauroit trouver en moi les oppositions

[1] Cette lettre est du 13 septembre 1674.

qu'elle y trouve sans me haïr; elle me redonne au roi comme il lui plaît, et m'en fait perdre l'estime. Je suis donc avec lui sur le pied d'une bizarre, qu'il faut ménager; je n'ose lui parler directement, parce qu'elle ne me le pardonneroit jamais; et quand je lui parlerois, ce que je dois à madame de Montespan ne me peut permettre de parler contre elle. Ainsi je ne puis jamais mettre aucun remède à ce que je souffre; cependant la mort vient, et vous et moi aurons grand regret à un tel emploi du tems passé. »

On voit encore mieux ses pieuses dispositions dans une autre lettre qu'elle écrivoit au même directeur, peu après la précédente (6 mars 1675) :

« Votre lettre m'a fait un grand plaisir; je ne sais ce que je trouverai, mais il est certain que je cherche mon salut en m'éloignant d'un trouble qui y est fort opposé, si je ne me trompe; ce sera avec le conseil de gens de bien et de bon esprit, vous le savez. Demandez à Dieu, je vous supplie, qu'il conduise mon projet pour sa gloire et pour mon salut. Je lui fais cette prière tous les jours, et ce qui me met l'esprit en repos, c'est que si quelqu'un de piété et de bon sens me conseilloit de demeurer où je suis, je le ferois malgré ce qu'il m'en coûteroit, et si de ce côté ici on me traitoit à ma mode et tout comme je le pourrois désirer, je le quitterois encore si on le vouloit; cette indifférence me fait espérer que Dieu me bénira et ne m'abandonnera pas. »

M. Gobelin crut qu'elle avoit quelque dessein de se faire religieuse pour rompre ses chaînes, une bonne fois; mais il se trompoit, et elle le lui marqua aussitôt dans le billet suivant (29 juillet 1674) :

« Quelque différentes que mes lettres ayent pu vous paroître, je puis vous assurer qu'il y a sept mois que je pense la même chose. Comme je vous parle toujours sincèrement, je ne vous dis point que c'est pour servir Dieu que je voudrois quitter le lieu où je suis. Je crois que je puis faire mon salut ici et ailleurs, mais je ne vois rien qui nous défende de songer à notre repos et à nous tirer d'un état qui nous trouble à tout moment. Je me suis mal expliquée si vous avez compris que je pense à être religieuse; je suis trop vieille pour changer de condition, et selon le bien que j'aurai, je songerai à m'en établir une pleine de tranquillité. »

C'étoit ce bien qu'elle attendoit pour se retirer, et qui consistoit dans une somme de cent mille livres que le roi lui avoit promise pour la récompenser de ses soins. Mais cette promesse ne s'exécutoit point. On étoit trop content d'elle pour la laisser aller, et le jeune duc du Maine, qui en étoit l'objet principal, réussissoit si bien par son esprit, qu'il faisoit grand honneur à l'éducation qu'il recevoit. Le roi étoit charmé de sa douceur, de ses gentillesses, de sa retenue, et de tout ce qui peut faire estimer un enfant en bas âge. Il voyoit cela avec admiration, et il jugeoit par les fruits de l'arbre du mérite de la culture qu'il recevoit.

Tandis que madame Scarron ne songeoit qu'à briser des chaînes qui lui paraissoient dures à porter, elles s'appesantirent davantage par un événement qui auroit flatté un cœur tout autrement fait que le sien. Le roi jugea à propos de dévoiler un secret dont le poids lui étoit à charge : il se résolut à reconnoître le jeune prince et à le produire sous le nom de duc du Maine qu'il lui donna [1]. Il fut poussé sans doute à cet éclat par sa tendresse pour un enfant dont l'esprit lui paroissoit si aimable; peut-être y fut-il poussé encore par la vanité de sa maîtresse, qui, après avoir rougi longtems de sa foiblesse, s'étoit enfin tellement endurcie qu'elle aimoit à en triompher. Oubliant qu'elle étoit captive d'une passion qui la tyrannisoit, elle

---

[1] Non-seulement le duc du Maine, mais aussi le comte du Vexin, qui était né en 1672. La déclaration fut enregistrée au parlement le 20 décembre 1673.

se faisoit une criminelle gloire de tenir dans ses fers un aussi grand roi que l'étoit Louis XIV.

L'enfant fut donc reconnu et attiré à la cour; sa gouvernante fut obligée de l'y conduire et d'y paroître. Son premier soin fut d'obtenir le payement des cent mille francs que le roi lui avoit promis, dans la vue de les placer à l'acquisition d'une terre et de s'y retirer ensuite. Madame de Richelieu se chargea de solliciter pour elle et d'y intéresser madame de Montespan. Mais quelque vives que fussent ses poursuites, celle-ci n'y répondit pas : elle avoit peur de perdre celle qu'elle ne pouvoit souffrir; et, par un mélange bizarre d'estime et d'antipathie, elle vouloit toujours la voir dans un emploi où elle paroissoit ne la laisser qu'avec peine. Cependant la gouvernante obtint dans ce tems-là quelques grâces pour son frère; elle l'avoit soutenu avec ses épargnes dans ses premières années, et l'avoit fait entrer au service; le roi, entre autres, lui donna le gouvernement de Cognac [1]. Enfin elle toucha elle-même les cent mille francs qui lui avoient été promis, et en acheta la terre de Maintenon [2]; ce fut en 1674 qu'elle parvint à cette acquisition. Alors le roi voulut qu'elle en prît le nom; mais contente de ce bien et du titre de marquise, elle n'a plus voulu dans la suite ni d'autre titre ni d'autre possession; en sorte qu'après une fortune aussi immense que la sienne et trente années de faveur, elle s'est trouvée à sa mort n'avoir d'autre terre que celle de Maintenon, ni d'autre titre que celui qu'elle avoit porté dans le tems que le roi n'avoit pour elle qu'une estime mêlée d'indifférence et presque d'antipathie. Ce trait seul doit suffire pour la défendre dans la

---

[1] Charles d'Aubigné fut successivement gouverneur d'Amersfort en 1672, pendant la guerre de Hollande, de Belfort en 1673, de Cognac en 1676.

[2] La terre ou marquisat de Maintenon fut vendue 240,000 livres. Madame Scarron reçut du roi, en 1675, une deuxième somme de 100,000 livres, et elle paya les 40,000 livres restantes sur ses épargnes.

postérité de toutes les calomnies des libelles qui ne cessoient de la dépeindre comme une femme ambitieuse qui sacrifioit tout à sa fortune.

Dans ce tems-là, madame de Richelieu entreprit de lui procurer un titre plus honorable : elle voulut la faire duchesse en la mariant à un duc peu riche, mais qui espéroit des grâces par le crédit de madame de Montespan ; celle-ci parut, de son côté, entrer aussi dans cette affaire. Madame de Maintenon ne goûta nullement ce projet, et il fut bientôt rompu par son refus. Elle en écrivit ainsi à M. Gobelin (26 juillet 1674) :

« Madame la duchesse de Richelieu et madame de Montespan traitent d'un mariage pour moi qui pourtant ne s'achèvera pas : c'est un duc, assez malhonnête homme et fort gueux ; ce seroit une source de déplaisir et d'embarras qu'il seroit imprudent de s'attirer ; j'en ai déjà assez dans une condition singulière et enviée du monde, sans en aller chercher dans un état qui fait le malheur des trois quarts du genre humain. Cependant je n'ai pas rompu la négociation ; car je serois bien aise que madame de Richelieu voye la froideur et l'indifférence de madame de Montespan sur tout ce qui regarde mes affaires essentielles. »

En effet, madame de Montespan continuoit à donner à madame de Maintenon plus de marques de haine que d'affection, et elle ne cherchoit, ce semble, qu'à exercer ses humeurs sur cette femme douce et patiente. La jalousie n'entroit pas encore dans cette conduite, le roi ne lui en donnoit pas encore occasion ; mais c'étoit antipathie et bizarrerie, et peut-être le dépit d'avoir souvent devant ses yeux une femme sage et raisonnable, dont néanmoins elle ne pouvoit se passer. Le roi, qui ne voyoit que par les yeux de la personne qui possédoit son cœur, ne paroissoit pas fort porté pour madame de Maintenon ; il paroissoit même avoir de l'éloignement pour elle et ne pas goûter son caractère qu'il connoissoit trop peu. Parlant d'elle à madame de Montespan, il la nommoit par plaisanterie *votre bel esprit*. Cependant il comprit avec le tems tout le mérite de ce *bel esprit* par celui qu'il trouvoit dans le jeune duc du Maine. Jamais enfant n'eut plus de grâces, plus de gentillesses, plus de sages reparties et des sentiments plus nobles que ceux qu'il montroit en toutes occasions; et le roi, qui aimoit tendrement cet enfant, ne laissoit pas d'estimer celle qui lui donnoit une si heureuse éducation. Un jour il voulut le voir et l'entretenir seul, pour mieux connoître la portée de son esprit; il le retint dans sa chambre et fit écarter la gouvernante avec tous les officiers et domestiques. Alors il s'amusa à le questionner sur cent choses différentes; l'enfant se tint tranquille sans crier, sans pleurer, sans demander personne; il répondit à tout avec naïveté, avec grâce. Le roi fut charmé de trouver déjà en lui tant d'esprit, et les domestiques étant rentrés, il dit combien il avoit été content de la conversation du jeune prince, et entre autres qu'il avoit été étonné de lui trouver tant de raison. L'enfant dit aussitôt de lui-même : « Comment ne serois-je pas raisonnable, je suis élevé par la raison même? » Il avoit alors environ cinq ans, et déjà il avoit pénétré le vrai caractère de sa gouvernante, à savoir sa raison, et une raison épurée par les lumières du christianisme. C'est à cette raison et à tout ce qu'elle dicte de justice, de patience, de charité et de douceur, qu'elle ramenoit tout; c'étoit par elle qu'elle jugeoit de tout, et ce fut par cela même qu'elle déplaisoit le plus à madame de Montespan, qui, n'ayant en tête que fortune, autorité, avidité et passion, ne voyoit point sans dépit une personne qui pensoit si différemment d'elle, qui étoit souvent dans la nécessité de la contredire, et dont le bon sens et l'esprit juste la désespéroient.

Une autre occasion se présenta, qui fit connoître au roi que ce *bel esprit* n'avoit rien ni d'orgueilleux, ni d'ennuyeux, ni de déplacé. Il écrivoit souvent à celle qu'il aimoit lorsqu'il ne pouvoit la voir. Un de ses billets arriva dans un moment où madame de Montespan ne pouvoit faire sa réponse aussi promptement qu'il le falloit. Madame de Maintenon étoit alors auprès d'elle ; madame de Montespan la chargea de faire sous son nom la réponse qu'exigeoit le billet du roi. Madame de Maintenon se prêta peut-être trop facilement à ce bon office ; mais la réponse parut au roi d'un style tout autre que celui de madame de Montespan, et ce style lui plut beaucoup. Il voulut savoir qui avoit été le secrétaire, et on ne put le lui cacher. Madame de Montespan n'en comprit pas les suites. Le roi, depuis ce moment, ne fut pas fâché de converser et de parler avec celle qui écrivoit si bien, et il trouva que sa conversation étoit aussi solide que son style étoit aimable. Mais une femme hautaine et impérieuse comme l'étoit madame de Montespan fit payer bien cher à madame de Maintenon ce léger honneur que le roi lui faisoit. La jalousie commença à se joindre à l'antipathie, et elle doubla son aversion et sa mauvaise humeur.

Cependant madame de Maintenon eut quelques mois de repos et pour ainsi dire de trêve dans cette guerre domestique, qu'elle supportoit avec toute l'amertume et en même tems toute l'égalité d'esprit possible : sa raison lui inspiroit cette égalité courageuse, et sa piété la soutenoit par des motifs encore plus solides. On la chargea de conduire M. le duc du Maine aux eaux de Baréges, car ce prince étoit toujours boiteux ; et plus il avoit de grâces dans l'esprit, plus on avoit de douleur de le voir dans cette infirmité, qui lui attiroit d'ailleurs de fréquentes maladies. Madame de Maintenon, chargée de la conduite de ce prince, le fut aussi de tout le détail du voyage, qui se fit avec un cortége digne de la grandeur que Louis XIV savoit mettre en toutes choses. Elle obtint du roi la liberté de faire du bien et de répandre des libéralités sur son passage.

Elle eut en vue spécialement les églises, qui, dans ces pays dominés longtems par les huguenots, avoient été dépouillées par eux et manquoient de vases sacrés. Elle obtint aisément des évêques que les sacristies et les tabernacles lui fussent ouverts pour connoître les besoins des églises qui se trouvoient sur sa route, et elle pourvut libéralement à tous les besoins qu'elle connut. Le roi, qui avoit un grand fonds de religion nonobstant les passions qui le dominoient, approuva infiniment ses profusions sur cet article; il ne fut pas moins satisfait du compte qu'elle lui rendoit de tout pendant la route; et comme elle avoit une grâce singulière dans sa manière d'écrire, ses lettres plaisoient infiniment à ce prince, et nourrissoient en lui l'estime qu'il en avoit déjà conçue. Madame de Maintenon eut le plaisir de revoir dans ce voyage une partie de sa famille [1], et fit, autant qu'elle le put, ressentir sa reconnoissance aux personnes qui lui avoient témoigné de la tendresse et de la compassion dans son bas âge. Les bonnes Ursulines de Niort ne furent pas oubliées.

Madame de Maintenon trouva son frère à Cognac, dont il étoit gouverneur, qui fit fort bien les honneurs de sa ville et qui avoit préparé une compagnie d'enfants habillés et disciplinés comme les mousquetaires du roi, pour monter la garde chez le jeune prince et pour faire l'exercice devant lui, ce qui l'amusa beaucoup. Heureux eût été ce frère s'il avoit voulu suivre toujours les conseils de sa sœur; mais il tenoit trop du caractère de Constant d'Aubigné leur père, et, pour son malheur, il étoit précisément le contraste de sa sœur, que la raison dominoit toujours.

On avoit donné au duc du Maine pour médecin M. Fagon, homme habile dans son état, mais encore plus recommandable par son esprit solide que par sa science. Ce fut dans ce voyage que madame de Maintenon en connut toute l'étendue, et démêla le mérite singulier

---

[1] Voir la notice sur la *Famille d'Aubigné*, p. 75, note 1.

d'un homme contrefait qui auroit dû la rebuter par sa figure. M. Fagon étoit un autre Ésope, mais il ne ressembloit pas moins à l'ancien Ésope par la justesse de son esprit que par sa figure, et il le surpassoit en science et en étude, car il avoit une immense littérature. Ce fut dans ce voyage que se forma cette liaison d'amitié qui dura toute la vie de l'un et de l'autre.

La trêve avec madame de Montespan finit comme le voyage, et, au retour, ses mauvaises manières recommencèrent à éprouver la patience inaltérable de madame de Maintenon. Elle s'y étoit attendue et préparée par les motifs de religion et de piété qui la conduisoient, et cet état augmentoit de plus en plus le désir qu'elle portoit depuis longtemps de sortir du monde pour travailler plus efficacement à son salut.

Voici encore comment elle s'expliquoit avec son directeur de ses dispositions à ce sujet :

« Il y a longtems que j'ai envie de vous écrire, mais les jours passent dans un esclavage qui empêche de faire ce qu'on voudroit : je suis toujours assez triste et les choses prennent un air qui ne me convient pas. Je n'ai pas assez de pouvoir sur moi pour n'en pas souffrir ; mais je veux bien souffrir ; et c'est quelque progrès que j'ai fait d'avoir ôté l'impatience, et de n'avoir plus que la douleur ; je fais mon possible pour me consoler avec Dieu, et je suis dans une situation plus douce que je l'aurois espéré.

» Je fis hier mes dévotions, n'ayant pu les faire le jour de la Visitation ; je me confessai à un homme qui ne m'entendoit pas, et qui m'assura que je ne lui disois pas un péché ; je suis sûre que vous en eussiez jugé autrement. »

Dans une autre au même, elle exprimoit ainsi ses dispositions : « On vient de me donner votre lettre qui m'a fait grand plaisir ; elle est pleine de dévotion et d'amitié ; c'est ce que je voudrois présentement qui partageât ma vie, et je suis dans un lieu où l'on ne connoît ni l'une ni l'autre.

Plût à Dieu que ce fût le soin de mon salut qui me donnât l'extrême impatience que j'ai de le quitter ; et que ce ne fût pas le dégoût de la personne que vous savez. Cependant il faut se servir de tout et espérer que je ferai un bon usage de la vie que je projette. »

Cependant Dieu ne permit pas qu'elle satisfit son goût. Il vouloit qu'elle fût à la cour dans un poste brillant et envié, et cependant qu'elle n'y éprouvât que peines, chagrins et dégoût. Les querelles que lui faisoit madame de Montespan ne finissoient point ; elle les racontoit au roi au désavantage de madame de Maintenon, et il falloit que l'estime que le roi avoit conçue de celle-ci fût bien forte pour n'être pas indisposé par les rapports désavantageux de celle dont l'amour l'avoit rendu esclave. Il est vrai que ce prince connoissoit le caractère de cette femme hautaine, qu'il souffroit lui-même assez souvent de ses humeurs et de ses bizarreries. Un jour que ces deux femmes avoient ensemble une prise des plus vives, et que madame de Montespan étoit dans une vraie colère, le roi les surprit, et la majesté royale ne put tellement les contenir qu'il n'aperçût sur le visage de l'une et de l'autre quelques traits de la vivacité de leur querelle. Il demanda de quoi il s'agissoit entre elles : madame de Montespan étoit si hors d'elle-même qu'elle n'osa répondre ; madame de Maintenon dit au roi sans émotion que s'il vouloit bien passer dans une autre chambre, elle lui rendroit compte de ce qu'il désiroit savoir. Le roi eut cette complaisance ; madame de Maintenon lui conta non-seulement ce qui s'étoit passé, mais elle lui peignit avec les grâces dont elle savoit orner tout ce qu'elle disoit, la dureté de madame de Montespan pour elle, la rigueur avec laquelle elle la traitoit, l'aversion qu'elle lui marquoit en toute occasion ; elle lui fit sentir le désagrément continuel qu'elle portoit sans se plaindre depuis tant d'années ; ce qu'elle avoit à craindre pour l'avenir, et le désir qu'elle avoit de quitter un emploi qui, quelque honorable qu'il fût par rapport à Sa Majesté, devenoit insoutenable par rapport à madame de Montespan, et, ce qui la touchoit encore plus, très-dangereux pour son salut[1]. Ce fut ainsi qu'Esther exposoit à Assuérus les injustices d'Aman, et qu'elle en fut écoutée. Le roi fut touché du portrait que madame de Maintenon lui fit de ses peines; il en savoit déjà une partie, et il conçut aisément le reste par tout ce qu'il éprouvoit lui-même du caractère fâcheux et insatiable de son amie. La conversation plut tellement au roi qu'il voulut par la suite entrer davantage dans ce qui concernoit madame de Maintenon; et il eut divers entretiens avec elle. La sagesse, la raison, la modestie et le souverain désintéressement qu'elle montra en toute occasion fortifièrent l'estime que le roi conçut d'elle, et il ne songea plus qu'à la délivrer de l'esclavage où elle étoit. En effet il ne voulut pas la charger de l'éducation d'un fils et d'une fille[2] qu'il eut encore de madame de Montespan; car cette femme hautaine qui rebutoit le roi par ses caprices, savoit bien le regagner par ses caresses. Elle le tenoit si captif dans ses chaînes, que ce prince n'avoit pas le courage de les rompre. Ainsi il se borna pour lors à estimer madame de Maintenon et à aimer madame de Montespan. Celle-ci étoit trop habile dans l'art de la cour pour ne pas sentir que l'estime tôt ou tard seroit funeste à l'amour, et elle craignit bien plus la sagesse, la piété et la raison de madame de Maintenon que les grâces qui restoient en elle, car madame de Maintenon n'étoit plus jeune alors, et elle avoit au moins quarante ans[3].

Son goût pour la retraite subsistoit toujours : elle n'attendoit que le moment où elle pût être libre, et elle s'en

---

[1] Madame de Caylus raconte cette anecdote à peu près dans les mêmes termes (page 114 de l'édition de 1806).

[2] Mademoiselle de Blois, depuis duchesse d'Orléans, née en 1677; le comte de Toulouse, né en 1678.

[3] Elle avait quarante-deux ans.

entretenoit confidemment et fréquemment avec l'abbé Gobelin, pour qui elle n'avoit rien de caché. « Demandez bien à Dieu, » lui disoit-elle dans une de ses lettres, « demandez à Dieu qu'il rompe mes chaînes si ma liberté doit être utile à mon salut. C'est ce que je lui demande tous les jours ».

Depuis qu'elle eut acquis la terre de Maintenon, elle en fit accommoder le château et le fit meubler, se flattant d'y pouvoir bientôt faire son séjour, en quittant la cour. En attendant qu'elle pût s'y retirer entièrement, elle y alloit passer de tems en tems quelques jours sous prétexte des affaires qu'elle avoit à y régler, et des appartements qu'elle faisoit accommoder : « J'arrivai hier de Maintenon, disoit-elle dans une de ses lettres à l'abbé Gobelin, j'y ai passé huit jours dans une douceur et un repos d'esprit qui me fait trouver ceci pis que jamais; et si je suivois autant mes inclinations que j'ai toujours fait, il n'y a pas de moment dans la journée que je ne demandasse à me retirer. Il est impossible que je mène longtems la vie que je mène; je prends trop sur moi pour que le corps ou l'esprit n'y succombe pas et peut-être tous les deux. Il en arrivera ce qu'il plaira à Dieu, et quand il en ordonnera; je lui offre mes souffrances bien ou mal fondées, et si sa volonté m'étoit connue, je la suivrois dans ce qu'il y a de plus opposé à mon humeur. » — Et dans une autre lettre elle disoit encore : « Je désire plus ardemment que jamais être hors d'ici, et je me confirme de plus en plus dans l'opinion que je n'y puis servir Dieu. » — Et comme dans ce moment madame de Montespan qui la haïssoit et qui ne pouvoit se passer d'elle, l'avoit leurrée de quelque raccommodement et amusée de quelques caresses, madame de Maintenon ajoutoit : « Je suis à merveille à présent avec madame de Montespan, et je me sers de ce tems-là pour lui faire entendre que je veux me retirer. Elle répond peu à ces propositions-là; il faudra voir ce que nous ferons à son retour. »

On a trouvé dans les papiers de l'abbé Gobelin, avec les lettres de madame de Maintenon, un projet qu'elle lui avoit communiqué, et qu'elle avoit intitulé : *Projet de la conduite que je voudrois tenir si j'étois hors de la cour.* Il mérite d'être rapporté. Rien ne montre mieux les dispositions du cœur de madame de Maintenon que ces écrits, qui sont marqués au coin de la sincérité et de la franchise :

« Je voudrois me lever à sept heures en été et à huit heures en hiver, être une heure en prières avant d'appeler mes femmes, ensuite m'habiller et voir pendant ce tems-là les marchands, les ouvriers ou les gens à qui l'on peut avoir affaire ; après être habillée aller à l'église et n'en revenir que pour dîner.

» Je compterois de sortir environ deux fois par semaine, soit pour mon plaisir soit pour des visites nécessaires, souper chez quelque amie ce jour-là et en revenir à dix heures ; garder la chambre deux fois la semaine, donner ces jours-là à dîner et à souper à quelques amis ou amies particuliers, se retirer toujours à dix heures, faire la prière avec mes domestiques, me déshabiller et me coucher à onze heures.

» Je destinerois les trois autres jours de la semaine, l'un pour visiter les pauvres de ma paroisse, l'autre pour aller à l'Hôtel-Dieu et l'autre pour les prisonniers, et passer mes soirées seule à travailler ou à lire.

» Ne voir jamais personne la veille des grandes fêtes, ni la veille, ni le jour des communions. Ne manquer jamais aux dévotions particulières, être habillée modestement et ne porter jamais ni or ni argent.

» Donner la dixième partie de mon revenu aux pauvres.

» Voilà comme je voudrois commencer, en attendant que le zèle m'en fît faire davantage.

» Je n'ai point parlé de la sanctification des dimanches et des fêtes, car je suppose que c'est une des premières obligations.

» Voyez ce que vous trouverez à dire sur ce plan; j'ai laissé une marge pour voir ce que vous voudrez ajouter ou retrancher.

» En attendant ce tems de repos et de calme que je me figure si délicieux, je ne fais rien qui vaille et je m'abandonne à une paresse et à un découragement qui me font craindre souvent que la dévotion que je projette ne soit pas le même esprit d'arrangement que j'ai pour les meubles de Maintenon. »

Dans le projet de ce que madame de Maintenon vouloit faire hors de la cour, on voit le plan de la vie qu'elle menoit à la cour, où ses occupations continuelles étoient mêlées de toutes les pratiques qui convenoient à une vie chrétienne. Son directeur la soutenoit dans ce train de vie plein de contradictions et de bonnes œuvres, et ne vouloit pas qu'elle suivît ce goût qui la portoit à rompre avec la cour; il croyoit qu'elle y pouvoit faire plus de bien que dans une vie privée et retirée. C'est ce que l'on apprend par cette autre lettre que madame de Maintenon lui écrivoit après une maladie qu'elle avoit eue :

« Vous avez tant pris de part à mes maux qu'il est juste que je vous dise que je me porte mieux et que j'espère ne pas retomber, pourvu que j'aie certains soins de moi, que ma délicatesse m'oblige de prendre et qui me font autant de peine que mon mal même. Je ne sais point combien je serai ici; j'y suis venue avec des dispositions soumises qui durent encore, et je suis résolue, puisque vous l'avez voulu, de me laisser conduire comme un enfant, de tâcher d'acquérir une profonde indifférence pour les lieux et pour le genre de vie auxquels on me destinera, de me détacher de tout ce qui trouble mon repos, et de chercher Dieu dans tout ce que je ferai. Ce n'est pas que je sois bien propre à une dévotion toute intérieure et toute de contemplation; les actions m'y auroient peut-être mieux conduite; mais vous vous souviendrez, s'il vous plaît, que vous voulez que je demeure à la cour, et que je la quitterai dès que vous me le conseillerez.

» Écrivez-moi avec liberté, vos lettres me seront rendues sûrement. J'ai bien fait votre cour sur le soin que vous avez de nos enfants (c'étoient les princes qu'elle gouvernoit) et sur le dessein que vous avez imaginé sur les fables d'Ésope. Vous êtes fort bien avec eux. Je crois aussi qu'ils mettent sur votre compte la douceur qu'ils me trouvent présentement. Dieu veuille qu'elle ne soit que sur le sien, et qu'en effet la déférence que j'ai pour vous, et l'envie que j'ai de trouver du repos ne soient pas les motifs qui me font agir. »

Madame de Maintenon joignit à ces pratiques d'une vie pieuse mille œuvres que la charité lui faisoit faire : on voit par ses lettres (que l'abbé Gobelin gardoit soigneusement) combien il y avoit de malheureux qu'elle assistoit, de jeunes enfants de condition dont elle payoit la pension, et, non contente de ces libéralités, elle alloit souvent en cachette chercher les misérables dans leur maison pour leur porter des aumônes secrètes, et souvent elle y alloit sans suite pour n'être pas connue.

Une vie si chrétienne et si régulière augmentoit l'estime du roi et en même temps les inquiétudes de madame de Montespan, soit que celle-ci prévît ce qui pouvoit arriver, et ce qui arriva en effet dans la suite, soit qu'elle fût guidée par cette aversion que les personnes dans le désordre conçoivent souvent contre celles dont la vertu leur sert de reproche. Elle chercha donc à détruire madame de Maintenon dans l'esprit du roi, et, pour y réussir, elle se ligua avec M. de la Rochefoucauld, qui étoit alors comme une espèce de favori, et avec M. de Louvois, qui primoit déjà dans le ministère.

Ceux-ci, d'intelligence avec madame de Montespan, résolurent de saisir toutes les occasions indirectes de nuire à madame de Maintenon. Elle s'en aperçut bientôt, mais elle n'opposa à cette intrigue que sa bonne conduite et sa vertu. Comme elle ne soupiroit qu'après sa sortie de la cour, elle ne craignit rien de ceux qui auroient voulu l'en éloigner, et elle ne songea point à supplanter une dame dont elle n'envioit pas le sort. Mais le roi, qui avoit beaucoup de pénétration, reconnut bientôt ce qui faisoit agir ceux qui étoient contraires à madame de Maintenon. L'amour l'avoit rendu captif, mais il ne l'avoit pas aveuglé, et l'estime qu'il avoit conçue de la vertu de madame de Maintenon ne fit que croître par les mauvais offices qu'on cherchoit à rendre près de lui à cette dame, et dont elle ne se défendoit pas.

Elle en écrivit ainsi à son frère, qui lui rendoit compte des bruits qu'on répandoit à son sujet.

« Il n'y a rien de nouveau dans le déchaînement qu'on a contre moi; comme je suis fort glorieuse, les premiers mouvements sont violents, mais je me dis ensuite ce qu'il faut; ce que vous m'écrivez est fort raisonnable et fort pieux. » C'étoit en juin de l'année 1680 qu'elle lui écrivoit ainsi; peu de jours après elle lui mandoit encore : « Ne parlez de ma faveur ni en bien ni en mal; du reste ne vous fâchez pas; on est enragé contre moi, et, comme vous dites, on se prend à cela pour me nuire; si on y parvient, nous le souffrirons avec courage. »

Le commencement de faveur parut se déclarer en cette année 1680, lorsque le roi maria le Dauphin à une princesse de Bavière; en formant la maison qu'il lui destinoit, il créa une seconde charge de dame d'atour dans la maison de la princesse. Ayant nommé la maréchale de Rochefort pour première dame d'atour, il la prévint du dessein qu'il avoit de lui donner madame de Maintenon pour seconde en cette charge, et il eut la politesse et la bonté de demander à cette dame si cela ne lui faisoit pas de peine. Le bon caractère d'esprit de madame de Maintenon lui servit de recommandation auprès de la maréchale, car, connoissant sa sagesse, cette dame consentit à l'avoir pour compagne dans sa nouvelle charge. Par cette promotion, madame de Maintenon se trouva affranchie du joug de madame de Montespan, et n'eut plus rien à craindre que de sa jalousie.

Cependant madame de Maintenon, attachée à la cour par ces nouvelles chaînes, songea à y sanctifier son séjour par de bonnes œuvres, et une des premières à laquelle elle pensa fut de procurer la conversion de ses parents qui étoient protestants, et spécialement celle de M. de Villette, fils de cette dame à qui elle avoit eu dans son enfance les obligations que j'ai rapportées, et celle de ses enfants. Ce gentilhomme avoit deux fils et une fille; il étoit déjà avancé dans la marine; sa femme étoit catholique, mais pour lui il étoit très-attaché à sa religion; ses fils avoient commencé à servir avec lui, et, tout enfants qu'ils étoient, ils s'étoient trouvés au combat de Messine. L'aîné, n'ayant encore que neuf ans, y fut blessé, et ayant montré une fermeté et un courage bien au-dessus de son âge, il avoit été fait enseigne de vaisseau. Madame de Maintenon, après avoir attiré le père à la cour, essaya de l'amener à la religion catholique, mais ce fut inutilement. Comme elle conçut qu'elle ne gagneroit rien sur les enfants tant qu'ils seroient avec un père si attaché à sa religion, elle concerta avec M. de Seignelay, qui était ministre de la marine, de faire faire à M. de Villette sur mer un voyage de long cours, afin de profiter de son absence pour faire instruire ses enfants. Le commandement étoit honorable; M. de Villette ne se défiant point de la pieuse ruse, l'accepta volontiers; mais, dès qu'il fut en mer, madame de Maintenon fit enlever, par ordre du roi, les trois enfants, et le fit sans se concerter avec la mère pour ne la point commettre avec son mari. C'est la raison qu'elle lui en donne dans ses lettres, car cette dame en fut fort piquée et s'en plaignit amèrement. Madame de Maintenon l'apaisa par les lettres les plus tendres et les plus obligeantes. M. de Villette fut furieux quand de retour il apprit cette nouvelle : il écrivit à madame de Maintenon dans les termes les plus durs. Elle supporta tout, elle dissimula tout, et elle apaisa son cousin à force de patience, de douceur et de bons offices. Elle mit les garçons à l'académie à ses dépens, les fit instruire, et, après quelque résistance, ils embrassèrent la religion catholique, qui leur étoit inspirée par une dame si charitable et si généreuse.

Quant à la fille, qu'on nommoit mademoiselle de Murçay, et qui pouvoit alors avoir cinq ou six ans, elle la prit chez elle à Saint-Germain, où la cour résidoit alors. Peu après son arrivée elle la mena à la messe du roi. L'enfant fut si charmée du spectacle qu'elle dit vouloir être catholique, pourvu qu'on l'y menât tous les jours. C'est elle qui depuis fut la comtesse de Caylus, qui a brillé longtemps à la cour par ses grâces et par son esprit, et qui y a tenu fidèle compagnie à madame de Maintenon jusqu'à sa retraite, après la mort de Louis XIV [1].

M. de Villette, de retour de ses courses, et outré de douleur de trouver ses enfants professant la religion catholique, en fit des reproches amers à madame de Maintenon, comme je l'ai dit ; mais sa colère ne dura guère non plus que son opiniâtreté. Il avoit refusé fièrement les avantages qu'on lui faisoit entrevoir s'il changeoit de religion ; il s'étoit retiré dans sa terre, puis il étoit remonté en mer. Dans un voyage qu'il fit, il se rappela les instructions que lui avoit données le célèbre M. Bossuet, évêque de Meaux, et précepteur du Dauphin, et elles produisirent leur fruit. Un jour qu'il lisoit l'Évangile de l'ivraie mêlée avec le bon grain, l'esprit de Dieu lui fit apercevoir, dans la parabole

[1] On peut voir le récit de l'enlèvement de mademoiselle de Murçay et de ses frères dans les *Souvenirs de madame de Caylus* : il ne diffère que par les détails de celui de l'archevêque de Sens. On voit que celui-ci ne cite point les *Souvenirs*, qui n'existaient qu'en manuscrit à l'époque où il écrivait ses *Mémoires* : il semble ne les avoir point connus.

du père de famille, la condamnation de la conduite des calvinistes, qui avoient fait schisme avec l'Église romaine sous prétexte de l'ivraie qu'ils croyaient voir dans le champ. Il comprit que leur séparation étoit injuste, et de réflexions en réflexions, il vint jusqu'à reconnoître que l'Église romaine étoit la seule, la vraie épouse de Jésus-Christ. De retour en France, il alla faire son abjuration dans sa terre, entre les mains de son curé, pour donner d'une part une édification plus marquée à ses vassaux et à ses voisins, et de l'autre pour montrer que ce n'étoit pas pour faire sa cour au roi qu'il quittoit la religion de ses parents.

Madame de Maintenon ne borna pas son zèle à sa famille, elle l'étendit à tous les objets qui se présentèrent et qui étoient à sa portée; entre autres, elle profita de ce commencement de faveur pour rendre service à une personne de la cour, contre laquelle elle avoit ressenti longtems une rancune que la dévotion avoit eu peine à surmonter. Elle se jugea dans la suite bien sévèrement, non-seulement sur cette rancune secrète que les personnes dévotes se pardonnent souvent avec trop d'indulgence, mais même sur le motif qui l'engagea à faire plaisir à la personne qui l'avoit offensée, car elle ne croyait voir que de la vanité dans cette action et dans son motif. C'est ce qu'elle raconta longtems après à une dame de Saint-Louis, laquelle avoit avec elle de tems en tems des conversations de confiance, où madame de Maintenon lui racontoit plusieurs circonstances de sa vie, et cette dame, nommée madame de Glapion, prenoit soin de les mettre aussitôt par écrit pour en conserver le souvenir [1].

Il falloit cependant que madame de Maintenon eût fait

---

[1] Voir sur madame de Glapion : *Madame de Maintenon et la maison royale de Saint-Cyr*, chap. XIV. Quant aux conversations dont parle Languet de Gergy, on les trouvera dans les *Lettres historiques et édifiantes* adressées aux Dames de Saint-Cyr. Voir sur le fait particulier que cite cet écrivain la p. 364 du t. II.

dans la vertu et la piété plus de progrès qu'elle n'en vouloit convenir, car alors, et à mesure que sa faveur augmentoit, elle multiplioit ses bonnes œuvres. Elle y prodiguoit même volontiers, pour ainsi dire, tout ce qu'elle avoit de tems et de soins, fidèle en cela à suivre les conseils de son austère directeur. Quant à ses charités, elles paroissoient passer les bornes de ses modiques facultés; mais comme elle étoit toujours modeste dans ses parures et sa dépense, et qu'elle se trouvoit assez honnêtement pourvue par les bienfaits du roi, elle trouvoit toujours de quoi donner, et elle le faisoit avec libéralité.

Elle assistoit de pauvres familles; elle fournissoit à l'éducation et à l'instruction des protestants, mais surtout elle aimoit à donner aux filles pauvres une éducation sainte et laborieuse, et elle n'y épargnoit rien. Son goût la portoit à instruire les enfants; elle les aimoit, et sa piété secondant son goût, ou son goût s'unissant à sa piété, elle voulut procurer à plusieurs une sainte éducation. Ce furent là les commencements de l'établissement de Saint-Cyr, dont il est nécessaire de parler maintenant. Je n'ai besoin, pour en faire le récit, que d'enchâsser ici ce qui en a été recueilli dans la maison même de Saint-Louis de Saint-Cyr par madame du Pérou [1], aujourd'hui supérieure, laquelle a vu le commencement de cet établissement, et qui, après avoir passé sa vie dans cette maison, et survécu longtems à madame de Maintenon, a été témoin oculaire de ce qu'elle a mis par écrit; il l'est même assez bien pour que l'extrait que j'en ferai puisse trouver sa place dans le livre suivant.

[1] Catherine Travers du Pérou, née en 1666, morte en 1748, l'une des premières religieuses de la fondation de Saint-Cyr, qui fut élue huit fois supérieure de cette maison. Ses Mémoires ont été retouchés par madame de Glapion et plusieurs autres dames. On les appelle ordinairement *Mémoires des Dames de Saint-Cyr*.

LIVRE TROISIÈME.

Madame de Maintenon s'adonne à faire élever de jeunes demoiselles. — Commencements de l'établissement de la communauté qu'elle forma à Noisy. — Disgrâce de madame de Montespan.

« Pour reprendre les choses dès leur origine, disent les Mémoires que nous venons de citer [1], il faut savoir que madame de Maintenon, avant d'être à la cour, faisoit sa demeure ordinaire à Paris, et qu'entre les amis qu'elle y avoit, monsieur et madame de Montchevreuil étoient de ceux qu'elle voyoit le plus souvent, et même ils l'emmenoient avec eux à leur maison de campagne, située dans le Vexin, près de Gisors. Ce fut là qu'une religieuse ursuline nommée madame de Brinon fut connue d'elle. Elle étoit fille, à ce qu'on dit, d'un président de Rouen. Elle fit profession dans un couvent d'Ursulines dont je ne sais pas le nom, mais c'étoit aux environs de Rouen. Quelques années après sa profession, ce couvent se trouvant obéré, les religieuses furent contraintes de se séparer. Madame de Brinon, comme les autres, se vit obligée de retourner chez ses parents. Madame sa mère la garda quelques années. Dans ce temps-là, elle faisoit des visites aux environs, et surtout à Montchevreuil, où elle demeuroit quelquefois quinze jours ou trois semaines, ce qui donna occasion à madame de Maintenon de converser avec elle et de goûter son esprit; mais ce qui la lui rendit plus estimable,

---

[1] Cet extrait n'est pas entièrement conforme au manuscrit des *Mémoires des Dames de Saint-Cyr* que j'ai entre les mains. Ou bien l'archevêque de Sens a corrigé ces Mémoires dans quelques détails, ou bien il a eu une copie retouchée des *Mémoires des Dames de Saint-Cyr*.

ce fut le zèle qu'elle lui remarqua pour exercer le vœu particulier que font les Ursulines de travailler à l'instruction des enfants; car, pour le désir de mettre son vœu en pratique, elle faisoit tous les jours le catéchisme aux domestiques et aux enfants du village.

» Madame de Maintenon, qui dès ce tems-là faisoit beaucoup de cas de la vertu, et l'aimoit tellement qu'elle n'en pouvoit voir des traits dans une personne sans avoir de l'inclination pour elle, se sentit prévenue en faveur de cette religieuse et lui donna beaucoup de marques d'amitié; mais cela n'alla pas beaucoup plus loin pour lors; seulement elles se séparèrent fort contentes l'une de l'autre. Madame de Brinon retourna chez madame sa mère, où quelque tems après elle la perdit. Alors elle se retira dans un couvent à Saint-Leu, proche Saint-Prix, à deux lieues de Pontoise, où elle demeura deux ou trois ans. Elle trouva dans cette maison une madame de Saint-Pierre, religieuse ursuline, qui étoit aussi d'une famille de robe de Rouen, et qui s'étoit retirée dans ce couvent pour la même raison que madame de Brinon. Elles lièrent ensemble une étroite amitié, mais le couvent où elles vivoient étant, comme le premier, proche de sa ruine, elles furent obligées d'en sortir. Un des amis de madame de Brinon lui conseilla de s'établir en quelque lieu peu éloigné, d'y louer une maison et d'y élever des pensionnaires. Elle agréa cette proposition, et d'abord alla établir sa petite école à Auvers avec madame de Saint-Pierre. Elles y eurent bientôt, par le moyen de leurs amis, quelques petites filles dont la pension les aidoit à subsister. Mais comme cela n'empêchoit pas qu'elles ne fussent fort à l'étroit, elles quittèrent Auvers pour aller à Montmorency, où elles espéroient d'être mieux.

» Pendant tous ces tems-là, madame de Maintenon vint à la cour, et par degrés parvint à y être en faveur auprès du roi Louis XIV. Elle avoit toujours entretenu commerce de lettres avec madame de Brinon depuis qu'elles s'étoient connues à Montchevreuil. Celle-ci, voyant que son application et son travail, ainsi que celui de madame de Saint-Pierre, leur fournissoient à peine le nécessaire, se détermina à chercher le moyen de se pourvoir plus avantageusement. Elle crut le trouver dans la bonté du cœur de madame de Maintenon, qu'elle savoit être en état de lui faire du bien. Pour cela, elle vint à Saint-Germain, où le roi faisoit alors sa demeure. Madame de Maintenon la reçut parfaitement bien, et madame de Brinon, profitant de ce bon accueil, lui dépeignit son état au naturel, dont madame de Maintenon fut touchée. Elle la loua fort du parti qu'elle avoit pris d'employer ses talents d'une manière utile au prochain, et comme madame de Maintenon aimait beaucoup la jeunesse, et comptait pour la meilleure de toutes les œuvres de lui donner une bonne éducation, elle convia madame de Brinon à continuer ses exercices ordinaires, lui promettant de la secourir. Madame de Brinon s'en retourna pleine d'espérance, et, peu de temps après, madame de Maintenon pourvut libéralement à ses besoins, et lui donna plusieurs enfants qu'auparavant elle faisoit élever en différentes maisons, et paya pour elles des pensions plus fortes qu'elle n'avoit fait ailleurs, afin que les dames de Brinon et de Saint-Pierre y trouvassent leur compte. Elles entrèrent si parfaitement dans les intentions de leur bienfaitrice, par les soins qu'elles prirent de ces enfants et la bonne éducation qu'elles leur donnèrent, que madame de Maintenon en fut très-contente. Comme sa coutume étoit de s'attacher constamment aux bonnes œuvres qu'elle avoit entreprises une fois, elle alloit de tems en tems à Montmorency, pour voir par elle-même le progrès de ses pensionnaires. Elle en revenoit toujours charmée, en sorte qu'elle vouloit en accroître le nombre, et en même tems le plaisir qu'elle prenoit à voir cultiver ces jeunes plantes sous ses yeux lui donna envie de les rapprocher d'elle, afin de pouvoir les visiter plus facilement. Dans ce dessein, elle proposa à madame de Brinon de les transférer à Rueil. Celle-ci n'hésita pas à y consentir, et la translation se fit sur la fin de l'année 1682.

» Madame de Maintenon loua dans ce village une maison assez spacieuse et commode pour loger la maîtresse et les pensionnaires. Elle la meubla, y fit bénir une chapelle, donna un aumônier et toutes les choses nécessaires pour le spirituel et le temporel; après quoi elle remplit cette maison de plusieurs pensionnaires qui étoient nourries et entretenues à ses dépens. Elle fit venir aussi des personnes sages et entendues pour aider madame de Brinon dans ce travail, qui, de son côté, appela deux religieuses ursulines qu'elle connoissoit et qui étoient du même couvent que le sien. Elles étoient sœurs et s'appeloient du Bosque d'Angien, d'une famille noble de Normandie. Madame de Maintenon leur paya pension et à toutes les autres personnes qu'elle avoit attirées à Rueil pour être auprès des jeunes pensionnaires. J'ai ouï dire que ces pensionnaires étoient au nombre de soixante.

» La charité de madame de Maintenon n'en demeura pas là : comme elle étoit fort entendue, et qu'elle se portoit à la pratique d'une piété droite et solide, elle se crut obligée en conscience d'assister particulièrement les pauvres de ses terres et de leur procurer l'instruction, ce qui est de toutes les aumônes la plus essentielle et peut-être la plus négligée. C'est pourquoi, ne se contentant pas des charités qu'elle répandoit sur les habitants de Maintenon, elle entreprit encore de rassembler plusieurs de leurs filles qu'elle mit dans le bas de la maison de Rueil, où elles étoient séparées de l'appartement des demoiselles pensionnaires. Elle leur donna des maîtresses pour les instruire, et madame de Brinon avoit inspection sur leur conduite. Ces filles portoient un habit de serge bleue, et elles étoient nourries et entretenues aux dépens de madame de Maintenon. Comme elle vouloit les tenir dans leur état, elle ne souffroit pas que ces filles eussent rien qui n'y fût conforme : leur linge et le reste de ce qui concernoit leur habillement étoit grossier, mais propre et uniforme; leur travail le plus ordinaire étoit de filer, de coudre, de tricoter, et de faire les services nécessaires à la maison. Madame de Maintenon établit encore dans la terre dont elle avoit pris le nom, une pension de petits garçons, à peu près semblable à celles des filles bleues de Rueil, et pour les mêmes fins. Mais elle ne dura guère, parce qu'elle remarqua que la vie sédentaire et réglée qu'on leur faisoit observer en faisoit plutôt des lâches et des paresseux que des gens de fatigue et de peine, tels que le doivent être les sortes de gens destinés aux gros travaux. Madame de Maintenon les assista d'une autre manière, car elle a toujours eu grand soin des gens de ses terres.

» Pour revenir à la maison de Rueil, elle y alloit dès qu'elle pouvoit se dérober à la cour, et s'occupoit à suivre ses pensionnaires dans leurs exercices afin de mieux juger de leur avancement; elle assistoit aux instructions que madame de Brinon leur faisoit, et elle les goûtoit fort; elle en faisoit aussi quelquefois elle-même; elle alloit de même visiter et instruire ses petites paysannes qu'on appeloit les filles bleues; elle passoit volontiers des heures entières avec elles, s'informoit de leur conduite, les louoit ou reprenoit selon le témoignage qu'on lui en rendoit. Sa vue étoit d'en faire de bonnes chrétiennes et d'honnêtes filles qu'elle comptoit placer quand elles seroient en état de servir ou de les établir par mariage ou autrement selon leur condition.

» L'établissement de Rueil subsista jusqu'en février 1684, c'est-à-dire environ deux ans. Madame de Maintenon en étoit si contente qu'elle auroit voulu y pouvoir aller plus souvent, ce qui lui fit naître la pensée de le rapprocher encore plus près d'elle. Il s'en présenta une occasion assez naturelle : l'agrandissement du petit parc de Versailles et la clôture du grand, qui se fit dans ce tems-là, ayant rendu beaucoup de fermes et de maisons qui s'y trouvoient renfermées comme inutiles au roi, qui avoit commencé d'en rembourser les propriétaires, madame de Maintenon lui proposa de lui en prêter une pour sa petite communauté de Rueil, qu'elle ne regardoit alors que comme une chose passagère qui ne subsisteroit qu'autant qu'elle seroit en état de la soutenir et tout au plus durant sa vie, car elle comptoit pour beaucoup d'avoir déchargé pendant plusieurs années un bon nombre de familles de quelques-uns de leurs enfants, et d'avoir tiré plusieurs filles des dangers où leur mauvaise fortune et le défaut d'instruction les auroient exposées, et elle ne portoit pas ses vues plus loin. »

Pendant que madame de Maintenon s'occupoit ainsi d'œuvres charitables, et qu'elle partageoit pour ainsi dire avec Dieu le tems dont elle étoit obligée de sacrifier une partie au monde et aux devoirs de sa nouvelle charge, Dieu lui préparoit, par l'estime du roi, une espèce de centuple qu'il accorde quelquefois sur la terre aux âmes généreuses et libérales envers les pauvres.

En effet, le roi étoit instruit de ces pieuses occupations, car madame de Maintenon avoit soin de lui en faire le détail pour en tirer des aumônes; aussi ce prince, qui dans le tems même de ses égarements conserva toujours un fonds de religion et de piété que les plaisirs n'éteignirent point, ce prince, dis-je, en participant aux bonnes œuvres de madame de Maintenon, augmentoit en estime pour celle qui avoit tant de charité pour les entreprendre, tant d'habileté et d'intelligence pour les faire réussir, tant de grâces et d'agréments pour en faire des récits intéressants; mais cette estime pour madame de Maintenon ne le déprenoit pas de madame de Montespan; celle-ci possédoit toujours le cœur du roi. Il est vrai que cette femme, avide, impérieuse et inégale dans ses humeurs, le fatiguoit quelquefois, et l'auroit plusieurs fois dégoûté si la passion ne l'eût comme aveuglé sur les défauts de sa maîtresse. Le contraste de la sagesse, de la modestie, du désintéressement, qu'il apercevoit dans madame de Maintenon, lui faisoit porter avec plus d'importunité les travers de madame de Montespan; mais cette femme, habile dans l'art de plaire, savoit le ramener à elle quand elle vouloit; et se croyoit si sûre de la passion du roi qu'elle ne soupçonnoit pas qu'elle pût finir.

Cependant madame de Maintenon bornoit l'usage de son premier crédit à promouvoir ses bonnes œuvres et à faire plaisir aux personnes à qui elle étoit liée par l'amitié et la reconnoissance. Madame de Montchevreuil étoit une de celles de qui elle avoit reçu le plus de bons offices dans sa mauvaise fortune; elle l'attira à la cour en la faisant choisir pour gouvernante des filles d'honneur de la Dauphine. C'étoit une femme de mérite, et qui par sa naissance pouvoit prétendre à une charge plus illustre, mais il n'y en avoit pas à donner, et pour la dédommager, pour ainsi dire, le roi, sur la représentation de madame de Maintenon, attacha à cette charge les entrées chez la Dauphine et dans les carrosses, et de servir la princesse au défaut de la dame d'honneur et des dames d'atour, et par conséquent d'avoir après elles le premier rang dans la maison.

Elle n'oublia pas madame la duchesse de Richelieu, et je vois par les mémoires qu'on m'a donnés que madame de Maintenon eut beaucoup de part au choix que le roi fit d'elle pour dame d'honneur de la Dauphine. On eût cru que ces deux dames, si unies autrefois, associées enfin à un même service, et cela dans une distinction de rang qui ne pouvoit blesser la duchesse (car sa charge lui donnoit une grande prééminence sur une seconde dame d'atour), on eût cru, dis-je, que ces dames auroient entretenu jusqu'à la fin une amitié si longue et si tendre. Mais il n'arrive que trop qu'en venant à la cour on y oublie les vertus de la vie privée. La duchesse n'aima madame de Maintenon que dans sa mauvaise fortune, et elle ne put la souffrir quand elle la vit en faveur auprès du roi. Elle se croyoit plus digne par bien des endroits de l'estime de ce prince, et elle étoit blessée d'y voir primer une personne qu'elle regardoit comme bien au-dessous d'elle. Pour se dédommager, elle travailla à se ménager la confiance de la Dauphine aux dépens de la dame d'atour; elle lui rendit tous les mauvais offices qu'on sait rendre si adroitement à la cour quand on veut y détruire quelqu'un; elle prévint cette princesse contre son ancienne amie; elle la peignit sous des traits propres à la lui rendre ou odieuse ou suspecte; en sorte que madame de Maintenon, soulagée de l'empire de madame de Montespan, retomba en quelque façon sous un autre qui coûta bien des larmes à son bon cœur. Ainsi le crédit qu'elle avoit auprès du roi étoit bien compensé par le peu de considération qu'elle avoit à la cour de la Dauphine, où le service journalier l'attachoit. Cette situation cependant dura peu. La duchesse de Richelieu mourut[1], et madame de Maintenon, oubliant les mauvais offices des dernières années, en considération des premiers services qu'elle en avoit reçus, la pleura de bonne foi. En même temps, profitant de la circonstance, elle eut avec la Dauphine une explication fort détaillée sur les sujets que cette princesse croyoit avoir de ne pas l'aimer. Madame la Dauphine étoit franche; elle avoua de bonne foi à madame de Maintenon ce qu'on lui avoit dit à son désavantage; sa franchise lui faisant estimer

---

[1] En 1684, c'est-à-dire après la mort de la reine. Languet de Gergy anticipe sur les événements et confond les dates; mais cela ne change rien aux faits.

le même caractère qu'elle aperçut dans madame de Maintenon, elle goûta extrêmement ce que sa femme d'atour lui dit pour sa défense. Celle-ci découvrit à la princesse ce que la jalousie avoit fait inventer pour lui nuire; elle se plaignit elle-même avec cet air de sincérité et de vérité qui se faisoit sentir dans toutes ses paroles, et elle réussit si bien à désabuser sa maîtresse que cette princesse, charmée de trouver en elle tant de modération et de droiture, passa tout à coup de l'antipathie à la plus intime confiance. Elle comprit même que ce seroit un grand bonheur pour elle d'avoir madame de Maintenon pour dame d'honneur à la place de la défunte, et elle la demanda au roi. Le roi agréa la demande et proposa lui-même la chose à madame de Maintenon. C'étoit le plus haut degré d'élévation où elle pût monter alors, et la proposition eût flatté toute autre moins modeste et plus avide; mais madame de Maintenon ne fut pas tentée : elle s'opposa absolument à la volonté du roi et de la Dauphine, et refusa constamment un poste si envié. La Dauphine ne se rebuta point : elle vint elle-même trouver madame de Maintenon dans son appartement pour la conjurer d'accepter cette dignité, mais elle ne réussit point, et la modération de madame de Maintenon ne fut pas même ébranlée. Le roi lui-même revint à la charge; madame de Maintenon lui répondit nettement qu'elle ne vouloit point se livrer à l'envie de toute la cour, qu'une telle élévation ne manqueroit pas d'offenser; et comme elle ne cherchoit point à faire une vaine ostentation de sa modestie, elle supplia Sa Majesté de ne rien dire à personne de l'honneur qu'il avoit voulu lui faire, craignant également et la distinction de cette place et la gloire de l'avoir refusée. Mais le roi, qui n'avoit pas coutume de rencontrer tant de modération et tant de modestie dans ses courtisans, saisi d'admiration, ne put s'en taire. Ce fut lui-même qui raconta ce fait à plusieurs personnes, et madame la duchesse d'Arpajon, femme vertueuse et amie de madame de Maintenon, lui fut substituée [1].

C'étoit apparemment au sujet de cette distinction que madame de Maintenon mandoit à son frère, en 1684, que le roi avoit voulu faire quelque chose pour elle, et qu'elle ne l'avoit pas voulu *parce qu'il étoit au-dessus d'elle*. Ce frère, aussi ambitieux que sa sœur l'étoit peu, voulut profiter de sa faveur : il portoit ses vues bien loin, et il marquoit quelquefois à sa sœur par ses lettres cette vive ambition et son mécontentement de ce qu'elle n'étoit pas assouvie. Le roi lui avoit déjà fait plusieurs grâces; madame de Maintenon ne cessoit de lui mander qu'il ne tenoit qu'à lui d'être heureux, qu'il avoit assez pour cela, qu'il n'avoit qu'à jeter les yeux sur son ancien état, comme elle faisoit elle-même, pour être content de la fortune qui étoit arrivée à l'un et à l'autre ; tout cela ne l'apaisoit pas, non plus que les présents qu'elle lui faisoit sans cesse, ni l'argent qu'elle lui donnoit et qu'il dissipoit fort aisément. Enfin elle lui écrivit en ces termes de Chambord, où étoit la cour, le 27 septembre 1684 :

« Je ne doute point de tous les sots discours que l'on vous fait ; on voudroit vous exciter contre moi, et peut-être vous faire faire quelque extravagance. Je ne pourrois vous faire connétable quand je le voudrois, et quand je le pourrois je ne le voudrois pas, étant incapable de vouloir rien demander de déraisonnable à celui à qui je dois tout, et que je n'ai pas voulu qu'il fît pour moi une chose au-dessus de moi. Ce sont des sentiments dont vous pâtissez peut-être, mais peut-être aussi que si je n'avois pas l'honneur qui les inspire je ne serois pas où je suis. Quoi qu'il en soit, vous êtes heureux si vous êtes sage,

[1] L'offre faite à madame de Maintenon de la place de dame d'honneur ne fut pas sérieuse : c'était un moyen de tromper la cour sur le projet de mariage secret entre cette dame et le roi. Le mariage eut lieu, en effet, moins de deux mois après la mort de la duchesse de Richelieu. Voir *Madame de Maintenon et la maison royale de Saint-Cyr*, p. 32.

et nous devons songer que tout ne se termine pas à cette vie-ci, et qu'il faut songer à une autre [1]. »

L'amitié de madame la Dauphine pour madame de Maintenon étoit la juste récompense des conseils que celle-ci lui avoit donnés. Avant qu'elle eût pris du goût pour madame de Maintenon, le roi, M. le Dauphin et la cour entière n'étoient pas contents de cette princesse, malgré sa piété et son esprit, car elle avoit beaucoup de l'un et de l'autre. Mais une femme de chambre allemande, nommée Bessola, qu'elle avoit amenée, lui donnoit tant de soupçons, d'ombrage et de méfiance de tout le monde, que son humeur étoit devenue sombre et mélancolique, et elle passoit presque toutes ses journées avec la Bessola. Lors même que M. le Dauphin étoit avec elle, elle ne pouvoit s'empêcher de parler allemand à cette femme, ce qui déplaisoit beaucoup à ce prince. La Dauphine devint toute autre quand elle eut pris confiance en madame de Maintenon. Celle-ci lui enseigna le chemin de se rendre agréable au roi et à M. le Dauphin. La Dauphine le suivit, et y réussit au grand contentement de l'un et de l'autre; aussi madame de Maintenon, écrivant à son frère, en 1684, au mois de juin, lui mandoit :

« La cour est fort gaie; madame la Dauphine n'est plus renfermée, elle se montre au public autant qu'on le veut; elle a pour le roi toutes les complaisances qu'elle doit, et il en est content; il y a une grande union entre la famille royale. »

L'amitié et la confiance de madame la Dauphine pour madame de Maintenon durèrent jusqu'à la fin, et elle lui en donna une marque particulière à sa mort, car cette princesse ne vécut que peu d'années et mourut assez jeune,

---

[1] Cette lettre témoigne clairement que le mariage était fait. La solennité des paroles de madame de Maintenon serait ridicule s'il s'agissait d'une place de dame d'honneur. Voir *Madame de Maintenon et la maison royale de Saint-Cyr*, p. 32.

en 1690. Elle languissoit depuis quelques années, et tout à coup elle tourna à la mort, lorsqu'on ne s'y attendoit pas. Madame de Maintenon étoit allée à Saint-Cyr. La princesse se trouvant en danger la fit rappeler promptement : elle vouloit mourir entre ses bras, et dès que cette dame fut arrivée, elle s'enferma longtemps avec elle pour lui faire part de quelques confidences que madame de Maintenon a tenues sous le secret.

Le contraste d'une modestie et d'une prudence si rares parmi les gens de la cour, avec l'avidité insatiable et les honneurs de madame de Montespan, ne servoit pas peu à détacher le roi de celle-ci, et à lui donner du goût pour madame de Maintenon; mais ce goût se bornoit toujours à l'estime, et la passion pour madame de Montespan, toute fatiguée qu'elle étoit, subsistoit encore. Ce qui y donnoit lieu, c'étoit peut-être la conduite de la reine[1] envers le roi. La reine étoit une sainte princesse, mais qui avoit peu d'agréments dans les manières, qui manquoit souvent de complaisance, et qui n'avoit rien de ces talents extérieurs qui gagnent le cœur d'un époux; elle avoit porté avec une impatience trop marquée les attachements du roi pour ses maîtresses, et elle manquoit en mille occasions de ces attentions délicates auxquelles le roi étoit accoutumé par la complaisance de ses courtisans. Sa dévotion la faisoit aller à l'église quand le roi vouloit qu'elle fût avec lui à la promenade, et son humeur l'attiroit à la retraite quand le roi vouloit la voir prendre part aux fêtes et aux plaisirs qu'il donnoit à sa cour. Elle marqua néanmoins de la considération pour madame de Maintenon, et bientôt cela alla jusqu'à la confiance. Elle goûta son esprit, sa discrétion, sa modestie et sa piété; elle profita de ses

---

[1] Languet de Gergy confond les époques. La reine était morte en 1683, et, trois ans avant cette époque, le roi s'était détaché de madame de Montespan. Il faudrait donc placer ce qu'il dit ici de la reine avant l'offre de la place de dame d'honneur à madame de Maintenon.

conseils. Madame de Maintenon répondit à ses bontés en inspirant au roi des attentions, des égards et des manières plus tendres pour la reine. Ce fut un des premiers fruits de sa faveur et de la décadence de madame de Montespan. La reine connut bientôt à qui elle avoit cette obligation. Elle fut touchée jusqu'aux larmes des marques d'amitié que le roi lui donnoit, et elle disoit avec une espèce de transport : « Dieu a suscité madame de Maintenon pour me rendre le cœur du roi. » Elle lui rendit encore ce même témoignage peu de temps avant sa mort, en avouant aux personnes qui entroient dans sa confidence qu'elle n'avoit jamais été si bien traitée du roi que depuis que madame de Maintenon avoit commencé à avoir du crédit.

En effet l'objet unique que madame de Maintenon se proposa quand elle remarqua l'estime que le roi faisoit d'elle, ce fut de le retirer du vice et de la galanterie, et de l'engager à mener une vie plus chrétienne et plus édifiante. Elle s'y prit d'abord par la prière et par les bonnes œuvres pour obtenir de Dieu la conversion d'un prince dont les bontés excitoient sa reconnoissance ; elle y employa aussi les prières de ces jeunes enfants qu'on élevoit dans la crainte de Dieu par ses soins. Elle ne craignit point d'y employer ses exhortations selon les occasions, et elle profita souvent des conversations que le roi avoit avec elle pour lui inspirer l'amour de la piété ; elle porta même le courage jusqu'à lui exposer le danger où il mettoit son salut, et le scandale qu'il donnoit à ses sujets par ses amours illicites ; mais elle assaisonnoit ses paroles de tant de grâce, et savoit placer si à propos ses remontrances, que jamais le roi ne s'en trouva blessé. Quelquefois il en badinoit avec elle ; quelquefois il paroissoit touché ; il gémissoit sur ses chaines, et il n'osoit les briser. Un jour qu'il causoit avec elle seule dans un lieu où la cour étoit assemblée, elle, se trouvant éloignée de ceux qui pouvoient l'entendre, tourna la conversation du côté de la religion et des devoirs qu'elle nous impose, puis elle ajouta : « Vous aimez, Sire, vos mousquetaires, et vous les aimez beaucoup, mais si on vous venoit dire qu'un d'eux a enlevé la femme d'un autre, et qu'il vit avec elle familièrement, que feriez-vous? je suis sûre qu'il ne coucheroit pas le jour même dans son hôtel, et que Votre Majesté en feroit justice. » Le roi ne fit que rire d'abord de la parabole, mais les discours et les remontrances de la vertueuse dame eurent peu à peu un effet entier. Ces conversations fréquentes avec le roi furent bientôt la nouvelle du jour; c'est ce qui donna occasion à madame de Maintenon d'écrire ainsi à l'abbé Gobelin : « Vous entendrez dire que je vis hier le roi; ne craignez rien; il me semble que je lui parlai en chrétienne, et en véritable amie de madame de Montespan [1]. »

En effet, on put bientôt s'apercevoir que ces conversations avec le roi étoient chrétiennes, puisqu'on en vit le fruit en ce que ce prince changeoit de conduite d'une manière marquée, qu'il devenoit plus sérieux et plus retenu avec les femmes, et que la faveur de madame de Montespan tiroit à sa fin. Plusieurs choses concoururent à ce changement. Les sermons du père Bourdaloue pendant un carême [2] firent un grand effet à la cour, et le roi en parut touché. Le père de la Chaise, de son côté, refusa à Pâques de venir confesser le roi, et il prétexta une infirmité. Le roi comprit son motif; il lui écrivit de sa main pour l'engager à revenir, et l'assura qu'il seroit content de son pénitent. Le père de la Chaise revint en effet, et le roi envoya madame de Montespan à sa maison de Clagny. Le père Bourdaloue fit, le jour de Pâques, un sermon fou-

[1] Cette lettre est du 1er mai 1675.
[2] Languet de Gergy confond encore les dates : tout ce qu'il va dire se rapporte à l'année 1675, où le roi, à la suite des sermons de Bourdaloue, rompit une première fois avec madame de Montespan; mais il reprit dès la même année son attachement pour elle, et, après plusieurs autres ruptures, il ne s'en sépara définitivement que vers 1680.

droyant sur les rechutes. Les courtisans crurent qu'il manquoit de discrétion. Le roi imposa à tout le monde en louant hautement son discours en présence des seigneurs qui se hasardèrent de le critiquer. Le carême fini, ce père vint prendre congé du roi selon la coutume. Le roi faisant allusion au sermon du jour de Pâques, et voulant lui marquer qu'il en étoit content et qu'il vouloit en profiter, lui dit : « Mon père, vous serez content de moi ; j'ai renvoyé madame de Montespan à Clagny. » Ce bon religieux, plus zélé que politique, repartit avec modestie et fermeté : « Sire, Dieu seroit bien plus content si Clagny étoit à quarante lieues de Versailles. » Le roi ne s'offensa point de cette liberté. Elle étoit d'autant mieux placée que le jésuite devinoit juste en prévoyant le retour de la maîtresse et de la passion pour elle. Clagny étoit une belle maison que le roi avoit fait bâtir pour madame de Montespan, près de Versailles. Effectivement la passion se renouvela, et madame de Montespan revint de Clagny.

Mais enfin après plusieurs essais, le roi, pressé par les remords de sa conscience, commença à rompre les chaînes que l'amour lui avoit imposées, et madame de Montespan en fut avertie de sa part.

Si l'on en croit l'abbé de Choisy, ce fut madame de Maintenon que le roi chargea de lui annoncer cette nouvelle. « Madame de Maintenon, dit-il, lui déclara de la part du roi, en termes exprès, qu'il ne vouloit avoir avec elle aucune liaison particulière, et qu'elle lui conseilloit de son côté de songer à son salut comme il vouloit veiller au sien. C'étoit de grandes paroles que madame de Maintenon n'avoit pas voulu porter légèrement ; elle s'en étoit fait prier plusieurs fois, disant au roi qu'il auroit peut-être de la peine à les soutenir ; mais il l'avoit tant pressée qu'à la fin elle l'avoit fait, et la paille étant une fois rompue, elle avoit eu le courage de l'en faire souvenir de tems en tems, de peur que la bonté de son cœur et une longue habitude ne le fissent broncher, et peut-être tomber tout à fait.

» Elle avoit trouvé le bon moment pour lui faire sentir l'horreur d'un état presque semblable à celui de David aimant Bethsabé, et lui avoit fait envisager quel seroit son bonheur si, après avoir régné avec tant de gloire peut-être quatre-vingts ans et davantage sur la plus belle partie du monde, il pouvoit devenir un grand saint et passer pour toute l'éternité dans un royaume infiniment plus beau et plus souhaitable que l'empire de tout l'univers. Elle l'avoit fait entrer peu à peu dans les vues de l'éternité, et s'étoit acquis par là auprès de lui une faveur d'autant plus solide que les intérêts humains n'y avoient aucune part. »

Avant de parler plus au long de cette faveur de madame de Maintenon, on ne sera pas fâché de trouver ici quelques anecdotes fort singulières sur madame de Montespan, et dont le lecteur pourra tirer quelque instruction pour éviter les piéges et les erreurs d'une fausse dévotion; car cette dame, quoique livrée au crime, étoit dévote à sa manière; elle approchoit même des sacrements, et elle cherchoit pour cela des confesseurs faciles. Un jour de solennité, dans le temps que madame de Maintenon élevoit les princes ses enfants, madame de Montespan l'engagea à l'accompagner à l'église où elle vouloit faire ses dévotions [1]. Les voilà à l'église l'une et l'autre, et madame de Montespan, après quelques prières, va se mettre dans un confessionnal. Bon! disoit en elle-même madame de Maintenon, elle trouvera quelqu'un qui lui dira ce qu'il faut lui dire, et lui ouvrira la porte de la conversion. Au sortir du confessionnal, madame de Montespan entend la messe et communie; madame de Maintenon ne douta point que la conversion ne fût parfaite, et qu'elle n'eût donné au con-

---

[1] Ceci se passait à Paris, quand madame Scarron demeurait dans sa grande maison de la rue de Vaugirard.

fesseur des assurances bien précises de son changement, et elle disoit encore en elle-même : La voilà sans doute convertie, et elle n'ira plus à Versailles. Mais quel fut son étonnement quand, de retour à la maison, elle vit madame de Montespan prendre ses mesures pour retourner à la cour ; alors son zèle ne put se contenir ; elle lui dit, avec cette sainte liberté que donne une juste indignation : « Quoi ! madame, vous venez de communier, et tout de suite vous allez vous jeter, de propos délibéré, dans un péril certain d'offenser Dieu ? » Madame de Montespan pleura beaucoup, mais ses larmes étoient des larmes de foiblesse et non pas de pénitence. Elle profanoit les sacrements, et elle croyoit trouver de la consolation à aller avouer ses péchés à un prêtre, et à dérober de ses mains une absolution impuissante.

Elle ne trouva pas toujours des confesseurs indulgents. Étant à Versailles, aux approches d'une solennité, une de ses femmes alla à confesse à la paroisse et s'adressa à un des missionnaires qui la desservent, nommé M. Lécuyer ; la femme de chambre, qui étoit pieuse, fut fort contente des instructions que le confesseur lui donna, et au retour elle le témoigna par occasion à madame de Montespan. Celle-ci espéra que ce confesseur lui seroit facile, et elle se résolut d'aller à ce même missionnaire à confesse ; mais elle fut bien étonnée, quand elle entendit ce saint prêtre lui dire : « Est-ce là cette madame de Montespan qui scandalise toute la France ? Allez, allez, madame, cessez vos scandales, et puis vous viendrez vous jeter aux pieds des ministres de Jésus-Christ. » Ces paroles foudroyantes, dites sans ménagement à la pécheresse, déconcertèrent sa fausse dévotion ; elle sortit en fureur et alla au roi porter sa plainte et lui demander vengeance de l'insulte qu'elle disoit avoir reçue. Elle prétendoit, tant elle étoit mal instruite de sa religion, qu'un confesseur étoit obligé de recevoir tout pénitent et de lui donner l'absolution, et qu'il ne pouvoit la refuser; comme si Jésus-Christ n'avoit pas donné à ses ministres le pouvoir de *lier* sur la terre aussi bien que celui de *délier*. Le roi, mieux instruit qu'elle, ne se rendit pas à son raisonnement, et comme elle disputoit, M. l'évêque de Meaux (c'étoit alors M. Bossuet) fut appelé pour décider. Ce prélat prononça sans hésiter, et dit que le confesseur non-seulement pouvoit refuser l'absolution, mais qu'il le devoit en certains cas, et il ne balança pas à déclarer que le cas où se trouvoit la dame étoit celui où un confesseur ne pouvoit donner l'absolution en conscience. La pécheresse pleura comme David à la parole de ce nouveau Nathan, mais ce furent des larmes de dépit et de fureur. Elle étouffa dans le cœur du roi les semences de conversion que ces paroles y avoient jetées, et la faiblesse du prince l'emporta encore quelque temps sur les remords de sa conscience. C'est de madame de Maintenon qu'on a appris ces deux histoires. Elle ne laissoit pas de rendre justice aux bonnes qualités qu'elle avoit remarquées dans madame de Montespan, surtout à sa charité libérale pour les pauvres, et elle disoit qu'elle avoit toujours espéré que Dieu lui feroit la grâce de se convertir, à cause de ses aumônes et de l'affection avec laquelle elle se portoit aux œuvres de charité. Non-seulement elle donnoit beaucoup et volontiers, mais elle s'occupoit à faire elle-même des habits aux pauvres, et de ses mains délicates elle tailloit et cousoit les chemises de toile grossière qu'elle leur destinoit. Elle étoit si régulière pour l'observance des jeûnes d'Église, qu'elle faisoit peser le pain de sa collation; une dame de la cour la voyant un jour lui en fit une plaisanterie; madame de Montespan lui répondit : « Est-ce parce que je fais un mal que vous croyez que je fais tous les autres? » Elle avoit d'autres pratiques de piété et d'austérité même auxquelles elle étoit fidèle; mais qu'est-ce que ces fausses vertus qui amusent le pécheur et qui n'opèrent pas son changement? Madame de Montespan n'a trouvé le salut que dans sa disgrâce, et elle devoit bénir celle qui le lui occasionna. Je reviens à la faveur de madame de Maintenon et à la confiance que le roi commença à prendre en elle.

L'effet de cette confiance et de cette faveur fut bientôt sensible par le changement de conduite que toute la cour remarqua dans le roi, et on ne peut disconvenir que si plusieurs causes arrangées par la Providence y ont concouru, la principale et la plus efficace fut la conversation de madame de Maintenon, et les avis salutaires qu'elle sut donner à propos à un prince qui avoit conçu une grande idée de sa sagesse et de sa vertu.

Les choses étoient sur ce pied-là quand la reine mourut. Ce fut en 1683, et le roi fut fort touché de sa mort. Depuis que madame de Maintenon avoit pris faveur, il avoit eu pour cette princesse plus d'égards, et par les conseils de cette même dame, la reine avoit aussi été plus attentive aux complaisances qu'elle devoit au roi. Madame de Maintenon a dit quelquefois à ses amis que si cette bonne princesse avoit eu de l'esprit et de la douceur dans l'humeur, le roi ne se seroit peut-être jamais jeté dans les passions étrangères qui corrompirent sa jeunesse.

Madame de Maintenon fut vivement touchée de la mort de la reine : elle ne cessa de la pleurer pendant plusieurs semaines. Le roi, après s'être retiré quelque temps à Saint-Cloud pour y dissiper sa douleur, qui fut très-sensible et très-sincère, partit pour Fontainebleau.

« Il y avoit avec lui dans son carrosse, dit l'abbé de Choisy, Monsieur, madame la duchesse de Bourbon, la princesse de Conty et madame de Maintenon. La faveur de celle-ci se déclara de plus en plus à Fontainebleau. Elle eut un fort bel appartement de plain pied à celui du roi, qui commença à aller chez elle tous les soirs, comme il avoit coutume d'aller chez madame de Montespan. »

« ..... Il y avoit autrefois, dit plus loin le même écrivain, tous les jours à Fontainebleau des comédies; mais le roi commença à n'y plus aller; on croyoit d'abord que c'étoient les affaires; on reconnut que c'étoit par scrupule, et chacun admira qu'un prince à son âge eût la force de renoncer aux plaisirs. Il lui vint un autre scrupule pour le moins aussi bien fondé sur la nomination des évêchés; il y apporta plus de précautions que jamais. »

Si on aperçut bientôt le scrupule du roi sur les spectacles, on aperçut aussi aisément qui le lui avoit inspiré. Quant au scrupule qu'il eut sur le choix des évêques, si madame de Maintenon y eut part, comme les circonstances le font croire, il est certain qu'alors, se bornant à inspirer au roi de faire de bons choix, elle ne se mêloit point des nominations. Elle laissa au père de la Chaise tout son crédit pour la distribution des bénéfices, et l'on ne voit que bien longtemps après des prélats dont elle ait procuré l'élévation; elle eut même très-longtemps du scrupule sur cette matière, car, outre la discrétion avec laquelle elle usoit de sa faveur, et la loi qu'elle s'étoit imposée de ne point importuner le roi pour des grâces, elle craignoit encore de se rendre responsable envers Dieu du mal que pourroient faire dans l'épiscopat ceux qui l'auroient trompée par une fausse apparence de vertu, et qui auroient dû leur nomination à sa sollicitation; elle se borna donc alors à inspirer au roi, selon les occasions, des maximes chrétiennes sur cette matière.

Nous avons dit qu'elle avoit été fort sensible à la mort de la reine, et qu'elle en porta longtemps dans son cœur le regret. Le roi s'en aperçut. Il attribuoit sa douleur à son bon cœur; mais il ne comprenoit pas que ses regrets avoient une autre cause plus chrétienne, et qu'il en étoit le sujet; car madame de Maintenon craignoit que la mort de la reine et le penchant du roi pour les femmes ne le fissent donner dans quelques nouvelles passions. Les inquiétudes de madame de Maintenon se dissipèrent avec le tems, et elle vit bientôt le fruit de ses conseils dans la conduite que tint le roi dans ce voyage. Effectivement, depuis la mort de mademoiselle de Fontanges et la rupture avec madame de Montespan, Louis XIV, quoique âgé seulement de quarante-cinq ans, n'eut plus de maîtresses. Si, comme on l'a cru à la cour, le roi a eu encore quelques foiblesses passagères pour quelques personnes, elles n'ont eu aucun éclat. Il a pourvu secrètement à l'éducation des enfants qu'on dit qu'il a eus encore et qui n'ont point paru dans le monde. Je ne garantis pas ce fait, que quelques-uns croient fort douteux [1]; ce qui est certain, c'est que madame de Maintenon posséda seule son estime. Elle avait alors près de cinquante ans. Son âge et sa vertu la doivent mettre à l'abri de tout soupçon; sa piété, au milieu d'une faveur si marquée, ne se démentit point, et au lieu de prendre goût aux amusements de la cour et de se livrer à ses intrigues, elle s'adonna plus que jamais aux œuvres de charité, à visiter les pauvres, à entrer dans le détail de leurs besoins, et à répandre sur eux la meilleure partie de son revenu et des grâces qu'elle recevoit du roi.

Madame de Maintenon avoit eu toute sa vie des entrailles de charité pour les malheureux. Les misères au milieu desquelles elle étoit née, et qu'elle avoit éprouvées dans sa jeunesse, l'avoient rendue sensible à celles d'autrui, et elle avoit puisé dans ses propres besoins un désir empressé de secourir les besoins des autres. Leur pauvreté lui retraçoit celle qu'elle avoit essuyée; elle s'imaginoit la ressentir encore avec eux; et la piété perfectionnant ces dispositions, elle avoit conçu dans tous les temps qu'il étoit du devoir d'un chrétien, pauvre ou riche, de s'occuper des besoins du prochain et de le secourir selon son état et son

[1] Fort douteux, en effet, le mariage de Louis XIV avec madame de Maintenon ayant eu lieu dix mois seulement après la mort de la reine. Le 18 août 1684, madame de Maintenon écrivait à son cousin de Villette : « Le roi n'a point de galanterie; vous pouvez le dire sans craindre de paroître mal instruit. »

pouvoir. Dès le commencement même de son mariage avec M. Scarron, elle alla trouver le curé de Saint-Paul, sur la paroisse duquel elle étoit, et elle s'offrit à lui pour les bonnes œuvres auxquelles il la jugeroit propre. Le curé la chargea d'un quartier et de la fonction d'y recueillir des aumônes et de les distribuer. Les maisons qu'elle fréquentoit et les gens de qualité qui s'assembloient chez M. Scarron lui fournissoient des occasions d'en tirer des secours, et elle les ménageoit sans importunité. Elle distribuoit ensuite ces secours selon les ordres du curé, et se faisoit un plaisir de monter à des cinquièmes et sixièmes étages pour visiter les pauvres, s'informer de leurs nécessités, pourvoir à leur soulagement. Elle accompagnoit ces secours de paroles de consolation et d'édification tout ensemble. M. Scarron étant mort, elle continua la même fonction, et, devenue pauvre elle-même, elle ne cessa pas pour cela ce pieux exercice. A mesure que sa fortune devint meilleure, sa main devint plus libérale, et dans le tems où commença sa grande faveur, elle redoubla ses libéralités. Nous en avons vu ci-devant les preuves et des effets, et l'on peut dire que toute sa vie a été une suite continuelle d'œuvres charitables.

Elle ne pouvoit cacher sa charité, mais ce qu'elle cachoit fort soigneusement, c'étoient ses austérités secrètes, car dès qu'elle avoit commencé à se donner à Dieu d'une manière particulière, elle avoit cru devoir faire entrer la pénitence dans ses exercices de piété. Dès lors, elle affligeoit son corps par des disciplines, des ceintures et des bracelets de fer armés de pointes, et son austère directeur la portoit à ces sortes de pratiques. Elle les a conservées toute sa vie, jusqu'au temps que, dans sa vieillesse, M. l'évêque de Chartres, son directeur après l'abbé Gobelin, jugea à propos de lui en interdire l'usage. C'est ce qu'on n'a su que par les lettres de ce prélat; ceux qui approchoient de plus près de madame de Maintenon n'en avoient aucun soupçon, et l'on voit, tant par ces lettres que par celles qu'elle écrivoit elle-même, qu'en toutes ses pratiques de dévotion l'obéissance étoit sa règle. Elle ne vouloit rien entreprendre sans permission, et la décision de l'abbé Gobelin étoit pour elle un oracle sacré.

Dans cet esprit, elle le consultoit sur tout ce qui pouvoit intéresser sa conscience et sa conduite. Elle se régloit par ses conseils dans sa dépense comme dans ses aumônes. Il lui prescrivoit une exacte modestie dans ses habits et dans ses meubles, au milieu de la cour la plus brillante et la plus magnifique; si elle donnoit quelque chose à l'éclat du rang qu'elle y tenoit, c'étoit toujours avec ménagement, dans la vue d'être plus au large pour secourir les pauvres. Ce fut à peu près dans ce tems-là qu'elle écrivoit la lettre suivante à M. l'abbé Gobelin, où elle peint elle-même, avec ses exercices pieux, son caractère de franchise et de droiture dans la dévotion.

« Je vous envoie le mémoire de mes aumônes réglées, afin que vous jugiez si elles sont bien appliquées. Quant à mes habillements, je vais les changer et les prendre pareils à ceux de madame de Richelieu. J'ai une indifférence là-dessus qui m'ôte tout scrupule. J'ai été vêtue d'or quand j'ai passé mes journées en plaisirs avec le roi et sa maîtresse; je vais être à une princesse [1], je serai toujours en robe noire. Si j'étois hors de la cour, je serois toujours en tourière, et tous ces changements ne me font nulle peine; du reste j'y fais trop de dépense, parce que je suis naturellement propre et peu portée à l'avarice. Mes journées sont présentement assez réglées et fort solitaires. Je prie Dieu un moment en me levant; je vais à deux messes les jours d'obligation et à une les jours ouvriers; je dis mon office tous les jours, et je lis un chapitre de quelque bon livre. Je prie Dieu en me couchant, et, quand je m'éveille la nuit, je dis un *Laudate* ou un

---

[1] Elle venait d'être nommée dame d'atour de la Dauphine. Cette lettre est du 8 janvier 1680.

Gloria Patri. Je pense souvent à Dieu dans la journée, et je lui offre mes actions; je le prie de m'ôter d'ici, si je n'y fais pas mon salut, et du reste je ne connois point mes péchés. J'ai une morale et de bonnes inclinations qui font que je ne fais guère de mal. J'ai un désir de plaire et d'être estimée qui me met sur mes gardes contre toutes mes passions. Ainsi ce ne sont presque jamais des faits que je me puis reprocher, mais des motifs très-humains, une grande vanité, beaucoup de légèreté et de dissipation, une grande liberté dans mes pensées et dans mes jugements, et une contrainte dans mes paroles qui n'est fondée que sur la prudence humaine. Voilà à peu près mon état; ordonnez les remèdes que vous y croyez les plus propres. Je ne puis vraisemblablement envisager bientôt une retraite, il faut donc travailler ici à mon salut, contribuez-y, je vous supplie, autant que vous le pourrez, et comme le plus essentiel de tous services. Comptez aussi sur la plus entière reconnoissance. »

Telle étoit la conduite de madame de Maintenon dans les premières lueurs de son crédit auprès du roi, et ce prince qui avoit été élevé dans la piété, dont la piété même n'avoit point été éteinte dans ses foiblesses, la respectoit en ceux qui en faisoient profession, et il ne pouvoit se défendre de l'aimer dans celles qui, comme madame de Maintenon, savoient rendre la piété aimable en lui ôtant la rudesse, l'orgueil et les fantaisies qui rendent si souvent odieuse la dévotion de ceux qui se piquent de régularité. Madame de Maintenon étoit plus propre que personne à en inspirer au roi les sentiments. Elle y employoit toutes les adresses que son esprit ingénieux lui fournissoit; elle avoit même accrédité l'abbé Gobelin dans l'esprit du roi, et elle auroit bien voulu que ce prince eût pris en lui quelque confiance; on le voit par une de ses lettres à cet abbé.

« Je voudrois bien, lui disoit-elle, que vous fissiez un petit extrait ou recueil, je ne sais comment l'appeler, mais enfin des maximes sur les devoirs d'un prince, qui lui donnât l'idée qu'il doit avoir de la religion, et une pratique de dévotion courte et solide pour l'emploi de la journée. Travaillez sur ce projet, je vous prie, tout embrouillé qu'il est. » On conçoit quel usage elle en vouloit faire. C'étoit selon le même esprit de discernement qu'elle auroit bien voulu exciter la reine pendant qu'elle vivoit, et après la disgrâce de madame de Montespan, à une dévotion plus liante et plus propre à ramener le roi de ses égarements. « Si la reine, disoit-elle dans la même lettre, si la reine avoit un directeur comme vous, il n'y a point de bien qu'on ne dût espérer de la famille royale, mais on a eu toutes les peines du monde sur la *medianoche* [1] à persuader son confesseur, qui la conduit par un chemin plus propre, selon moi, à une carmélite qu'à une reine. »

Elle réussit donc enfin auprès du roi, et la piété que cette dame lui inspira fut si solide, si constante, que ce prince, le plus galant de tous les hommes jusqu'alors, passa peu à peu d'une vie très-licencieuse à une régularité édifiante, et cela à un âge où l'on ne pouvoit attribuer à la décadence de son esprit un changement si entier, et qui devint parfait en peu d'années.

Le bruit du crédit de madame de Maintenon sur le cœur et l'esprit du roi, et du succès de sa piété, commença à se répandre au loin, et le pape Innocent XI jugea qu'un corps saint tiré des catacombes intéresseroit sa dévotion. Ce pape, qui étoit assez mal avec la France [2], cherchoit sans doute à s'y ménager une entrée dans l'esprit du roi par une personne pour qui ce prince marquoit de la considération. Madame de Maintenon reçut ce présent avec le

---

[1] Repas en gras qu'on faisait à minuit, après un jour maigre. La reine blâmait cet usage.

[2] A cause de l'affaire de la *régale*.

respect et la reconnoissance convenables, mais sa modestie en fut alarmée ; elle en écrivoit en ces termes à madame de Brinon : « J'aurois voulu de tout mon cœur cacher le présent que j'ai reçu de Rome, car je suis si glorifiée en ce monde de quelques bonnes intentions que je tiens de Dieu, que j'ai sujet de craindre d'être humiliée et confondue en l'autre. »

Ce fut au mois de mai 1680 qu'elle reçut le corps de saint Candide ; c'étoit le nom que le pape avait donné au martyr dont il avoit envoyé les saintes reliques. La reine n'étoit pas encore morte, et ce fut environ vers ce même tems que madame de Maintenon écrivoit à madame de Brinon de manière à exprimer les vives et saintes inquiétudes que lui donnoit la conversion du roi, et les moyens qu'elle employoit pour l'obtenir de Dieu. « Je vous prie, lui disoit-elle, de ne vous point lasser de faire prier pour le roi ; il en a plus besoin que jamais pour soutenir un état contraire à ses inclinations et à ses habitudes [1]. » Les prières qu'elle faisoit employer par madame de Brinon, c'étoient celles de ces âmes innocentes que madame de Maintenon faisoit élever en grand nombre dans l'école qu'elle avoit formée, et aux prières desquelles elle avoit une confiance qui ne la trompa point.

Vers l'année 1683 ou 1684, le changement qui s'étoit fait peu à peu et comme par degrés dans l'esprit et la conduite du roi devint plus marqué et plus éclatant. Il se cacha moins de la réforme où il commençoit à vivre, et il ne craignit plus de paroître ce qu'il étoit, et de substituer hautement les exercices de religion aux galanteries qui l'avoient amusé jusque-là ; il reprit la coutume, qu'il avoit interrompue longtems, d'approcher des sacrements à toutes les fêtes principales de l'année ; il donnoit plus de

---

[1] Languet de Gergy se trompe sur la date de cette lettre : elle est du 12 août 1683, après la mort de la reine, et c'est ce qui explique le mot de madame de Maintenon.

tems à la prière ; ses aumônes devinrent plus fréquentes et plus abondantes, et entre autres, il avoit conçu une dévotion particulière de secourir les personnes du sexe que la pauvreté, autant que la fragilité, avoit entraînées dans le vice, aussi bien que celles qui étoient en danger de s'y laisser entraîner. Sa cassette, que des maîtresses avides épuisoient auparavant, se trouva bientôt surchargée de pensions qu'il faisoit de tous côtés à mille pauvres personnes, et qu'il faisoit aux dépens de ses menus plaisirs, sacrifiant à garantir du péché ce qui n'avoit que trop servi auparavant à le soudoyer dans celles qui avoient occupé son cœur.

C'est ce dont je trouve des témoignages non suspects dans les lettres secrètes que des jansénistes retirés à Rome en rendoient eux-mêmes en écrivant en confidence à l'évêque de Vaison, qui vivoit alors. Ce prélat, que le roi fit arrêter dans la suite pour déconcerter les intrigues qu'il entretenoit à Rome et dans le royaume au préjudice de l'autorité royale, croyoit se faire un mérite auprès de la cour de Rome en donnant asile aux Filles de l'Enfance de Toulouse, dont le roi avoit détruit la maison, et en secourant de tout son pouvoir ceux qui entretenoient dans l'État la division touchant la *régale*. Son palais épiscopal étoit un bureau d'adresses et un centre de communication pour la distribution des libelles qui couroient contre le roi et en faveur des jansénistes. Ils s'imprimoient communément dans cette maison des Filles de l'Enfance, sous les ordres de la dame de Mondonville, qui en étoit la supérieure ; de là ils se répandoient dans le royaume par divers canaux secrets. Le sieur Peyssonnel, établi à Marseille, étoit le dépositaire de ces libelles et de l'argent immense qu'on en tiroit, et la maison de l'évêque de Vaison lui servoit d'entrepôt.

Ce prélat, qui, étant dans le comtat d'Avignon, se croyoit en sûreté, favorisoit ouvertement ce commerce, dans la folle espérance dont on le flattoit qu'il seroit bientôt cardinal, et qu'il étoit destiné pour aller excommunier le roi et mettre le royaume en interdit; car alors la division étoit grande entre la cour de France et la cour de Rome [1], et cette division étoit fomentée par les jansénistes, dont plusieurs s'étoient retirés à Rome. Là, déguisant leurs opinions, ils faisoient valoir leur zèle pour le pape en prenant son parti spécialement sur ce qui concernoit la régale. Ils multiplioient les libelles à ce sujet, et cherchoient à couvrir leur animosité contre le roi du prétexte de défendre contre lui les droits prétendus du saint-siége. Le pape fut toujours trompé par eux, aussi bien que ses ministres. Cazoni, alors secrétaire des brefs, et depuis cardinal, étoit dans une étroite liaison avec ces brouillons, qui cherchoient par leurs intrigues à ménager à Rome une protection aux jansénistes de France, que Louis XIV poursuivoit avec zèle.

Toute cette intrigue fut découverte et déconcertée enfin par un espion que M. de Louvois avoit introduit dans la maison de l'évêque de Vaison, et par les interrogatoires du sieur Peyssonnel, qui fut arrêté à Marseille par ordre du roi, à la fin de décembre 1687. J'ai entre les mains ces interrogatoires et les lettres secrètes que l'abbé de Saint-Éloi écrivoit à M. de Louvois pour lui rendre compte de tout ce qui se passoit chez l'évêque de Vaison, aussi bien que la copie des lettres que les jansénistes écrivoient de Rome à l'évêque de Vaison pour lui rendre compte du progrès de leurs démarches, des espérances qu'ils en concevoient pour faire tourner à l'avantage de leur parti la division qu'ils travailloient à aigrir entre le pape et le roi. C'étoit, entre autres, un abbé Dorat, un des grands vicaires de Pamiers, lequel, après avoir été quelque tems caché dans le royaume, s'étoit mis à Rome à couvert des

---

[1] A cause de l'affaire de la *régale*, de la déclaration du clergé en 1682, du droit d'asile qu'avaient les ambassadeurs à Rome, etc. Voir mon *Histoire des Français*, t. III, p. 293 de la 14e édition.

recherches de Louis XIV, qui avoit donné ordre de l'arrêter. C'étoit un abbé Bizot, autre personnage encore plus échauffé contre le roi et pour le parti janséniste.

Les lettres de ces abbés à l'évêque de Vaison montrent leur haine contre le roi, leur animosité contre ses intérêts, leur passion pour soutenir le parti dont ils étoient les agents, et ce sont ces personnages si passionnés qui n'ont pu se taire sur ce qu'ils apprenoient du changement de vie de Louis XIV, de sa piété et de ses bonnes œuvres. Ils en parlent avec dépit, parce que cela servoit à déconcerter leurs projets, qui alloient jusqu'à engager le pape à excommunier le roi et à jeter l'interdit sur son royaume, et ils étoient désespérés de ce que, tandis qu'ils travailloient à décrier Louis XIV et à le rendre odieux auprès du saint-père, par le récit de ses amours criminelles, les nouvelles de sa conversion et de sa piété ruinoient leurs espérances. Ceux qui leur écrivoient de Paris ces nouvelles, ignorant le secret de la cour, attribuoient au père de la Chaise, confesseur du roi, le changement de ce prince.

L'abbé Bizot, dans sa lettre datée de Rome du 28 octobre 1687, après plusieurs déclamations violentes contre le roi, finissoit ainsi : « Nous recevons des lettres de bien des endroits qui nous apprennent que le roi a changé de vie, que le père de la Chaise l'a fait revenir à lui d'une manière inconcevable. Il fait des pénitences et des bonnes œuvres ; c'est ce qui me passe étant entre les mains d'un tel homme. »

L'abbé Dorat, plus mesuré et plus défiant que l'abbé Bizot, peu de tems après, voyant que les choses ne réussissoient pas à Rome au gré des désirs du parti, essayoit de détromper l'évêque de Vaison des folles espérances qu'on lui avoit données, et il pensoit juste quand il annonçoit à ce prélat que le roi reprendroit le dessus à Rome ; que ceux qui l'auroient traversé en seroient les victimes, et une des choses qu'il croyoit devoir servir beaucoup aux affaires du roi, c'étoit le changement de vie de la part de Louis le Grand. « C'est une vérité que le roi a changé de vie d'une manière surprenante. Le père de la Chaise l'a ramené insensiblement là où il souhaitoit; il fait des pénitences secrètes, des aumônes, de longues prières; il veut que les femmes aillent modestement couvertes; plus de discours à double sens, plus de médisances; tout est dans la retenue... Nous recevons des lettres de divers endroits qui toutes nous mandent ces nouvelles. L'habillé de noir a revêtu son pénitent d'une robe blanche, en sorte que la cour est aujourd'hui dans la retenue. »

Et dans une autre lettre du même tems, le même abbé Dorat parle ainsi : « Il court ici un bruit que toute l'Europe est liguée contre le roi, et que les princes des États qui la composent se sont déjà partagé entre eux toute la France[1]. Si cela est, ils ont bien fait du chemin en peu de tems, puisqu'ils ont conquis la plus belle province du monde sans avoir tiré l'épée. Le roi, depuis sa naissance, a été si heureux que j'appréhende fort qu'il ne le soit jusqu'à la fin de sa vie, et qu'il ne batte tous ses ennemis quand et toutes les fois qu'il voudra; notre nation est si belliqueuse que nous voyons depuis longtems que rien ne lui peut résister. En qualité de votre bon ami, je vous conseille de garder sur cette affaire un profond silence.

» On m'écrit de la cour que le roi est un saint, que le père confesseur l'a ramené insensiblement à faire ce qu'un bon chrétien est obligé. On remarque que depuis quelque tems il a une grande charité pour son prochain, et qu'il fait revenir à leur devoir certaines personnes par ses conseils et ses exhortations. Il n'oublie rien pour secourir plusieurs nécessiteux; il souffre en son particulier lorsque

[1] C'est la ligue dite d'Augsbourg, conclue en 1686 entre l'Empereur, les rois d'Espagne et de Suède, les Provinces-Unies, plusieurs princes d'Allemagne, et où entrèrent plus tard le duc de Savoie, le roi d'Angleterre, etc. Le pape Innocent XI y donna secrètement son adhésion.

l'autorité royale n'est point offensée des égarements qui mériteroient punition, et pardonne généreusement lorsqu'il a été offensé; il a le zèle et l'honneur de Dieu, puisqu'il fait ce qu'il peut, comme on me le marque, pour avancer le culte qui lui est dû, et sa plus grande peine est de voir que plusieurs de ses sujets ne vivent pas selon les lois de l'Église romaine.

» Il y a environ un mois qu'il tint à M. l'archevêque de Paris un fort long discours sur la pauvreté, et finit en disant : « Comme les pauvres, par leur involontaire pauvreté, se conforment à Jésus-Christ, il est aussi certain que les riches doivent s'y conformer par leurs aumônes. » C'est M. l'abbé de Vauborel qui m'a écrit tout ce que je viens de vous dire; vous savez que ce n'est pas un homme à mentir ni à donner de faux avis. Il me marque aussi que Sa Majesté fait des aumônes secrètes à une quantité de pauvres honteux, et qu'elle parle d'une manière qui fait connaître le regret qu'elle a de ne l'avoir pas toujours pratiqué. Il a une si grande modération pour la pureté virginale, que, dès qu'il apprend qu'une fille d'honnête maison est en danger de la perdre, le roi ordonne qu'elle soit mise en religion, si elle en a la volonté, et, si elle veut se marier, il lui en donne le moyen, et si elle n'est pas en état de prendre l'un ou l'autre de ces deux partis, il la fait mettre dans la maison de madame de Maintenon jusqu'à ce qu'elle connoisse l'état où Dieu l'appelle. Toutes les dames de la cour ont la gorge et les bras couverts, de façon qu'on ne voit plus que modestie dans tous les endroits où elles paroissent. S'il falloit vous écrire, monseigneur, tout ce que l'abbé Vauborel me marque, et tout ce que l'habillé de noir a fait et continue de faire pour conduire avec sagesse le roi dans le chemin de la vertu, vous seriez surpris comme je l'ai été, car je n'aurois jamais cru que le père de la Chaise fût venu à bout d'une entreprise de cette nature. »

L'abbé Dorat ne voyoit qu'à demi ce qui se passoit à la cour, lorsqu'il attribuoit au père de la Chaise le changement de vie de Louis XIV; ce bon religieux l'aida sans doute de ses sages conseils, mais, de l'aveu de tout le monde, c'est madame de Maintenon qui profita de la confiance que Louis XIV prit en elle pour le tourner du côté de la vertu, et elle y réussit par sa douceur, sa modestie et cette souveraine raison, animée par la piété qui se faisoit sentir en elle, et qui dans ses discours avoit tant de charme.

LIVRE QUATRIÈME.

Le roi ayant renoncé à ses amusements illicites, s'attache à madame de Maintenon. — Quels furent les liens sacrés de cet attachement.

On a vu dans le livre précédent quels furent les fruits de la confiance que le roi avoit prise dans les conseils de madame de Maintenon, et la régularité qu'elle lui inspira; mais jusqu'où alla cette confiance, et quels engagements ce prince prit-il avec elle? C'est ici où un historien sera embarrassé; car d'un côté, s'il veut ménager la gloire d'un aussi grand roi que Louis XIV, osera-t-il avouer que ce prince ait fait une alliance si disproportionnée? D'un autre côté, l'historien pourra-t-il s'en taire à cause de la gloire de ce prince, et pour l'honneur de celle qu'il a aimée si constamment? car laisser en doute s'il y a eu entre eux un mariage véritable, ce seroit laisser sur le roi un soupçon odieux d'une société aussi scandaleuse que familière avec une femme qui n'eût point été la sienne, et leur assurer à l'un et à l'autre le reproche éternel de l'alliance monstrueuse d'une vie pieuse et d'un attachement criminel.

Sans m'arrêter à ce qu'ont pu dire de cette matière délicate les historiens protestants Larrey et Limier, le marquis de la Fare et l'abbé de Choisy, je me bornerai ici à rapporter les particularités que j'ai apprises, soit par les mémoires que m'ont donnés les personnes qui avoient vécu à Saint-Cyr dans la plus grande familiarité de madame de Maintenon, soit par ce que j'ai ouï dire pendant que j'étois à la cour. Je puis en effet rendre témoignage qu'on n'y doutoit pas qu'il n'y eût entre le roi et madame de

Maintenon un vrai mariage légitimement célébré en face de l'Église, mariage que la dignité du trône ne permettoit pas de déclarer, et que la conscience ne permettoit pas non plus de cacher entièrement. C'étoit d'ailleurs ce qu'on devoit raisonnablement conclure, en voyant d'une part la piété du roi, ses aumônes abondantes, ses prières assidues, son goût pour la régularité, son application à procurer la gloire de Dieu, à accréditer la vertu et la dévotion dans ses États, et en même temps la vie exemplaire de madame de Maintenon, son amour pour la prière et la retraite, ses communions fréquentes, ses aumônes et d'autres bonnes œuvres, et que d'autre part on voyoit l'assiduité du roi à aller chez elle régulièrement tous les jours, le tems qu'il y passoit seul avec elle, les complaisances qu'il paroissoit avoir pour elle, et cette espèce de familiarité avec laquelle madame de Maintenon vivoit avec lui ; car comme le roi, surtout dans les derniers tems, restoit chaque jour chez elle jusque vers les dix heures du soir, et que les infirmités de madame de Maintenon, et ensuite son âge, l'engageoient à se coucher de bonne heure, quelquefois même avant dix heures, c'étoit dans la même chambre où étoit le roi, et dans l'alcove qu'on y avoit placée, que madame de Maintenon se déshabilloit et se mettoit au lit, ce que la bienséance n'eût pas permis à une autre qu'à une épouse. Elle entroit chez le roi avec la même familiarité quand ce prince étoit malade et au lit ; elle lui rendoit alors tous les services qu'une épouse affectionnée peut rendre à un époux. Un jour d'été que le roi étoit malade et au lit, et que, pour se soulager de la chaleur, qui étoit excessive, il se trouvoit assez négligemment couvert, madame de Maintenon étoit assise auprès de son lit, lorsque Monsieur, frère du roi, entra dans la chambre. Le roi voulant lui faire connoître qu'il n'y avoit rien contre la bienséance dans l'état où il se trouvoit, lui dit ces paroles qui furent remarquées : « Mon frère, par la manière dont je suis devant madame de Maintenon, vous pensez bien ce qu'elle m'est. »

Ainsi, le mariage étoit connu sans être déclaré ; on disoit même tout bas quelques circonstances de sa célébration.

M. l'archevêque de Narbonne (de la Berchère, avec qui j'avois l'honneur d'être assez familier dans ma jeunesse, à cause de quelque alliance qu'avoit ma famille avec la sienne) m'a dit bien des fois que le mariage avoit été célébré par le père de la Chaise, confesseur du roi, en présence de M. de Harlay, archevêque de Paris, et de M. Bontemps, premier valet de chambre du roi, témoins, avec cette circonstance que le père de la Chaise avoit une étole verte. Les mémoires qu'on m'a donnés ajoutent pour témoins M. de Louvois et M. de Montchevreuil[1]. Je me souviens encore que, dans le tems que j'étois aumônier de madame la duchesse de Bourgogne, qui ensuite devint Dauphine, cette princesse étant avec deux de ses plus familières amies d'entre les dames du palais, et parlant du faux bruit qui courut alors, que le premier Dauphin, fils de Louis XIV et grand-père de Louis XV, qu'on appeloit Monseigneur, que ce prince, dis-je, avoit épousé en secret mademoiselle Choin, pour qui il avoit de l'amitié, et cela à l'imitation du mariage de Louis XIV ; cette princesse disoit en badinant : « Je voudrois être morte pendant vingt-quatre » heures, pour voir comment feroit M. le duc de Bour- » gogne, et qui il épouseroit ; car, disoit-elle, on s'allie » plaisamment dans cette maison-là. »

Je trouve dans les mémoires qui m'ont été fournis d'autres traits qui ne sont pas à négliger.

Le fameux M. Mignard tiroit le portrait de madame de Maintenon, et la peignoit en sainte Françoise ; le roi pre-

---

[1] Voir, sur le mariage de Louis XIV et de madame de Maintenon, ce que j'en ai dit dans *Madame de Maintenon et la maison royale de Saint-Cyr*, p. 32 et suivantes.

noit plaisir à le voir travailler dans l'appartement de madame de Maintenon. Mademoiselle Mignard, fille de ce peintre, qui fut depuis la marquise de Feuquière, demanda à madame de Maintenon, en présence du roi, quel habillement on donneroit à sainte Françoise, et si on lui donneroit un manteau d'hermine. Le roi saisit la parole et dit : « Oui sans doute, sainte Françoise le mérite bien [1]. » Une des plus anciennes dames de Saint-Cyr, madame de Glapion, qui avoit vécu longtems avec madame de Maintenon, et qui, à son occasion, avoit été en relation avec plusieurs seigneurs de la cour, m'a donné par écrit dans ses *Mémoires* [2] que le maréchal de Villeroy lui avoit dit que ce mariage avoit été fait environ deux ans après la mort de la reine, qui arriva en 1683. Elle ajoutoit cependant que, causant à ce sujet et rapportant ce discours à un saint prêtre de la congrégation de Saint-Lazare, qui avoit confessé madame de Maintenon pendant plus de quinze ans, celui-ci lui répondit : « Il se trompe, ce n'est pas dans ce tems-là [3]. » La religieuse voulut lui en faire dire davantage, mais il se retint et lui dit pour toute réponse à ses questions : « Je ne puis vous rien dire, vous en concevez sans doute la raison. »

D'ailleurs le caractère particulier de madame de Maintenon, ç'a été une grande délicatesse de conscience portée souvent jusqu'au scrupule, et une exacte fidélité à ne rien faire sans le conseil de diverses personnes éclairées, quand il étoit question d'affaires importantes et délicates. C'est

[1] Ce portrait, dont Mignard a fait plusieurs copies, et qui a été gravé par Fiquet, a fait plus de tort à madame de Maintenon que tous les pamphlets de ses ennemis, tant la figure est disgracieuse, chagrine et désagréable.

[2] Voir, pour madame de Glapion, le chapitre xiv de *Madame de Maintenon et la maison royale de Saint-Cyr*. Les *Mémoires* de madame de Glapion ne sont autres que ceux de madame du Pérou, retouchés et abrégés.

[3] En effet, le mariage eut lieu en juin 1684, c'est-à-dire dix mois après la mort de la reine. Voir *Madame de Maintenon et la maison royale de Saint-Cyr*, p. 33.

ce que l'on voit évidemment par ses lettres de tous les âges et de tous les tems, depuis sa jeunesse jusqu'à sa mort; aussi j'ai appris, par le témoignage d'un homme bien instruit, qu'elle voulut assurer sa conscience par de sages conseils sur le mystère de ce mariage, qui n'étoit ni public ni caché, et qui, selon les lois de la politique et les règles de la prudence, ne devoit point être publié. Cet homme bien instruit, c'est M. l'abbé de Brisacier, qui a eu tant de part à l'estime et à la confiance de madame de Maintenon, et qui, interrogé par les dames de Saint-Louis sur le sujet que je traite, après la mort de madame de Maintenon, leur fit cette réponse dans le billet écrit de sa main, que j'ai sous les yeux et que je copie. Ce billet est adressé à madame du Pérou, aujourd'hui supérieure de cette maison [1].

« Je voudrois, madame, pouvoir vous donner, et à ma-
» demoiselle d'Aumale, l'éclaircissement que vous désirez,
» avec des preuves qui fissent foi en justice, mais cela ne
» m'est pas possible. Voici ce que je puis vous dire en
» conscience :

» Je n'ai jamais douté en mon particulier que la per-
» sonne dont il s'agit ne fût véritablement et légitimement
» mariée, et je puis assurer qu'elle m'a dit de certaines
» choses qui m'ont fait conclure avec certitude qu'elle
» étoit engagée dans cet état.

» Elle ne m'a jamais rien dit de la consultation qu'elle
» avoit désiré qu'on fît sur son état; mais il a passé pour
» constant qu'elle a été faite ; je n'ai point été du nombre
» de ceux qui ont été consultés, non plus que M. Tiberge.
» Je crois que feu M. l'évêque de Meaux (Bossuet) et feu
» M. le cardinal de Noailles ont été les principaux qui ont
» été consultés et qui ont décidé [2]. »

[1] Languet de Gergy écrivait en 1741.

[2] J'ajoute, sur cette question, un fragment assez curieux que j'ai trouvé dans les manuscrits des dames de Saint-Cyr. Je le crois de la main de

Mais ce qui me paroît plus précis et plus remarquable sur ce fait, ce sont les lettres de M. l'évêque de Chartres (Paul Godet Desmarets), qui a eu environ pendant vingt ans la confiance de madame de Maintenon et la direction de sa conscience. Comme il sera souvent parlé de lui dans ces Mémoires, il est nécessaire de faire connoître un homme qui a eu tant de part à l'estime de madame de Maintenon,

madame de Croisilles, religieuse de Saint-Louis, qui fit profession le 13 décembre 1713 et mourut en 1759.

« Le mariage a sûrement eu l'approbation du pape, on ne sait lequel; mais voici un fait très-certain. Une novice de Saint-Cyr, élevée dans la vertu, quoique hors des murs de cette maison, car elle quitta le monde pour s'y faire religieuse, avoit des scrupules sur l'état équivoque de madame de Maintenon. Ces pensées la fatiguoient; elle rougissoit du personnage ambigu qu'avoit fait l'institutrice de Saint-Cyr, qui étoit morte il y avoit peu de temps; elle rioit en elle-même de la simplicité des religieuses qui parloient sérieusement de la faire canoniser, et, pleine de ces idées, elle alla trouver son confesseur, qui avoit confessé aussi près de dix-neuf ans madame de Maintenon (M. Brideray), car elle n'alloit pas toujours à l'évêque de Chartres, et se contentoit, tous les huit jours, du supérieur des prêtres de Saint-Lazare, établis à Saint-Cyr. C'étoit ce même homme à qui la novice alla déposer le tourment de son âme sur la sainte institutrice. Celui-ci, ému de colère, lui dit : « C'est bien à une petite fille comme vous d'avoir de pareilles perplexités sur une chose que le pape et de grands évêques ont approuvée. » Il est bien certain qu'il dit *le pape*, et imposa pour toujours silence à la novice sur cet article. Il seroit excellent de faire des perquisitions à la chancellerie du saint-siége. Cette idée est venue à plusieurs depuis longtemps, et on n'a osé l'exécuter.

» Il n'a jamais paru que madame de Maintenon ait eu le moindre désir d'être déclarée reine; l'attirail de la majesté lui auroit déplu; la jalousie et la haine des princes auroient été pour elle un plus grand tourment encore. Elle a pu avoir quelques scrupules, mais elle aura été tranquille sitôt que ses directeurs les auront dissipés. Ces scrupules paroissent dans quelques lettres à madame de Brinon. Madame de Maintenon se promenant un jour avec la mère de Glapion sur des endroits assez raboteux du jardin : « Vous n'êtes point délicate, lui dit la mère de Glapion, vous vous fati-
» guez volontiers; vous n'êtes point comme les grands. — C'est que je ne
» suis pas grande, je suis seulement élevée. »

» La petite de la Tour, aujourd'hui religieuse de Saint-Louis, et un grand sujet (elle avoit été élevée tout enfant dans la chambre même de madame de Maintenon), lui disoit un jour : « Maman, je sais que tu es reine. » Madame de Maintenon reprit : « Qui vous a dit cela, mignonne? » Et son air fit bien voir à l'enfant qu'il n'en falloit pas dire davantage. »

qui, entre tous les prélats de son tems, a eu la plus grande confiance de Louis XIV, et qui en a usé avec la même modestie que madame de Maintenon, et avec le même désintéressement. Voici à quelle occasion il fut connu de cette dame.

Elle étoit dirigée par l'abbé Gobelin, et cet abbé étoit aussi le directeur des dames de Saint-Louis et des demoiselles qu'on y élevoit; mais un seul ne suffisoit pas pour tant de monde, et de plus quelques-unes d'entre elles désiroient avoir de tems en tems des confesseurs extraordinaires, comme le concile de Trente le prescrit pour les communautés religieuses. MM. Tiberge et Brisacier, supérieurs des Missions étrangères, donnoient déjà leurs soins à cette maison, mais elle étoit devenue si nombreuse qu'ils ne suffisoient pas encore, et de plus ils étoient souvent distraits par d'autres occupations. Les dames de Saint-Louis parlèrent à madame de Maintenon du besoin qu'on avoit de secours tant pour la confession que pour les instructions particulières. Elle en parla à l'abbé Gobelin, et cet abbé se chargea de chercher quelque ecclésiastique de mérite et de piété qu'on pût engager à donner à la communauté nouvelle la consolation spirituelle qu'elle désiroit. Le goût de madame de Maintenon l'éloignoit de chercher ce secours dans aucune communauté religieuse. L'abbé Gobelin se fixa à des prêtres séculiers, et, sur la réputation qu'avoit l'abbé Desmarets, il jeta les yeux sur lui. C'étoit un homme de condition, sans bénéfice, qui vivoit de son bien au séminaire de Saint-Sulpice de Paris et s'étoit consacré à toutes les fonctions d'un prêtre vertueux et zélé pour la gloire de Dieu. Il avoit été formé dès la jeunesse à la pratique de toutes les vertus ecclésiastiques dans ce séminaire, et il avoit mis à profit les trésors de piété et de science qu'il avoit amassés dans ce lieu, célèbre par la sainteté de celui qui l'avoit formé, le fameux M. Ollier, et par le mérite et la ferveur de tant de prélats et autres ecclésiastiques qui y ont été élevés. Libre de tout engagement, M. Desmarets prêchoit, confessoit, dirigeoit dans Paris; il visitoit les pauvres et les prisons, répandoit de son bien des aumônes abondantes, et se refusoit tout à lui-même. L'abbé Gobelin le proposa, et, sur l'idée qu'il en donna, madame de Maintenon, avide de connoître des gens de bien et d'en tirer du secours, lui envoya son écuyer fidèle, le sieur Manceau [1]. Cet homme, plein de religion, concouroit de tout son cœur à toutes les bonnes œuvres de madame de Maintenon; c'étoit l'Éliézer de sa maîtresse, et il étoit, dans son état, aussi pieux et aussi zélé qu'elle pour les bonnes œuvres.

Il fut étonné, quand il vint s'acquitter de sa commission, de trouver cet abbé, dont il avoit conçu une grande idée, dans une pauvre cellule, n'ayant pour tout meuble qu'un mauvais lit, une chaise de paille, un vieux pupitre et une carte de la Terre-Sainte, qui faisoit toute la tapisserie de la chambre. L'abbé fut fort étonné de son côté de la commission, et son premier mouvement fut de refuser un honneur que d'autres auroient ambitionné. Il ne connoissoit de madame de Maintenon que sa faveur, et il avoit une assez médiocre idée de sa piété et de la maison qu'elle formoit à Saint-Louis. Il envisageoit tout cela comme enveloppé dans le tourbillon de la cour et du grand monde, et il craignoit également ou de ne retirer aucun fruit de son ministère, ou de n'en retirer qu'une vaine réputation qui lui eût ouvert la porte aux honneurs ecclésiastiques qu'il fuyoit d'aussi bonne foi que d'autres les recherchent.

L'abbé Gobelin rassura l'abbé Desmarets. Il l'encouragea, et par le portrait qu'il lui fit des saintes intentions de madame de Maintenon, il le détermina à aller où il étoit appelé, après que M. Tronson, supérieur général du séminaire de Saint-Sulpice, en qui cet abbé avoit toute

---

[1] Plus exactement son intendant.

confiance, lui eut dit que Dieu demandoit qu'il ne se refusât pas au secours que l'on attendoit de lui.

Madame de Maintenon, de son côté, fut empressée de voir un homme que M. Manceau lui avoit dépeint par des traits qui l'avoient charmée, et ce n'étoit pas sans une conduite particulière de Dieu qu'elle se fixa au choix de cet abbé. Elle avoit balancé quelque tems entre lui et l'abbé de Fénelon. Elle avoit contribué à placer celui-ci tout récemment à la cour en qualité de précepteur des fils de France, et elle avoit été charmée de sa piété et des manières aimables dont il assaisonnoit tout ce qu'il disoit. Pour l'abbé Desmarets, il n'avoit rien de ces dehors gracieux ; au contraire, il étoit, disoit madame de Maintenon, plus propre à éloigner qu'à attirer, ayant un air sec et froid et une contenance réservée, même austère. Cependant madame de Maintenon, par une droiture de cœur dont peu de dévots sont capables, donna la préférence à cet homme froid, sec et austère. Elle en avoit consulté aussi M. de Brisacier, qui la confirma dans son choix, et elle remarqua en même tems la droiture de celui-ci, qui ne songea pas à se conserver la direction d'une dame qui tenoit un si grand rang à la cour[1].

---

[1] Madame de Maintenon a elle-même raconté aux dames de Saint-Louis comment elle prit Godet Desmarets pour directeur :

« M. Jassaux (prêtre de Saint-Lazare), à qui j'allais à confesse en ce temps-là, me parloit continuellement de M. l'abbé Desmarets et de M. l'abbé de Fénelon, m'assurant que le plus grand bien que je pouvois faire à l'Église étoit de procurer qu'ils fussent en place de la pouvoir servir efficacement selon leurs talents ; le même témoignage leur étoit rendu de tous côtés, de sorte que je contribuai à faire nommer M. l'abbé de Fénelon précepteur de M. le duc de Bourgogne, et M. Desmarets évêque de Chartres. J'avois déjà vu ce dernier à Saint-Cyr, où M. l'abbé Gobelin l'avoit introduit ; et, dès que je l'eus entretenu, il me sembla que c'étoit celui que Dieu me destinoit. Vous savez que son extérieur, bien loin d'avoir rien qui attirât, étoit au contraire plus propre à éloigner de lui, ayant l'air très-froid, sec et austère. Cependant il me sembloit que Dieu me disoit au fond du cœur : C'est cet homme-là que je vous donne. Je l'examinai de près pendant qu'il traitoit des affaires de votre maison

La première conversation que madame de Maintenon eut avec M. Desmarets plut infiniment à cette dame. La solidité de son esprit lui fit goûter un homme qui avoit peu de dehors, mais qui avoit un esprit juste et un sens droit, et de plus une grande modestie. Les fondements de l'estime réciproque furent jetés dès la première entrevue : madame de Maintenon reconnut qu'elle avoit rencontré un homme de Dieu, et l'abbé conçut qu'on pouvoit être près de la cour et à la cour même sans en être enivré. Madame de Maintenon l'entretint du désir qu'elle avoit de voir ses filles tendre à une plus grande perfection, du désir qu'elle

avec nos autres messieurs, et tout ce que je vis sortir de lui me parut si saint, si vertueux, si sage, si modéré et si prudent, que je me confirmai de plus en plus dans ma pensée. Je la communiquai à M. l'abbé de Brisacier, qui avoit une droiture merveilleuse; et, sans vouloir profiter de l'ouverture que je lui faisois pour me porter à le choisir lui-même ou bien M. l'abbé Tiberge (car j'avois pour eux beaucoup de goût et d'estime), il me dit : « Vous ne sauriez mieux faire que de prendre M. l'abbé Desmarets pour votre directeur, il a tout ce qui vous convient et tout ce qui vous est nécessaire. » Là-dessus je le priai de lui en faire la proposition. M. Desmarets le refusa d'abord, cette charge lui paraissant formidable, comme il me l'écrivit quelque tems après; je fus obligée de prier M. de Brisacier de le presser et d'employer tout le pouvoir et tout le crédit qu'il avoit sur son esprit pour l'y engager. M. Desmarets, avant de s'y résoudre, voulut encore consulter M. Tronson, supérieur du séminaire de Saint-Sulpice, qui lui leva tous ses scrupules et lui dit de ne pas hésiter à se charger de moi. Je me souviens qu'une des premières choses que je lui demandai fut de savoir si je pouvois aller aux spectacles avec le roi. Il demeura quelque tems à penser, puis il me dit : « Madame, je crois que si le roi le veut, vous devez y aller, » et n'ajouta rien davantage. Quelque temps après je lui fis une confession générale, et depuis ce tems-là jusqu'à sa mort, j'ai eu en lui une entière confiance, et je me suis parfaitement bien trouvée de ses avis.

» J'ai souvent pensé depuis, ajouta-t-elle, pourquoi je ne pris pas M. l'abbé de Fénelon, dont toutes les manières me plaisoient, dont l'esprit et la vertu m'avoient si fort prévenue en sa faveur, et comment, au milieu de tout ce qui devoit, ce semble, me déterminer de son côté, je me jetai de l'autre. Encore une fois, quand j'y fais réflexion, je ne trouve pas, en ce choix que Dieu me fit la grâce de faire dans la seule vue du plus grand bien de mon âme, une moindre providence et protection de sa part que dans tous les autres événements de ma vie. »

avoit elle-même d'y tendre de bonne foi, des obstacles qu'elle y trouvoit dans sa maison même de la part de quelques-unes de celles qu'elle avoit mises à la tête de son œuvre, et qui, se bornant à ce qu'il y avoit de plus essentiel dans la piété, ne goûtoient pas une vie plus exacte et plus régulière. L'abbé Desmarets, se livrant à sa ferveur, la servit selon son goût : il confessa, il prêcha, il donna des retraites ; tout son ministère tendit à inspirer l'humilité sincère, l'obéissance absolue, la pauvreté rigoureuse, le renoncement à soi-même, le sacrifice généreux de ses plaisirs, de ses commodités, de ses affections ; en un mot, cette abnégation que Jésus-Christ demande de *ceux qui veulent venir après lui.*

Il semoit dans une terre bien préparée, et son ministère eut tout l'effet qu'il pouvoit désirer. Madame de Maintenon, transportée de joie d'avoir rencontré un tel homme dans le tems que l'abbé Gobelin alloit lui manquer (car il étoit âgé et infirme), donna à l'abbé Desmarets, pour ainsi dire, la survivance de sa conscience : c'étoit environ en l'année 1687, et il resta son seul directeur en l'année 1691, que l'abbé Gobelin mourut. Peu après, elle le fit nommer évêque de Chartres pour s'assurer d'être toujours, elle et sa maison, sous la direction aussi bien que sous l'autorité du saint prélat. Saint-Cyr étoit du diocèse de Chartres. Madame de Maintenon aimoit l'ordre hiérarchique, et elle avoit voulu que sa maison fût soumise à l'évêque diocésain. Elle avoit reconnu en cette qualité monseigneur de Neuville, prédécesseur de M. Desmarets, et elle n'avoit rien fait que dépendamment de ses conseils, de ses ordres ou de ses permissions. Ce prélat mourut comblé de mérite et d'années à peu près dans le même temps que l'abbé Gobelin. Madame de Maintenon proposa au roi l'abbé Desmarets pour le remplacer. Le roi agréa volontiers un choix qui n'étoit suggéré par aucun motif humain. Il n'y eut de difficulté que du côté de l'abbé, qui vouloit refuser un honneur qu'il avoit toujours redouté, mais il se laissa vaincre, non sans répandre beaucoup de larmes, par l'autorité de ceux à qui il avoit confié la conduite de sa conscience. Il fut sacré évêque de Chartres le dernier jour du mois d'août 1692, dans l'église de Saint-Louis de Saint-Cyr, en présence et avec une extrême satisfaction de madame de Maintenon.

À mesure que madame de Maintenon augmenta sa confiance en l'abbé Desmarets, devenu son évêque, le roi augmenta en estime pour lui; mais ce modeste prélat ne mit jamais cette estime à profit ni pour lui ni pour les siens. Un tems vint, comme nous le verrons encore mieux dans la suite, où il eut la principale confiance du roi pour toutes les affaires qui concernoient la religion; mais ce fut sans en tirer aucune utilité; non-seulement il ne songea pas à demander pour lui des grâces, mais il refusa constamment toutes celles que le roi voulut lui faire de lui-même. J'ai su certainement qu'il refusa spécialement la charge de conseiller d'État d'Église dont le roi voulut le gratifier, et il dit pour s'excuser que cette charge le détourneroit de la conduite de son diocèse. Il refusa de même la nomination au cardinalat : ce fut le roi lui-même qui lui rendit ce témoignage. Pour se garantir plus efficacement des sollicitations de Sa Majesté, et dans la crainte que ce prince ne voulût contraindre par ses ordres précis sa modeste résistance, il dit que Sa Majesté avoit besoin de cardinaux qui fussent en état d'aller à Rome y soutenir ses intérêts, et y entrer dans toutes les intrigues d'État dont Rome est quelquefois le centre, et que, pour lui, il se sentoit très-impropre à ce ministère. Par cette raison, il fit agréer son refus. Tel étoit l'homme que madame de Maintenon fit placer sur le siége de Chartres, et en qui elle avoit déjà fixé sa principale ou plutôt son unique confiance. Elle lui avoit ouvert son âme, comme elle faisoit à l'abbé Gobelin; elle continua à en user de même pendant toute la vie de ce prélat, et elle eut pour lui la même docilité ; elle le consultoit en tout ; elle se régloit pour ses communions, ses oraisons et ses austérités par ses conseils ; elle lui exposoit par lettres ce qui regardoit sa conscience, et ce prélat lui faisoit des réponses qu'elle gardoit soigneusement, comme des règles de conduite où elle pouvoit puiser de tems en tems un renouvellement de ferveur et de fidélité.

Or c'est par ces lettres, qu'on a trouvées après la mort de madame de Maintenon, qu'on a pu juger qu'il y avoit des liens sacrés qui unissoient madame de Maintenon au roi ; que ces liens étoient ordonnés de Dieu, et qu'ils devoient être pour l'un et pour l'autre une occasion et un moyen de sainteté, que c'étoit remplir les desseins de Dieu de faire servir la confiance du roi pour madame de Maintenon, et les complaisances légitimes de madame de Maintenon pour le roi à faire triompher dans le royaume la vertu et la piété, par l'usage de l'autorité souveraine. Madame de Maintenon a eu la consolation d'y réussir, et nous verrons dans la suite le glorieux témoignage que lui rendit Louis XIV au lit de la mort.

Que si Dieu s'est servi de madame de Maintenon pour conduire le roi dans les routes de la piété, c'est de M. Desmarets, évêque de Chartres, qu'il s'est servi principalement pour faire faire à madame de Maintenon le progrès qu'elle y a fait, et pour lui prescrire les moyens dont elle devoit user pour rendre au roi la vertu aimable ; c'est ce que j'ai remarqué dans toutes les lettres de ce prélat dont j'ai eu la communication.

Il lui parloit ainsi dans une de ses lettres : « Dieu vouloit une âme fidèle, fervente et toute dévouée à son service auprès du roi, qui fit connoître son nom aux princes, et qui procurât sa gloire dans le lieu où la gloire de ce monde fait tant d'idolâtres. Tenez-vous-y donc, madame, par soumission ; il faut demeurer en contrainte dans une chambre pour y procurer aux autres la liberté des enfants de Dieu, il faut y attendre en foi le succès de sa mission. »

C'étoit là à quoi M. l'évêque de Chartres vouloit que madame de Maintenon s'appliquât pour ainsi dire uniquement, comme étant le dessein de Dieu, dans l'élévation où il l'avoit placée. Envisageant le bien qui résulteroit de la piété du roi, il ne cessoit d'inculquer à madame de Maintenon ce devoir et ce service que Dieu attendoit de sa fidélité. « Il a fallu, lui disoit-il dans une autre lettre, il a fallu que vous fussiez élevée, aimée, considérée, et dans un état puissant, afin de sanctifier ceux pour qui vous êtes. » — Et dans une autre : — « Pourquoi êtes-vous à la cour au faîte où vous êtes? Pourquoi tant de dégoût du monde et tant de goût pour Dieu? Pourquoi tant de désir d'une vie parfaitement chrétienne? Pourquoi le prince amusé innocemment, et comme lié par la main de Dieu? C'est qu'il le veut hors des piéges du démon; il veut le déprendre et ensuite le sanctifier; il le lie et il vous lie, car c'est par vous qu'il veut le sanctifier. S'il vous échappoit, et si vous lui échappiez, son dessein ne s'accompliroit pas. » — Dans une autre encore, il lui parloit ainsi : « Dieu met entre vos mains les intérêts de l'État, le salut d'un grand roi qui tient à tout, celui des princes qui doivent régner après lui. »

Comme ce prélat étoit bien convaincu que l'amour du roi pour madame de Maintenon n'avoit rien que de légitime, il lui parloit ainsi dans une autre lettre : « Aimez le roi d'une très-grande charité; soyez-lui soumise comme faisoit Sara qui obéissoit à Abraham; respectez-le du fond du cœur, et ne l'appelez pas seulement votre seigneur, mais regardez-le comme tel dans l'ordre de Dieu. »

Elle s'affligeoit quelquefois de ce que le roi n'avançoit

pas autant qu'elle l'eût désiré dans la pratique des vertus chrétiennes, et M. de Chartres lui répondoit ainsi : « Sainte Monique pleura longtems les égarements de saint Augustin, dont elle obtint enfin la conversion : il a fait la joie et la gloire de l'Église par la sainteté de sa vie et la perfection de sa charité. Je ne puis croire, madame, qu'un homme de tant de prières à qui Dieu a donné une amie si fidèle et si chrétienne comme par miracle, ne devienne à la fin un homme nouveau. Vous devez lui obéir, l'aimer, le respecter, et le regarder comme votre seigneur et maître. Votre société, que Dieu a formée par un miracle, et qu'il cimente et affermit tous les jours de plus en plus pour le bien de celui auquel vous êtes envoyée, le préservera de la mort où il seroit peut-être tombé sans vous, au grand préjudice de la religion et de l'État. »

M. l'évêque de Chartres appeloit *miracle* la conversion de Louis XIV d'une vie licencieuse, qu'on pouvoit même nommer scandaleuse, à une vie chrétienne ; c'étoit en effet une espèce de miracle qu'un prince si livré auparavant au plaisir et à l'amour des femmes, se fixât, dans les plus beaux jours de sa vie, à une femme de cinquante ans qui ne lui préchoit que conversion et pénitence, et c'est cette merveille qu'opérèrent la sagesse, la modestie et le désintéressement de cette femme forte, vertus dont le roi comprit toute la supériorité, au-dessus de ces avantages fragiles qu'il avoit adorés dans ses maîtresses. Madame de Maintenon n'employa à ce changement que ses prières, et son attention à rendre la vertu aimable aux yeux du roi, par ses soins, sa gaieté, sa complaisance ; c'est ce que lui inspiroit son sage directeur.

Dans une réponse à un billet où madame de Maintenon lui avoit demandé de faire une communion extraordinaire pour le roi, il lui disoit : « Communiez extraordinairement pour le roi et pour vous ; offrez-vous à tout, à Dieu et au roi pour l'amour de Dieu qui vous a choisie pour sa consolation et pour lui obéir. »

Dans une autre, il lui prescrit cette manière gaie et contente dont elle devoit user avec le roi. « Le roi, disoit-il, regarde trop la vertu et la perfection de son état par ce qu'il y a d'austère et de rebutant à la nature. Quand il verra dans la personne qu'il aime et qu'il estime davantage une joie et une liberté d'esprit continuelles, dans une continuelle innocence et dans un amour ardent des bonnes œuvres, Dieu lui fera la grâce d'aspirer au même bonheur. La femme fidèle sanctifie l'homme infidèle, dit saint Paul ; combien plus l'homme chrétien ? »

Madame de Maintenon étoit exacte à remplir ces sages leçons ; mais cette joie extérieure et ce contentement qu'elle montroit constamment au roi ne laissoient pas de couvrir de secrètes amertumes. Elle étoit en proie à la malignité du monde, qui se vengeoit de sa faveur, dont il étoit jaloux, par les médisances. Son état avec le roi, qui étoit une espèce d'énigme aux yeux du commun des hommes, leur présentoit le prétexte de méconnoître sa vertu et de lui imputer des crimes dont elle étoit innocente. M. l'évêque de Chartres, qui connoissoit sa droiture et ses peines, lui écrivoit ainsi : « Il ne faut pas que nous cessions d'être bons parce que le monde est mauvais : il sera fâché de votre régularité ; ce n'est pas à lui que vous voulez plaire, le roi n'en est pas blessé, cela vous suffit. » — Et dans une autre : « Il est vrai, madame, que votre état est une énigme, mais c'est Dieu qui l'a fait. Il est si singulier que vous ne l'auriez pas choisi, pas même imaginé. Il ne faut pas s'étonner s'il vous a caché des secrets que vous ne connoissez qu'à mesure qu'ils se découvrent à vous ; il en cache aussi bien au public qui le surprendroient si vous les lui disiez comme à moi. C'est le mystère de Dieu ; il faut l'adorer dans ses voies de sanctification. »

... Dans une autre encore, en la consolant de la sujétion où la faveur et l'amour du roi la tenoient, il peint ainsi cet esclavage du monde que sa pénitente avoit tant de peine à soutenir, parce qu'il la détournoit de l'union qu'elle auroit voulu avoir avec Dieu seul, et il lui disoit : « Vous êtes à la place des reines, et vous n'avez pas plus de liberté qu'une petite bourgeoise. »

On voit par ces lettres que M. l'évêque de Chartres, dans toutes les réponses de sa direction secrète, supposoit comme constant ce qu'on ne jugeoit pas convenable de développer au public[1]. La gloire de Louis XIV y étoit intéressée ; la paix de sa famille et mille autres raisons d'État s'y opposoient, et la modestie de madame de Maintenon y mettoit un obstacle en quelque façon aussi insurmontable que la politique ; mais les liens qui l'unissoient au roi n'en étoient pas moins certains. M. de Chartres en parle encore plus précisément dans une lettre qu'il écrivoit à madame de Maintenon dans les derniers temps de la vie

---

[1] On trouve dans les lettres de l'évêque de Chartres des passages encore plus clairs sur l'état de madame de Maintenon à l'égard de Louis XIV. J'en citerai un seul, dont j'ai entre les mains quatre copies parfaitement identiques avec la date peu vraisemblable de 1705 : madame de Maintenon avait à cette date soixante-dix ans.

« Je prie pour ma chère fille plus instamment que jamais. Je demande à Dieu qu'elle ne succombe pas dans les occasions pénibles qu'elle m'a marquées dans une de ses redditions : c'est une grande pureté de préserver celui qui lui est confié des impuretés et des scandales où il pourroit tomber ; c'est en même temps un acte de patience, de soumission, de justice et de charité. Je regarde comme une merveille de la grâce que Dieu lui ait donné l'amour de la vertu des épouses de Jésus-Christ, dont elle devoit être la mère ; j'espère qu'elle participera à leurs prérogatives, à cause de la préparation de son cœur. Il faut cependant, malgré cette inclination, rentrer dans les sujétions que sa vocation lui prescrit ; il faut servir d'asile à un homme foible qui se perdroit sans cela ; il faut qu'elle l'aide à marcher, comme Élisabeth et Zacharie, dans toutes les justifications du Seigneur. Quelle grâce d'être l'instrument des conseils de Dieu et de faire par pure vertu ce que tant d'autres femmes font sans mérite ou par passion ! Une âme juste se purifie dans les états que Dieu a sanctifiés : bientôt elle sera comme les anges du ciel ; là cesseront les sujétions de la vie présente ; ma sœur n'aura plus qu'à suivre l'Agneau partout où il ira. »

de ce prélat ; elle en prévoyoit le terme que lui annonçoit la langueur où il étoit tombé, et elle lui avoit écrit pour prendre son avis touchant le choix d'un directeur auquel elle pût ouvrir son âme et fixer sa confiance après la mort de ce prélat. M. l'évêque de Chartres, après plusieurs avis sur ce qui lui étoit demandé, ajoutoit, parlant du directeur qu'elle devoit prendre à sa place : « Vous lui donnerez vos redditions (c'étoit le compte qu'elle rendoit de son intérieur de tems à autre), vous lui montrerez les écrits qu'on vous a donnés touchant votre conduite, vous lui direz vos *liens*. »

Ces liens, que M. l'évêque de Chartres appeloit *une énigme,* ne furent pas longtems une énigme pour le public. On la devina si bien, que, sur l'idée que le monde s'en forma, il bâtit mille fables, qu'on débitoit de tems en tems touchant les desseins et les désirs qu'on imputoit à madame de Maintenon de se faire déclarer reine. La cour, où l'on ne connoît guère la modestie ni le désintéressement, ne peut se figurer qu'il y ait quelqu'un qui soit sans ambition. Ceux qui s'y livrent à l'avidité qui les dévore présument les mêmes passions dans les autres, et forgent, sur ce qu'ils croient vraisemblable, des histoires circonstanciées, comme si elles étoient véritables. C'est ce qu'on a fait à l'égard de madame de Maintenon. On n'a pu imaginer qu'il fût possible qu'une femme eût tant de crédit auprès de Louis XIV, et qu'elle eût assez de modestie pour n'en pas user pour son intérêt ; or, ce que l'on jugeoit impossible étoit réel : rien ne fut plus éloigné de sa pensée que de se faire déclarer reine. Sa modestie constante, son désintéressement absolu et suivi depuis le commencement de sa fortune jusqu'à sa mort, sa solide piété, doivent la garantir dans tous les siècles de la calomnie que les nouvellistes et les satires du monde ont pu débiter à ce sujet. Elle a eu horreur du trône autant qu'une femme ambitieuse eût eu d'avidité pour y monter ; mais si ce n'est pas assez de sa vertu pour la défendre de ces calomnies, au

moins doit-on en croire sa prudence et la solidité de
sa raison. Une déclaration de sa qualité n'eût pas seulement été contraire à son humeur, elle l'eût été à son repos,
à son bonheur aussi bien qu'à la gloire du roi, qu'elle
aimoit par préférence à tout. Elle avoit plu au roi par son
désintéressement ; elle l'eût choqué et dégoûté par son
ambition. Elle tenoit dans sa main tous les princes et les
princesses du sang royal ; elle avoit trouvé le moyen de les
gagner ; tous l'aimoient ou au moins la ménageoient ; elle
les auroit eus tous pour ennemis déclarés si elle avoit été
reconnue pour reine, et, pour quelques hommages de plus
qu'elle eût reçus de la populace, elle eût perdu ce crédit
immense dont elle a joui toute sa vie, et qui étoit plus
propre à contenter une âme peu ambitieuse que les vains
honneurs du trône. D'ailleurs, elle en eût été vraisemblablement éloignée par un roi absolu, qui, amateur de sa gloire,
eût tôt ou tard rougi de sa faiblesse. Ainsi, quand les vertus de madame de Maintenon ne la garantiroient pas de ce
soupçon fabuleux, elle devroit l'être au moins par la considération de son bon sens et de sa prudence, qui ne pouvoient lui laisser ignorer quel étoit son véritable intérêt.

Ce qui montre quelles étoient la force d'esprit et la prudence de cette femme par rapport à la circonstance de sa
vie dont je parle ici, c'est que si on a trouvé dans les lettres
secrètes de son directeur des traces du rang qu'elle occupoit auprès de Louis XIV, on n'a pu trouver ni dans
ses propres lettres, ni dans ses écrits secrets, ni dans
aucune autre pièce sortie de ses mains, aucune marque de
cette alliance. Vivant dans une parfaite liberté au milieu
des dames de Saint-Cyr et des demoiselles qu'elle y élevoit,
elle pouvoit s'échapper quelquefois et avouer en confidence son secret ; cependant jamais elle ne l'a fait ; et ces
dames, dont plusieurs qui l'ont vue, vivent encore, rendent témoignage à son incompréhensible discrétion ; en
sorte qu'en toute sa vie on n'a jamais ouï dire qu'elle se fût

expliquée même à mots couverts sur cet événement [1]. Il falloit même que la modestie de madame de Maintenon eût prodigieusement imposé à ses nièces, aux dames de Saint-Cyr et à toutes les personnes qui l'approchoient, qui la servoient, qui lui faisoient leur cour, puisque les gens instruits n'osoient lui parler de cette alliance dont la flatterie auroit pu faire usage pour s'insinuer dans son esprit.

Au reste, si de cet événement on tire dans la suite des siècles un sujet de reproche à la mémoire de Louis XIV, au moins ne pourra-t-on pas disconvenir que, s'il fait une tache dans sa vie, il est d'un grand ornement dans celle de madame de Maintenon; car enfin si c'est un prodige de voir la veuve de Scarron devenir, à l'âge de cinquante ans, l'épouse de Louis le Grand, c'est un autre prodige non moins surprenant de voir que cette veuve n'y soit parvenue que par sa piété, qu'elle ait captivé le roi parce qu'elle étoit vertueuse, qu'elle ait fixé sans faiblesse le plus volage de tous les cœurs pendant plus de trente années consécutives; que dans tout cet espace de tems elle n'ait acquis ni terre, ni rente, ni bien, ni titre, pas même celui de duchesse; que parée de sa seule modestie, elle n'ait été occupée que de complaire au roi, de lui inspirer de la piété par la douceur de son esprit, et de ménager sa gloire, sa santé et sa vie en s'oubliant totalement elle-même. Une femme sans amour-propre, sans vanité et sans faiblesse est, à mes yeux, un prodige plus grand et plus rare dans l'histoire que celui d'une simple demoiselle qui monte sur le trône de France.

Elle fit bien connoître son vrai caractère à ce sujet par une lettre qu'elle écrivit environ vers ce tems à son directeur, l'abbé Gobelin; c'étoit au mois de juillet 1686. Madame de Maintenon s'aperçut qu'il lui écrivoit avec plus de cérémonie, de respect et peut-être plus de ménagements qu'autrefois. Madame de Maintenon ne fut pas contente de

---

[1] Voir la note de la page 189.

ces ménagements et de ces respects, et elle lui écrivit la lettre suivante; c'étoit dans le temps qu'elle étoit le plus occupée de l'établissement de Saint-Cyr. « Il est vrai, dit-elle, que j'ai peu de loisirs et que je ne passe guère de jour sans aller à Saint-Cyr au moins une fois. J'espère, s'il plait à Dieu, commencer la transmigration lundi prochain, et je vous crois averti pour bénir l'église le samedi ensuite. Après cela nous aurons un peu plus de tranquillité, et je vous verrai le plus souvent possible pour profiter de votre conduite et de vos instructions. Mais, en attendant que je reçoive les vôtres, permettez-moi de vous en donner, et croyez qu'elles ne seront pas moins sincères que celles que j'attends de vous. Je vous conjure donc de vous défaire d'un style que vous avez avec moi qui ne m'est point agréable, et qui peut m'être nuisible. Je ne suis point plus grande dame que j'étois à la rue des Tournelles, que vous me disiez fort bien mes vérités, et si la faveur où je suis met tout le monde à mes pieds, elle ne doit pas faire cet effet sur un homme chargé de ma conscience, et à qui je demande instamment de me conduire sans aucun égard dans le chemin qu'il croit le plus sûr pour mon salut. Où trouverai-je la vérité si je ne la trouve en vous? et à qui puis-je être soumise qu'à vous, ne voyant en tout ce qui m'approche que respect, adulation et complaisance? Parlez-moi, écrivez-moi sans détour, sans cérémonie, sans insinuation, et surtout, je vous prie, sans respect; ne craignez jamais de m'importuner; je veux faire mon salut, je vous en charge, et je reconnois que personne au monde n'a tant besoin d'aide que moi. Ne me parlez jamais des obligations que vous m'avez, et regardez-moi comme dépouillée de tout ce qui m'environne et comme voulant me donner à Dieu. Voilà mes véritables sentiments, etc. »

La médiocrité dans laquelle madame de Maintenon a voulu rester tout le tems de sa vie lui fit dire un jour agréablement ce mot que ses filles de Saint-Louis ne laissèrent pas échapper. Elle s'y faisoit lire, dans un tems de délassement, la vie du chevalier Bayard, et on vint à un endroit où on raconte qu'il avoit rempli son horoscope, lequel lui avoit annoncé « qu'il seroit élevé en considération et en estime auprès de son prince aussi haut qu'il seroit possible, mais qu'il seroit toujours dans la médiocrité. » Madame de Maintenon, à cet endroit, dit avec vivacité, devant celle qui faisoit cette lecture : « Il me ressemble. »

Les dames de Saint-Cyr qui m'ont communiqué les lettres originales de feu M. l'évêque de Chartres, d'où j'ai tiré ce que j'ai rapporté ci-dessus, m'ont assuré que M. l'évêque de Chartres d'aujourd'hui, neveu et successeur du défunt, avoit en main une autre lettre où l'énigme de l'alliance du roi avec cette dame étoit plus clairement développée, mais que ce prélat ne vouloit pas la leur communiquer ; peut-être que dans la suite des tems cette lettre sera connue, et alors elle servira à perfectionner ces Mémoires [1].

[1] C'est une lettre de Godet Desmarets à Louis XIV, ou plus exactement le brouillon d'une lettre sur laquelle le prélat avait sans doute consulté madame de Maintenon, et qui probablement ne fut point remise à son adresse. Elle fut léguée aux dames de Saint-Louis par M. de Merinville, neveu et successeur de Godet Desmarets. La date est sans doute de 1697 ou 1698, à l'époque de la paix de Ryswick. Elle renferme de longs conseils de piété, avec beaucoup d'éloges, et finit ainsi :

« Vous avez une excellente compagne, pleine de l'esprit de Dieu et de discernement, et dont la tendresse, la sensibilité, la fidélité sont sans égales. Il a plu à Dieu que je connusse le fond de son cœur. Je serai bien sa caution, Sire, qu'on ne peut vous aimer plus tendrement ni plus respectueusement qu'elle vous aime. Elle ne vous trompera jamais, si elle n'est elle-même trompée. Dans tout ce que j'ai eu l'honneur de traiter avec elle, je ne l'ai jamais vue prendre un mauvais parti. Elle est comme Votre Majesté : quand on lui expose bien le fait, elle choisit toujours immanquablement le côté de la sagesse et de la justice. Il paroit bien visiblement, Sire, que Dieu vous a voulu donner une aide semblable à vous, au milieu de cette troupe d'hommes intéressés et trompeurs qui vous font la cour, en vous accordant une femme qui ressemble à la femme forte de l'Écriture, occupée de la gloire et du salut de son époux, et de toute sorte de bonnes

Avant d'être dirigée par M. l'évêque de Chartres, elle avoit pris pendant quelque temps les conseils de M. de Fénelon, précepteur des enfants de France, et depuis archevêque de Cambrai, homme célèbre par sa vertu, encore plus que par son esprit et ses ouvrages. Comme il avoit apporté à la cour une grande réputation de piété, madame de Maintenon s'ouvrit à lui confidemment, même par lettres, et il lui faisoit des réponses qu'elle gardoit précieusement. On y voit que, de même que l'évêque de Chartres, il avoit compris que Dieu vouloit se servir de madame de Maintenon pour la sanctification du roi et pour procurer à ce prince des conseils salutaires pour lui et pour son royaume. Voici quelques extraits que j'ai recueillis de ces lettres, qui serviront encore à faire connoître le mérite du personnage que faisoit madame de Maintenon auprès du roi.

« Le zèle du salut du roi ne doit point vous faire aller au delà des bornes que la Providence semble avoir marquées. Il y a mille choses déplorables, mais il faut attendre le moment que Dieu seul connoît. Le vrai moyen d'attirer sa grâce sur le roi, sur l'État, n'est pas de crier et de fatiguer le roi, c'est de l'édifier et de mourir sans cesse à vous-même ; c'est d'avoir peu à peu le cœur de ce prince par une conduite ingénue, cordiale, patiente, libre néanmoins, et pour ainsi dire enfantine. Dans cette patience, vous faites très-bien sans avoir besoin d'y penser. Vous devez suivre le courant des affaires générales pour tempérer ce qui est excessif et redresser ce qui en a besoin. »

Et dans une autre : « Vous devez, sans vous rebuter jamais, profiter de tout ce que Dieu vous met au cœur, et

œuvres. Il me paroît, Sire, que Dieu est avec elle en tout ce qu'elle fait, et qu'elle l'aime préférablement à tout.

» Voilà le compte que j'ai à rendre à Votre Majesté de la précieuse brebis qui m'est confiée. Si je suis trop hardi ou trop ennuyeux, je supplie très-humblement Votre Majesté de le pardonner à mon zèle. »

de toutes les ouvertures qu'il vous donne dans celui du roi pour lui ouvrir les yeux et pour l'éclairer, mais sans empressement, comme je vous l'ai souvent représenté. »

Dans une autre : « Votre application à toucher le roi, à l'instruire, à lui ouvrir le cœur, à le garantir de certains piéges, à le soutenir quand il est ébranlé, à lui donner des vues de paix et de soulagement des peuples, de modération, d'équité, de défiance à l'égard des conseils durs et violents, enfin, d'amour pour l'Église et d'application à lui chercher de saints pasteurs, tout cela vous donnera bien de l'occupation; en un mot, vous êtes la sentinelle de Dieu au milieu d'Israël, pour protéger tout le bien et réprimer tout le mal, suivant les bornes de votre autorité. »

Telle a été, en effet, l'occupation de madame de Maintenon et le point de vue qu'elle s'est toujours proposé, et elle y a été fidèle toute sa vie, sur quoi je rapporterai ce qu'elle en raconte en confidence après la mort du roi à mademoiselle d'Aumale, et ce que cette demoiselle mit aussitôt par écrit pour n'en pas perdre un mot. Madame de Maintenon lui peignit en peu de paroles toute sa vie et son occupation. « Un jour, raconte cette amie fidèle de madame de Maintenon, je lui dis : « Madame, voilà un livre que je destine à écrire votre vie[1], parce qu'on voudra la faire un jour, et, comme on n'écrira pas selon la vérité, vous devriez l'écrire vous-même. » Madame de Maintenon répondit : « Ma vie est l'ouvrage de Dieu ; si j'ai fait quelque bien, c'est par lui ; j'aurois bien voulu le faire glorifier en faisant connoître tout ce qu'il a fait pour moi, mais on ne peut pas tout dire. Ma vie seroit très-ennuyeuse, et elle ne pourroit faire plaisir qu'à ceux qui aiment Dieu et qui veulent le louer, car elle n'est remplie que des effets de la Providence ; il n'y a ni intrigues, ni événements, ni intérêts. Quel plaisir trouveroit-on à lire que dans une faveur aussi

[1] Ce livre existe en manuscrit sous le titre de : *Mémoires pour servir à l'histoire de madame de Maintenon*, et je me propose de le publier.

grande je n'ai jamais songé à moi, que je n'y étois que pour les autres, que je ne pensois qu'à mettre tout dans la paix, que je donnois un conseil contre mon ami quand c'étoit la gloire de Dieu, que je faisois donner une grâce à mon ennemi parce que c'étoit le mieux. Tout cela n'est pas réjouissant pour ceux qui cherchent une agréable lecture. Ma vie a été un miracle de Dieu : quand je pense que je suis née impatiente, et que jamais le roi ne s'en est aperçu, quoique souvent je me sentisse à bout et prête à tout quitter ; que je suis née franche, et qu'il me falloit souvent dissimuler. Dans les commencements de ma faveur, je me fâchois quelquefois quand le roi ne m'accordoit pas ce que je lui demandois pour mes parents ou pour mes amis ; mais je rends grâce à Dieu de ce qu'après cela j'ai été vingt-six ans sans dire un mot qui marquât le moindre chagrin. Quelquefois j'étois outrée ; il n'y a que Dieu qui sache ce que j'ai souffert dans ce temps-là ; le roi entroit dans ma chambre, il n'y paroissoit pas, j'étois de bonne humeur, et je ne pensois qu'à l'amuser, qu'à le retirer des femmes, ce que je n'aurois pu faire s'il ne m'avoit trouvée complaisante et toujours égale. Je pensois que Dieu ne m'avoit pas mise où j'étois pour le faire souffrir, mais pour tâcher de le sanctifier. Voilà ce qui me fit prendre la résolution de ne point paroître fâchée quand il me refusoit quelque chose ; si je l'eusse paru un peu, il m'auroit tout accordé. Mais ce n'étoit pas là pourquoi Dieu m'avoit élevée. Voyez si tout cela est agréable à lire. Je n'écrirai point ma vie, car il ne faudroit rien taire des œuvres de Dieu, et, encore une fois, je ne peux pas tout dire. »

On verra par la suite de ces Mémoires que madame de Maintenon a été véritablement telle qu'elle s'est dépeinte en ce peu de paroles qui font pour ainsi dire l'abrégé de sa vie, et qui achèvent de faire connoître que si les liens d'amitié qui l'unissoient au roi n'ont eu pour objet que la sanctification de ce prince et de celle que Dieu avoit placée auprès de lui, il falloit que ces liens fussent saints eux-mêmes.

J'ai confondu un peu les années, car ces lettres de M. l'évêque de Chartres et de M. l'archevêque de Cambrai, que j'ai rapportées, sont postérieures au tems où le roi commença à marquer à madame de Maintenon une confiance particulière. M. l'évêque de Chartres ne fut sacré qu'en 1692, et il n'y avoit que peu d'années qu'il avoit remplacé auprès de madame de Maintenon l'abbé Gobelin, et M. l'archevêque de Cambrai fut appelé à la cour pour être précepteur des fils de France en 1687 ; mais il a fallu que je présentasse tout à la fois, et que je fisse voir sous un seul coup d'œil tout ce qui pouvoit éclaircir un événement aussi important. Je reprends l'enchaînement des faits [1].

J'ai raconté ci-devant comment madame de Montespan perdit son crédit, et comment, après l'avoir vu ébranlé par les complaisances de mademoiselle de Fontanges pour le roi, elle le vit s'évanouir peu à peu et par degrés, selon que le roi goûtoit les scrupules que lui suggéroit sa conscience, réveillée par les avis salutaires de madame de Maintenon. Je ne répéterai pas ce que j'ai dit de la manière dont ce prince commença à vivre avec la reine. Dès l'année 1681, cette princesse avouoit elle-même que le roi avoit pour elle des manières toutes différentes depuis que madame de Maintenon étoit en crédit, et qu'elle n'avoit qu'à se louer des bontés que le roi lui témoignoit. Cette union ne dura guère, comme on a vu, puisque ce fut au bout de deux ans que mourut la reine. Le roi témoigna la plus vive douleur à sa mort, et on lui entendit dire « qu'il perdoit en sa personne une femme admirable, et qui ne

---

[1] La fin de ce chapitre est assez décousue : l'auteur revient sur la mort de la reine ; puis il parle tout à coup de Louvois et de son crédit, de la maladie du roi en 1686, etc. La dernière page est fort importante : elle répond aux calomnies de Saint-Simon et de la princesse Palatine, que l'auteur n'a point connues, mais qui étaient celles d'une partie de la cour.

lui avoit donné d'autre chagrin que celui qu'il recevoit de sa mort. »

Ce fut en 1683, le 30 juillet, que mourut cette princesse. Le roi ne tarda pas à aller à Fontainebleau, comme je l'ai dit; et ce fut alors que le crédit de madame de Maintenon auprès du roi devint supérieur à tout autre crédit, même à celui de M. de Louvois, qui, entre les ministres, jouoit le plus grand rôle, car M. Colbert mourut à peu près dans ce même tems, c'est-à-dire la même année que la reine.

M. de Louvois n'aimoit pas madame de Maintenon, et elle ne l'ignoroit pas : il lui avoit rendu tous les mauvais offices qu'il avoit pu, et s'étoit ligué avec madame de Montespan pour la perdre dans l'esprit du roi; il y a sujet de croire que son intérêt y entroit pour quelque chose. Cependant madame de Maintenon ne songea point à se venger de lui, et le crédit de ce ministre subsista jusqu'à sa mort, qui arriva plusieurs années après, c'est-à-dire en 1692. Bien loin de lui nuire, elle travailla souvent à calmer l'esprit du roi, que l'humeur aigre, violente et même brutale de ce ministre irritoit quelquefois. Cependant, si l'on en croit l'abbé de Choisy, madame de Maintenon ne put tenir contre les cris de toute l'Europe, qui ne retentissoit que des violences exercées par les ordres de ce ministre, ou par lui inspirées au roi : il y a lieu de croire qu'il vouloit rendre la guerre inévitable ou éternelle, afin de se rendre nécessaire; madame de Maintenon se crut obligée enfin d'en rendre compte au roi. C'est ce que je rapporterai en son lieu.

En l'année 1686, le roi fut attaqué d'une fistule, et il se détermina à se faire faire une opération. Il étoit alors à Marly. L'opération fut faite d'abord avec quelque succès, mais au bout de quelques jours on s'aperçut qu'on n'avoit pas été assez avant, et il fallut recommencer. Il avoit gardé un grand secret sur cette opération, qu'il avoit résolu de souffrir, et la première se fit lorsque personne ne s'y attendoit[1]. « Le roi, dit l'abbé de Choisy, ne souffla pas pendant l'opération. Dès qu'elle fut faite, il l'envoya dire à Monseigneur qui étoit à la chasse, à madame la Dauphine dès qu'elle fut éveillée; à Monsieur, à Madame, qui étoient à Paris, et à M. le Prince, qui étoit à Fontainebleau, auprès de madame de Bourbon. Monseigneur quitta la chasse aussitôt et revint à Versailles à toutes brides et en pleurant. Il se jeta d'abord au pied du lit du roi, et n'eut pas la force de lui parler, mais le roi lui dit : « Tout va bien, mon fils, et s'il plaît à Dieu, je n'en aurai que le mal. » Madame de Maintenon étoit au chevet du lit de Sa Majesté. Madame de Montespan vint à la porte de la chambre et voulut entrer avec cet air impérieux qu'une longue domination lui avoit fait prendre; mais l'huissier avoit ses ordres; elle n'entra pas, et eut le chagrin cuisant de voir la place prise par une personne plus digne de l'occuper. Elle s'en retourna à son appartement et laissa échapper dans les antichambres plusieurs démonstrations d'une douleur immodérée, que les courtisans malicieux disoient venir de colère et de dépit. »

L'abbé de Choisy dépeint à merveille le caractère hautain, impérieux et emporté de madame de Montespan, et on voit en lisant ces traits combien ce caractère servoit à relever celui de madame de Maintenon, et à en faire sentir le calme et la douceur. Ce qui attachoit le roi à madame de Maintenon, c'étoit non-seulement cette douceur et ce calme, mais aussi la solidité de son jugement et la sagesse de ses pensées dans toutes les affaires dont il lui faisoit part. Un jour, faisant allusion à ce caractère, il lui disoit devant ses courtisans : « On donne aux rois le titre de

---

[1] Voir, sur ce sujet, le *Récit de la grande opération faite au roi Louis XIV*, par M. Leroy, conservateur de la bibliothèque de Versailles. — Voir aussi les lettres de madame de Maintenon à madame de Brinon, dans les *Lettres historiques et édifiantes*, t. I, p. 29, 38 et 39, etc.

Majesté, et celui de Sainteté au pape, celui d'Excellence aux ambassadeurs, il faudroit vous appeler Votre Solidité. » Depuis cette plaisanterie, à laquelle le courtisan applaudit sans doute, le roi lui disoit souvent : « Votre Solidité, Madame, approuve-t-elle cela? » ou bien : « Qu'en pense Votre Solidité? » Le roi avoit jugé sagement de son caractère, et il donnoit lui-même une bonne idée de la justesse de son esprit en démêlant si bien celui de madame de Maintenon. Une preuve de cette solidité qui étoit en elle, ce fut son attention à ne pas se mêler d'elle-même d'aucune affaire d'État, à n'en parler que quand le roi vouloit bien lui en faire part, à garder sur cela un secret impénétrable, à ne se mêler pareillement d'aucune affaire que de ses bonnes œuvres, et de celles où la religion et la piété pouvoient être blessées; enfin, à n'entrer dans aucune intrigue de cour. C'est bien faussement qu'un des historiens de Louis XIV, Larrey[1], avance « qu'elle assistoit à tous les conseils »; que cela offensa Monseigneur et les autres, qui déclarèrent qu'ils ne s'y trouveroient plus si cette dame y paroissoit, mais qu'il fallut céder à la volonté du roi ou s'exposer à une disgrâce inévitable. « De là, ajoute cet auteur, aussi mal instruit que passionné contre la mémoire de Louis XIV, de là ce divorce dans la famille royale, qui a brouillé le fils avec le père et le père avec les enfants. » Madame de Maintenon n'entra jamais dans aucun conseil, et, du caractère dont elle étoit, elle l'eût refusé si le roi en avoit eu le dessein. Celle qui s'étoit employée à réunir le roi avec la reine travailla toute sa vie à maintenir l'union dans la famille royale, et elle y réussit. Cette brouillerie prétendue du roi avec M. le Dauphin, et du Dauphin avec les princes ses enfants, est une fable qui peut être démentie par tous ceux qui vivoient alors, et dont plusieurs vivent encore. Madame de Maintenon n'est

---

[1] Protestant réfugié à Berlin, auteur d'une histoire de Louis XIV, en 3 vol. in-4º, publiée en 1718, et dédiée à la reine de Prusse.

jamais sortie du respect qu'elle devoit à ces princes, et ces princes lui ont toujours donné des marques de leur considération, et s'il y a eu quelquefois de la jalousie par rapport au crédit de cette dame, elle n'a jamais éclaté.

J'ai vécu quinze ans au milieu de cette cour, et tout paroissoit uni. C'étoit même madame de Maintenon qui, par sa prudence et sa modestie, étoit comme le centre commun qui les unissoit tous, et qui maintenoit la bonne intelligence entre eux et avec le roi.

LIVRE CINQUIÈME.

Usage que madame de Maintenon fait de sa faveur. — La communauté des demoiselles établie à Noisy est tranférée à Saint-Cyr. — Fondation de la maison de Saint-Louis de Saint-Cyr. — Les autres bonnes œuvres dont madame de Maintenon s'occupe à la cour.

La principale occupation de madame de Maintenon à la cour, ce furent ses bonnes œuvres, ses charités et principalement l'établissement qu'elle avoit commencé à Noisy pour l'éducation des filles de condition qui étoient dans la pauvreté. J'ai inséré ci-devant un extrait du mémoire qui m'a été fourni sur cet établissement ; je vais en joindre ici un second extrait par lequel on verra comment cet établissement fut transféré et fixé dans le village de Saint-Cyr, près Versailles [1].

« Madame de Maintenon ayant fait au roi la proposition de lui céder quelqu'une des maisons qu'il avoit achetées pour en agrandir son parc, il lui offrit le château de Noisy, qu'elle accepta. Aussitôt elle ordonna qu'on fît les réparations nécessaires et les ajustements convenables. Tout cela fut fait en quatre mois et coûta plus de dix mille écus au roi. Pendant que ces ouvrages se faisoient, madame de Maintenon continuoit ses visites et ses bienfaits à Ruel. Elle alloit aussi quelquefois à Noisy voir si tout avançoit, et dès qu'on eut disposé les choses de manière à y pouvoir habiter, elle y fit venir sa communauté de Ruel. Ce fut le

---

[1] Cet extrait n'est point conforme au texte des *Mémoires des dames de Saint-Cyr,* soit que Languet de Gergy l'ait abrégé ou arrangé, soit qu'il ait travaillé sur un manuscrit incomplet. Comme la différence ne consiste que dans des détails, je laisse le texte donné par Languet de Gergy.

lendemain de la Purification, en 1684, qu'on commença à déménager... La marche fut disposée de façon que le corps de saint Candide, qui avoit été donné à madame de Maintenon par le pape Innocent XI, et qu'elle avoit fait mettre dans la chapelle de Ruel, venoit le premier dans un carrosse accompagné de l'aumônier. Mesdames de Brinon et de Saint-Pierre, avec les deux religieuses dont j'ai parlé, suivoient dans un autre carrosse; ensuite venoient les principales pensionnaires dans ce qui restoit de carrosses, et elles étoient suivies de chariots chargés de lits et de meubles, avec le reste des pensionnaires. Les filles bleues vinrent les dernières et furent logées, avec leur maîtresse, dans un pavillon au pied du château, où elles observèrent les mêmes règles qu'à Ruel.

» Tout avoit été si bien préparé qu'on ne fut qu'un jour à se mettre en ordre. Madame de Maintenon venoit à Noisy presque tous les jours et s'occupoit avec madame de Brinon à voir l'état des classes et faire plusieurs règlements pour leur bien. Elle mangeoit au réfectoire où étoient toutes les pensionnaires, les religieuses et les autres personnes qui tenoient lieu de maîtresses. Pendant son dîner on la voyoit occupée à en distribuer la meilleure partie aux infirmes et aux convalescentes. Elle en emmenoit assez souvent avec elle à Versailles, et les tenoit quelque tems chez elle pour achever de les guérir, tant par de bons traitements que par l'habileté des médecins de la cour à qui elle les faisoit voir. Elle avoit presque toujours quelques-unes de ces valétudinaires qui se relevoient les unes après les autres.

» Elle étoit si remplie du contentement qu'elle recevoit de la bonne éducation de ces pensionnaires qu'elle en faisoit souvent le récit au roi, et quoiqu'elle n'eût, à ce qu'elle nous a dit, d'autre dessein que de témoigner la satisfaction qu'elle en recevoit et de louer madame de Brinon, Dieu permit que ces conversations fissent assez d'impression sur le cœur de Sa Majesté pour lui inspirer le désir d'augmenter le nombre des pensionnaires afin d'avoir part à cette bonne œuvre. Il convint avec elle de mettre à Noisy cent jeunes filles nobles, à qui il payeroit pension, et régla pour cela un fonds pris sur les fiefs et sur les aumônes. Sa dévotion, aidée de celle de madame de Maintenon, le porta à jeter les yeux sur la noblesse plutôt que sur d'autres, parce que ces personnes-là sont plus à plaindre quand elles se trouvent sans bien et sans fortune, et aussi à cause que, par leur naissance, elles peuvent faire valoir et mettre à profit la bonne éducation qu'elles ont reçue, non-seulement pour elles-mêmes, mais encore pour bien d'autres sur qui elles peuvent avoir autorité dans la suite de leur vie ou à qui leur bon exemple peut servir.

» Le roi s'en tenoit à ce que je viens de dire et ne pensoit point à faire rien de stable; cependant le bruit ne laissa pas de se répandre de ce commencement de bonne volonté, et le nombre des cent demoiselles ne tarda guère à être rempli. On venoit de tous côtés présenter des filles à madame de Maintenon, car on savoit bien que c'étoit à elle qu'il falloit s'adresser pour obtenir cette grâce. Cette augmentation de pensionnaires l'attacha encore davantage à la conduite de cette maison. Elle avoit un zèle admirable pour l'éducation de ces demoiselles et une bonté qui surpasse tout ce qu'on en pourroit dire; et ne se bornant pas à la seule instruction sur la religion, qui étoit pourtant le point important sur lequel elle insistoit le plus, elle vouloit aussi qu'on leur formât l'esprit et le cœur à tous les devoirs de la vie civile et qu'on s'appliquât à les rendre raisonnables, sages, dociles, aimables dans la société, et tout ce qui peut contribuer à se faire estimer.

» Elle partagea les demoiselles en quatre classes, comme elles sont aujourd'hui, et pour les distinguer entre elles elle leur donna un ruban de couleur différente. La première classe eut le ruban bleu, la seconde le jaune, la troisième le vert et la quatrième le rouge. D'abord elle avoit donné le ruban rouge à la première classe, qui est composée des plus grandes demoiselles et des plus âgées; mais le roi étant venu à Noisy, trouva que le ruban bleu convenoit mieux aux plus grandes et le rouge aux plus petites, ce qui fut exécuté.

» On mit toutes celles d'un même âge ensemble et en quatre chambres séparées qu'on avoit disposées à cette intention, et dès lors ces chambres et les filles s'appelèrent classes bleues ou jaunes, ou vertes ou rouges, selon le ruban que ces demoiselles portoient.

» Madame de Maintenon jugea aussi qu'il étoit convenable de leur donner un habit uniforme qui fût simple et modeste, qui ne laissât pourtant pas d'avoir quelque chose de noble. Entre les étoffes qu'elle pouvoit choisir, elle s'arrêta à l'étamine brune du Mans, qui étoit plus d'usage dans ce tems-là qu'elle ne l'est à présent, mais qui n'a rien d'extraordinaire. Cet habit consiste en un manteau et une jupe, un corps de baleine et le reste à l'avenant. La coiffure est un bonnet de toile blanche avec une dentelle ou mousseline médiocrement fine. Elles ont un ruban sur la tête, montrent leurs cheveux et se coiffent à peu près selon l'usage du tems, mais toujours plus simplement et modestement. Elles ont une dentelle autour du col ou un bord de mousseline attaché au manteau, des manchettes de même espèce; leur ceinture est aussi de la couleur de la classe. Tout cela, quand il est mis proprement, fait un habit qui ne laisse pas d'avoir un air de décence.

» Ces demoiselles s'occupoient dans les classes aux exercices que l'on apprend ordinairement aux jeunes personnes : les grandes brodoient, faisoient de la tapisserie, de la dentelle, etc., madame de Maintenon voulant qu'elles sussent de tout.

» Les choses étoient en l'état que je viens de dire, lorsque les dames de la cour s'aperçurent de l'attachement que madame de Maintenon avoit pour Noisy, et lui témoignèrent, croyant lui plaire et au roi, avoir grande envie de voir cette maison. Elle en fit d'abord difficulté, soit par sagesse, soit parce qu'elle ne vouloit pas qu'on s'accoutumât dans cette maison à voir le monde, ni que le monde prît l'habitude de la visiter, car elle a toujours été persuadée que cette fréquentation n'est qu'une occasion de distraction qui détourne des occupations nécessaires et qui ne produit pour l'ordinaire aucune utilité. Cependant à force d'être importunée, elle l'accorda à quelques-unes, puis à d'autres, et ces dames au retour, soit qu'elles eussent goûté ce qu'elles avaient vu, soit qu'elles voulussent faire leur cour, faisoient de grands éloges devant le roi du bon ordre qui régnoit dans cette maison, de la modestie des demoiselles, des belles instructions qu'on leur donnoit, et disoient que cela ne pouvoit que produire un grand bien dans le royaume. Le roi prenoit plaisir à ces discours, et ils firent une telle impression sur son esprit, que, prévenu encore par le récit que lui faisoit de son côté madame de Maintenon, il voulut voir par lui-même ce qui en étoit. Il y vint un jour au retour d'une chasse, lorsqu'on ne s'y attendoit pas et que madame de Maintenon étoit absente. Madame de Brinon, quoique non prévenue, le reçut autant bien qu'elle le pouvoit, et ne parut pas plus embarrassée que si elle eût été accoutumée à le voir et à lui parler, ce qui plut fort au roi. Elle le mena aux classes, où il vit les exercices qu'on y faisoit; ensuite on fit descendre les demoiselles dans la chapelle, et on le conduisit dans une tribune qui y dominoit. On y chanta un psaume et quelques prières pour lui. Il admira particulièrement la modestie des demoiselles qui n'osèrent jamais tourner la tête de son côté, nonobstant la curiosité si naturelle à leur âge et presque excusable en une telle rencontre.

» Il fut très-content de sa visite et de tout ce qu'il avoit vu; il en parloit souvent et se sentit inspiré de faire quelque chose de plus solide. Madame de Maintenon le voyant occupé de cette pensée, profita du tems favorable pour l'y exciter de plus en plus. Pour achever de l'y déterminer, elle lui représenta le pitoyable état où étoient réduites la plupart des familles nobles par les dépenses que les chefs avoient été obligés de faire à son service, le besoin que leurs enfants avoient d'être soutenus pour ne pas tomber tout à fait dans l'abaissement; que ce seroit une œuvre digne de sa piété de faire un établissement stable qui fût l'asile des pauvres demoiselles de son royaume et où elles fussent élevées dans la piété chrétienne et dans tous les devoirs des filles de leur condition. Elle ajouta à ces motifs toutes les vues de gloire et de grandeur qui pouvoient émouvoir un grand prince comme lui. Elle fut bien secondée en ce dessein par le père de la Chaise, jésuite, confesseur du roi; il avoit été quelque tems auparavant à Noisy et avoit compris qu'un établissement comme celui-là seroit infiniment utile à la noblesse. C'est de quoi il rendit témoignage au roi et lui fit entendre avec madame de Maintenon que les filles ayant moins de ressources que les garçons, elles étoient aussi plus à plaindre par les raisons que j'ai déjà dites, et méritoient d'être secourues par préférence. Comme madame de Maintenon étoit elle-même d'une famille noble et qu'elle avoit expérimenté dans sa jeunesse les disgrâces de la fortune, ce lui étoit un souvenir qui excitoit sa compassion envers ceux de cette condition qui en étoient mal traités, et elle en étoit si pénétrée, que souvent après s'être épuisée à leur donner des secours, elle suppléoit en quelque façon par les larmes de compassion qu'elle répandoit sur leurs malheurs, à ce qu'elle ne pouvoit donner dans le moment.

» Le roi qui se portoit volontiers aux grandes entreprises, surtout à celles qui regardoient la religion et la piété, forma dès l'heure même le dessein de fonder une maison plus nombreuse que celle de Noisy, et après y avoir encore pensé, il se fixa à deux cent cinquante demoiselles qui seroient gratuitement reçues, élevées, nourries et entretenues de toutes choses jusqu'à vingt ans, aux dépens de la fondation et sans qu'il en coûtât un sol à leurs parents. On les devoit prendre depuis sept ans jusqu'à douze ans.

» Pour remplir ce projet il se proposa d'assigner un bon revenu dont un des principaux seroit la manse abbatiale de Saint-Denis, qui étoit vacante depuis longtems et qu'il semble que Dieu réservoit pour une si sainte œuvre, n'ayant pas permis qu'elle eût été remplie depuis la mort du cardinal de Retz, dernier abbé commendataire. Sa Majesté donna des ordres pour faire un projet de dépense, afin de voir à peu près combien il faudroit pour faire subsister une si nombreuse maison; car outre les deux cent cinquante demoiselles, il falloit une communauté pour les gouverner et des sœurs converses pour les servir, sans compter les servantes et autres domestiques. Le nombre des personnes qui devoient composer la communauté fut fixé à trente-six et celui des sœurs converses à vingt-quatre. Madame de Maintenon croyoit que ce nombre suffiroit pour gouverner et servir la maison ; mais l'expérience a fait voir depuis qu'on ne pouvoit se dispenser d'augmenter la communauté. C'est elle-même qui a fait cette augmentation qui va jusqu'à quatre-vingts.

» Pour revenir à la fondation, ce fut le jour de l'Assomption de la sainte Vierge, en 1684, que le roi prit sa dernière résolution de la faire. Il chargea M. de Louvois de faire le projet de dépense, et pensa, de son côté, à choisir un lieu convenable à faire cet établissement. Il pensa d'abord à placer cet établissement à Versailles même, mais madame de Maintenon s'y opposa : elle le supplia de considérer que cela pourroit être préjudiciable au bien qu'on se proposoit, parce qu'une si grande proximité de la cour et l'affluence de monde qui y vient, tant pour le service du roi que pour les affaires, pourroit causer de la dissipation à cette maison et qu'il seroit difficile de l'empêcher. Sur ces réflexions le roi ordonna à M. de Louvois et à M. Mansard d'aller aux environs chercher quelque lieu commode pour y placer le bâtiment qu'il projetoit. Ils n'en trouvèrent pas de plus propre au dessein qu'on avoit que celui de Saint-Cyr. Ils remarquèrent spécialement la facilité d'y avoir de l'eau, car c'étoit ce qui manquoit à Noisy, et c'est ce qui empêcha qu'on y plaçât l'établissement nouveau. Ces messieurs ayant rendu compte au roi de leur commission, il s'arrêta à leur sentiment et le fixa au village de Saint-Cyr, où est une abbaye de filles qui en porte le nom. D'abord le roi pensa à prendre l'abbaye même en donnant à l'abbesse et aux religieuses un autre lieu proche Paris; mais ces dames firent naître tant de difficultés, qu'on les laissa, et on s'attacha à un autre fief de la même paroisse, qui appartenoit à M. de Saint-Brisson. Celui-ci, à la première proposition qu'on lui fit de vendre son fief au roi, y consentit volontiers. Le contrat en fut passé en forme d'échange entre M. le maréchal de la Feuillade, au nom du roi, et M. de Saint-Brisson. Pendant ce tems-là, M. Mansard, architecte du roi, travailla à faire un plan de la maison et à supputer à combien reviendroient les bâtiments qu'on projetoit. Le roi ayant vu et approuvé ce plan, donna l'ordre de l'exécuter. Pour cela, on choisit les plus habiles entrepreneurs, tant pour la maçonnerie que pour la charpente, la menuiserie et autres ouvrages. Les ouvriers furent mis en œuvre le premier jour de mars de l'année 1685; et, outre ceux qui étoient ordinairement employés par le roi, il en vint encore de la plupart des provinces. Le roi donna aussi de ses troupes qu'on fit camper à Versailles et à Bouviers, lieux proches de Saint-Cyr. On mit les soldats en besogne et on établit plusieurs de leurs officiers dans tous les ateliers afin de les contenir et de les faire obéir aux entrepreneurs. Cela produisit l'effet qu'on en attendoit, car pendant tout le tems du travail, il n'arriva pas le moindre désordre, quoiqu'il y eût jusqu'à neuf cents maçons travaillant de la truelle, plus de quatre cents tailleurs de pierres, autant de charpentiers et de même à proportion des autres ouvriers, de sorte qu'ils étoient à peu près au nombre de deux mille cinq cents. Le roi, qui pensoit à tout, et qui étoit rempli de bonté pour ses sujets, ordonna qu'on eût grand soin des ouvriers qui tomberoient malades ou qui malheureusement se blesseroient. Il fit établir un prêtre pour leur dire la messe tous les jours et pour les secourir dans leurs besoins spirituels, conjointement avec le curé de la paroisse.

» Tous ces ordres étant donnés, on commença par abattre la maison de M. de Saint-Brisson et on jeta les fondements de la nôtre. Alors le roi s'occupa à régler tout à fait les revenus de la fondation. Il dota la maison de cent cinquante mille livres de rente, comptant l'abbaye sur le pied de cent mille livres, et il assigna cinquante mille livres aussi de rente à prendre sur le trésor royal en attendant qu'il eût trouvé des fonds de terre jusqu'à la concurrence de la somme qui devoit produire ces cinquante mille livres. Si toutes choses fussent demeurées à aussi bon prix qu'elles étoient alors, ce revenu auroit été peut-être suffisant, car tout étoit alors bien meilleur marché qu'aujourd'hui. Mais depuis ce tems-là, ce qui est nécessaire à l'entretien et au commerce de la vie a beaucoup augmenté, outre que nous avons eu plus des charges qu'on n'avoit pas prévues tant en décimes, dons gratuits, frais extraordinaires, entretien des biens, que pour appointements d'officiers et autres personnes préposées à l'administration de nos affaires; de sorte que quelque magnifique que fût alors la fondation, elle n'auroit pu suffire, si le roi, après en avoir été bien informé, n'y eût ajouté trente mille livres de rente, ce qu'il ne fit que dans la suite du tems ; mais pour lors il se contenta de cent cinquante mille livres, et il y ajouta seulement la ferme de Saint-Cyr et ses dépendances, valant mille six cents livres. Il fit expédier des lettres patentes de ces donations qui furent enregistrées au parlement de Paris. Ensuite connaissant combien il étoit important que madame de Maintenon fût autorisée au gouvernement de cette maison pour la conduire à sa perfection, il lui fit expédier un brevet par lequel il lui donna un plein pouvoir et les priviléges des fondateurs.

» Pendant que toutes ces choses se faisoient, on disposoit à Noisy plusieurs filles d'entre les grandes demoiselles qui avoient témoigné le plus de désir d'être de celles qui seroient choisies pour composer la communauté. On y joignit quelques filles du dehors, et on les mit dans une chambre séparée des demoiselles pour faire leur noviciat. Ce fut au mois d'octobre qu'elles y entrèrent au nombre de douze et furent mises sous la conduite de M. l'abbé Gobelin, supérieur de la maison, et de madame de Brinon, qui leur tint lieu de maîtresse des novices, et qui les exerça pendant environ un an dans toutes les pratiques de piété convenables à l'état qu'elles devoient embrasser. M. l'abbé Gobelin leur faisoit des conférences sur des matières de la vie spirituelle, et madame de Maintenon, qui venoit souvent à Noisy, n'oublioit rien pour les disposer à ses desseins. Elle alloit aussi fréquemment à Saint-Cyr voir l'état des bâtiments, ce qui contribuoit à les faire avancer. Durant le noviciat, madame de Brinon, par l'ordre de madame de Maintenon, fit des *constitutions* qu'elle composa partie sur les règles des ursulines, et partie sur ce qu'elle savoit des intentions du roi et de madame de Maintenon. Ils ne vouloient point faire des religieuses, mais seulement une communauté de filles pieuses, capables d'élever dans la crainte de Dieu et dans les bienséances de la vie séculière, le nombre des demoiselles prescrit par la fondation, à quoi elles s'engageroient par des vœux simples de pauvreté, de chasteté et d'obéissance, et par un quatrième d'élever et d'instruire les demoiselles. Le roi vouloit aussi qu'il n'y eût rien qui sentît le couvent, ni par les pratiques extérieures, ni par l'habit. Madame de Maintenon pensoit de même, parce qu'elle croyoit alors que cela étoit plus convenable à un institut qui étoit fait principalement pour des demoiselles auxquelles il ne falloit pas donner des manières de religieuses. Mais nous verrons qu'elle reconnut dans la suite qu'il n'y avoit rien en cela d'incompatible avec l'éducation des demoiselles, et qu'il est aisé de leur en donner une bonne sans qu'elle ait rapport à celle qui convient à des religieuses. Madame de Brinon fit les constitutions sur le pied des vœux simples et des vues qu'on avoit en ce tems-là, et ne laissa pourtant pas d'y insérer des maximes et des règles propres à conduire à la perfection et à la vie intérieure; car madame de Maintenon n'a jamais voulu une médiocre vertu des dames de Saint-Louis en quelque tems que ç'ait été, persuadée qu'elles ne pourroient soutenir le travail des classes et des autres emplois de la maison sans avoir une piété très-solide. Le roi, à qui madame de Maintenon avoit dit que madame de Brinon faisoit des constitutions, voulut les voir; et cette dame alla pour cela plusieurs fois à Versailles, où Sa Majesté lui donna de longues audiences, lui faisant lire son ouvrage d'un bout à l'autre, lui disant son sentiment sur ce qu'il approuvoit ou n'approuvoit pas. Il voulut que nous eussions un habit particulier qui fût grave et modeste, mais qui n'eût rien de monacal; que nous ne nous appellassions ni ma sœur ni ma mère, mais *madame* avec le nom de famille; que nous eussions chacune une croix d'or pendante sur l'estomac, parsemée de fleurs de lys gravées, avec un Christ d'un côté et un saint Louis de l'autre aussi gravés; que les sœurs converses eussent des croix d'argent gravées de la même manière; que nous eussions des écuelles, des gobelets, des cuillers et des fourchettes d'argent au réfectoire, et qu'avec beaucoup de régularité notre vie fût aisée et commode. Madame de Maintenon s'occupa à faire faire un habit tel qu'elle l'avoit imaginé de concert avec le roi. Quand il fut prêt, elle en fit revêtir une de ses femmes : elle parut ainsi habillée devant Sa Majesté qui trouva l'habit à son gré. En ce même tems la maison de Saint-Cyr s'achevoit, et quoiqu'elle soit si grande et si spacieuse, on ne sera pas surpris qu'elle fût prête en peu de tems, quand on fera réflexion qu'il y avoit deux mille cinq cents ouvriers qui travailloient sans discontinuation, de sorte qu'ils la mirent tout à fait en état d'être meublée le 15 du mois de mai 1686, que le maître d'hôtel de madame de Maintenon commença à y faire transporter les effets nécessaires qui étoient à Noisy. »

J'abrégerai ce qui suit dans les mémoires que j'ai copiés ; mais auparavant je crois devoir transcrire un petit bordereau que le roi avoit écrit de sa main, et que l'on conserve précieusement à Saint-Louis de Saint-Cyr [1], dans lequel ce prince s'étoit fait à lui-même un état de tout ce qu'il jugeoit nécessaire pour rendre l'établissement solide et pour pourvoir à tous ses besoins, afin que rien de ce détail ne lui échappât et qu'il songeât à pourvoir à tout.

« ÉTABLISSEMENT DE SAINT-CYR.

» Les patentes bien dressées. — Biens à donner pour la fondation. — Ornements à faire pour l'église. — Meubles de toutes sortes. — Choix d'un homme d'affaires. — Choix d'un conseiller d'État pour assister aux comptes. — Provisions par avance pour qu'on n'en manque pas au 1er juillet, jour que les demoiselles entreront à Saint-Cyr. — Proposition de donner plus de revenu qu'il n'en faut pour l'entretien de la maison, à condition de marier des demoiselles du revenant bon, une somme honnête mise à part

[1] Il se trouve aujourd'hui aux archives de la préfecture de Versailles.

pour les besoins que l'on pourroit avoir. — Règlements à faire. — Constitutions bien examinées. — Bons sujets à choisir. — Voir à peu près où la dépense ira. — Précautions à prendre contre le désordre, tant dans les mœurs que dans l'administration des biens. — Défendre tous présents. — Défendre qu'on n'acquière plus de biens. — Défendre de bâtir pour agrandir la maison. — Spécifier l'âge et le temps que les filles seront reçues et demeureront dans la maison. »

Ce mémoire méritoit d'être conservé pour faire connoître de quelle attention étoit capable ce prince, que des occupations plus importantes n'empêchèrent pas d'entrer dans de tels détails. Rien de plus sage que les points qu'il choisissoit pour y réfléchir et en délibérer. Mais il étendoit encore plus loin ses vues et ses désirs sur cette maison : il vouloit que la piété y fût entière, parfaite et solide, et il avoit sur cela des vues dignes d'un supérieur d'ordre religieux versé dans les devoirs de la vie spirituelle. C'est ce qu'on a observé dans les discours qu'il tenoit aux dames de Saint-Louis, lorsqu'il venoit de tems en tems les visiter et remarquer les progrès de leur établissement. Ces dames prirent soin souvent de recueillir aussitôt ses paroles et de les coucher par écrit.

Voici quelque chose de ce que j'en trouve dans un recueil qui m'a été communiqué : « Le roi nous ayant fait l'honneur de venir à Noisy au commencement de l'année 1686, lorsque l'on achevoit le bâtiment de Saint-Cyr, dit à madame de Brinon, en présence de toute la communauté qu'elle formoit : « Je ne doute point, madame, que vous
» n'apportiez beaucoup d'attention à bien examiner la
» vocation des sujets dont vous composerez votre nouvel
» établissement. Il est tout pour la gloire de Dieu et le
» salut des âmes ; il faut s'y consacrer par des motifs très-
» purs et désintéressés. Je suis persuadé que vous leur
» inspirerez le véritable esprit de l'institut qu'elles veulent

» embrasser, et surtout un grand zèle pour le salut des
» âmes, une vraie piété et une parfaite régularité. »

On trouvera dans les suites quelques autres conversations du roi avec la communauté, et je les insérerai selon l'occasion; on y remarquera le même esprit de discernement et de piété. Je reviens à la suite de ma narration sur l'établissement nouveau.

Madame de Maintenon, comme nous l'avons dit, avoit choisi douze demoiselles entre celles qui avoient été élevées dans la maison de Noisy pour en faire les premières maîtresses du nouvel institut. Leur année d'épreuves étant finie, on invita l'évêque diocésain à venir les examiner; c'étoit M. Ferdinand de Neuville, frère du maréchal de Villeroy. Ce prélat ayant examiné les constitutions projetées, et son grand âge ne lui permettant pas de venir lui-même, envoya son grand vicaire, lequel remit à madame de Brinon les lettres de supérieure que le prélat avoit fait expédier. Il la nomma pour supérieure perpétuelle, en dérogeant en ce point aux constitutions qui régloient à trois ans la durée de la supériorité; mais les soins qu'avoit pris madame de Brinon jusque-là méritoient bien cette distinction, et elle ne tiroit pas à conséquence. Le roi et madame de Maintenon avoient même désiré que cela fût ainsi. Le grand vicaire engagea ladite dame de Brinon de renouveler ses vœux et de s'engager au quatrième, qui fait le caractère propre des dames de cette maison, en ce qu'il les oblige à travailler toute leur vie à l'éducation des filles qui y sont ou seront élevées.

L'examen des douze novices ayant été fait par le grand vicaire, on les revêtit de l'habit particulier qui avoit été réglé par le roi, mais ce fut sans cérémonie. La profession des quatre premières novices se fit peu de jours après; ce fut le 2 juillet 1686; elles prononcèrent leurs vœux devant le saint-sacrement, puis elles furent recevoir des mains de madame de Maintenon et de madame de Brinon le manteau d'église, le voile et la croix d'or qu'elles portent toujours. Cela se fit sans appareil extérieur et sans autres assistants que les personnes de la maison. Ces quatre premières professes reçurent de M. l'évêque de Chartres le pouvoir de recevoir les autres par scrutin à la profession. Le scrutin se fit; madame de Maintenon y donna sa voix, car elle a eu dès ce temps-là, et dans la suite, l'usage et le droit de donner son suffrage dans toutes les occasions, et M. l'évêque de Chartres l'avoit ordonné ainsi. Les huit novices furent reçues unanimement, et la communauté se trouva formée. Tout cela se passoit à Noisy, car on y resta jusqu'au 1er août 1686. Dès lors le roi avoit fixé à quatre degrés la noblesse des filles qui seroient reçues dans la maison soit pour y être élevées, soit pour y être admises au nombre des dames, et il voulut que les preuves en fussent faites avec exactitude; il n'exigea pas la preuve de la noblesse du côté maternel, considérant que c'est la noblesse la plus pauvre qui ordinairement se mésallie pour se soutenir, et que l'institution regardoit spécialement la noblesse qui seroit le plus dans le besoin.

Le déménagement de Noisy, pour passer à la nouvelle maison de Saint-Louis, commença dès le 26 juillet. Cette maison immense étoit entièrement achevée. Je trouve dans mes mémoires que sa dépense revint à quatorze cent mille livres; mais pour garnir l'église et la maison de meubles, d'ustensiles de cuisine, de linge, d'habits et de provisions, cela alla encore, comme il a été dit, à cinquante mille écus. Tout cependant étoit simple et modeste, mais on reconnoissoit la magnificence royale dans l'abondance de toutes choses utiles et commodes. Madame de Maintenon s'appliqua elle-même à arranger et à faire arranger sous ses yeux tout ce qui étoit susceptible d'arrangement et de propreté : la lingerie, la roberie, l'apothicairerie, et même les offices et les batteries de cuisine, car elle avoit un goût admirable pour la propreté et pour le bel ordre de toutes choses. Elle venoit dès le matin de Versailles pour veiller à cet arrangement, et y passoit les journées entières, tandis que le monde la croyoit occupée des affaires de l'État et des intrigues de la cour.

Quand tout fut préparé et dans le bel ordre où l'on voit encore toutes choses dans cette maison, l'on fit partir les classes des demoiselles les unes après les autres, conduites dans des carrosses et accompagnées de leurs maîtresses. Tout fut placé et rangé pour le premier jour d'août. Chacune des sœurs trouva en arrivant sa chambre, chaque officière son office garni de tout ce qui pouvoit être utile, et de même les demoiselles dans les salles, les ouvroirs et les chambres qui leur étoient destinées. Mais toutes furent saisies d'étonnement et d'admiration quand elles se virent transportées tout d'un coup de la petite maison de Noisy, où elles étoient fort à l'étroit, dans une maison si vaste, si bien distribuée, si commode, si bien nippée de toutes choses, accompagnée de cours spacieuses, de jardins gracieux, de décharges commodes, en sorte qu'elles se croyoient transportées comme dans un paradis terrestre, et elles bénirent les mains libérales et industrieuses qui avoient pris tant de peine à leur procurer un aussi agréable séjour.

Quand toutes les dames et les demoiselles furent arrivées, le grand vicaire de M. l'évêque de Chartres fit la bénédiction solennelle de l'église et de la maison. Elle fut dédiée sous l'invocation de la sainte Vierge et de saint Louis, et, après que cette cérémonie fut achevée, il introduisit solennellement les dames dans la clôture, et leur enjoignit de la garder avec exactitude; à quoi elles s'étoient déjà soumises avec joie.

Tel fut le commencement de l'établissement de la maison de Saint-Louis à Saint-Cyr. Voilà ce que le roi fit pour mériter le titre de fondateur, et ce que fit madame de Maintenon pour mériter celui d'institutrice; nous verrons dans la suite ce qu'elle fit de plus pour mettre cette maison dans l'ordre admirable qui s'y observe, et pour y inspirer et y maintenir la paix solide qui y règne. Cependant, reprenons le fil de son histoire, et voyons quelles furent ses autres occupations dans le tems de sa plus grande faveur.

Le monde, qui ne la connoissoit pas, jugeant d'elle par les sentiments qui règnent ordinairement dans les cœurs des hommes, s'imaginoit que, profitant de la confiance du roi, elle se mêloit de tout à la cour, gouvernoit tout, et décidoit dans le secret de toutes les résolutions que le roi prenoit. Ainsi que nous l'avons déjà dit, l'historien Larrey avance hardiment « qu'elle entroit dans tous les conseils ». C'est mal connoître et le roi et madame de Maintenon. Si elle eût eu cette ambition, le roi, jaloux comme il l'étoit de son autorité, et même de sa suffisance dans le gouvernement, eût été bientôt las d'elle et de son ambition. Elle lui avoit plu par sa modération, sa retenue et sa modestie; elle conserva toute sa vie sa confiance par le même caractère, et je ne connois aucune occasion où elle s'en soit écartée. Je vois même par les lettres de confiance qu'elle écrivoit à ses amis et amies, et dont un grand nombre m'a passé par les mains, l'attention qu'elle avoit d'éviter de se mêler de tout ce qui avoit trait aux affaires d'État. Elle entroit volontiers dans ce qui pouvoit faire plaisir aux princes et princesses qui s'adressoient à elle avec confiance; mais quand cela pouvoit intéresser les affaires publiques, elle s'arrêtoit aussitôt et mandoit confidemment : « Cela me passe; ce sont des affaires d'État; cela regarde les ministres; il ne m'appartient pas de m'en mêler; cela n'est pas de mon état », et autres expressions pareilles qu'elle employoit pour s'excuser, non pas seulement auprès des personnes intéressées qui pouvoient prendre cela pour une honnête défaite, mais auprès de ses intimes à qui elle écrivoit plus confidemment, en leur développant tout naïvement les principes sur lesquels elle régloit sa conduite dans les affaires dont elle pouvoit se mêler.

Il est bien vrai que le roi, qui éprouvoit journellement la solidité de son jugement, lui faisoit part souvent de ses desseins, de ses résolutions, des grâces qu'il distribuoit. Madame de Maintenon, dans ces confidences journalières, s'attachoit spécialement et presque uniquement à ce qui concernoit le bien de la religion, la gloire de Dieu, le salut et le soulagement des peuples et les bonnes œuvres qu'elle protégeoit. Son goût pour ces œuvres étoit ce qui dominoit dans sa conduite; elle partageoit son tems entre les soins qu'elle donnoit au délassement du roi et ceux qu'elle employoit à mille exercices de charité, car dans les commencements, la maison de Saint-Cyr ne l'épuisoit pas tout entière, et on auroit peine à croire toutes les autres bonnes œuvres dont elle s'occupoit au milieu des embarras ou des amusements de la cour, si elles n'avoient été écrites par des témoins oculaires. Elle avoit toujours avec elle une des demoiselles de Saint-Cyr, qu'elle choisissoit entre les plus vertueuses et les plus raisonnables de cette maison; elle en faisoit sa compagne et la confidente de ses charités, et la menoit toujours avec elle dans ses pieux exercices. Or elle le faisoit non-seulement pour avoir un secours et une aide dans ces fonctions pieuses, mais encore pour dresser ces jeunes personnes aux bonnes œuvres et leur en inspirer le goût. C'est par elles que l'on a su mille circonstances édifiantes de la conduite de madame de Maintenon, et elles les ont laissées par écrit.

Quelque part qu'elle fût avec le roi dans ses voyages, son premier soin étoit de prendre connoissance de ce qui concernoit les pauvres du lieu, de les assister, de leur procurer de la part du roi des secours abondants; mais comme son séjour ordinaire fut à Versailles et à Fontainebleau, ce fut dans ces deux endroits qu'elle exerça plus souvent et plus continuellement sa charité. Elle ne se bornoit pas à donner libéralement, elle vouloit elle-même visiter les pauvres, et elle le faisoit souvent ; elle examinoit de quoi ils avoient besoin, faisoit la revue de leur linge et de leurs meubles, entroit dans tout le détail de leur ménage, et, dans une autre visite, elle leur apportoit ce qu'elle avoit marqué qui leur manquoit. Souvent elle faisoit ces visites à la dérobée pour n'être pas connue des pauvres qu'elle visitoit. Elle avoit dans Versailles un certain nombre de familles nobles et pauvres que l'espérance d'obtenir des secours dans leurs besoins y avoit attirées faute d'autre ressource ; elle s'attachoit à les visiter ; elle les consoloit dans leurs afflictions ; elle les soulageoit dans leurs maladies ; elle instruisoit elle-même leurs enfants chaque fois qu'elle les visitoit, et elle faisoit si bien par sa libéralité et par son crédit qu'elle les renvoyoit dans leurs provinces en état d'y mener une vie plus commode.

Quand elle faisoit par la ville ces tournées charitables, son carrosse étoit plein de hardes, de layettes d'enfants, de couvertures, de sel, de pain, de viande, pour les donner selon les besoins qu'elle avoit reconnus et selon ceux qu'elle pouvoit rencontrer. Elle portoit même des confitures, des sucreries et des liqueurs avec elle, dans la vue de donner à ces pauvres gens non-seulement le nécessaire, mais même d'y ajouter de ces petites douceurs qui les réjouissoient et qui pouvoient donner plus de crédit aux instructions qu'elle leur faisoit pour leur apprendre à sanctifier leur état et à en profiter pour le ciel. Elle ne se bornoit pas à donner aux pauvres du secours dans leur besoin, elle aimoit aussi à leur procurer quelques plaisirs et quelques réjouissances, disant que ces gens-là, souffrant toujours, méritoient bien d'avoir quelque moment de joie. Un jour que les pauvres femmes du village d'Avon lui dirent : « Madame, faites-nous faire une fois bonne chère » ; elle acquiesça à leur désir, emmena à Fontainebleau la bande qui lui avoit fait cette demande, et la fit régaler amplement dans sa maison. Elle ne s'ennuyoit pas de ces exercices ; après y avoir passé plusieurs heures, elle disoit à la demoiselle qui l'accompagnoit : « Bon Dieu ! que j'ai eu de plaisir ! je n'en ai pas tant au milieu de la cour ! » D'autres fois elle s'affligeoit de ne pouvoir faire ces bonnes œuvres sans être connue, et elle s'en faisoit elle-même un sujet de reproche. Un jour qu'elle alloit par des chemins détournés pour visiter des pauvres, son carrosse s'embourba et fut près de verser ; sa première inquiétude fut la crainte que cet accident n'apprît à tout le monde que c'étoit en allant chercher les pauvres qu'il lui étoit arrivé. Quelquefois elle disoit avec regret : « Je suis bien malheureuse, le peu de bien que je fais est su de tout le monde. »

Dans les voyages qu'elle fit à Fontainebleau avec le roi, depuis le commencement de sa faveur, elle s'attacha au village d'Avon qui en est voisin, et moins fréquenté par les gens de la cour, pour y exercer plus librement sa charité[1]. Elle ne se contenta pas d'y aller fréquemment visiter les pauvres et les malades ; elle entreprit d'y établir une *charité*, et de la mettre dans l'ordre qui s'observe dans les villes. Elle rassembla les plus notables femmes du village, et elle en forma une société ; elle leur fit faire devant elle l'élection d'une supérieure et d'une trésorière ; elle leur prescrivit ce qu'elles avoient à faire pour recueillir des aumônes et les bien administrer ; elle leur fit un premier fonds d'argent, de matelas, de couvertures, de hardes, de layettes pour les enfants, de meubles et ustensiles pour le soulagement des malades et des femmes en couches. Tout cela se fit de concert avec le curé, car elle a toujours eu une grande exactitude à ne faire ses bonnes œuvres que dans l'ordre de la subordination des curés des lieux,

---

[1] Voir, sur ce sujet, dans les *Lettres historiques et édifiantes*, t. II, les nombreux détails donnés par madame de Maintenon et mademoiselle d'Aumale.

et de concert avec eux, dans la vue, disoit-elle, d'accréditer le pasteur parmi ses ouailles, et aussi pour ne rien faire qui ne fût dans l'ordre de Dieu et l'obéissance envers ses ministres.[1]

La demoiselle qui l'accompagnoit dans ses promenades charitables écrivoit ainsi de Fontainebleau à la supérieure de Saint-Cyr[2] : « Jamais madame de Maintenon n'a rempli si bien une journée qu'aujourd'hui ; elle a été de village en village et de maison en maison, faisant partout des charités ; elle a été dans plusieurs pauvres ménages de paysannes toutes plus mal les unes que les autres, et a donné aux uns de quoi avoir du blé, à d'autres des habits pour leurs enfants, à d'autres de quoi payer leurs tailles, à d'autres pour acheter du pain. Enfin le dernier où elle a été, elle a donné bien du linge à une pauvre femme. Le mari est un peu libertin ; elle l'a converti à moitié. Dieu et elle achèveront. Il n'avoit point de respect ni d'obéissance pour son curé ; elle l'a rendu fort docile. » — Dans une autre lettre, la même disoit encore : « Madame a été toute la matinée dans les roches et dans la forêt visiter les pauvres ; elle avoit dans son carrosse vingt-quatre bouteilles d'hypocras pour les malades et vingt-quatre petits pains mollets ; plusieurs ont bu devant elle, car elle les y obligeoit et le leur présentoit elle-même. Ces bonnes gens disoient que cela leur ôtoit le poison de dessus le cœur. »

Ayant reconnu que dans le village d'Avon les enfants n'étoient pas instruits, elle y forma deux écoles[3], une pour les garçons et l'autre pour les filles ; elle paya les maîtres et les maîtresses, et, ne se bornant pas à cette libéralité, elle s'adonna pendant un tems considérable à voir faire

---

[1] J'ai entre les mains une partie de la correspondance de madame de Maintenon avec le curé d'Avon. Les lettres de ce bon prêtre, nommé de Tronville, sont d'une admirable naïveté.

[2] C'est mademoiselle d'Aumale. Voir les *Lettres historiques et édifiantes*, t. II.

[3] Voir, pour les détails, les *Lettres historiques et édifiantes*, t. II.

l'école et le catéchisme en sa présence, à enseigner aux maîtres et aux maîtresses à le faire, à le faire elle-même en leur présence, en quoi elle excelloit ; elle passoit des matinées entières à cette sainte occupation, ne se rebutoit point de se voir entourée de petits enfants pauvres, malpropres, demi-nus, et souvent couverts de vermine ; elle les caressoit sans dégoût, et elle trouvoit un souverain plaisir à cette occupation. « Je l'y ai vue, dit celle des demoiselles qui a couché par écrit toutes ces choses, je l'y ai vue des deux heures de suite sans se lasser, et quand elle sortoit : « O que les œuvres de Dieu sont délicieuses ! » il me semble qu'il n'y a qu'un moment que je suis là. »

Versailles, comme étant son séjour le plus ordinaire, se ressentit plus qu'aucun autre lieu de ses libéralités ; c'est là spécialement qu'elle alloit secrètement dans les maisons reculées chercher les pauvres et les assister. C'est là où elle tenoit ces femmes nobles et pauvres au nombre de seize, dont elle assistoit régulièrement les familles. Les gens de la cour qui connoissoient ses soins pour elles, les nommoient par plaisanterie ses *dames du palais*. Elle s'occupoit d'elles et de leurs enfants ; elle amenoit ces dames l'une après l'autre à Saint-Cyr avec elle pour qu'elles y passassent une journée agréable et y trouvassent quelque régal. Elle s'appliqua spécialement à mettre en ordre à Versailles l'assemblée de charité qui se tenoit autrefois à la paroisse dans la maison du curé. Cette assemblée étoit peu fréquentée avant elle ; madame de Maintenon ne voyoit guère d'abord de dames qui l'imitassent dans son assiduité à ces assemblées qui se tiennent tous les mois. Mais, quand elle fut en faveur, les dames de qualité s'empressèrent de l'imiter ; les unes ne rougissant plus d'une œuvre autrefois fort négligée, les autres voulant faire leur cour et se faire estimer charitables ; mais soit hypocrisie, soit piété, les pauvres profitèrent de ce que ces assemblées devinrent plus nombreuses et les quêtes plus abondantes. Madame de Maintenon s'étoit bornée à y exercer la charge de trésorière, et le trésor des pauvres s'en trouvoit bien, car si elle ne paroissoit donner que quelques louis d'or à chaque assemblée du mois, comme faisoient les autres dames de qualité, elle mettoit en secret dans la bourse des pauvres ou dans celle de la quêteuse l'aumône plus abondante qu'elle faisoit, et elle en usoit ainsi pour éviter l'ostentation. Ces assemblées se tinrent longtems à la paroisse, chez le curé, mais dans la suite elles se sont tenues dans son appartement, à Versailles ou à Fontainebleau. Elle établit cet usage pour faciliter aux dames de la cour le moyen de s'y trouver, et spécialement pour y attirer les princesses ; c'est ce qui a fixé la coutume qui depuis ce tems s'est bien observée et s'observe encore. En effet, ces assemblées se tiennent aujourd'hui tous les mois chez la reine [1], soit à Versailles, soit à Fontainebleau ; on y fait l'exhortation accoutumée, comme on la faisoit autrefois dans la salle du presbytère, et comme on la fait communément dans les paroisses de Paris. Quelque malade que fût madame de Maintenon, elle s'efforçoit pour assister à ces assemblées, et vouloit qu'au moins elles se tinssent chez elle, nonobstant son infirmité et le bruit qu'elle pouvoit en souffrir : « sans cela, disoit-elle, on n'y viendroit pas » ; et comme quelquefois on la pressoit, à raison de sa maladie, de s'en absenter : « Non, disoit-elle, mes pauvres y perdroient ; bien des dames y viennent pour que je les nomme au roi ; elles n'y viendroient pas si l'assemblée se tenoit ailleurs. »

Comme depuis l'établissement de la maison de Saint-Cyr elle s'y rendoit fréquemment, et ordinairement y restoit les journées entières, chacun de ces petits voyages étoit accompagné de quelque œuvre de charité que le

---

[1] Marie Leczinska, épouse de Louis XV. On peut voir, dans *Madame de Maintenon et la maison royale de Saint-Cyr*, chap. xv, que cette princesse a continué la plupart des bonnes œuvres de madame de Maintenon.

hasard sembloit lui présenter. Les pauvres qui épioient sa marche, et qui connoissoient sa facilité à être émue, se tenoient sur son passage et en obtenoient des secours, suivant leur état et leur condition. Souvent il est arrivé que des femmes nobles, chargées d'enfants, s'étant trouvées sur sa route dans un état pauvre et délabré, ont obtenu d'elle des secours considérables qui ont rétabli leur fortune. Plusieurs fois elle a trouvé sur son chemin des femmes qui paroissoient comme évanouies; elle savoit que cela pouvoit bien être joué pour exciter sa compassion, mais elle aimoit mieux être trompée que de manquer à secourir une personne dans le besoin. Elle les faisoit mettre dans son carrosse et les conduisoit à Saint-Cyr pour leur faire donner tous les secours qui leur seroient nécessaires.

Un jour, une femme vint à Saint-Cyr lui demander du secours, et, en arrivant, elle accoucha à l'hôtellerie. Madame de Maintenon fit sur-le-champ travailler toutes les filles de Saint-Cyr pour faire une layette à l'enfant nouveau-né; elle fut faite en trois heures de tems; alors elle dit aux demoiselles : « Vous venez de faire votre récréation, je vais faire la mienne. » Elle alla dans l'hôtellerie avec tous les paquets qu'on avoit préparés; elle emmaillotta elle-même l'enfant, en prit soin aussi bien que de la mère, et les renvoya dans la suite en état de pouvoir se passer de secours. « Il y a mille traits de cette nature », dit la demoiselle qui en a été le témoin, et qui l'a couché par écrit.

Une de ses peines, c'étoit que ses charités étoient connues et qu'elle en recevoit beaucoup de louanges, et elle disoit aussi qu'elle avoit trop de plaisir à faire l'aumône, qu'elle en étoit récompensée dès ce monde-ci, et qu'elle craignoit de ne l'être point en l'autre. Cependant cette charité lui a attiré quelquefois des reproches et même des insultes. Les pauvres sont communément insatiables et plus offensés de ce qu'on ne leur donne pas sans mesure, que reconnoissants de ce qu'on leur donne dans une mesure convenable. Une femme de ce caractère se mit à crier après elle un jour et à lui dire des injures ; madame de Maintenon n'en fit que rire. La demoiselle qui l'accompagnoit, indignée contre cette femme, vouloit qu'on ne lui donnât plus rien. Madame de Maintenon lui dit : « Elle a beau m'injurier, je lui ferai toujours du bien, car c'est pour l'amour de Dieu et non pas pour l'amour d'elle que je donne. »

Celle qui a écrit ces détails ajoute que, dans ses visites charitables, quand elle n'avoit plus avec elle d'argent ni de provisions, et que son carrosse étoit vide, elle donnoit sa coiffe et son écharpe, et faisoit faire la même chose à celle qui l'accompagnoit.

Outre ces aumônes journalières et celles qu'elle distribuoit régulièrement, elle en répandoit dans le royaume dans bien des endroits dont les besoins lui avoient été connus. Elle payoit en divers lieux des maîtres et des maîtresses d'école ; elle secouroit des communautés de filles tombées dans la misère, et elle en a rétabli plusieurs. Partout où elle connoissoit des besoins réels, de quelque espèce qu'ils fussent, soit à Paris, soit en province, elle y envoyoit des secours fort considérables. J'ai eu occasion d'en connoître quelques-uns de cette espèce. Un abbé de qualité, qui étoit de mes intimes amis, et qui étoit pauvre, me fit un jour confidence de cent louis que madame de Maintenon lui avoit envoyés ; sa mère étoit connue de cette dame qui l'aimoit ; mais étant trop dépensière, elle laissoit ses enfants sans secours. Une dame de grand nom, que je voyois assez souvent et assez familièrement, m'a fait la même confidence de pareille somme qu'elle en avoit reçue depuis peu. Cette dame avoit plus de quatre-vingts ans, et vivoit tout doucement d'un foible douaire, mais madame de Maintenon jugeant que, dans son grand âge et dans l'infirmité, elle pouvoit avoir besoin de secours extraordinaires, lui envoyoit de tems en tems des sommes considérables. Ces deux faits, que le hasard m'a fait apprendre de source, me font juger combien d'autres œuvres pareilles devoit faire une personne qui avoit tant de soin de cacher ses libéralités.

Madame de Maintenon trouvoit dans son économie de quoi fournir à tant de bonnes œuvres, et dans les nécessités publiques, elle se retranchoit encore ce que d'autres auroient jugé nécessaire à leur condition.

En 1694, elle vendit une belle bague que le roi lui avoit donnée, et le prix en fut distribué aux pauvres ; elle vendit même en cette triste année[1] une bonne partie de ses chevaux pour le même usage. Indépendamment de ses besoins extraordinaires, elle ménageoit surtout pour les pauvres, et particulièrement sur les habits et les parures. Sa modestie sur cet article est notable, au milieu d'une cour où le luxe dominoit et étoit fort du goût du roi ; aussi étoit-elle remarquée par les étrangers qui venoient à la cour, et qui étoient curieux de voir une dame dont on parloit tant. C'est ce que rapporte de la comtesse d'Excester madame Dunoyer dans ses lettres[2]. Cette femme, qui écrivoit en Hollande et qui déchiroit assez volontiers la cour de France, n'est pas suspecte.

« La comtesse d'Excester, dit madame Dunoyer, désirant voir madame de Maintenon, une amie qui la conduisoit la fit ranger à côté lorsque madame de Maintenon se préparoit à monter en carrosse avec le roi pour un voyage de Marly, et lui dit : « Regardez-la bien. » Madame de Maintenon parut sans suite, habillée d'un damas de feuille morte tout uni, coiffée en battant l'œil, n'ayant pour toute parure qu'une croix de quatre diamants pendue à son col,

---

[1] Languet de Gergy l'appelle triste à cause des misères extrêmes produites par la guerre de la ligue d'Augsbourg. Louis XIV fut forcé de créer de nouveaux impôts, et surtout la *capitation*.

[2] *Lettres historiques et galantes*, 9 vol. in-12 ; lettre 42e. — Le recueil de madame Dunoyer mérite peu de confiance ; mais le détail qu'elle raconte doit être vrai.

qui est la seule chose à qui on ait donné son nom. Elle se plaça dans le fond du carrosse à côté du roi, et comme elle reconnut la dame anglaise en passant, elle la salua avec un de ces sourires sérieux où il entre de la douceur et de la majesté. La comtesse fut enchantée de cet air de modestie qui accompagnoit toutes ses actions. Elle lui trouva de beaux yeux, la physionomie fine, et ce je ne sais quoi que les années ne peuvent ôter et qui est préférable à la plus grande beauté. Elle ne paroissoit pas occupée de sa grandeur, et elle sembloit donner toute son application à examiner si le roi étoit dans une situation commode. Dès qu'elle fut assise, on lui apporta son ouvrage, qui étoit un morceau de tapisserie; elle prit en même tems ses lunettes, et après avoir levé les glaces du carrosse, elle se mit à travailler. » Ces petits riens peignent madame de Maintenon au naturel : ses yeux, son air noble et modéré, son amour pour le travail et pour la simplicité.

C'est dans cet esprit qu'elle n'a jamais voulu se donner ni meubles, ni pierreries. Elle n'avoit guère de meubles à elle que ceux qui étoient dans son château de Maintenon, et quelques-uns à Saint-Cyr; ils étoient fort modestes, et ce qu'il falloit pour les domestiques dans ses maisons de Versailles et de Fontainebleau; comme elle étoit logée à l'un et l'autre dans le château, le garde-meuble du roi la meubloit. Pour des pierreries, elle n'a jamais voulu avoir que cette petite croix qu'on appeloit de son nom, une croix *à la Maintenon*, et sa bague. Le roi avoit pourvu à son ameublement à Saint-Cyr, et madame de Maintenon avoit eu soin que cet ameublement fût simple et modeste; elle n'avoit de domestiques, d'équipages et de vaisselle que ce qui étoit nécessaire absolument, et elle avoit pour règle d'une part de ne point donner dans le grand, de n'avoir que ce qui pouvoit convenir à une veuve de condition; et, de l'autre, de ménager pour secourir les pauvres. Dans cette pensée, elle balançoit toutes ses dépenses avec leurs besoins, et elle se refusoit tout ce qui ne paroissoit pas d'une nécessité absolue.

Ses habits étoient fort simples, comme je l'ai fait remarquer, quoique propres et de bon goût. On a vu ce qu'elle mandoit à son directeur touchant la manière dont elle s'habilloit tandis qu'elle exerçoit la charge de dame d'atour de la Dauphine. Depuis la mort de cette princesse, et que son crédit fut monté au plus haut comble, elle fut encore plus réservée sur ses habillements. Pendant les vingt dernières années de sa vie je l'ai vue fort souvent, et jamais je ne lui ai vu d'autre habit que de quelque damas ou de raz de Saint-Maur uni, sans or ni broderie. Une marchande de Paris est ordinairement plus richement vêtue.

Voici quel étoit son revenu : le roi lui donnoit tous les mois quatre mille francs, et, aux étrennes, il lui en donnoit douze ; c'étoit peu en comparaison de ce qu'il avoit donné à ses maîtresses, car elles lui coûtoient plus en un mois que madame de Maintenon en une année entière ; sa terre de Maintenon étoit affermée environ dix-huit mille livres ; elle avoit quinze mille francs tant de son ancienne pension que de celle qu'elle avoit de sa charge de dame d'atour de la Dauphine. Tout cela ne montoit pas à cent mille livres par an, et plus des deux tiers étoient consommés en bonnes œuvres[1]. Elle ne tenoit point de table ordinairement ; elle n'avoit que deux ou trois femmes pour la servir, six ou sept officiers, et huit ou dix valets tant pour sa chambre que pour son écurie. Quand elle alloit en carrosse, elle ne menoit avec elle qu'un seul laquais et un écuyer à cheval. Un train aussi modeste laissoit bien de la ressource pour des aumônes. Cela ne ressembloit guère au faste de madame de Montespan, qui, non contente d'avoir d'amples équipages de chevaux et de mulets,

---

[1] « Quand j'arrête mes comptes à la fin de l'année, disait-elle aux dames de Saint-Cyr, je ne comprends pas que mon revenu ait pu fournir à ce que j'ai dépensé ou donné. » (*Lett. hist. et édif.*, t. II, p. 78.)

entreprit même d'avoir des dromadaires pour porter ses bagages. Si les femmes de qualité vouloient bien se restreindre comme madame de Maintenon, et se borner à ce qui est de pure bienséance, quelles ressources ne trouveroient-elles pas dans leur économie pour faire de bonnes œuvres! Ne seroient-elles pas plus estimées et plus recommandables dans le monde en donnant beaucoup qu'en dépensant beaucoup? Madame de Maintenon avoit dans la piété du roi une ressource abondante, car son revenu, nonobstant la modestie de sa dépense, n'eût jamais pu suffire à toutes les pensions qu'elle donnoit, à toutes les misères qu'elle secouroit, à tous les pauvres envers qui elle a toujours été libérale, mais elle avoit soin de raconter agréablement au roi ses aventures charitables, et elle en tiroit des secours qu'il prenoit dans sa cassette pour y contribuer. Par ce moyen, elle opéroit deux biens en même tems : l'un en secourant les pauvres, l'autre en faisant exercer au roi fréquemment des œuvres de charité qui ont servi à sa conversion et à son salut.

Ce fut en racontant aux dames de Saint-Cyr et aux demoiselles une partie des aventures de cette espèce pour les former à la charité et même à l'amour de la vertu de pauvreté, vertu qui prépare tant de ressources à la charité, ce fut, dis-je, en racontant ses aventures charitables qu'elle leur rapporta un mot du roi, à ce sujet, qui montre le progrès que ce prince faisoit dans la piété avec une telle compagne.

Voici dans quels termes une de celles qui étoient présentes l'a laissé par écrit : « Madame nous exhortant un jour à la pratique de la pauvreté, et entrant dans quelque détail, elle dit que le vœu de pauvreté n'étoit réel qu'autant qu'il nous fait souffrir quelque privation. C'est pour cela, continua-t-elle, que je compte si peu sur les aumônes que je fais; je vous avouerai même confidemment, comme à mes enfants, que quand vous m'encensez ici sur mes bonnes œuvres, je ne trouve pas que je fasse rien de si merveilleux ; car qu'est-ce que je souffre? je ne manque de rien. Le roi pense de même là-dessus. Quand on lui parle de ce qu'il donne, il dit : Qu'est-ce qu'une aumône dont on ne souffre rien et qui ne nous fait retrancher aucune commodité? En effet, poursuivoit-elle, il est bien aisé de donner trente pistoles quand il en reste cinq cents. Ainsi, voyant que je n'ai pas donné encore jusqu'à souffrir dans ma personne, je ne crois pas avoir fait grand chose. »

Madame de Maintenon comptoit pour rien ce qui néanmoins étoit bien précieux aux yeux de Dieu, savoir la privation où elle s'exerçoit continuellement de tout ce qui contente le goût, la fantaisie, la curiosité ou la vanité. Les dames feroient de grands progrès dans la vertu, quand même elles borneroient à ces retranchements leur vie pénitente et leurs épargnes pour les pauvres. Quelles ressources pour les misérables dans un retranchement général de ces objets des passions? Les femmes, sans rien souffrir dans leur corps ni dans leurs commodités, trouveroient des trésors par ce moyen. C'étoit de ces trésors dont madame de Maintenon étoit riche, et cette idée économique opposoit une barrière insurmontable à tous les petits désirs de dépense qui naissoient dans son cœur ; elle en faisoit même aux autres d'agréables leçons. Le duc de Noailles qui avoit épousé la nièce de madame de Maintenon, et qui étoit familier avec elle, lui fit présent d'une boîte précieuse à l'occasion du mariage d'une des sœurs de ce duc. Madame de Maintenon badina sur le présent, et elle lui dit : « Bon! Que ferai-je de cela? J'aimerois bien mieux de la toile, du blé, une bonne charretée de foin ; j'en assisterois mes pauvres. »

La charge qu'elle avoit chez madame la Dauphine l'obligeoit à jouer quelque fois avec elle ; dans la suite, le roi venant chez elle régulièrement presque tous les soirs, les princesses s'y rassembloient, surtout depuis que la jeune duchesse de Bourgogne fut en France, et il falloit pour amuser la compagnie, qui ordinairement étoit nombreuse, qu'il y eût un jeu. Madame de Maintenon étoit obligée, par complaisance pour le roi, de jouer aussi; mais elle dominoit son jeu et le jeu ne la dominoit pas. La demoiselle qui a étudié si longtems sa vie [1], dit que quand elle perdoit, ses pertes n'alloient guère qu'à cinquante pistoles en un an; que quand elle gagnoit, les pauvres en avoient le profit, et quand elle jouoit de malheur, elle disoit : « Je n'ai qu'un regret, les pauvres en auront moins d'autant. »

Cependant dans toutes ses aumônes et ses soins charitables, madame de Maintenon prétendoit n'avoir aucun mérite, parce que, disoit-elle, elle avoit trop de plaisir à donner et à répandre. Elle craignoit même que la vanité n'eût plus de part à ses libéralités que la charité; c'étoit une réflexion qu'elle faisoit souvent, et qu'elle faisoit faire à celles des demoiselles qui lui tenoient compagnie. Elle disoit quelquefois à l'une d'entre elles : « Je préférerois les plus rudes pénitences à la peine que j'aurois de voir souffrir des malheureux et de ne pouvoir les secourir. »

Ce n'étoit pas seulement en elle la charité qui dominoit, c'étoit générosité, noblesse de cœur et désintéressement : cette vertu est peu connue quoique si expressément recommandée par saint Paul. L'attachement, la cupidité, une certaine âpreté pour avoir, pour gagner et pour acquérir, domine presque tous les cœurs, et c'est ce qui occasionne, même parmi les gens de qualité, tant de démarches basses et intéressées qui les avilissent en montrant leur avidité pour le gain. Madame de Maintenon avoit le naturel aussi noble et généreux que son cœur étoit charitable, et cette vertu morale s'unissant à la charité chrétienne, formoit un composé admirable, et dont on ne peut trop proposer l'exemple aux jeunes cœurs pour les mettre en garde contre

[1] Mademoiselle d'Aumale.

la cupidité naissante. Madame de Maintenon recevoit souvent des présents, mais elle les donnoit à d'autres avec la même générosité, et avec encore plus de grâce et d'agrément que le présent n'en pouvoit contenir. Rien n'est plus aimable que le billet qu'elle écrivit à la marquise de Dangeau dans une de ces occasions : le roi avoit donné un bijou de prix pour celle qui gagneroit les autres à un jeu qu'on nommoit la *ressource;* madame de Maintenon et madame de Dangeau restèrent les dernières et disputèrent longtems le prix donné par le roi. Enfin la victoire du jeu resta à madame de Maintenon. Madame de Dangeau, née comtesse de Lowenstein, étoit une des dames les plus aimables et les plus vertueuses de la cour; amie de madame de Maintenon depuis longtems [1]. Le lendemain de cette partie de jeu, madame de Dangeau trouva à son lever le bijou sur sa toilette avec ce billet de madame de Maintenon : « Souffrez, madame, que je répare l'aveuglement de la fortune qui se déclara hier pour moi, dans la seule dispute que je puisse jamais avoir avec vous. »

Pour acheter la terre de Maintenon, elle avoit employé les cent mille livres de récompense que le roi lui avoit promises après l'éducation du duc du Maine; ce fonds ne suffisoit pas; le roi, dans les commencements de la considération qu'il eut pour elle, y ajouta une seconde somme de cent mille livres; elle en fit part en ces termes à l'abbé Gobelin : « J'avois une grande impatience de vous apprendre que le roi m'a encore donné cent mille livres; je ne sais si vous êtes content de cet établissement, pour moi je la suis, et je changerois bien de sentiment si jamais je leur demande un sol. Il me semble que voilà du pain pour le nécessaire et que tout le reste n'est plus qu'une avidité qui n'a point de bornes. » Elle tint parole, et une des

---

[1] Voir, sur cette charmante femme, la *Vie de Dangeau* par M. de Chenevières, dans le premier volume du *Journal de Dangeau*, publié par MM. Soulié et Dussieux.

choses qui plut davantage au roi, ce fut sa modération et son désintéressement. Contente de tout, elle se croyoit assez riche, et n'ambitionnoit pas ce qu'elle n'avoit point; ainsi, après trente ans de faveur, elle n'avoit acquis ni un pouce de terre ni une pistole de revenu, par de là sa terre de Maintenon.

Un désintéressement si tranquille chagrinoit les personnes qui lui étoient attachées, et spécialement les demoiselles tirées de Saint-Cyr qu'elle tenoit auprès d'elle. Elles l'auroient voulu voir plus avide et plus riche, et lui en faisoient souvent des remontrances, ce qui donnoit lieu à madame de Maintenon de leur inspirer ce noble détachement et cette généreuse confiance en Dieu qui l'empêchoient de craindre de jamais manquer. Une d'elles[1] crut lui rendre service malgré elle, en profitant d'une occasion que présenta la conversation où elle étoit en tiers avec le roi et madame de Maintenon, et dit à celle-ci, à propos de quelque projet où il étoit question de meubles : « Mais, madame, vous n'avez rien; demandez au roi qu'il vous donne toutes les choses dont vous vous servez. » Le roi prit la parole et dit : « Madame est la maîtresse, elle n'a qu'à parler. » Madame de Maintenon se mit à rire et en resta là; et en particulier elle dit à cette demoiselle : « Dieu ne m'a point mise ici pour m'enrichir, mais pour d'autres desseins. » Effectivement, son désintéressement étoit ce qui donnoit auprès du roi un crédit absolu à sa parole, à ses conseils, et elle crut ne devoir jamais déroger par la moindre avidité à ce caractère qui avoit tant plu à Louis XIV. C'est dans cet esprit qu'elle ne souffroit pas que ses gens mêmes demandassent au roi la moindre chose, quoiqu'il vînt continuellement chez elle, qu'il les connût tous et qu'il leur fît souvent amitié. « Je veux, disoit-elle, que le roi soit à son aise dans mon appartement. »

---

[1] Jeannette de Pincré, ou madame d'Auxy. Voir la curieuse histoire de cette jeune fille, dans les *Lettres historiques et édifiantes*, t. II, p. 266.

Je viens de rapporter ce qu'elle dit à madame d'Auxy. Voici ce qu'elle dit un jour à mademoiselle d'Aumale et ce que cette demoiselle écrivit aussitôt, pour n'en pas perdre le souvenir. C'étoit en allant ensemble à Saint-Cyr, madame de Maintenon lui parla ainsi : « Vous m'allez bien gronder, mademoiselle, il n'a tenu qu'à moi d'avoir cent mille livres de rente. Le roi me parla hier sur mon état : c'est la première fois qu'il l'a fait d'une manière aussi intéressante. — Eh bien, qu'avez-vous fait ? lui dit mademoiselle d'Aumale. — Rien, répondit madame de Maintenon ; j'ai dit au roi : Demeurez en paix. Si je l'eusse poussé là-dessus, il est sûr qu'il se seroit donné de la peine et de l'inquiétude pour chercher à me faire du bien, et ce n'est pas pour cela que je suis auprès de lui. »

Elle se réjouit beaucoup d'une lettre qu'elle reçut de son receveur, qui vouloit lui faire entendre qu'elle manquoit d'esprit, parce qu'elle entendoit mal ses intérêts. Voici le fait : celui-ci voulant faire soulager la terre de Maintenon dans la répartition des tailles, la pressa d'écrire à l'intendant de Paris ; madame de Maintenon céda à l'importunité, mais elle manda à M. l'intendant, qu'elle le prioit d'avoir égard à une certaine paroisse de sa terre qu'on disoit pauvre, sans cependant, dit-elle, que cela en fasse surcharger d'autres ; car elle craignoit que la diminution qu'on accorderoit à ses fermiers ou à ses habitants ne tombât sur d'autres taillables peut-être moins en état de payer. Elle pensoit juste, et il seroit bon que tous les seigneurs eussent le même esprit d'équité, car souvent et ordinairement ce qu'ils obtiennent de remise par faveur retombe sur d'autres par une répartition injuste, et alors ils se mettent sans y penser dans l'obligation de restituer le tort qu'ils ont fait à ceux qui souffrent injustement des diminutions qu'ils ont obtenues pour leurs vassaux. Mais le receveur de madame de Maintenon, à qui elle envoya la lettre pour la présenter, ne s'accommodoit pas de cette morale, et il lui manda tout naïvement « que pour une dame d'esprit, elle ne savoit pas écrire et qu'elle gâtoit ses affaires. » Son dépit fit beaucoup rire madame de Maintenon, et elle disoit : « Voyez mon receveur, il me trouve bien peu d'esprit. »

Ce qui sanctifioit ses charités et son désintéressement, c'étoit sa ferveur envers Dieu, et les retours fréquents de son cœur vers lui, par la prière et la sainte communion. Un fragment qui nous est resté écrit de sa main, peint d'une manière bien touchante les dispositions de ferveur qui l'animoient dans un tems où il sembloit que le monde et la fortune dussent l'occuper tout entière. L'abbé Gobelin lui donna un livre blanc en lui ordonnant pour pratique d'y écrire les pensées pieuses que Dieu mettroit dans son cœur par l'oraison, et ses résolutions pour lui en rendre compte, et pour s'en servir elle-même afin d'animer sa ferveur. Madame de Maintenon obéit ; mais sur la fin de sa vie, visitant ses papiers en présence de la mère de Glapion et trouvant ce cahier, sa modestie la porta à le déchirer et le jeter au feu, ce qu'elle exécuta. La mère de Glapion n'en put sauver que quelques feuillets déchirés et à demi brûlés, où étoit ce qui suit :

« .... sur ce que je fais pour vous. Il faut pourtant, ô mon Sauveur et mon Dieu ! que je vous réponde, et aux grâces qu'il faut encore que vous me fassiez. Soyez béni de celle que vous m'avez faite à pareil jour qu'aujourd'hui. Mais, mon Dieu, qu'elle ne soit pas pour ma seule satisfaction, et qu'il vous en revienne de la gloire par ma sanctification ! »

« Ce 26.

» Qu'il y a longtems que je ne vous ai entretenu, mon Dieu, et que j'ai de pardons à vous demander de la manière dont j'ai passé les quinze jours de maladie que je viens d'avoir. Je pouvois, ô mon Dieu ! tirer plus d'avantages de mes souffrances, et quelque médiocres qu'elles aient été, votre bonté m'auroit compté ma résignation à les souffrir. Mais, mon Dieu! vous m'avez fait la grâce de ne me pas impatienter; j'ai souffert, et j'en ai été bien aise; je n'ai pas formé un désir pour ma guérison; j'ai aimé mon mal et toutes les circonstances qui l'ont accompagné; j'ai eu beaucoup de soumission et d'indifférence pour les remèdes, ne mettant ma confiance qu'en vous. Voici ce que j'y ai mis de mon fonds : une grande lâcheté qui m'a fait succomber aux petits maux que vous m'envoyiez; un grand abandon de toutes prières, me contentant des sentiments de résignation où je me trouvois; beaucoup d'amour-propre qui m'a fait chercher tous les soulagements possibles; une grande complaisance dans ces louanges que la flatterie inventoit pour me plaire; beaucoup d'ingratitude et d'aigreur pour tous les soins dont on m'a accablé; beaucoup de mépris pour mon prochain... Ah! mon Dieu, que de mal pour un peu de bien! recevez-moi, Seigneur, animez mon esprit et mon cœur en fortifiant mon corps; si vous me rendez la santé, que ce soit, mon Dieu, pour vous servir avec plus de ferveur que je n'ai fait jusqu'à cette heure, et si votre volonté me destine aux souffrances et à la langueur, faites, mon Dieu! que mon âme se détachant de la matière s'élève vers vous avec plus de liberté. »

A Marly, le 15 septembre.

« Vous me faites souffrir, ô mon Dieu, et vous m'envoyez un échantillon de cette pénitence que je vous demande tous les jours. Hélas! Seigneur, la manière dont je la souffre me fait bien voir que ce n'est pas sincèrement que je la demande. Quelle tristesse m'accable pour des maux très-légers! quel abandon pour les exercices de piété que j'avois entrepris! quel oubli de votre sainte présence! quel découragement, quelles impatiences! Ah mon Dieu, ayez pitié de moi, mon état est déplorable..... »

LIVRE SIXIÈME.

Crédit de madame de Maintenon dans les affaires publiques. — Dans quelle sorte d'affaires elle se renferme. — Sa conduite avec Louvois et à l'époque de la révocation de l'édit de Nantes. — Sa conduite respectueuse envers les princes du sang. — Les sentiments qu'ils eurent pour elle. — Elle entretient leur union avec le roi. — La contrainte dans laquelle elle vit à la cour, et les croix que sa faveur même lui attiroit.

Madame de Maintenon désiroit de bonne foi de n'être occupée que de ses bonnes œuvres, et spécialement de l'établissement et de la conduite de la communauté de Saint-Louis; mais quoiqu'elle s'éloignât le plus qu'elle pouvoit des affaires d'État, le monde n'en jugeoit pas de même; il pensoit qu'elle étoit continuellement occupée des affaires publiques, et qu'elle se mêloit de tout ce qui regardoit le gouvernement. Nous avons vu ci-devant un historien de Louis XIV qui a avancé sans preuve et contre la vraisemblance même, qu'elle entroit dans tous les conseils. Ce qui donna lieu de le penser et de le débiter, ce fut l'assiduité du roi à aller chez elle et à y passer les soirées jusqu'à son souper.

Il passoit les journées partie à ses conseils, partie à la chasse; il y joignoit le travail du détail avec ses ministres, et quelquefois il donnoit des fêtes à sa cour, selon les tems et les occasions; mais chaque jour il alloit sur le soir se délasser chez madame de Maintenon et y goûter le repos qu'il trouvoit dans sa conversation. C'étoit même chez elle qu'il travailloit assez ordinairement et paisiblement avec ses ministres, avec les secrétaires d'État et autres officiers qui avoient à lui rendre compte du détail dont ils étoient chargés, soit pour les troupes, soit pour la marine ou les

finances, soit pour le dedans du royaume, la police de
Paris et les affaires de la religion et du clergé. Il y avoit
dans la principale pièce d'un fort petit appartement où
madame de Maintenon logeoit, un bureau pour le roi où
il se plaçoit pour travailler avec ceux qui étoient mandés[1].
Madame de Maintenon avoit seule la liberté d'entrer et de
sortir; mais elle ne s'approchoit point du bureau, et n'entroit jamais elle-même dans la conversation que le roi ne
l'y appelât; ou bien elle se tenoit dans un coin, occupée à
quelque ouvrage, quand le roi la faisoit rester, ou bien elle
alloit à son oratoire s'occuper de ses prières et de ses lectures, ou enfin elle tenoit compagnie, dans une chambre
prochaine, aux princesses et aux dames qui attendoient la
fin du travail du roi pour lui faire leur cour et contribuer
à son amusement.

Mais deux choses la mettoient dans les affaires d'État
plus qu'elle ne le cherchoit : l'une, c'étoit la confiance ou
feinte ou réelle des ministres; chacun d'eux voyoit que
son crédit étoit supérieur au sien, et ils craignoient de lui
déplaire. Ils éprouvoient que souvent le roi l'appeloit et

[1] L'appartement de madame de Maintenon était de plain-pied avec
l'appartement de Louis XIV, et s'ouvrait en face de ce dernier, dans le
vestibule placé au haut de l'escalier de marbre ou de la Reine. Il a été
bouleversé par la construction du musée de Versailles, et forme aujourd'hui à peu près trois des salles consacrées aux campagnes de 1793, 1794
et 1795. Il était peu étendu, fort incommode, se composait de trois pièces
et avait trois croisées sur la cour de marbre et deux sur la cour d'honneur.
« L'antichambre, dit Saint-Simon, étoit plutôt un passage long en travers,
étroit, jusqu'à une autre antichambre toute pareille de forme, dans laquelle
les seuls capitaines des gardes entroient, puis une grande chambre trèsprofonde. Entre la porte, où on y entroit de cette seconde antichambre,
et la cheminée, étoit le fauteuil du roi, adossé à la muraille, une table
devant lui et un ployant autour pour le ministre qui travailloit. De l'autre
côté de la cheminée, une niche de damas rouge et un fauteuil, où se
tenoit madame de Maintenon, avec une petite table devant elle. Plus loin,
son lit dans un enfoncement. Vis-à-vis des pieds du lit, une porte et cinq
marches à monter, puis un fort grand cabinet qui donnoit dans la première
antichambre de l'appartement de monseigneur le duc de Bourgogne. (*Mém.*,
t. XII, p. 134.)

vouloit savoir son avis, et ils avoient peur que cet avis ne traversât leurs projets; et pour se mettre à couvert de ce qu'ils appréhendoient, ils se ménageoient des audiences de madame de Maintenon pour la prévenir sur les affaires importantes, et pour, sous prétexte de recevoir ses conseils, la faire entrer dans leur pensée; quelquefois même ils recouroient à elle, soit par rapport aux grâces qu'ils désiroient d'obtenir, et dont ils n'osoient faire l'ouverture, soit par rapport à leurs craintes, quand ils sentoient quelque diminution de crédit dans l'esprit du roi [1]. M. de Louvois, tout ennemi qu'il avoit été de madame de Maintenon, eut recours à elle en bien des occasions; il la trouva sans rancune et sans fiel, et il jouit de sa faveur et de son autorité jusqu'à quelques jours avant sa mort, car à la fin le roi fut instruit de sa mauvaise politique. Les cris de toutes les nations à qui cet homme, par sa dureté et ses violents conseils, avoit rendu le roi odieux, s'élevèrent de toutes parts avec la ligue qui se déclara contre la France en 1688. Ce ministre avoit maltraité les plus grands princes de l'Europe, et on ne doutoit pas qu'il ne l'eût fait à dessein pour échauffer la guerre et se rendre nécessaire dans une situation où sa capacité et son activité sembloient indispensables. Madame de Maintenon, avec toute sa modération, sa patience et son éloignement pour tout ce qui étoit affaire d'État, ne put tenir contre les cris des peuples et l'indignation de toutes les nations. Elle se crut obligée de développer au roi les mauvais offices que son ministre principal lui avoit rendus sous ombre de le servir. Il n'est pas surprenant qu'elle forçât son caractère dans une occasion si importante à l'État, à la gloire du roi et au bonheur des peuples : c'étoit Esther qui découvroit à Assuérus les pernicieux desseins de son ministre Aman. Mais ce qui est surprenant, c'est la modération de Louis XIV, qui sup-

---

[1] Saint-Simon raconte à peu près les mêmes choses, mais en les envenimant et en les tournant contre madame de Maintenon.

porta si patiemment et si longtemps l'insolence de son ministre, et qui sut la dissimuler quand le besoin d'une entreprise nécessaire l'exigeoit de lui. Madame de Maintenon doit être comprise de moitié dans cette modération, dont elle étoit au moins la confidente, si elle n'en étoit après Dieu le principal conseil. Ce fut cet événement qui jeta M. de Louvois dans le désespoir auquel il succomba peu de jours après; il mourut par une révolution d'humeur qui l'emporta subitement [1]. Mais jusqu'à ce moment qui prévint sa disgrâce entière, madame de Maintenon avoit usé, à l'égard d'un homme qu'elle avoit éprouvé contraire dès le commencement, d'une modération bien remarquable, puisque, en dix ans de faveur et de crédit qu'elle vécut avec le roi, pendant la vie de M. de Louvois, elle n'eût pas manqué d'occasions et de moyens de le perdre. Louvois lui en présentoit plusieurs lui-même par son humeur violente et emportée à laquelle il se laissoit aller même avec le roi. Plusieurs fois, travaillant avec ce prince, il avoit jeté avec dépit son portefeuille sur le bureau et étoit sorti fumant de colère. L'on racontoit même de mon tems à la cour qu'une fois cela alla si loin que le roi, en colère lui-même, leva la canne, d'autres disent des pincettes, sur Louvois, et que madame de Maintenon, qui étoit présente, se jeta au-devant du roi, l'arrêta et l'empêcha de faire une action dont Louvois pouvoit être digne, mais qui eût été indigne de Louis XIV. Peut-être cet événement arriva-t-il peu de jours avant la mort de ce ministre et ce qui causa cette mort si subite. « Quinze jours avant que de mourir, dit l'abbé de Choisy, il sentit la foudre prête à tomber; il le dit à un de ses amis qui me l'a dit. « Je ne sais, lui dit-il, » s'il se contentera de m'ôter mes charges ou s'il me met-

---

[1] Louvois mourut d'apoplexie pulmonaire, affection dont il était depuis longtemps menacé. Saint-Simon dit qu'il fut empoisonné; la princesse palatine, dans sa haine furieuse contre madame de Maintenon, va plus loin : elle l'accuse d'avoir fait empoisonner Louvois.

» tra dans une prison. Tout m'est indifférent quand je ne
» serai plus le maître. » Cet ami, qui est M. le Premier,
tâcha de le rassurer, en le faisant souvenir que depuis dix
ans il lui avoit dit plus de vingt fois la même chose. « Tout
» est changé, dit M. de Louvois ; nous avons eu cent fois
» des disputes fort aigres ; je sortois de son cabinet et le
» laissois fort en colère, et le lendemain, quand il falloit
» travailler, il reprenoit son air gracieux. Or, depuis quinze
» jours, il a toujours le front ridé ; il a pris son parti contre
» moi ; il n'est plus question que des expédients. » Rien n'est
plus honorable à la mémoire de Louis XIV que d'avoir su
si souvent et si longtemps maîtriser sa colère. C'est M. de
Louvois qui lui rend lui-même ce glorieux témoignage,
en avouant qu'il le retrouvoit *avec son air gracieux*, quoiqu'il l'eût quitté brusquement la veille le laissant en colère.
C'étoit avec madame de Maintenon que le roi dissipoit
cette colère que Louvois avoit excitée. Une personne d'un
autre caractère que cette dame eût bien profité de ces
moments pour se défaire d'un homme qui l'avoit desservie
depuis longtems, et qui n'avoit eu avec elle qu'une déférence feinte et forcée.

Ce qui me paroît montrer que madame de Maintenon
ne songeoit pas à s'emparer des affaires du gouvernement,
c'est la résolution qu'elle prit, en 1691, de se retirer à
Saint-Cyr pendant le voyage que le roi fit en Flandre pour
le siége de Mons. Ce tems étoit critique, puisque c'étoit
sur les fins du crédit de M. de Louvois. Une personne
avide de la fortune et du commandement, et qui étoit sûre
du cœur du roi, n'eût pas souffert un éloignement si grand
et si long. Madame de Maintenon, au contraire, se fit une
joie de pouvoir passer quelques mois de suite dans sa chère
communauté, et de s'y appliquer uniquement à la former
et à la conduire. Voici ce que je trouve à l'occasion de ce
voyage du roi, dans les mémoires que les dames de Saint-
Cyr ont recueillis :

« Le 9 avril 1691, le roi ayant résolu d'aller faire le siége de Mons, madame de Maintenon se retira ici quelques jours avant son départ pendant qu'il faisoit ses préparatifs. Le roi vint lui dire adieu ; ils furent deux heures ensemble, dont la plus grande partie se passa devant le saint sacrement. Puis le roi nous fit l'honneur de venir tout seul à la salle de communauté, et nous dit : « Adieu, » mesdames, je me recommande à vos prières dont j'ai grand » besoin, car je suis un grand pécheur. » En disant cela, il ne put retenir ses larmes ni nous les nôtres, cette parole nous ayant extrêmement attendries. Il ajouta : « J'espère » que Dieu daignera les écouter. » Puis il nous dit, parlant de madame de Maintenon : « Je vous laisse ce que j'ai de » plus cher. » Madame de Loubert, qui étoit supérieure, dit à Sa Majesté que nous allions redoubler nos prières pour que Dieu le rende victorieux. « Non, pas tant la victoire, » dit-il, mais la paix ; il faut tâcher de contraindre nos » ennemis à nous la demander. »

» Au retour de cette campagne, qui ne dura guère qu'un mois, il eut la bonté de venir nous exhorter à remercier Dieu de la victoire qu'il lui avoit donnée, et de la Providence visible avec laquelle il l'avoit conservé. Madame de Maintenon lui fit un petit reproche de ce qu'il avoit fait trembler tout le monde en s'exposant trop. Il répondit : « Je n'ai fait que ce que je devois. » Madame de Loubert lui dit qu'il étoit obligé, pour le bien de l'État, de prendre soin de sa personne sacrée. Il répondit : « Les » places comme la mienne ne demeurent jamais vacantes » faute de sujets pour les remplir ; un autre fera mieux que » moi ; peut-être suis-je bon à la guerre parce que j'en ai » quelque expérience ; un autre excellera en de meilleures » choses. »

Je reviens à M. de Louvois. On ne sait pas quelle part ce ministre avoit faite à madame de Maintenon des mesures qu'il prit, en 1685, pour faire exécuter la révocation de l'édit de Nantes, révocation que le roi fit publier alors, et par laquelle il retrancha aux huguenots tous les priviléges qu'ils avoient obtenus les armes à la main, et dont on les avoit laissés jouir. Animé par le zèle qu'il avoit pour la religion, il jugea que pour prévenir les révoltes fréquentes que les huguenots avoient excitées dans le royaume, il falloit leur ôter l'exercice de leur religion, supprimer leurs assemblées et les réduire tous à se trouver heureux d'embrasser la religion catholique. Il y avoit longtems qu'ils pouvoient s'attendre à ce coup, le roi leur ayant marqué assez vivement, dans quelques occasions, combien leur secte lui déplaisoit. On rapporte même une réponse remarquable de ce prince à des remontrances trop vives que lui faisoient leurs députés en lui représentant ce que les rois ses aïeux avoient fait pour eux. « Mon grand-père vous aimoit, mon père vous craignoit, et moi je ne vous aime ni ne vous crains. » Enfin le roi, que son autorité et ses victoires rendoient plus absolu, voulut qu'il n'y eût plus qu'une religion dans ses États ; mais, pour y parvenir, on employa sous son nom des rigueurs qu'on ne peut approuver, ni selon la religion ni selon la saine politique. Il est vrai que ce prince ordonna à ce sujet mille choses dignes d'éloge : il soudoya un grand nombre de missionnaires pour aller dans tout le royaume instruire et ramener par la persuasion les protestants à la connoissance de la vraie Église. Il multiplia et prodigua pour ainsi dire les grâces et les honneurs en faveur des principaux d'entre eux qui voulurent bien rentrer dans la religion de leurs ancêtres. Il donna des sommes immenses pour payer des pensions aux enfants des huguenots et pour établir des écoles gratuites, pour que l'un et l'autre sexe pût être instruit dans la religion catholique. Mais à tous ces moyens si sages et si salutaires, on en joignit d'autres de rigueur qui gâtèrent l'ouvrage au lieu de l'avancer. Le féroce Louvois, soit qu'il suivît son humeur, soit qu'il cherchât à flatter son maître par une prompte exécution de ses volontés, soit que peut-être il ne fût pas fâché de donner lieu à quelque trouble ou guerre civile qui pût, au défaut des guerres étrangères, le rendre nécessaire, Louvois, dis-je, envoya partout des troupes avec ordre de vivre à discrétion dans les lieux ou dans les maisons des huguenots qui ne voudroient pas abandonner leur secte. Les intendants, servilement attachés aux volontés du ministre, entrèrent bientôt dans ces vues de rigueur; plusieurs les outrèrent encore, et le soldat, qu'on ne punissoit que rarement de ses vexations, enchérissoit encore sur la dureté de l'intendant et du ministre, en sorte qu'en bien des endroits on exerça beaucoup de violences contre les huguenots persévérants, et par ces violences on en détermina un nombre prodigieux à passer dans les pays étrangers avec leurs biens, leurs effets, leurs familles et leur industrie.

Les protestants, irrités, attribuèrent ces vexations à tous ceux qu'ils en soupçonnèrent, sans autre motif que celui de leur crédit auprès du roi. L'on voit par les histoires de Larrey et Limier, comme aussi par tous les écrits et libelles des protestants de ce tems-là, qu'ils rejetoient l'odieux de ces traitements sur le clergé, sur le père de la Chaise, confesseur du roi, et spécialement sur madame de Maintenon. Or, en cela, ils ont été injustes. C'est des principaux du clergé que vinrent au roi les avis fréquents qu'on lui donna sur les inconvénients de cette conduite rigoureuse. Le père de la Chaise étoit de son côté trop habile homme pour ne les pas sentir, et madame de Maintenon savoit mieux que personne, et par sa propre expérience même, que les voies de rigueur et de violence ne sont pas propres à gagner les cœurs et à triompher des résistances de l'esprit. Elle avoit toujours pensé ainsi, et le souvenir de ce qu'elle avoit été autrefois, et du mauvais effet que produisoient sur elle les rigueurs de sa mère, lui avoit appris, par son expérience, que la violence est un mauvais moyen pour opérer des conversions. Quelques particularités serviront à faire connoître quel étoit le fond des dispositions de madame de Maintenon sur cette matière.

Dans le tems de la guerre que le roi entreprit contre les Hollandois, ayant conquis plusieurs de leurs villes, il donna à M. d'Aubigné, frère de madame de Maintenon, le gouvernement de la petite ville d'Amersfort, en la province d'Utrecht, ville où les protestants étoient en grand nombre. Madame de Maintenon écrivant au nouveau gouverneur, lui mandoit : « Je vous recommande les catholiques, mais je vous prie de n'être pas inhumain aux huguenots ; il faut attirer les gens par la douceur, Jésus-Christ nous en a montré l'exemple [1]. »

Tel étoit le sens droit de madame de Maintenon ; d'ailleurs son caractère doux et liant, compatissant pour les malheureux et empressé pour les secourir, ne s'accommodoit pas de ces partis violents. Le bruit de ces vexations vint à elle, et elle prit le parti d'en parler au roi ; elle lui dit qu'elle craignoit que les punitions et les mauvais traitements ne fussent contraires au bien qu'on se proposoit, et ne donnassent aux protestants une éternelle aversion de la religion catholique. Mais le roi lui ferma la bouche en lui répondant : « Madame, votre discours me fait peine ; j'ai peur que ce ne soit un reste d'inclination pour votre ancienne religion. » C'est madame de Maintenon qui le conta alors, et qui le contoit comme une marque que c'étoit par zèle pour la religion que le roi vouloit procurer la conversion des protestants ; mais c'étoit aussi une marque que M. de Louvois avoit prévenu le roi, et l'avoit armé contre les représentations de madame de Maintenon. Il y a cependant tout lieu de croire que ni le roi ni madame de Maintenon n'ont jamais bien su jusqu'à quel point les vexations ont été portées ; ils n'en purent

[1] Lettre du 27 septembre 1672.

être instruits au vrai que depuis que M. de Louvois fut mort [1]. Ce ministre en étoit le vrai auteur, mais il détournoit ou il affoiblissoit tout ce qui pouvoit revenir au roi à ce sujet, et qui eût pu lui ouvrir les yeux et émouvoir la bonté naturelle de son cœur. La preuve que tout fut conduit par les ordres du ministre, à l'insu du roi, ce fut la précaution qu'il prit pour que ces violences ne fussent exercées que dans les pays éloignés de la capitale. On n'employa ni troupes ni dragons dans Paris ni dans les villes voisines, comme Meaux, Orléans, Saint-Quentin, etc., quoique remplis de protestants; les cris de ces lieux-là fussent venus trop aisément aux oreilles du roi. Toutes ces persécutions furent exercées dans les pays éloignés, dans des pays où la sédition et la révolte pouvoient s'échauffer plus facilement, et être plus aisément ignorées ou dissimulées. Cet homme, qui vouloit la guerre à quelque prix que ce fût pour se rendre encore plus absolu, étoit aussi capable de la désirer dans une sédition domestique que de l'exciter au dehors par sa conduite violente. Ainsi, c'est sur lui seul que doit tomber le reproche de ce qu'il y a eu de violent et d'imprudent dans cette conduite. La mémoire de madame de Maintenon ne doit point en souffrir, et il n'est pas douteux que M. de Louvois, s'il l'instruisoit des projets qu'il avoit formés pour ôter aux huguenots leurs priviléges, lui cachoit le détail de l'exécution, et celui des moyens odieux qu'il employoit pour réduire les protestants au désespoir.

Quelques années après ces poursuites et sur les fins de la guerre qui commença en 1688, quelqu'un profitant du désir que le roi avoit de donner la paix à son peuple et à l'Europe [2], lui suggéra, comme un moyen de la faciliter,

---

[1] « Ces horreurs, dit un illustre descendant d'un protestant réfugié, bien loin d'être commandées par le roi et approuvées par madame de Maintenon, furent commises malgré eux et probablement à leur insu. » (Ancillon, *Tableau des révolutions de l'Europe*, t. IV, p. 295.)

[2] On croit que ce quelqu'un était Vauban.

de faire rentrer les protestants dans le royaume, sous de certaines conditions ; et, sous le prétexte des avantages que le roi en retireroit, il donna un mémoire à cet effet. Madame de Maintenon, à qui apparemment le roi communiqua le projet, sentit son zèle ému à une proposition qui lui parut contraire au vrai bien de l'Église et de l'État. Quelque éloignée qu'elle voulût être de se mêler des affaires, elle crut devoir s'intéresser à celle-ci à cause de ses conséquences pour la religion, à laquelle elle étoit prête de tout sacrifier, jusqu'à sa modestie même ; elle réfuta le mémoire par celui que l'on garde encore tout entier de sa main et que je vais transcrire.

« Si les choses étoient aujourd'hui au même état que lors de l'édit qui révoqua celui de Nantes, je serois d'avis, sans balancer, qu'il faudroit s'en tenir à cette révocation, se contenter d'abolir l'exercice de la religion réformée, et penser à réunir peu à peu tous les sujets du royaume dans la même religion, en excluant dans les occasions qui se présenteroient les huguenots des charges et emplois, et s'appliquant avec patience et avec douceur à les convertir en les persuadant de la vérité.

» Mais dans la situation où l'on se trouve aujourd'hui, il faut, ce me semble, changer d'idée.

» Il est vrai que par rapport à la conscience, il me paroîtroit qu'on pourroit aller jusqu'à rétablir dans le royaume la liberté d'être de la religion prétendue réformée sans exercice public, si cela procuroit à l'État des avantages considérables ou le garantissoit de quelque grand péril et que l'on n'eût que ce seul moyen dont on pût se servir.

» Mais bien loin de croire que l'on en dût attendre des effets semblables, je suis persuadée qu'un changement de telle nature en produiroit beaucoup de mauvais et point de bons. Voici les raisons sur lesquelles je fonde mon avis :

» 1° Dans la conjoncture présente, cette démarche seroit

regardée dans les pays étrangers, dans le royaume même et surtout par les huguenots fugitifs et par les nouveaux convertis, comme l'effet d'une appréhension causée par la situation des affaires. Ces gens-là en deviendroient plus insolents, et fortifiés par les impressions et les espérances que leurs ministres leur donneroient, le moindre mauvais succès qu'auroient les armes du roi seroit capable de les porter à tout entreprendre.

» 2° Je crois qu'une partie de ceux qui ont passé dans les pays étrangers affaibliroient l'État plutôt que de le fortifier par leur retour. Ce sont les plus entêtés et les plus opiniâtres du parti, qu'on a vus capables de renoncer à leurs biens, à leur patrie, aux devoirs les plus essentiels et même à leur légitime souverain, plutôt que de plier à ce qu'on exigeoit d'eux. Des gens de ce caractère seroient prêts à tout hasarder et à donner du mouvement à ceux dont les intentions sont les moins mauvaises, et je crois qu'on ne se tromperoit pas en les regardant non-seulement comme ennemis, mais comme capables de nous en susciter d'autres. Enorgueillis par le bon succès de leur opiniâtreté, ils confondroient par leurs reproches et par leurs railleries les nouveaux convertis; c'en seroit assez pour faire retomber le petit nombre de ceux qui ont connu la vérité, mais dont la foi n'est pas encore bien affermie. Ceux qui sont incertains et qui avec le tems auroient pu suivre le bon parti seroient fixés à demeurer dans le mauvais, et pour ceux qui sont huguenots dans le cœur, il y auroit moins d'espérance que jamais de leur conversion.

» 3° On ne peut s'attendre que la liberté tacite de conscience sans exercice public satisfit ceux qui rentreroient dans le royaume ni les nouveaux convertis qui y sont demeurés. Ils compteroient pour rien le changement que l'on feroit en leur faveur, s'il n'étoit suivi d'un accord qui les remît au même état où ils étoient avant la révocation de l'édit de Nantes. Comme ils attribueroient à la crainte ce qui leur auroit été accordé, ils souhaiteroient des événements qui, en l'augmentant, leur feroient espérer d'obtenir le reste, et n'attendroient que des occasions pour y contribuer.

» 4° Si l'on accordoit la liberté de conscience, pourroit-on ôter aux pères et aux mères l'éducation de leurs enfants? Si on le faisoit, ils seroient plus irrités qu'ils ne le sont aujourd'hui; si, comme je crois qu'il seroit impossible de l'éviter, on les en laissoit maîtres, ce seroit perpétuer dans le royaume un corps puissant que la religion tiendroit toujours dans des intérêts contraires au bien de l'État, et qui, s'ils se voyoient privés d'espérances prochaines, en concevroient d'éloignées et envisageroient dans l'avenir une guerre civile, un règne foible, une minorité, comme une ressource pour sortir de ce qu'ils appelleroient oppression.

» 5° Enfin, dans la situation où sont les esprits, pourroit-on espérer de les guérir de leur défiance? Ils croiroient que l'on céderoit pour un tems à la nécessité, qu'aussitôt que la paix seroit faite le roi reprendroit la suite d'un dessein qui lui a tenu si fort au cœur, et ils ne compteroient pas plus sur l'exécution d'une nouvelle déclaration accordée en leur faveur que sur l'édit qui, en révoquant celui de Nantes, conservoit la liberté de conscience, la sûreté de leurs personnes et de leurs biens, et qui cependant a été suivi de tout ce qui s'est fait contre eux dans les derniers tems.

» De plus, par rapport au roi, j'ai répugnance à un changement tel que seroit celui qu'on propose. Quitter ainsi une entreprise qu'il a poussée si hautement, sur laquelle il a permis qu'on lui ait donné tant de louanges, et dans laquelle ses ennemis ont toujours publié qu'il succomberoit, il me semble que cela intéresseroit sa réputation et seroit contraire à la sagesse et à la fermeté ordinaire de ses résolutions.

» De toutes ces raisons, il me paraîtroit résulter que le meilleur parti qu'il y auroit à prendre, ce seroit, sans donner aucune nouvelle déclaration et sans révoquer aussi aucune de celles qui ont été données, de continuer comme on a déjà commencé, à adoucir insensiblement la conduite envers les nouveaux convertis.

» Surtout ne les point forcer à commettre des sacriléges en s'approchant des sacrements sans foi et sans dispositions; ne point faire traîner sur la claie les corps de ceux qui auroient refusé les sacrements à la mort, et ne point faire rechercher des effets remis dans le commerce par ceux qui sont hors du royaume.

» Pour les attroupements, ce sont des révoltes et des désobéissances nécessaires à punir, et j'approuverois les châtiments les plus rigoureux, pourvu, comme il est juste, qu'ils tombent sur les seuls coupables, et que les innocents ne soient pas confondus avec eux.

» Veiller pendant la guerre, autant qu'il se pourra, à l'éducation des enfants; mais au retour de la paix considérer cette affaire comme une des principales de l'État, prendre des mesures suivies et uniformes pour éloigner les jeunes gens de leurs familles, n'épargner ni soins ni argent pour leur faire trouver hors de chez eux la subsistance nécessaire : cela, dans tous les tems, demanderoit un grand examen pour former un plan général dont il ne faudroit plus se départir. Par cette conduite, on parviendroit à anéantir en France la religion prétendue réformée, et on pourroit la délivrer d'un mal dont elle souffre depuis longtems.

» Je n'entreprendrai point de réfuter en détail le mémoire qui m'a été communiqué; j'observerai seulement que l'auteur y parle de zèle et de fidélité, comme si on avoit oublié tout ce que l'histoire rapporte de la conduite des huguenots depuis leur origine. N'ont-ils pas fait des guerres sanglantes à nos rois? n'ont-ils pas attiré plusieurs fois des armées étrangères? De ce règne ici, n'a-t-on pas découvert la suite de leurs mauvaises intentions par un acte secret d'un de leurs synodes, dans un tems où ils espéroient que Cromwell pourroit les appuyer? Et ne voit-on pas encore aujourd'hui, par les lettres de ceux qui sont fugitifs, combien ils sont portés pour le prince d'Orange et pour les autres princes de leur religion? L'auteur du mémoire se trompe aussi quand il attribue la ligue des princes protestants aux mauvais traitements que les huguenots ont soufferts. Elle me paroîtroit plutôt un effet de leur politique, et une suite de la jalousie et de l'animosité qu'ils ont conçues depuis longtems contre la France.

» L'auteur dit trop aussi quand il attribue la ruine du commerce, la disette de l'argent, la diminution des manufactures et de la culture de la terre, à la seule retraite de ceux qui sont sortis du royaume. Il est vrai qu'elle a fort augmenté le mal, mais il avoit une source et une origine plus anciennes que ce qui est arrivé depuis la révocation de l'édit de Nantes. »

A la fin de cet écrit, il y a quelques feuilles où sont encore écrites les notes suivantes de la main de madame de Maintenon :

« Il faudroit surtout interdire les spectacles qui donnent une idée de martyre, rien n'étant plus dangereux pour les nouveaux catholiques, et même pour les anciens.

» Ne perdre jamais de vue le désir et le dessein de les convertir, s'y prendre avec des maximes solides et uniformes, en faire un projet, le bien examiner et le suivre doucement.

» Confier le tout aux intendants et aux évêques, afin qu'ils travaillassent de concert.

» Le plus grand bien seroit d'ôter les enfants, mais il faut accompagner ce dessein de beaucoup de discrétion.

» On pourroit dans un tems de paix commencer par

les pauvres, faire des hôpitaux dans chaque province, y recevoir les enfants que les parents y voudroient mettre, les traiter et les instruire avec de grands soins, les laisser voir leurs proches, qui seroient fort adoucis par le bonheur de leurs enfants.

» Recevoir les garçons dans les cadets, et les filles dans les couvents.

» Des millions ne pourroient être mieux employés, soit qu'on regarde le dessein en chrétien ou en politique.

» L'instruction solide que l'on pourroit donner dans toutes les provinces seroit aussi utile aux anciens catholiques qu'aux nouveaux convertis.

» Il faudroit charger du détail des personnes de bon esprit et de piété, qui rendroient compte des choses importantes au secrétaire d'État de la province, et qui suivroient le reste avec un grand soin. »

On voit par ce mémoire et ces notes, quels étoient les sentiments de madame de Maintenon sur la conversion des huguenots, sentiments bien différents de ceux que les protestants de Hollande lui ont attribués [1].

Les ministres d'État ne furent pas les seuls qui cherchèrent à mettre madame de Maintenon dans leur confidence, ou qui ambitionnèrent d'être dans la sienne : les grands de la cour et les dames distinguées s'empressoient de mériter sa faveur et de se ménager quelques moments pour venir lui faire confidence de leurs desseins, de leurs projets, de leurs désirs. Mais madame de Maintenon ne s'y prêtoit qu'autant que la nécessité et la bienséance l'exigeoient d'elle. Bien loin de faire valoir son crédit et de se faire une fête de se voir recherchée de toute part, c'étoit pour elle une fatigue et un accablement qui faisoient

---

[1] Ce Mémoire témoigne que la révocation de l'édit de Nantes n'était point regardée par le gouvernement de Louis XIV comme une affaire de religion, mais comme une affaire d'État; qu'il s'agissait non de forcer les dissidents à croire, mais d'anéantir un parti et des ennemis politiques.

une partie de ses peines, et qu'elle regardoit comme une croix dont Dieu vouloit se servir pour contre-balancer en elle la faveur dont elle jouissoit. C'étoit en partie pour se dérober à ces importuns respects et à ces confidences qui l'embarrassoient, qui même l'accabloient, qu'elle s'enfuyoit à Saint-Cyr plusieurs fois la semaine, et y passoit des jours entiers, ne revenant qu'à l'heure qu'elle savoit être celle où le roi avoit coutume de se rendre chez elle après la chasse ou la promenade.

Les ambassadeurs, appréciant son crédit et la confiance que le roi avoit en elle, cherchèrent aussi à se faire connoître d'elle et à se ménager quelque part dans son estime, mais elle évita avec soin leur commerce. Elle ne voulut recevoir les hommages d'aucun d'eux; sa porte leur fut comme inaccessible, et elle affectoit spécialement de s'aller cacher à Saint-Cyr les jours qu'ils avoient audience du roi à Versailles.

Le ministre du pape, monseigneur Cavalerini, qui depuis fut cardinal, et qui vint en France pour la nonciature, trouva moyen cependant de pénétrer jusqu'à elle, mais ce fut par un expédient qui flattoit la dévotion de madame de Maintenon, expédient auquel elle ne put se refuser. Ce prélat apporta de Rome, dans une châsse dorée, le corps entier d'un saint martyr tiré des catacombes, à qui l'on avoit donné le nom de *saint Déodat* ou *Dieudonné*. Le présent fut agréé et reçu avec bien du respect et de la reconnoissance de la part de madame de Maintenon, et c'est le seul profit qu'elle a tiré de la considération où elle étoit alors. C'étoit en l'année 1694 que ce ministre lui fit ce saint présent.

Au reste, ce n'est pas que tout le monde fût d'abord subjugué par son crédit: madame de Montespan avoit à la cour ses amis, ses parents, ses partisans; ils partagèrent avec elle son dépit, et se dédommageoient par leurs railleries et leurs médisances de la faveur qu'ils avoient perdue. Quelques-uns d'entre les princes et les princesses entrèrent dans leur passion, et madame de Maintenon fut pour eux, pendant un tems, un objet de jalousie et de chagrin : son âge, sa condition passée, sa retenue en toute occasion, leur fournirent la matière la plus ordinaire de leurs railleries et de leurs chansons. Madame de Maintenon ne l'ignoroit pas ; mais elle prit le parti de ne rien relever, de souffrir tout en paix et avec la même modestie qu'elle montroit à soutenir la faveur du roi. Ce fut cette modération qui lui réconcilia peu à peu tous ceux qui l'avoient le plus méprisée. Il y a lieu de croire de même que la crainte de lui voir porter le titre de reine fut ce qui alarma d'abord les grands, qui soupçonnoient avec fondement que ses liaisons avec le roi étoient sacrées; mais sa modestie constante rassura enfin la cour. Au bout d'un certain tems, il arriva que si elle avoit des jaloux, elle n'avoit point proprement d'ennemis [1], et elle dut ce succès d'une part à la constance du roi à l'honorer toujours avec la même préférence et la même assiduité, de l'autre à la modestie avec laquelle elle se comporta envers les princes et les grands, ne s'élevant jamais au-dessus de personne, cédant volontiers en toute occasion, n'ambitionnant ni rang ni titre, ni distinction ni bien, éloignant même tout ce qui pouvoit la faire soupçonner de vouloir être plus que ce qu'elle paroissoit être.

Cette conduite lui réussit si bien que les princes et les princesses se firent peu à peu, et l'un après l'autre, un mérite de lui marquer de l'estime et de la confiance. Elle servit à tous, en bien des occasions, de médiatrice auprès du roi, soit pour leur procurer des grâces qu'ils ambitionnoient, soit pour les raccommoder avec ce prince quand il croyoit avoir quelque sujet de mécontentement d'eux. Cette confiance de leur part et ces soins de l'autre furent

---

[1] Languet de Gergy se trompe. Madame de Maintenon ne cessa pas d'avoir des ennemis à la cour, mais ils cachaient, comme la princesse palatine, leur haine et leur envie sous des démonstrations d'amitié et de respect.

même dans la suite une de ses croix des plus pesantes; leurs confidences et leurs visites lui enlevoient son tems et lui devenoient importunes. Elle disoit un jour à ses demoiselles : « Je suis accablée, je n'en puis plus ; j'ai été tirée aujourd'hui, non à quatre chevaux, mais à quatre princes. » Au reste, cette confiance de leur part, qui la rendoit la confidente de leurs désirs et la conciliatrice de leurs démêlés, a été fort utile à eux et au royaume, et je crois qu'on peut lui attribuer, au moins en partie, cette union qui a paru régner de son tems dans la maison royale, composée de tant de princes et de princesses qui formoient tant de branches différentes, et qui souvent avoient des intérêts et des inclinations fort opposés.

En effet, on voyoit tout à la fois à la cour le Dauphin avec les trois princes ses fils ; le duc d'Orléans, frère du roi, avec les deux princesses qu'il épousa successivement ; son fils unique le duc de Chartres, qui épousa une fille naturelle du roi ; les maisons de Condé et de Conti, composées de plusieurs princes et princesses ; celles du comte de Toulouse et du duc du Maine. On vit en même tems le roi et la reine d'Angleterre, l'un et l'autre fugitifs de leur royaume, et vivant pendant bien des années au milieu de la cour de France, avec le prince et la princesse de Galles, leurs enfants. On vit ensuite arriver la princesse de Piémont, qui épousa le duc de Bourgogne et qui forma une nouvelle maison de France, tandis que le duc d'Anjou alla en Espagne en fonder une autre, qui a eu cependant des relations étroites et continuelles avec la cour de France, comme le demandoient la proximité du sang et la communauté d'intérêts. Enfin se forma la maison du duc de Berry, qui épousa une princesse d'Orléans. Il étoit difficile qu'une dame dans le rang équivoque, si j'ose m'exprimer ainsi, que madame de Maintenon tenoit auprès du roi, pût se maintenir avec tant de princes et de princesses ; qu'elle pût concilier leurs esprits, n'être brouillée avec aucun, et leur conserver à tous la bonne volonté du roi. C'est cependant à quoi elle a travaillé toute sa vie, et travaillé avec succès.

J'en trouve un trait remarquable dans les mémoires qu'on m'a fournis. Ce trait regarde le roi d'Angleterre, qui étoit à Saint-Germain en Laye. Quelqu'un, par légèreté ou par malignité, avoit fait au roi quelque rapport contre le roi d'Angleterre : on le taxoit d'avoir marqué du mécontentement de la conduite du roi à son égard. La reine d'Angleterre, plus vive et moins patiente que le saint roi son mari, s'ouvrit de sa peine à madame de Maintenon, et, non contente de lui en avoir parlé, elle lui écrivit la lettre suivante :

« Quoique je ne doute pas que vous n'ayez fait un fidèle rapport au roi de ce qui s'est passé l'autre jour à Saint-Germain entre M. Talbot, vous et moi, ce qui aura sans doute convaincu Sa Majesté de la fausseté de ce que l'on disoit au préjudice du roi mon mari, auquel il est impossible de faire un plus grand tort que de le faire paroître ingrat et orgueilleux, lui qui est le plus reconnoissant de tous les hommes, et le plus humble aussi bien que le plus humilié de tous les rois, cependant je ne puis être en repos là-dessus, et j'ose me promettre de la bonté et de la justice du roi qu'il ne se contentera pas de dire simplement à vous et à moi qu'il ne croit pas la chose, mais qu'il voudra bien aussi prendre les mesures nécessaires pour en découvrir l'auteur, afin que la réparation soit aussi publique que l'a été la calomnie. J'ai d'autres raisons, outre celles que vous savez, et que je vous dirai samedi à Saint-Cyr, pour croire M. Talbot tout autre homme que ce que je vous avois dit au commencement de notre conversation; mais je le laisse avec la réputation du roi mon mari entre les mains du roi, qui sans doute voudra en avoir encore un plus grand soin, puisqu'il est absent, et qu'il ne peut pas parler au roi lui-même. Mais je suis sûre que cet outrage le touchera autant qu'il m'a touchée, quoique peut-être il ne le fera pas tant paroître; car pour moi j'en suis outrée, et ne le saurois dissimuler. Je me fie à votre amitié dans cette affaire pour nous obtenir justice. Vous avez toujours été la meilleure de mes amies, mais dans cette occasion vous avez été la seule; achevez ce que vous avez si bien commencé, et faites voir à tout le monde que vous avez eu raison quand vous avez soutenu que le roi mon mari n'étoit pas capable d'être ingrat. Je la suis aussi peu que lui. Jugez par là quelle obligation je vous aurai si par votre moyen je vois le roi mon mari justifié, et tout le monde convaincu que le roi ne permettra pas que l'on nous outrage impunément.

» MARIE, reine. »

Cependant le roi, qui aimoit à trouver de la reconnoissance en ceux à qui il faisoit du bien, avoit été vivement piqué de ce qu'on lui avoit rapporté, et il l'avoit cru trop aisément. Madame de Maintenon, à qui il s'ouvrit de sa peine, prit généreusement la défense du roi absent. Elle ne flatta pas le roi sur la précipitation de son jugement, le persuada de l'innocence du roi d'Angleterre, et, pour consommer la réconciliation, elle déterra la source du faux propos, et elle engagea celui qui y avoit donné lieu à détruire lui-même dans l'esprit du roi le rapport désobligeant et peut-être faux qu'il avoit hasardé.

C'est ainsi que madame de Maintenon travailloit à réunir toute la maison royale, à concilier aux princes et aux princesses la bienveillance du roi, et à écarter les nuages qui pouvoient s'élever; et elle y réussit par la prudence de son conseil d'une part, et par l'efficace de son insinuation de l'autre part. Elle prévenoit, selon les occasions, les dissentiments qui auroient pu dégénérer en divisions éclatantes entre ces têtes illustres. Il est vrai que la grande autorité que le roi s'étoit acquise dans son royaume imposoit à tout le monde, mais la sagesse de madame de Maintenon entroit pour beaucoup dans cette union : en sorte que, pendant trente années qu'a duré la vie de Louis XIV et la faveur de son Esther, on n'a pas vu la dixième partie de ces brouilleries dont nous avons été les témoins durant la minorité de Louis XV. Que ne peut une femme dans le haut crédit où étoit celle-là! Quand par sa modestie elle n'effarouche personne, quand par son désintéressement elle ne traverse personne, quand par sa patience (et patience souvent éprouvée) elle n'offense personne, quand en un mot elle ne juge de rien, ne se mêle de rien, ne prononce sur rien qu'avec cette humble sagesse que prescrit l'Évangile, sa politique est de beaucoup supérieure à cette malheureuse politique du monde qui aime la division pour en triompher.

L'événement de la mort de Louis XIV fournira, quand j'en ferai dans la suite le récit, une preuve sensible de ce que je raconte de madame de Maintenon. Alors il parut que madame de Maintenon n'avoit aucun ennemi. Le gouvernement nouveau du duc d'Orléans, régent, se montra d'abord entièrement opposé à celui de Louis XIV; l'on renversa ce qu'il avoit élevé, et on éleva ce qu'il avoit humilié. Madame de Maintenon, selon ce qui arrive ordinairement à ceux qui ont eu longtems un grand crédit, auroit dû devenir l'objet de la vengeance des princes et des grands, si elle avoit été celui de leur haine. Il n'en arriva pas ainsi; au contraire, le régent la traita avec de grands égards, on peut dire même avec une sorte de respect[1], et, sachant qu'elle étoit pauvre, il pourvut à son entretien presque aussi libéralement que le roi défunt.

[1] Languet de Gergy ne dit pas assez : avec le plus grand respect et la plus grande reconnaissance. Ce n'était d'ailleurs que justice, car certainement le régent devait à madame de Maintenon la conservation de son honneur et peut-être de sa vie, à cause de la conduite qu'il avait tenue en Espagne dans l'année 1708, conduite que Louis XIV, sans les prières de madame de Maintenon, aurait punie rigoureusement.

Nous le verrons en son lieu : je le fais remarquer d'avance pour confirmer ce que je raconte ici de la modération de madame de Maintenon dans le crédit immense dont elle a joui si longtems, et dans l'attention qu'elle a toujours eue de faire servir ce crédit à maintenir dans l'union la maison royale, à rendre à chacun des princes et des princesses les respects qui leur étoient dus et les bons offices qu'ils attendoient d'elle, et à ne prendre de parti contre aucun dans leurs jalousies réciproques.

Je trouverois bien d'autres preuves de ce que j'avance ici dans les lettres et les billets de confiance qu'elle recevoit souvent de tous les princes et princesses qui s'adressoient à elle dans toutes leurs affaires particulières où ils avoient besoin du roi; je trouverois, dis-je, ces preuves, si madame de Maintenon ne les avoit brûlées avant sa mort. Elle avoit sagement conservé les lettres qu'elle avoit reçues de Monseigneur, premier Dauphin ; du duc de Bourgogne, devenu Dauphin après lui; de tous les princes et princesses des maisons d'Orléans, de Condé et de Conti; et ces lettres marquoient la confiance que chacun prenoit en elle et en ses bons offices. Les dames de Saint-Cyr et les demoiselles qui lui tenoient compagnie à la cour ont vu ces lettres et en rendent témoignage. Mais madame de Maintenon, se voyant près de la mort, crut devoir faire à l'humilité le sacrifice de toutes ces lettres, qui lui devenoient inutiles, et elle les fit brûler en sa présence; il n'en échappa qu'un petit nombre que l'on déroba adroitement à l'incendie et à la vigilance de celle qui l'avoit ordonné [1].

Ces lettres font connoître les attentions continuelles que madame de Maintenon donnoit à ménager les personnes que son inclination aussi bien que son devoir lui faisoit respecter, le soin qu'elle se donnoit de ne blesser

---

[1] Quoi qu'en dise Languet de Gergy, il en reste un assez grand nombre, et je publierai les plus importantes dans la *Correspondance générale* de madame de Maintenon.

personne, selon le conseil de l'Apôtre, et de se rendre autant qu'elle pouvoit utile à tous; aussi M. de Bussy dit-il d'elle dans une de ses lettres : « Jamais femme n'a été si universellement estimée que madame de Maintenon, et il faut qu'elle ait autant de bonté que d'autres grandes qualités, car d'ordinaire le mérite sans celle-là attire plus d'envieux que d'amis, et tout le monde a été ravi de ses prospérités. Il faut dire aussi la vérité, quelque grande que puisse être sa fortune, elle sera toujours moindre que sa vertu [1]. » Sa principale attention fut toujours de travailler autant qu'il étoit en elle à maintenir toute la famille royale dans la paix et l'union avec celui qui en étoit le chef, et à écarter tout ce qui pouvoit la désunir; en sorte que l'habileté et la sagesse de madame de Maintenon faisoient une partie de cet ouvrage, tandis que Louis XIV faisoit l'autre par sa grande autorité. Il imposoit à tous le joug de l'obéissance par une puissance absolue, et madame de Maintenon travailloit à rendre ce joug aimable par ses insinuations, ses conseils et ses bons offices. C'est ce dont le roi Jacques d'Angleterre, connu sous le nom du chevalier de Saint-Georges, lui a rendu, encore depuis peu, un glorieux témoignage qui ne peut être suspect ni de flatterie ni d'intérêt. Écrivant à madame de Boufflers, supérieure de la maison de Saint-Cyr [2], après la mort de madame de Maintenon, il parle ainsi d'elle :

« Il est très-naturel de croire que j'ai pu avoir plusieurs connoissances au sujet de feue madame de Maintenon; mais ma jeunesse et d'autres circonstances m'en ont privé. Cependant je n'ai pas laissé d'être témoin pendant plusieurs années du respect que lui portoit la famille royale, et de la dignité et de la modestie avec lesquelles elle soutenoit l'état où la Providence l'avoit placée, preuve mani-

---

[1] Voir la *Correspondance de Bussy-Rabutin*, publiée par M. Lalanne, t. VI, p. 200.

[2] Elle fut élue deux fois supérieure, en 1735 et en 1738.

feste de la solidité de son esprit et de sa vertu, et du discernement du feu roi, dont la mémoire me sera à jamais respectable, et m'engagera à respecter tout ce qui lui appartenoit. Je suis très-sensible aux expressions obligeantes que vous me faites dans votre lettre. Je n'oublie point l'attachement et l'amitié que le feu maréchal de Boufflers avoit pour moi, et je serai toujours très-aise de marquer à ceux qui portent son nom le souvenir que j'en conserve, et à vous en particulier, l'estime et la singulière considération que j'ai pour vous.

» Sur ce, je prie Dieu qu'il vous ait, madame la supérieure du monastère de Saint-Cyr, en sa sainte garde.

» Votre bon ami

» JACQUES, roi [1].

» A Rome, le 20 décembre 1738. »

Cependant il n'étoit pas facile de réussir à tant de choses différentes et à maintenir la confiance d'un roi encore dans la force de l'âge, qui avoit dans le secret ses humeurs comme les autres hommes, et qui craignoit plus que personne d'être gouverné. Pour que madame de Maintenon pût lui plaire constamment et lui donner la consolation domestique qu'il avoit espéré trouver en elle, il falloit qu'elle dévorât mille petits chagrins secrets et mille refus, qu'elle se repliât en cent manières, et qu'elle se contraignît presque toujours sans néanmoins le paroître ; c'étoit, comme elle l'a dit bien des fois, la croix de son état : croix qui souvent étoit très-pesante ; en sorte que cette femme, que le monde croyoit heureuse, répandoit souvent des larmes de tristesse et de dégoût sur un sort qui faisoit l'objet de la jalousie publique.

C'étoient en effet les refus et les rebuts même qu'elle essuyoit souvent du roi, qui faisoient sa peine presque journalière, et qui, dans les commencements de sa faveur,

---

[1] J'ai entre les mains plusieurs lettres de Jacques III à madame de Maintenon : elles ont une assez grande importance.

lui coûtèrent bien des larmes. Comme elle avoit pour règle de faire servir son crédit à protéger le bien et à contredire le mal selon les occasions, et que le roi lui faisoit souvent part de ses desseins et de ses choix pour remplir les places importantes de l'Église et de l'État, madame de Maintenon se croyoit quelquefois obligée de contredire ses vues, et le roi, qui n'aimoit pas à être contredit, qui n'étoit pas accoutumé à l'être, et qui étoit fort absolu dans tout ce qu'il vouloit, s'offensoit de la liberté qu'elle prenoit, et rebutoit ses conseils. D'autres fois elle lui demandoit des grâces, soit pour avancer ses bonnes œuvres, soit pour des personnes de mérite pour qui elle s'intéressoit, et le roi la refusoit assez souvent. Il usoit même du droit que donne la familiarité pour le faire quelquefois fort durement.

Il est vrai que quand elle paroissoit fâchée de ces refus, le roi lui disoit : « Est-ce tout de bon que vous le voulez, madame? vous n'avez qu'à parler. » Mais madame de Maintenon craignoit d'abuser de la condescendance du roi, et elle n'insistoit pas. Elle racontoit ceci à celle des demoiselles qui lui tenoit compagnie[1], et celle-ci lui dit un jour : « Mais, madame, vous faites tort, par votre douceur, à ceux dont vous connoissez le mérite et à vos amis; paroissez un peu fâchée, et vous ferez tout ce que vous voudrez. — Il est vrai, répondit-elle, c'en seroit le vrai moyen, et j'obtiendrois tout ce que je voudrois; mais je ne crois pas que Dieu m'ait placée où je suis pour faire la croix du roi. Je lui demande la grâce de m'assister continuellement pour souffrir en paix : c'est mon partage. »

Elle racontoit une autre fois à la même demoiselle une contradiction qu'elle avoit reçue de la part du roi, dont elle avoit été fort peinée; car elle avoit le cœur si sensible et si tendre sur l'amitié du roi, qu'il falloit peu pour l'affliger beaucoup. Cette demoiselle lui parut en être fort touchée et étonnée. Madame de Maintenon lui répondit :

[1] Mademoiselle d'Aumale.

« J'en ai remercié Dieu sur-le-champ ; que seroit-ce que ma place, si je n'y éprouvois rien qui me fît de la peine? »

Dans une autre occasion elle dit à la même personne : « J'ai eu bien de la peine à me contraindre, mais j'ai prié Dieu qu'il me fît la grâce de ne le point marquer, et de ne rien dire qui fît voir ce que je sentois, et il m'a exaucée, car j'ai résisté jusqu'à la fin. » La demoiselle étonnée lui dit qu'elle avoit peine à comprendre comment, dans un si grand chagrin, elle avoit eu le courage de prier. « Ah! dit-elle, si je ne le faisois pas, Dieu ne me feroit pas les grâces qu'il me fait. » Que de disputes, et de querelles domestiques seroient étouffées et tourneroient à mérite si l'on savoit contrarier ainsi son dépit, recourir à Dieu et faire par un pur esprit de charité et de pénitence ce qui, dans madame de Maintenon, pouvoit être soutenu par le respect de la majesté royale!

Madame de Maintenon portoit avec tant de patience et de courage et même de silence ces peines secrètes, qu'elles n'étoient connues des personnes qui l'approchoient que quand elle leur en faisoit confidence, et ordinairement c'étoit plutôt pour les instruire qu'elle la leur faisoit que pour chercher en elles une frivole consolation. Plus souvent elle gardoit en elle-même sa douleur, mais on l'apercevoit quelquefois par les larmes qu'elle versoit, et par l'affliction où on la voyoit plongée quand elle étoit seule, bien qu'avec le roi elle eût paru toujours avec un air gai et content et une humeur pleine de douceur et d'agrément. Une autre fois, après que le roi se fût retiré de chez elle, elle dit à la demoiselle qui lui tenoit compagnie : « Je suis poussée à bout, mais le roi ne s'en est pas aperçu; je vais pleurer à mon aise entre quatre rideaux. » Souvent elle avoit pleuré tout le jour et jusqu'au moment que le roi alloit arriver chez elle; à ce moment elle savoit se contraindre de sorte qu'il n'y paroissoit pas, « par le principe, disoit-elle quelquefois, que son devoir étoit de lui éviter toutes les peines qu'elle pourroit, de le calmer dans ses humeurs, de le consoler dans ses chagrins et de l'amuser dans l'ennui qui n'est pas inséparable de la royauté; pour cela il falloit se montrer toujours contente avec lui. » Elle a dit bien des fois à celle qui a recueilli ces détails pour en avoir été souvent le témoin : « Je n'aspire qu'à faire goûter la piété au roi; il faut pour cela qu'il me trouve toujours gaie et complaisante; car si je lui portois mes peines, j'aurois peur qu'il ne crût que c'est la dévotion qui en est la cause. »

Cette maxime étoit d'une grande perfection, mais pour la mettre en pratique ordinairement et toujours, elle exigeoit une grande contrainte et un assujettissement universel. Il étoit tel que quelquefois madame de Maintenon marquoit à ses confidentes le regret qu'elle avoit d'être à la cour, le désir qu'elle auroit eu de mener une vie privée mais tranquille, et la préférence qu'elle donnoit au-dessus de sa faveur à une vie simple, pauvre et cachée, où l'on n'est occupé que de Dieu.

A la contrainte qu'elle étoit obligée de s'imposer avec le roi, succédoit celle que lui causoit l'importunité des courtisans : tous vouloient aller à elle, et obtenir par elle les grâces qu'ils ambitionnoient. Madame de Maintenon, dont le crédit pouvoit s'étendre à tout, étoit par conséquent en butte à tous ceux qui aspiroient aux grâces, et tous leurs efforts tendoient à lui parler, à la presser, à l'importuner. Un esprit avide de gloire, de crédit et d'autorité, eût été rassasié et même fatigué de cet empressement. La modestie de madame de Maintenon s'en accommodoit encore moins, et moins elle vouloit être la dispensatrice des faveurs, et plus elle souffroit de l'importunité de ceux qui croyoient pouvoir en arracher de ses mains. Ceux qui avoient obtenu quelque grâce venoient aussi à elle pour la remercier, et augmentoient la foule qui cherchoit à lui enlever tout son tems et son repos; et elle disoit quelquefois à la demoiselle qui lui tenoit compagnie : « Il m'apprend qu'il a obtenu cette grâce; si je m'en fusse mêlée, cela n'auroit pas si bien réussi. » Une femme qui aimoit la retraite, la visite des pauvres, et qui trouvoit plus de goût à ces pieux exercices qu'à converser avec les grands, devoit souffrir beaucoup d'une importunité si continuelle, et d'une contrainte qui la gênoit sans cesse dans le secret comme dans le public. C'est cette contrainte continuelle que madame de Maintenon racontoit en détail à son amie madame de Glapion, et que celle-ci a rendue tout naturellement dans une conversation qu'elle a mise par écrit[1]; récit naïf qui développe bien sensiblement les incommodités que la grandeur et le crédit ont coutume d'attirer; au reste, ceci ne pourroit-il pas servir à détromper ceux qui croient que l'on est heureux quand on est grand, quand on est puissant, quand on possède la faveur? Ce vain fantôme de félicité fait illusion à tous les hommes, et cependant ce n'est qu'un fantôme qui échappe des mains de ceux qui croient le saisir; tous ceux qui y ont passé le disent et l'avouent, et l'on est assez insensé pour ne pas croire à leur expérience.

Le frère de madame de Maintenon, le comte d'Aubigné, lui fut longtems aussi une croix pesante, parce qu'il ne vivoit pas dans la piété qu'elle lui souhaitoit. Le roi, par considération pour elle, le fit chevalier de l'ordre, et lui donna un gouvernement de province[2]. Madame de Maintenon n'eut pas la peine de rien demander pour lui; elle crut que ce que le roi avoit fait étoit beaucoup et ne demanda rien davantage; mais sa modestie ne plaisoit pas à son frère. C'étoit à Dieu qu'elle demandoit la conversion de ce frère unique qu'elle aimoit tendrement; mais elle l'aimoit en chrétienne; et c'étoit pour le salut de ce frère

---

[1] Voir cette conversation dans les *Lettres historiques et édifiantes*, t. II, p. 153.

[2] D'abord celui de Belfort, puis de Cognac, enfin du Berry.

qu'elle gémissoit continuellement. Ses sollicitations auprès de lui, soit par elle-même, soit par des gens de bien qu'elle lui adressoit, importunoient beaucoup ce seigneur, et, comme il étoit fort caustique, sa sœur et sa dévotion étoient le sujet le plus ordinaire de ses plaisanteries. Enfin les prières de madame de Maintenon furent exaucées; le comte d'Aubigné commença à rentrer en lui-même; il se retira dans une communauté pieuse; il y vécut plusieurs années; là il goûta un vertueux prêtre de Saint-Sulpice [1], qui depuis fut fait évêque de Belley et ensuite de Châlons; et ayant mis en lui sa confiance pour la conduite de son âme, il mourut entre ses bras, avec les sentiments d'un bon chrétien. Il n'avoit eu qu'une fille, qui épousa le duc d'Ayen, depuis duc de Noailles et aujourd'hui maréchal de France.

Au milieu de ces occupations et de ses peines même, madame de Maintenon ne perdit point de vue son objet principal, qui étoit de travailler à la sanctification du roi, et de contribuer, autant qu'elle le pourroit, au bonheur public; et tout ce que je viens de raconter de son travail, de son accablement, de sa contrainte continuelle, avoit un motif divin qui lui faisoit tout porter avec courage. Elle y étoit soutenue par les sages conseils de ses directeurs.

Voici à ce sujet quelques mots de l'évêque de Chartres qui méritent d'être insérés ici : « Vous vous plaignez des affaires qui vous accablent, mais Dieu, que vous cherchez, les tournera à bien. C'est votre état, Dieu lui-même vous l'a formé. Il vous charge de veiller à sa gloire dans ces affaires qui se traitent devant vous. Où est le négociant qui s'afflige de l'étendue de son négoce et de l'accablement de son trafic? Vous en souffrez, mais c'est là votre pénitence; vous craignez que cet accablement ne vous dissipe trop; tant que votre intention sera droite, ce n'est pas dissipa-

[1] L'abbé Madot, avec lequel madame de Maintenon eut une correspondance suivie que je donnerai dans la *Correspondance générale*.

tion : ce sont les bonnes œuvres de votre place. Vous vous plaignez que les affaires vous éloignent de Dieu à Versailles, et que les amusements vous en ont éloignée à Fontainebleau ; ces amusements vous sont nécessaires. Vous avez vu visiblement que vous vous en portiez mieux, et que vos maux viennent d'ennui et de contrainte ; ils ne vous éloigneront pas de Dieu ; encore une fois, vous en avez besoin, et ceux qui sont autour de vous, à qui vous servez d'asile, pourroient-ils supporter une vie entièrement sérieuse ? Vous ne pouvez arriver à l'unique nécessaire dans la région que vous habitez que par ces amusements dont vous vous plaignez et par ces inutilités. On ne prend le poisson qu'à l'hameçon et au filet. Voilà l'hameçon et les filets pour la pêche que vous avez à faire. Il faut que dans le lieu des plaisirs on apprenne par vous comment on doit régler ses plaisirs, et quels sont les jeux innocents compatibles avec la vertu. Écoutez saint François de Sales : « Je ne dis pas qu'il ne faille pas pren» dre du plaisir pendant qu'on joue : on ne s'y divertiroit
» pas ; mais je dis qu'il n'en faut pas faire sa passion pour
» le désirer et s'y arrêter avec empressement, etc. »

LIVRE SEPTIÈME.

Madame de Maintenon s'occupe de la direction spirituelle de la maison de Saint-Louis. — Moyens qu'elle emploie pour y faire vivre la piété et la ferveur. — Sa conduite pour le gouvernement temporel de cette maison et l'éducation des demoiselles dans l'ordre de la vie civile. — Discipline qu'elle y établit et maximes qu'elle y inspire. — Sortie de madame de Brinon.

J'ai fait voir dans le livre précédent combien la fortune de madame de Maintenon étoit mêlée de chagrins et de contraintes, et de quelles croix secrètes Dieu, pour sa sanctification, savoit contre-balancer en elle ce bonheur apparent que le monde aveugle et ambitieux lui envioit; au milieu de ces croix journalières et de cette contrainte continuelle, sa principale consolation étoit de pouvoir se retirer avec ses filles de Saint-Louis et d'y passer fréquemment les journées presque entières. Elle a dit bien des fois à la même amie à qui elle s'ouvroit confidemment[1], que quand elle entroit à Saint-Louis et qu'elle voyoit fermer les portes sur elle, elle avoit toujours un mouvement de joie de sentir que le monde ne la pouvoit suivre; quand le soir elle retournoit à Versailles, elle pensoit quelquefois en approchant de ce lieu, et disoit en elle-même : « Voilà le monde, et, selon les apparences, ce monde pour qui Jésus-Christ ne voulut pas prier la veille de sa mort. Je ne dis pas, ajoutoit-elle, qu'il n'y ait de bonnes âmes à la cour; il y en a assurément, et de très-agréables à Dieu, mais en général c'est là où réside ce qu'on appelle le monde; c'en est là le centre, c'est là où toutes les passions

[1] Madame de Glapion.

sont si fort agitées par l'intérêt et l'ambition ; c'est donc là ce monde maudit. Cela me donne quelquefois un vif sentiment de tristesse et d'horreur pour ce lieu, et cependant c'est là où je vais[1]. »

C'étoit cette horreur du monde qui lui donnoit sans cesse un vif désir de sortir de la cour, même au milieu de sa plus brillante fortune, et de chercher dans la retraite le doux repos qu'on y goûte quand on s'y occupe de bonne foi à servir Dieu et à se sanctifier. Quoi qu'il en soit, la principale consolation de madame de Maintenon étoit, comme je l'ai dit, de se retirer à Saint-Louis, d'y passer de fréquentes journées avec les dames et leurs élèves, de s'occuper de l'instruction des unes et de l'éducation des autres, et de former en cette maison cet esprit de piété, de régularité et de ferveur qui y règne.

Pendant quinze années que j'ai été à la cour du vivant de madame de Maintenon, il m'a paru, comme à tout le monde qui y vivoit alors, que la maison de Saint-Louis faisoit sa principale occupation. Elle y alloit au moins de deux jours l'un passer la journée entière ; elle y arrivoit dès six heures du matin, et au plus tard en hiver à sept heures, et n'en revenoit que sur les six heures du soir, et j'ai appris qu'elle en avoit presque toujours usé de même. Là elle se livroit à ses dévotions, communioit ordinairement trois ou quatre fois la semaine, faisoit de pieuses lectures, rendoit compte assidûment à son directeur de ses dispositions et de sa conduite, et employoit tout le reste de la journée aux détails de la maison, à l'éducation des demoiselles et à la conduite de la communauté des religieuses. J'ai rapporté plus haut les progrès de cet établissement ; il faut continuer d'en parler ici ; comme c'est là ce qui a fait la principale occupation de madame de Maintenon, il est juste que je m'y arrête, car, comme

---

[1] Voir cet entretien avec madame de Glapion dans les *Lettres historiques et édifiantes*, t. II, p. 153.

je l'ai déjà dit, quoi qu'en ait pensé le public sur de fausses conjectures, elle ne s'occupoit des affaires publiques et de l'État que par occasion, et selon que le roi lui en parloit; elle ne s'y introduisoit pas d'elle-même, à moins que la nécessité, le cri des peuples, l'intérêt de la gloire ou de la conscience du roi ne l'y forçât; mais, hors ces cas rares et extraordinaires, elle craignoit de se mêler des affaires publiques, et, tant qu'elle le pouvoit, elle s'en débarrassoit autant par goût que par modestie.

Les soins que madame de Maintenon se donna pour rendre solide l'établissement temporel de la maison de Saint-Louis ne sont rien en comparaison de ceux qu'elle prit pour y former et perfectionner l'esprit de piété et de régularité. Elle prit d'abord des chapelains et confesseurs ordinaires de la main de son évêque, M. de Neuville, et il lui en fournit de vie sainte et irréprochable; mais M. l'abbé Gobelin étoit toujours le principal directeur de la maison; il y venoit fréquemment faire des instructions et des entretiens de dévotion, et n'épargnoit aucun soin tant pour inspirer les vérités évangéliques à la jeune noblesse que pour élever les dames qui les conduisoient à une grande perfection. On a pu prendre une idée de sa direction dans la conduite qu'il a tenue envers madame de Maintenon elle-même dans sa jeunesse. Il travailloit sur la conscience des dames de Saint-Louis dans le même goût et avec le même succès; il ne vouloit point dans ces dames une perfection médiocre, et il disoit que celles qui devoient inspirer les vertus chrétiennes, l'esprit de l'Évangile et l'amour de Dieu aux autres, devoient avoir ces vertus au double et commencer à leur en donner des exemples aussi parfaits qu'il seroit possible.

La multiplication tant des jeunes demoiselles que des dames destinées à leur éducation, obligea madame de Maintenon à chercher du secours : elle appela MM. de Brisacier et Tiberge, l'un et l'autre supérieurs du séminaire des missions étrangères, l'un et l'autre célèbres par de grands talents, par une vie austère et par un désintéressement reconnu. Ils venoient souvent dans la maison de Saint-Louis faire de ces exhortations vives et pathétiques dont Paris a été si souvent édifié. Madame de Maintenon crut cependant devoir dans la suite ne leur pas donner toute sa confiance : ce fut quand elle vit le différend qui s'éleva entre MM. des missions étrangères et les jésuites au sujet des cérémonies de la Chine. Madame de Maintenon, qui n'avoit pas voulu mettre Saint-Louis sous la conduite des jésuites de peur de se trouver engagée dans les querelles de la société, craignit par la même raison de prendre parti dans celles du séminaire des Missions étrangères ; elle ne leur marqua plus une si grande confiance depuis que ce différend éclata, et encore moins depuis que la grande liaison de ces messieurs avec M. le cardinal de Noailles les eut rendus suspects de jansénisme, dont, grâce à Dieu, cette communauté s'est bien lavée depuis ce tems-là. Cela n'empêcha pas qu'elle n'eût toujours une grande considération pour MM. Tiberge et Brisacier, et qu'elle ne se servît quelquefois de leurs conseils. Elle en usoit de même avec les jésuites, et elle marquoit une considération particulière à ceux d'entre eux qui avoient le plus de réputation de piété ; elle a maintenu le roi dans le goût de ne prendre de confesseur que dans leur société, tant pour lui que pour les princes ses enfants. Elle consulta beaucoup le père de la Chaise, confesseur du roi, touchant les règles qu'elle donna à Saint-Cyr, et elle le voyoit fréquemment. Elle eut aussi une grande estime pour le père Bourdaloue, ce fameux et saint prédicateur, le Chrysostome de son siècle, qui ne craignit jamais d'annoncer à la cour, où il préchoit souvent, les vérités les plus terribles, d'y attaquer les vices qui y dominoient et de les peindre avec toutes leurs couleurs. Madame de Maintenon, qui connut que ce saint religieux était véritablement animé de l'esprit de Dieu, crut devoir, pour son utilité propre, lui ouvrir son âme et lui demander des conseils et des décisions sur plusieurs circonstances où elle se trouvoit alors : c'étoit en 1688, tems où son crédit et sa fortune étoient montés au plus haut point.

La sagesse qu'elle trouva dans ses conseils [1] lui donna le désir de s'attacher à lui pour la direction de sa conscience; mais ce père n'ambitionna pas une confiance qu'un homme moins en garde que lui contre l'amour-propre et la vanité eût acceptée peut-être aisément. Il fit connoître à madame de Maintenon qu'ayant sans cesse des sermons à composer, à apprendre de mémoire et à prêcher, il ne pourroit guère la voir qu'une fois en six mois. Madame de Maintenon, qui a raconté ce fait dans un entretien avec la mère de Glapion, lui dit à ce sujet : « J'avois besoin alors d'un secours plus présent et plus fréquent dans les embarras où je me trouvois souvent. »

De tous les gens de bien dont madame de Maintenon voulut éprouver les directions et recevoir les avis pour la conduite de son âme, celui qu'elle goûta le plus et auquel elle se fixa enfin, tant pour sa propre direction que pour celle de sa communauté, ce fut M. Paul Godet Desmarets, que j'ai déjà fait connoître ci-devant, et dont on ne peut assez louer la sagesse chrétienne et la vie édifiante. Madame de Maintenon le fit nommer dans la suite évêque de Chartres, comme on l'a dit, mais auparavant il avoit donné déjà ses soins à la direction spirituelle des dames et des demoiselles de Saint-Louis, et il fut enfin si goûté par tout le monde qu'il resta seul en possession de la confiance de madame de Maintenon et de toute la maison. Il l'a gouvernée pendant près de vingt ans d'épiscopat, et l'on peut juger du fonds de sainteté qu'il portoit dans son cœur par cet esprit de ferveur et de piété qu'il a laissé dans la com-

[1] On a publié en 1819, d'après l'autographe, les *Instructions du père Bourdaloue* à madame de Maintenon, datées du 3 octobre 1688.

munauté et qui y subsiste toujours, « car c'est par les fruits qu'on connoît l'arbre », et c'est par la sainteté des disciples qu'on peut juger de l'esprit qui anime leurs apôtres.

Le principal soin de madame de Maintenon fut d'inspirer aux dames et aux demoiselles l'amour de Dieu et le zèle de leur perfection. Elle y employoit les lectures pieuses, les conversations saintes, les récréations même aussi bien que les avis, les conseils, les prières et les répréhensions, car elle vivoit avec toutes comme une supérieure au milieu de sa communauté, et savoit tempérer la grande considération où elle étoit dans cette maison par sa douceur, son affabilité et sa modeste simplicité; elle savoit même mêler de tant de grâce et d'enjouement ses conversations et ses récréations, ses conseils même et ses répréhensions, qu'elle faisoit aimer ce que l'autorité exige souvent de rigueur et de fermeté, car il en faut quelquefois, avec une multitude de jeunes filles fort éveillées et souvent mal élevées dans leur enfance. J'ai rapporté dans le commencement de ces Mémoires quelques traits de sa vie qu'elle leur racontoit, en s'accusant elle-même des extravagantes vanités de sa jeunesse. Elle le faisoit pour apprendre à ces jeunes demoiselles à craindre et à fuir l'orgueil et la fausse gloire, à aimer la dépendance et l'obéissance, à établir solidement leur confiance en la providence de Dieu, à craindre le monde, à aimer la pénitence, à supporter la contrariété, à servir le prochain avec courage, avec zèle, même aux dépens de son bien et de son repos. Elle ne se contentoit pas des avis généraux et des instructions familières qu'elle donnoit si agréablement dans ses conversations; elle entroit dans le détail des défauts, des vices, des imperfections de ses filles; elle leur parloit en particulier, elle les encourageoit, les reprenoit, les consoloit selon leurs besoins et leur disposition, et tout étoit assaisonné de cette douceur modeste, de cette franchise et de ces grâces qui ne la quittoient jamais.

Une de ses attentions étoit qu'on évitât tout ce qui pouvoit donner de la vanité à ces demoiselles, et réveiller en elles le désir de plaire par les attraits naturels, si funestes souvent aux jeunes personnes. Jamais on ne parloit devant elles de leur beauté ou de leur agrément, si elles en avoient. Madame d'Heudicourt venoit souvent à Saint-Cyr avec madame de Maintenon; mais un jour elle s'avisa, en conversant avec une des dames de Saint-Louis, de louer la beauté de cette religieuse [1]. Madame de Maintenon en fut blessée. Elle laissa plusieurs années madame d'Heudicourt sans la mener à Saint-Cyr, et aussi sans lui dire le sujet de cette espèce de disgrâce; après ce tems elle l'y ramena à l'ordinaire, et lui déclara le sujet pour lequel elle l'avoit laissée si longtems, afin que non-seulement elle ne s'avisât plus de louer la beauté de ses filles, mais qu'elle apprît aux autres dames de la cour à ne pas tomber dans le même inconvénient.

Elle ne bornoit pas son zèle à ces attentions et à ces soins. Tantôt absente et tantôt présente, elle écrivoit à chacune ce qui lui convenoit soit pour régler sa conduite, soit pour lui inspirer la ferveur, soit pour répondre aux consultations pieuses que chacune avoit la liberté de lui faire. On a d'elle une multitude de morceaux de cette espèce, qui manifestent l'esprit qui l'animoit, la justesse et le discernement de son goût dans les voies de la piété, et on n'y peut trop admirer comment une femme qui avoit passé tout son tems au milieu du plus grand monde, possédoit si éminemment les voies intérieures et l'esprit de la perfection évangélique et religieuse [2].

---

[1] C'était madame de Fontaines. Voir sur cette dame la note de la page 329, et les *Lettres historiques et édifiantes*, t. Ier.

[2] Voir là-dessus les six volumes de lettres et instructions de madame de Maintenon aux dames et aux demoiselles de Saint-Cyr, que j'ai publiés sous les titres: *Lettres et entretiens sur l'éducation des filles; Lettres historiques et édifiantes adressées aux dames de Saint-Cyr; Conseils et instructions aux demoiselles de Saint-Cyr*.

Pour justifier ce que je raconte, et ce que notre siècle, prévenu par les libelles qui ont déchiré sa réputation, auroit peut-être peine à croire, je n'ai qu'à transcrire ici quelques-unes de ces instructions; l'on y reconnoîtra aisément que ce n'étoient pas la chair et le sang qui lui inspiroient les sentiments si sublimes et si saints qu'on y remarque, mais le Père céleste, *de qui vient toute grâce excellente et tout don parfait.* Je n'en rapporterai qu'un petit nombre, car on feroit de gros volumes de tout ce qui est resté à ses chères filles des diverses instructions de leur institutrice... [1].

Outre ces instructions générales, madame de Maintenon ne cessoit d'en donner par écrit à celles qui s'adressoient à elle pour lui ouvrir leur cœur et la consulter; on a une multitude de lettres d'elle, que ses filles ont gardées soigneusement pour leur édification, et qui sont dignes d'être lues et même admirées. Il semble que c'est la mère de Chantal qui parle aux filles de saint François de Sales, qui composoient sa société naissante. Madame de Maintenon avoit bien étudié l'esprit de l'un et de l'autre, du saint et de sa première disciple; et rien n'est plus conforme au style et à la morale de ces âmes sublimes dans la voie de la perfection, que ce qu'elle écrivoit. Il est à souhaiter que les dames de Saint-Louis fassent part au public de ce trésor si propre à édifier les âmes pieuses, et en même tems à faire connoître au vrai les dispositions du cœur de madame de Maintenon dans le

---

[1] A la suite de cette phrase, Languet de Gergy insère quelques lettres et instructions de madame de Maintenon aux dames de Saint-Cyr. Comme ces morceaux se trouvent exactement et complètement dans les six volumes que j'ai publiés, je crois devoir les retrancher. Les principaux sont : 1º Lettre à madame de Montalembert (1694), insérée dans le tome Ier, p. 117, des *Lettres et entretiens sur l'éducation;* 2º Lettre à madame de Fontaines (20 septembre 1691), insérée dans le tome Ier, p. 65, des *Lettres et entretiens sur l'éducation;* 3º Instructions à madame de Montalembert (1693), insérées dans les *Lettres et entretiens sur l'éducation*, t. I, p. 98, etc.

tems de sa plus haute élévation [1], car il est à remarquer que la plupart de ces instructions, de ces avis et de ces lettres ont été par elle écrites dans les commencements de l'établissement de Saint-Cyr, même avant que les dames fussent vouées à la vie tout à fait religieuse. On le voit en ce qu'elle les traite ordinairement du nom de dame et de madame; car après le noviciat et la profession religieuse, elles n'usèrent plus entre elles que du nom de sœur, et madame de Maintenon se conformoit à leur usage.

Les soins de madame de Maintenon ne se bornoient pas, dans la maison de Saint-Louis, à former à la piété les dames qui la gouvernoient, et les jeunes demoiselles qui y étoient élevées; comme les demoiselles étoient obligées de sortir à l'âge de vingt ans, selon la règle qui avoit été établie dans les constitutions, qu'alors elles rentroient dans le monde pour la plupart, et y prenoient des établissements, elle s'appliqua à former leur esprit par tous les exercices propres à leur inspirer cette politesse que le monde exige, et qui n'est point incompatible avec la piété. Elle prenoit soin de leur taille, de leur air, de leur démarche, de leurs ouvrages, de leurs jeux même et de leurs conversations. Elle ne pouvoit souffrir en elles la hauteur, l'étourderie, la vanité, la paresse et l'humeur; elle vouloit que la raison dominât en tout; c'étoit à la raison aussi bien qu'à la piété qu'elle les ramenoit toujours dans ses avis et ses répréhensions; et c'étoit à former et perfectionner la raison que tendoient les divers exercices qu'elle avoit prescrits.

Après avoir partagé les deux cent cinquante demoiselles en quatre classes, elle partagea ces classes en plusieurs

[1] Ces lettres ont été communiquées par les dames de Saint-Louis à La Beaumelle, qui a dédaigné ces écrits si remarquables et n'en a inséré qu'un très-petit nombre dans sa collection, et encore en les altérant. Les six volumes que j'ai publiés ne sont pas la dixième partie de ce que possédaient les dames de Saint-Cyr; mais il était indispensable de faire un choix.

bandes, chaque bande ayant une table qu'elles entourent, et où elles sont placées de telle sorte que le devant de la table soit vide, et que la maîtresse puisse voir d'un coup d'œil toutes les demoiselles de la même salle, qui, en six tables différentes, et neuf ou dix demoiselles à chaque table, travaillent sous sa conduite.

Chacune de ces espèces de brigades a ses règles, ses occupations, ses pratiques de vertu, de civilité et de charité, ses conversations et ses amusements, selon la portée de chaque âge. On passe d'une brigade à une autre à proportion de ce qu'on se distingue en raison, en piété; l'émulation est entre elles toutes et toujours soutenue par quelque objet, parce qu'elles ont toutes et toujours quelque chose à espérer et à mériter.

Chaque classe étant divisée en six ou sept bandes de demoiselles, de neuf ou dix, de chacune de ces bandes on en choisit trois qui se distinguent par leur sagesse, leur obéissance et leur application. Elles président en quelque façon à la bande, et elles aident aux maîtresses à la conduire. La première est réputée le chef de la bande, la deuxième est appelée son aide, et la troisième, suppléante. Elles ont toutes trois une croix d'argent attachée à un ruban, et la façon du ruban distingue encore le degré de chacune de ces officières. De plus, ces bandes sont subordonnées entre elles, et c'est une distinction de passer d'une bande inférieure à une supérieure; mais pour les classes, c'est l'âge qui en décide.

Il y a encore deux sortes de distinctions qui servent beaucoup à exciter et à entretenir l'émulation entre les demoiselles : ce sont celles que donne le ruban couleur de feu ou le ruban noir. Celles qui ont mérité l'honneur du ruban couleur de feu sont employées dans les petites classes à aider aux dames dans leurs fonctions pour l'instruction des enfants. Elles sont au nombre de dix. Celles du ruban noir sont au nombre de vingt, et les demoiselles qui ont mérité cette distinction sont au plus haut degré de considération entre les autres demoiselles. On n'y parvient que par un mérite reconnu et soutenu. La fonction de ces vingt est d'aider aux différents offices de la maison, et d'en partager le soin avec les dames officières, à qui celles-ci servent d'aides.

L'esprit dominant de cette éducation, selon ce que madame de Maintenon l'a inspiré, c'est de conduire ces filles à la vertu par de nobles sentiments, sans employer que rarement les basses corrections. On les attire toutes à remplir leurs devoirs par des motifs de raison, de générosité, et surtout de piété et d'amour de Dieu. C'est dans cette vue que madame de Maintenon a composé des entretiens sur divers points de conduite, de vertus morales et de religion, dans lesquels plusieurs personnes, parlant ensemble sur la même matière, prenant différents partis et faisant diverses réflexions, sont amenées par la conversation et par une espèce de dispute à conclure en faveur de quelque vérité morale ou chrétienne. Dans ces *Conversations*, les personnages font valoir chacun son opinion, et plusieurs de ces opinions sont ou les maximes ordinaires qui règnent dans le monde, ou les idées que la prévention et l'ignorance ont coutume d'y inspirer. Chaque opinion de cette nature est combattue avec avantage par celle qui parle avec plus de raison, de prudence et de vertu. Ces *Conversations* sont pleines d'esprit, de sentiment, de gentillesse même, et de reparties vives et agréables. On les liroit avec plaisir si les dames de Saint-Louis permettoient qu'elles sortissent de leur maison et qu'on en tirât des copies; mais c'est un trésor qu'elles réservent à elles seules [1].

[1] Elles furent néanmoins publiées, d'après une copie infidèle, en 1757. Deux autres éditions, d'après la même copie, ont été faites en 1808 et 1828. Enfin j'en ai donné, d'après un manuscrit de mademoiselle d'Aumale, une édition exacte et complète en 1857, dans les *Conseils et instructions aux demoiselles de Saint-Cyr*, 2 vol. in-12.

Ces *Conversations*, composées dans un style aisé et naturel, quoique mêlées de saillies d'esprit, sont préparées pour chaque classe, et proportionnées à l'âge et à la portée des enfants. Elles les apprennent de mémoire et les récitent entre elles. Le roi, qui venoit de tems en tems à Saint-Louis, et qui affectionnoit la sainte éducation qu'on donnoit à la noblesse de son royaume, goûtoit beaucoup cet exercice. Il aimoit à entendre ces *Conversations;* il avoit un singulier plaisir à les voir réciter par les demoiselles, et madame de Maintenon ne manquoit pas de les préparer de telle sorte qu'elles servissent même sans affectation à l'instruction des princes et des princesses qui avoient l'honneur d'accompagner Sa Majesté, et des officiers qui formoient sa suite. Souvent ils y ont entendu des vérités qui leur ont été utiles.

Madame de Maintenon ne se confioit pas dans son propre esprit, ni dans sa dextérité à toutes choses : elle chercha des conseils et des secours de dehors pour former la communauté à la vie sainte qu'elle y désiroit introduire, et aux exercices dont elle vouloit la charger. On verra par la suite à quelle occasion elle tira de l'ordre de la Visitation des filles d'un rare mérite et d'une vertu à l'épreuve pour faire faire le noviciat aux dames qui furent les premières conductrices de sa communauté. Elle voulut d'abord que ces dames fussent dressées à bien faire les écoles et les catéchismes par des personnes qui y seroient expérimentées. M. l'abbé Gobelin, et ensuite l'abbé Desmarets, quelquefois même MM. Tiberge et de Brisacier, se chargèrent des catéchismes, et ils venoient en faire assez souvent pour en enseigner la méthode par leur pratique. Quant aux écoles, ces dames tirèrent un grand secours des sœurs dites de *l'Instruction,* filles spirituelles d'un minime d'une grande réputation, nommé le P. Barré. Cette communauté, qui fait de grands fruits dans le royaume par le nombre des écoles qu'elle conduit, est établie à Paris dans la rue Saint-Maur, au faubourg Saint-Germain. Madame de Maintenon obtint qu'on lui prêtât pour un tems quelques-unes de ces sœurs, pour qu'elles aidassent aux dames à la conduite des classes, et qu'elles contribuassent par leur exemple et leur méthode à montrer aux enfants la lecture, l'écriture, l'arithmétique, et cela avec l'ordre, l'arrangement et les pratiques convenables à ce petit mais difficile gouvernement. Madame de Maintenon fut fort contente de celles qu'on lui avoit prêtées; elle ne les renvoya, après le tems pour lequel elle les avoit demandées, qu'avec des marques de sa reconnoissance, et depuis elle a protégé cet institut et lui a procuré en divers endroits du royaume des établissements.

Madame de Maintenon s'appliquoit elle-même à l'instruction des demoiselles, et spécialement à former selon son goût les maîtresses mêmes, et à les amener à ce point de perfection dans l'éducation qu'elle avoit dans l'esprit. Pour en venir à bout plus efficacement par son exemple, elle fit pendant deux ans entiers, dans chaque classe, la fonction de la première maîtresse, et elle préféroit cette fonction à tous les amusements de Versailles. Elle se déroboit le plus qu'elle pouvoit au grand monde qui l'entouroit, pour venir exercer son zèle et son goût dans cette éducation des enfants et de leurs maîtresses. Elle arrivoit de Versailles dès le matin, et se rendoit à Saint-Cyr pour être présente au lever des demoiselles; elle aidoit à les peigner, à les habiller; elle suivoit pendant la journée la même classe pour voir s'il n'y avoit rien à ajouter, à perfectionner, à corriger dans la conduite qu'on y tenoit. Elle se faisoit accompagner par la maîtresse de la classe à laquelle elle s'attachoit ce jour-là, pour que cette maîtresse, présente à tout ce qu'elle diroit et répondroit, pût se former elle-même; elle ne cessoit point son assiduité à une classe qu'elle ne l'eût mise entièrement dans la parfaite conduite qu'elle désiroit.

Elle commença ce travail en l'année 1702, et s'attacha d'abord à conduire la classe rouge, qui est la classe des plus jeunes, et elle s'en chargea pendant près d'un an. Le pape avoit accordé le jubilé de l'année sainte, qui fut publié dans le cours de cette année. Elle se donna une peine infinie pour préparer ces enfants à profiter de cette grâce singulière, et à s'y préparer avec toute la ferveur convenable à leur âge; elle s'appliqua spécialement à les instruire sur la manière de faire une confession bien sincère, et à joindre à l'examen exact des péchés et à leur humble accusation un amour et une douleur qui répondissent à la grâce qu'elles espéroient; elle se tenoit à portée du confessionnal pendant des journées entières, pour suggérer à chacune de ces jeunes demoiselles, à mesure que leur tour venoit, les sentiments de la plus vive contrition et ceux d'un humble courage pour ne rien celer au confesseur des péchés qu'elles devoient accuser.

Je ne puis mieux peindre le zèle et la charité avec lesquels madame de Maintenon se prêtoit à former les maîtresses, soit pour le temporel, soit pour le spirituel de cette maison, qu'en rapportant ce qu'elle écrivoit à madame de Brinon. C'étoit dans le commencement de l'établissement. « Si nous ne songeons à les instruire, disoit-elle, on les mettra en tutelle le lendemain de notre mort, et on leur donnera un économe dans le dehors qui les troublera et les ruinera. Je sais qu'il faut avoir patience avec ces dames, et qu'elles ne peuvent être de longtems bien habiles. C'est pour cela que je voudrois y travailler au plus tôt. Pour moi, je m'offre avec tous mes gens pour les servir avec cette conduite, et je n'aurai nulle peine à être leur intendante, leur femme d'affaires et de tout mon cœur leur servante, pourvu que mes soins leur soient utiles pour les mettre en état de s'en passer. Voilà où je tends, voilà le fond de mon cœur, voilà ce qui fait ma vivacité et mon impatience, et voilà ce que je soumets à vos avis. »

D'après le zèle qu'elle mettoit à ce ministère, il n'est pas surprenant que, voyant ses succès et cueillant les fruits du jardin qu'elle avoit planté, elle trouvoit tant de goût à passer les journées à Saint-Cyr. Elle disoit aussi quelquefois que le plaisir d'être à Saint-Louis occupée à l'instruction des enfants, la consoloit de tous les ennuis de la cour; qu'elle ne pourroit soutenir la peine que lui causoit l'éclat du grand monde, si elle n'avoit pas été soutenue par son assiduité à Saint-Louis et par la consolation qu'elle y trouvoit.

A l'émulation que donnoient les classes différentes par où il falloit monter pour arriver à la première, madame de Maintenon ajouta diverses distinctions, diverses récompenses, et elle savoit placer ses caresses si à propos et avec tant de raison et de prudence, que la crainte de lui déplaire et le plaisir d'être bien reçue d'elle suffisoient pour exciter dans toute cette jeunesse l'ardeur pour apprendre et pour se distinguer.

Dans les commencements de l'éducation des filles qui étoient à Noisy, madame de Brinon, selon l'usage de plusieurs couvents d'ursulines, essaya d'exercer les demoiselles à la déclamation; mais elle n'avoit à faire déclamer et représenter que ces anciennes pièces des martyrs et des saints, où il n'y a ni goût ni versification. Ces mauvaises poésies déplurent fort à madame de Maintenon. Comprenant néanmoins que la déclamation de quelques pièces mieux composées pourroit être utile à inspirer de nobles sentiments à ces jeunes personnes, et servir à leur former une bonne grâce convenable à leur sexe, elle leur fit apprendre de mémoire quelques-unes des belles tragédies de Corneille et de Racine. Bientôt elle en eut du scrupule, et elle reconnut que les sentiments passionnés que les vers de ces deux excellents tragiques exprimoient si noblement et si tendrement pourroient bien corrompre de jeunes cœurs. Elle fit donc quitter ces sortes de pièces, dont elle connut le danger. Pour y suppléer et ne pas perdre le fruit qu'on pouvoit tirer de la déclamation, elle engagea le célèbre Racine à composer des pièces qui fussent accommodées à la piété qui régnoit à Saint-Louis, et qui n'inspirassent que des sentiments dignes de Dieu et de la religion. Ce fut ce qui produisit d'abord la tragédie d'*Esther*, et ensuite celle d'*Athalie*, supérieure à la première, et une des plus intéressantes que Racine ait composées. Les demoiselles représentèrent si bien l'une et l'autre, que le roi, sur le récit que lui fit madame de Maintenon, eut la curiosité de les entendre. Il y vint, et il fut charmé de la représentation[1]. Il y revint plusieurs fois, et amenoit avec lui les princesses et les dames de la cour, qui trouvèrent que l'action noble et naturelle de ces demoiselles étoit supérieure à celle des acteurs mercenaires qui attirent à Paris les amateurs du théâtre. Le roi fit répéter plusieurs fois ces deux pièces, et toujours elles eurent le même succès. Mais madame de Maintenon connut encore dans la suite que ces spectacles, tout pieux qu'ils fussent, pouvoient nuire à ses filles par le mélange du grand monde qui accouroit à leurs représentations : elle cessa d'y attirer le roi et la cour, et elle borna ses filles à les représenter entre elles, pour conserver ce qu'il y avoit d'utile et bannir ce qui pouvoit avoir quelque danger.

Elle voulut donc qu'on se bornât à faire ces représentations dans la maison, et pour les seules personnes qui l'habitoient, sans communiquer ce spectacle aux gens du monde. Elle ne crut pas déroger à cette sage précaution en faisant représenter une fois *Jonathas* et une autre fois *Athalie* en présence de Mgr l'évêque de Noyon, son parent, et des prêtres de Saint-Lazare, qui servoient la communauté de leur ministère ; et la représentation se fit au parloir. Elle

---

[1] Les *Mémoires des dames de Saint-Cyr* donnent des détails intéressants sur ces représentations, et on les retrouvera dans le chapitre IV de *Madame de Maintenon et la maison royale de Saint-Cyr*.

en eut encore du scrupule, et elle conçut que ces représentations au parloir pourroient attirer des spectateurs et dégénérer en abus. Ainsi, de concert avec Mgr l'évêque de Chartres, elle interdit pour jamais ces représentations au parloir [1].

L'attention de madame de Maintenon se porta aussi à pourvoir à deux choses importantes, premièrement que l'esprit de ménage et d'économie s'établit si bien dans la maison de Saint-Louis, qu'il pût s'y perpétuer toujours; secondement que les demoiselles fussent toujours occupées à quelques ouvrages utiles.

Quant à l'économie et au ménage, elle en fit elle-même des leçons assidues à celles d'entre les dames à qui elle confia le soin du temporel. Les bonnes et saintes filles, toutes fort jeunes et sans expérience, se fussent trouvées sans elle bien embarrassées à régir une maison composée de trois à quatre cents bouches. Madame de Maintenon prit sur elle les premiers soins de la dépense, tant générale que particulière; elle l'entendoit au souverain degré. Rien n'est mieux écrit sur l'économie domestique qu'une lettre qu'elle adressa à son frère dans les commencements de sa faveur, pour arranger la dépense de ce frère dissipateur sur un pied honnête, et pour qu'il pût payer en même tems les dettes qu'il avoit déjà contractées [2]; car ce frère, aussi fastueux et aussi vain que sa sœur étoit modeste et économe, n'avoit rien du caractère de madame de Maintenon. Plus habile qu'aucune femme du monde dans l'économie domestique, elle s'appliqua à y former les dames conductrices de la maison, et elle voulut qu'elles y fussent aidées par d'autres plus jeunes et même

---

[1] Voir la lettre qu'elle écrivit à ce sujet dans les *Lettres historiques et édifiantes*, t. II. On la trouve aussi dans les *Causeries d'un curieux*, t. II, p. 604, d'après l'autographe, qui appartient à M. Feuillet de Conches.

[2] Cette lettre célèbre a été publiée très-inexactement par La Beaumelle. Je la publierai d'après l'autographe, qui appartient à M. Feuillet de Conches.

par quelques-unes des demoiselles, sachant que ce talent de l'économie et de la bonne conduite d'une maison seroit pour elles un plus riche trésor que la dot qu'on leur donne à la fin de leur éducation.

Étoit-ce économie, ou étoit-ce prudence, quand elle posa pour règle capitale de ne donner dans cette maison à manger à personne? Ces deux motifs y concoururent, car d'une part elle eût été exposée à bien de la dépense, si on eût été assujetti à donner à manger aux parents et aux parentes des jeunes demoiselles, et les distinctions eussent été odieuses; d'autre part c'étoit par cette épargne fermer la porte à une grande dissipation et distraction. L'économie et la réserve sur ce point devinrent telles qu'on n'avoit pas même à Saint-Louis cet usage assez profane, mais fort ordinaire, de donner d'amples collations aux prédicateurs. Un jour que le comte d'Aubigné devoit amener dans son carrosse à Saint-Cyr le père Bourdaloue, pour faire une exhortation aux dames et demoiselles de Saint-Louis, il lui dit en dînant à Versailles avant le départ : « Au moins, mon père, dînez bien, et ne comptez point sur la collation, car Saint-Louis est la maison de Dieu où l'on ne boit ni l'on ne mange. » On rapporta cette plaisanterie à madame de Maintenon, qui en rit beaucoup et dit : « Il est vrai que nous sommes sur ce pied-là; mais on ne peut réussir en tout; notre fort est l'instruction, notre foible l'hospitalité. »

L'avarice n'avoit aucune part à cette économie, car madame de Maintenon avoit inspiré à sa maison le même désintéressement et la même générosité dont elle étoit pour ainsi dire pétrie. Elle y avoit posé pour règle fondamentale qu'on n'y pourroit rien acquérir, qu'on n'y recevroit jamais de présent, à quelque titre que ce pût être; elle voulut que cela fût inséré dans les règlements, et que le roi en fît comme une des conditions des lettres patentes. Elle montra quel étoit son esprit dans une occasion légère en elle-même, mais où son zèle pour le désintéressement se montra tout entier par la vivacité de ses réprimandes. Mgr l'évêque de Blois ayant été sacré, dans l'église de Saint-Cyr, par l'évêque de Chartres, avoit envoyé beaucoup de bois pour faire des estrades et des amphithéâtres, pour disposer les autels et les places des assistants. C'étoit lui qui avoit payé cette dépense, et il avoit jugé ne devoir pas, après la cérémonie, réclamer ses bois, comme une chose trop légère. L'architecte de la maison les fit aménager pour s'en servir à des ouvrages pour la maison auxquels il faisoit travailler. Madame de Maintenon le sut comme par hasard, car on ne songeoit ni à le lui dire ni à le lui cacher, tant on y alloit simplement. A cette nouvelle son zèle s'enflamma, et quand c'eût été un autre Simon qui eût tenté d'acheter les dons du Saint-Esprit avec de l'argent, je ne sais si elle eût maudit plus vivement cette malheureuse économie. Elle parla avec une colère dont elle paroissoit incapable, eu égard à sa douceur naturelle; elle tonna, et de vive voix et par lettres; elle fit entrer le roi dans son indignation; enfin elle crut devoir faire à ce sujet un bruit si marqué que le souvenir en resta dans la suite des tems, et que jamais on ne s'avisa de déroger à cet esprit de désintéressement et de noblesse que les communautés religieuses ne connoissent pas toujours.

Ce fut dans le même esprit qu'elle repoussa les épargnes que les dames étoient tentées de faire sur les demoiselles : « Quoi! disoit-elle, parce que ces pauvres enfants ne se plaignent pas, faudra-t-il retrancher et prendre sur elles, et quoique ce qui a été réglé pour leur habillement soit très-simple, trouver encore à diminuer quelque chose, et cela pour de petits ménages qu'on peut appeler de vraies vilenies, des lésines et des ravauderies pitoyables?... Prenez l'épargne pour vous qui êtes religieuses; ménagez-vous une chemise, une guimpe, portez des pièces à vos habits, cela convient fort à votre vœu de pauvreté; mais ce n'est pas là la pensée de la maison.... Quand il viendra des tems bien fâcheux et où il faudra faire quelques retranchements, qu'on les fasse d'abord sur la communauté, qu'on vous voie un peu éguenillées, qu'on diminue vos portions, et puis quand vous aurez fait cela un certain tems, je vous permettrai de voir s'il faudra penser à faire de même aux demoiselles. »

Les avis de madame de Maintenon ont prévalu dans la maison de Saint-Louis : selon les intentions de cette généreuse dame, on y a retranché ces misérables petits ménages qu'elle blâmoit; on fournit aux demoiselles largement tout ce qui leur est nécessaire, et on ne les assujettit à aucun travail qui les surcharge et qui les dérange de leurs exercices. On n'a conservé des pratiques de l'économie et de l'épargne que ce que la prudence exige, et ce qui est nécessaire pour en inspirer l'esprit à des filles nées sans bien et qui souvent rentrent après leur sortie de Saint-Louis dans des familles pauvres, qui par conséquent ne doivent rien ignorer de ce qui peut servir à se bien conduire dans cet état.

L'autre objet temporel des attentions de madame de Maintenon, ce fut le travail des demoiselles. Elle leur fit montrer des ouvrages de toutes les sortes et n'épargna rien pour leur fournir des maîtresses propres à les instruire. Quoiqu'on appliquât chacune des demoiselles à ce qui étoit le plus convenable à son âge et à son habileté, elle vouloit néanmoins que toutes s'instruisissent de tout, afin qu'elles ne fussent neuves sur aucun ouvrage quand elles sortiroient de la maison, et l'on excitoit leur émulation pour le travail comme pour la piété et pour les autres vertus chrétiennes et morales. Les ouvrières habiles et laborieuses étoient louées, estimées et distinguées à proportion de leur succès. Mais celles que madame de Maintenon estimoit le plus et qu'elle louoit le plus volontiers, c'étoient celles qui aimoient l'occupation et qui craignoient l'oisiveté et la paresse. C'est le vice qu'elle détestoit et blâmoit avec le plus de vivacité, et ce qu'elle reprenoit plus sévèrement ; et une demoiselle paresseuse et négligente ne pouvoit se flatter de prétendre à son amitié.

La meilleure leçon qu'elle leur donnoit étoit son exemple, car elle étoit elle-même active, laborieuse et voulant être toujours occupée utilement, en sorte qu'elle ne fut pas moins soigneuse, dans son élévation et son abondance, de s'occuper de quelque travail, qu'elle le faisoit autrefois dans le tems de son indigence ; même avec le roi, même en carrosse avec lui, elle portoit toujours quelque ouvrage auquel elle travailloit ordinairement, soit en promenade, soit en voyage, et la liberté d'en user ainsi étoit la seule prérogative qu'elle eût tirée de son rang et de sa faveur. Elle convenoit que c'étoit par goût qu'elle le faisoit ainsi ; et elle conserva cette bonne habitude jusque dans la plus grande vieillesse. Quand elle fut retirée à Saint-Cyr après la mort du roi, elle employa ordinairement à quelque ouvrage les moments qu'elle avoit de libres ; elle le faisoit même jusqu'à se fatiguer quelquefois et s'incommoder, et comme on lui représentoit un jour que cela alloit trop loin et l'épuisoit, elle répondit : « C'est que j'aime l'ouvrage, et comme j'y prends plaisir, si je le quittois dès qu'il m'incommode, ce seroit travailler pour me satisfaire seulement ; or, le travail est la pénitence que Dieu a donnée à l'homme pécheur. » C'étoit cette même maxime qu'elle inculquoit à ses élèves, et elle vouloit qu'elle fût suivie exactement par ses domestiques. Elle ne souffroit pas qu'ils fussent fainéants et oisifs dans son antichambre ; elle leur fournissoit de l'ouvrage conforme à leur goût et les récompensoit libéralement pour les encourager à aimer l'occupation et à en conserver l'habitude.

Le travail dont madame de Maintenon se faisoit une loi et une pénitence étoit cependant pour elle un délassement, eu égard aux autres occupations auxquelles elle se livroit, aux œuvres de charité qu'elle exerçoit, aux assujettissements auxquels la faveur et l'assiduité du roi la soumettoient. C'étoit pour toutes ces espèces de travaux que l'évêque de Chartres lui donnoit encore l'instruction suivante :

« Je suis bien aise que vous craigniez le repos, et encore plus de ce que travaillant autant que vous le faites quelquefois, vous craigniez de ne pas assez faire, ou que ce travail ne vous fût pas compté ; il ne vous sera pas inutile, puisque, grâces à Dieu, vous travaillez avec une intention droite, avec courage, avec dépendance, avec vocation, et ainsi j'espère que ce sera avec une plus grande bénédiction. Je regarde comme un signe sensible de votre prédestination le soin que Dieu prend de vous tailler la besogne que vous avez à faire, et de vous appliquer aux bonnes œuvres dans lesquelles il vous avoit prédestinée de toute éternité, pour me servir des termes de saint Paul. Travaillez donc avec courage sans discontinuation, mais sans surcharge et sans indiscrétion ; veillez aux choses de votre état, travaillez sans empressement, avec zèle, attendant tout le succès de Dieu seul, contente de tout, paisible dans les contre-tems, courageuse dans les renversements. »

Madame de Maintenon avoit une jeune parente qu'elle nommoit sa nièce : elle étoit petite-fille de cette tante huguenote qui avoit pris soin de son éducation dans son enfance [1]. Cette fille, connue depuis sous le nom de comtesse de Caylus, étoit encore enfant dans le tems de sa plus grande faveur, et madame de Maintenon pouvoit lui procurer auprès d'elle à la cour une éducation brillante qui l'auroit élevée à quelque mariage considérable. Elle avoit tout ce qu'il falloit pour plaire et pour s'attirer de la considération et de l'amitié : il sembloit que la nature eût voulu renouveler en elle les grâces de sa tante que

---

[1] Voir *la famille d'Aubigné et l'enfance de madame de Maintenon*. Mademoiselle de Murçay était nièce de madame de Maintenon à la mode de Bretagne, c'est-à-dire qu'elle était fille de son cousin germain, M. de Villette.

l'âge commençoit à effacer; son esprit n'avoit pas moins d'agrément, mais madame de Maintenon voulut qu'elle eût l'éducation qu'elle donnoit aux autres demoiselles pauvres qu'elle élevoit, et elle la plaça successivement à Ruel, à Noisy et à Saint-Cyr, jusqu'à son mariage, et la nièce de la fondatrice de la maison n'eut d'autre distinction qu'une plus grande vigilance de sa part pour réprimer ses fautes et pour corriger ses défauts. La jeune demoiselle profita infiniment des soins de sa chère tante, et eût pu par ses grâces naturelles et par la faveur de madame de Maintenon mériter quelque alliance illustre. La cour ne manquoit pas de gens titrés qui l'eussent prise volontiers en mariage, pour se frayer par elle un chemin à la fortune; elle fut même demandée par un seigneur qui étoit en passe d'en faire une très-grande, et qui l'a faite : c'étoit M. de Boufflers, qui fut depuis duc et pair et maréchal de France. Mais madame de Maintenon, modeste dans l'éducation de sa nièce, le fut de même dans l'alliance qu'elle lui fit prendre. C'est ce que remarque l'abbé de Choisy dans ses Mémoires.

« Mademoiselle de Murçay, dit-il, avoit tout ce qu'il faut pour se bien marier, une protection si puissante que la fortune de son mari paroissoit immanquable; les jeux, les ris, brilloient à l'envi autour d'elle; son esprit étoit encore plus aimable que son visage; on n'avoit pas le tems de respirer ni de s'ennuyer quand elle étoit quelque part; toutes les Champmeslés[1] du monde n'avoient pas ces tours ravissants qu'elle laissoit échapper en déclamant, et si sa gaieté naturelle lui eût permis de retrancher certains petits airs un peu coquets que son innocence ne pouvoit pas justifier, c'eût été une personne tout accomplie. Le comte de Caylus l'épousa avec ses droits, ses espérances et quelque pension. Le roi le fit menin de Monseigneur, et, la

---

[1] Fille de comédie, fameuse par la beauté de sa voix et de sa déclamation. (Note de l'abbé de Choisy.)

veille des noces, il envoya à l'accordée un collier de perles de dix mille écus. On ne pouvoit trop s'étonner que madame de Maintenon la mariât si médiocrement, et l'on ne savoit pas encore que la modération étoit sa vertu favorite. Elle avoit refusé de la donner à Boufflers. C'étoit un fort bon parti pour elle : il étoit déjà lieutenant général et colonel général des dragons, et l'on jugeoit aisément à ses allures que le bâton ne lui pouvoit pas manquer ; il la demanda ; il eut le plaisir d'entendre de la bouche de madame de Maintenon ces paroles, dignes d'être gravées en lettres d'or : « Monsieur, ma nièce n'est pas un assez bon parti » pour vous, mais je n'en sens pas moins ce que vous » voulez faire pour l'amour de moi, et je vous regarderai à » l'avenir comme mon neveu ». Cette alliance adoptive ne lui a pas nui dans la suite : il eut trois mois après le gouvernement de Luxembourg. »

C'étoit par reconnoissance pour sa chère tante, madame de Villette, et pour les bons offices qu'elle en avoit reçus dans son enfance, que madame de Maintenon travailla ainsi à soutenir sa famille, et ce fut dans cette vue qu'elle s'étoit chargée de l'éducation de la comtesse de Caylus. Elle prit un soin pareil de mademoiselle de Sainte-Hermine, aussi petite-fille de madame de Villette ; elle la maria au comte de Mailly, qui n'étoit pas riche, car madame de Maintenon, en suivant les sentiments de son amitié et de sa reconnoissance, ne s'écartoit pas de ceux de sa modestie, qui ne lui permettoit pas d'ambitionner de grands partis pour ses parentes. Le roi, de lui-même, se porta à favoriser ce mariage ; il paya la dot de la demoiselle, et cette dame parvint dans la suite à être dame d'atours de la duchesse de Bourgogne.

A cette occasion, qui marque la reconnoissance que madame de Maintenon conservoit pour ceux qui, dans sa première misère, lui avoient rendu quelques services, je dois raconter ce qu'elle fit pour une pauvre blanchisseuse de Paris. Madame de Maintenon, dans le temps de son veuvage et de sa pauvreté, désira orner sa chambre d'une belle toilette[1], dans une occasion où elle devoit recevoir une honorable compagnie, mais elle n'en avoit pas ni de quoi en acheter; une blanchisseuse qui la servoit, sachant sa peine, lui en prêta une fort belle, et le fit avec générosité et sans intérêt. Bien des années après, madame de Maintenon se trouvant en crédit, voulut marquer sa reconnoissance à cette femme obligeante, et elle chargea tous ses gens de la lui déterrer. Ils y travaillèrent non sans grande peine, et ils s'en plaignoient volontiers, car depuis peut-être trente années que cet événement étoit arrivé, il étoit difficile de trouver la trace des demeures d'une personne de si bas étage. Enfin la blanchisseuse, devenue vieille, fut retrouvée; madame de Maintenon la fit venir, lui fit mille caresses, et lui donna une pension pour le reste de ses jours.

Si madame de Maintenon, par un esprit de reconnoissance et de piété, donna ses attentions à l'éducation de ses pauvres parentes, elle crut en devoir faire davantage pour sa propre nièce, sa future héritière, fille unique du comte d'Aubigné, qui depuis fut mariée au comte d'Ayen, fils du maréchal duc de Noailles. Madame de Maintenon crut ne pouvoir lui donner une meilleure éducation que celle de la maison de Saint-Louis, et elle désira lui inspirer par ce moyen l'amour, la compassion et la tendresse qu'elle avoit elle-même pour la pauvre noblesse. Elle lui donna pour gouvernante la demoiselle Balbien, dont elle estimoit infiniment la piété et la prudence[2]. Mais elle ne se reposoit pas sur elle entièrement, ni sur les dames de Saint-

---

[1] « La *toilette*, dit Furetière, se dit des linges, des tapis de soie ou d'autre étoffe qu'on étend sur la table pour se déshabiller le soir et s'habiller le matin. »

[2] Annette Balbien, appelée ordinairement Nanon, était une personne bien née, fille d'un architecte de Paris, et qui resta pendant toute sa vie la femme de confiance de madame de Maintenon.

Louis, de son éducation ; elle s'y appliquoit elle-même, et donnoit toute son attention à lui inspirer de l'émulation pour la vertu, à la reprendre dans ses défauts, à lui former la raison[1].

Mademoiselle d'Aubigné profita des leçons de sa tante. Après les premières années de son mariage, qu'elle fut obligée de passer dans le plus grand monde, à cause du rang qu'y tenoit la maison de Noailles, elle s'en détacha entièrement ; elle ne venoit plus à la cour, elle passoit chaque année des temps considérables dans la retraite ; enfin elle est morte saintement en 1740, qui est l'année où j'ai commencé ces mémoires. Ainsi ont été accomplis les pieux désirs qu'avoit formés pour elle madame de Maintenon, car, quand elle maria mademoiselle d'Aubigné, en 1697, et qu'elle vit les grâces abondantes dont le roi voulut bien la doter, elle écrivit ainsi à la supérieure de Saint-Louis : « Recommandez bien mademoiselle d'Aubigné aux prières de toute la maison, et demandez à Dieu de l'ôter du monde plutôt que de permettre qu'elle en prenne l'esprit. Le roi en fait un grand parti, Dieu veuille en faire une bonne chrétienne. »

Je reviens à la maison de Saint-Louis.

Le grand principe sur lequel elle fondoit le détail de la conduite des demoiselles étoit qu'il falloit leur donner une éducation tout à la fois noble et chrétienne, c'étoit son terme, mais elle en développoit le sens de manière à exclure tout ce qui pouvoit inspirer à ces jeunes filles une fierté vaine et pleine d'orgueil ; elle renfermoit son idée dans la noblesse des sentiments, la générosité, le désintéressement, la probité, la compassion pour les petits et les pauvres, la douceur et l'affabilité ; elle ajoutoit ordinairement que ces vertus, pour être vraies et solides, devoient être des vertus chrétiennes, que c'est l'esprit du

---

[1] Voir dans les *Lettres et entretiens sur l'éducation*, t. I, p. 60 et 108, deux lettres de madame de Maintenon à mademoiselle d'Aubigné.

christianisme qui seul est capable de bien former le cœur et la raison; que dans le christianisme l'on trouve toutes ces vertus morales que le monde estime, et qui forment les bons caractères, et qu'on en trouve la pratique dans la vraie humilité; l'une écarte tout ce qui déplaît aux hommes et ce qui les offense, l'autre inspire tout ce qui les attire et ce qui les charme, en sorte qu'une femme de qualité qui est véritablement humble et charitable ne peut faire que les délices et le bonheur de sa famille et de celle où elle prend alliance.

C'est ce que l'on a vu dans celles de ces demoiselles qu'elle s'étoit attachées plus spécialement, et qu'elle a placées ensuite par le mariage en différentes maisons dont elles ont fait le bonheur et la consolation. Madame de Maintenon ne se bornoit pas à leur procurer des grâces du roi, elle leur fournissoit un trésor plus précieux dans les avis qu'elle leur donnoit souvent par écrit, et dans les règles de conduite qu'elle leur prescrivoit pour vivre saintement et noblement dans le mariage[1]. Un exemple servira à juger des autres qui ne sont pas venus jusqu'à moi. La marquise d'Havrincourt, de la noble maison d'Osmont, a été du nombre de celles qu'elle a ainsi formées à la vertu, et parce qu'elle étoit chère à madame de Maintenon, elle lui a donné les avis que je vais rapporter[2]. L'alliance de ma nièce avec le comte d'Havrincourt, fils aîné de cette dame, m'a procuré d'avoir connoissance de ce trésor précieux, et comme la lumière se communique sans diminution de son éclat, je ne l'appauvrirai pas en en faisant part à ceux qui liront ces mémoires.

[1] J'ai recueilli la plupart de ces instructions dans les *Conseils aux demoiselles*, t. I. Voir principalement celle qui se trouve à la page 150.

[2] Mademoiselle d'Osmont avait été élevée à Saint-Cyr, et avait servi pendant deux ans de secrétaire à madame de Maintenon. A la demande de la duchesse de Bourgogne, dont elle était très-goûtée, le roi lui donna une dot de cent mille livres et la maria au marquis d'Havrincourt, gouverneur de Hesdin. Voir *Conseils aux demoiselles*, t. I, p. 49.

« A Marly, ce 24 février 1705.

» Vous n'avez à présent que deux choses à faire, madame, servir Dieu et contenter votre mari. Ayez pour lui toutes les complaisances qu'il exigera; entrez dans toutes ses fantaisies, autant que cela n'offensera pas Dieu; s'il est jaloux, renfermez-vous, ne voyez personne; si au contraire il veut que vous soyez dans le grand monde, mettez-vous-y, en vous retirant cependant autant que la modestie le demande.

» Vous allez être gouvernante, c'est-à-dire la première personne de la ville, faites-y tout le bien que Dieu demandera de vous; donnez-y bon exemple. Qu'il y ait toujours quelque honnête et sage femme en votre compagnie; représentez à votre mari que vous êtes encore trop jeune pour vous livrer au monde sans qu'il y ait quelqu'un de raisonnable témoin de votre conduite, il vous en saura très-bon gré, quel qu'il soit.

» Fuyez les mauvaises compagnies, rien n'est si dangereux.

» Aimez la présence de votre mari, ne vous cachez jamais de lui. Sachez vous retenir sur le jeu, que je crois que vous ne haïssez pas : vous voyez les malheurs que l'amour du jeu attire. Aimez l'ouvrage, soyez toujours occupée; aimez à être seule, à rentrer en vous-même, à faire souvent des réflexions sur votre conduite.

» Ne soyez point haute, soyez polie, faites-vous aimer dans votre domestique, soyez-y ferme et bonne. Ne donnez jamais dans l'excès des modes; suivez-les de loin, et autant que la bienséance le requiert sans les outrer. Ne tâtez jamais de cette louange, qu'on dise de vous que vous êtes une femme magnifique dans vos habits : je serois bien fâchée d'entendre dire cela de vous; soyez vêtue proprement, sans affectation, et devenez ménagère.

» Vous avez été élevée dans la plus pure doctrine et savez fort bien votre religion, vous avez même de la piété, ayez horreur de toute nouveauté sur cet article, ne décidez jamais de rien ; quoique vous en sachiez plus que les autres, ne parlez sur cela que quand on vous demandera votre sentiment, et ne le dites qu'avec modestie et retenue.

» Ne critiquez jamais la conduite de personne, quelque mauvaise qu'elle soit.

» Je ne vous dirai rien sur vos devoirs de bonne Françoise envers le roi : vous lui avez de trop grandes obligations pour vous départir jamais du respect et de l'amour que ses sujets lui doivent, et vous en particulier êtes bien étroitement obligée de prier toute votre vie pour sa personne sacrée et pour la famille royale. Ne souffrez jamais, autant que cela dépendra de vous, qu'on en parle d'une manière trop libre.

» On se donne une grande liberté de parler des défauts des princes ; cela ne vaut rien, gardez-vous-en, vous qui les connoissez mieux que personne.

» Enfin, ma chère fille, soyez une bonne chrétienne, une bonne femme, une bonne mère, établissez bien votre réputation, et priez pour moi. »

Pour le gouvernement intérieur de la maison de Saint-Louis, madame de Maintenon établit un conseil, qui décidoit tout ce qui concernoit la discipline régulière et la conduite tant des dames que des demoiselles. Ce conseil s'assembloit tous les quinze jours, et quelquefois plus souvent, selon le besoin. Madame de Maintenon, autant qu'elle pouvoit, n'en manquoit aucun, et elle entroit dans tous les détails dont un pareil conseil devoit être occupé ; rien n'étoit au-dessous d'elle, dès qu'il étoit question de la régularité de la maison, de l'éducation des enfants et de la sanctification des maîtresses ; elle se croyoit chargée de tout et devoir répondre à Dieu de tout. La confiance des dames l'y auroit engagée, quand elle ne s'y seroit pas portée par goût. On n'osoit décider de rien sans elle, non par crainte de son autorité, mais par confiance en sa sagesse et son expérience. A la tête du conseil étoit la supérieure; l'assistante, la maîtresse des novices, la maîtresse générale des classes et la dépositaire formoient le conseil. L'on s'y appliquoit moins aux affaires temporelles qu'au gouvernement spirituel, car pour le temporel, il a toujours été gouverné par un conseil extérieur dont le roi nommoit le chef, et ce chef a toujours été un personnage de distinction dans le conseil d'État [1].

Enfin, madame de Maintenon a pourvu à l'état des demoiselles lorsqu'elles sont obligées de quitter la maison. Les renvoyer chez elles, où plusieurs auroient peut-être manqué de pain, lui paroissoit bien dur; les garder plus longtems étoit sujet à de grands inconvénients; pour pourvoir à tout, elle engagea le roi à faire un fonds de soixante mille livres de rente, fonds sur lequel chaque demoiselle auroit en sortant, au bout de son tems, une somme de trois mille livres. Il en sort communément vingt par chaque année, et la maison de Saint-Louis fournit à chacune la somme prescrite. On conçoit aisément qu'une maison avec une telle charge doit avoir de grands revenus, et qu'elle doit avoir aussi une grande économie. L'objet continuel de la charité des dames de Saint-Louis, c'est d'augmenter cette libéralité par leur épargne; elles ajoutent même quelquefois des secours plus considérables à celles qui sortent de la maison après leur tems rempli, lorsqu'elles connoissent les besoins de ces filles et de leurs parents. Ainsi, l'ordre prescrit par le roi et par madame de Maintenon s'exécute avec la dernière exactitude. A la sortie de chacune de ces demoiselles, quand elle a atteint l'âge de vingt ans, on place en sa faveur une somme de trois mille livres, de concert avec sa famille, pour lui servir

---

[1] Voir l'ouvrage : *Madame de Maintenon et la maison royale de Saint-Cyr*, chap. VII.

de dot, si elle veut entrer dans un couvent, ou de quoi aider à son entretien le reste de ses jours, si elle demeure dans le monde. Le roi eut aussi le soin d'assurer toutes les places de régales, qu'il a droit de nommer dans les abbayes de filles lorsqu'elles viennent à vaquer, en faveur des demoiselles élevées à Saint-Cyr qui en sortant désirent se consacrer à Dieu par la vie religieuse. Enfin, on ne renvoie pas ces demoiselles chez elles sans pourvoir à leur habillement : elles emportent chacune en sortant deux habits honnêtes et modestes, et une petite provision de linge de toute espèce.

Madame de Brinon, sur qui en l'absence de madame de Maintenon rouloit tout le gouvernement, étoit une fille aimable et vertueuse, qui avoit de l'esprit, mais dont le caractère ne répondoit ni à la noblesse et à l'élévation des sentiments de madame de Maintenon, ni à la grandeur de l'ouvrage, qui étoit devenu immense par la complication des personnes qui composoient la maison, et des biens que le roi avoit destinés à son entretien. D'ailleurs elle ne goûtoit pas la perfection et le détachement dans lesquels madame de Maintenon vouloit élever les dames de Saint-Cyr; elle étoit accoutumée à une vie plus libre et moins contrainte ; un renoncement parfait à toute vanité, à toute commodité et à toute gloire humaine n'entroit pas dans son esprit, et elle n'étoit pas propre à l'inspirer aux autres. Elle avoit un peu fait l'abbesse dans la maison, ayant un appartement commodément meublé, même avec quelque luxe, et quand elle fut aux eaux quelque tems après pour sa santé, elle se prêta trop aisément aux honneurs ridicules qu'on lui rendit sur son passage, comme à une favorite de madame de Maintenon et à une personne honorée d'un grand crédit auprès du roi.

Madame de Maintenon fut longtems à renfermer en elle-même le jugement qu'elle en portoit, et sa charité et sa douceur lui firent dévorer dans le secret les peines journalières que cette dame lui causoit, quelquefois même par ses humeurs; elle ménageoit dans cette religieuse les vertus et les bonnes qualités qu'elle y voyoit, et elle attendit avec discrétion une occasion de changer de supérieure sans blesser la charité, et sans offenser l'amitié qu'elle avoit pour madame de Brinon. Celle-ci ayant été dangereusement malade, les médecins jugèrent que les eaux de Bourbon lui seroient nécessaires. Elle partit donc pour y aller, et son voyage dura quelques mois. Pendant sa maladie et son absence, la maison trouva une ressource suffisante dans madame de Loubert, assistante de la supérieure, et quand madame de Brinon revint, madame de Maintenon la prépara à la séparation qu'elle méditoit [1]. Tout fut concerté avec adresse et un secret profond. Madame de Brinon sortit de la maison sans qu'on y sût qu'elle en devoit sortir, et elle étoit déjà en route pour Paris quand la communauté apprit son changement. On y répandit quelques larmes, parce que madame de Brinon avoit trop de bonnes qualités pour n'être pas aimée, et la plupart des personnes qui composoient la communauté ne pouvoient pas connoître le danger qu'il y avoit à la laisser seule maîtresse d'une si grande œuvre. Madame de Maintenon, obligée de se défaire de madame de Brinon, assaisonna la séparation de toutes les amitiés et de toutes les grâces qu'elle savoit donner même à ses refus, et elle sut aisément consoler la communauté de la perte qu'elle croyoit avoir faite en lui disant de bonne foi les raisons qu'elle avoit eues de faire cette séparation ; les ayant toutes assemblées, elle leur dit que « désirant établir la maison dans une plus grande régularité, elle avoit craint que madame de Brinon ne s'y prêtât pas avec assez de zèle, qu'elle avoit été très-bonne dans les commencements pour aider à établir les choses sur le pied où elles avoient été d'abord, mais que chacun

---

[1] Cela n'est pas exact. Madame de Brinon ne s'attendait pas à une disgrâce, et elle sortit de la maison par une lettre de cachet.

ayant son don particulier et sa mesure, elle ne l'avoit pas crue propre à les conduire à la perfection où elle les désiroit. Qu'une autre raison l'avoit encore déterminée, c'étoit de voir comment la maison seroit gouvernée par une supérieure tirée du corps même, et par les autres dames qui y avoient été formées, et de voir cela pendant qu'elle vivoit encore. Qu'elle ne pouvoit se flatter de le voir avec madame de Brinon, qui devoit rester supérieure toute sa vie, qui avoit coutume de conduire tout avec une grande autorité, et qui avoit peine à la partager avec quelque autre ; que quand les différentes fonctions du gouvernement seroient distribuées en plusieurs mains et que la supériorité seroit triennale selon l'institution, les dames s'en formeroient beaucoup mieux aux affaires et au gouvernement. Enfin elle ajouta qu'elle s'étoit fait violence à elle-même en éloignant cette fille, qu'elle l'aimoit et avoit beaucoup de regret de ne la plus voir, mais que quand il étoit question du bien de la maison, elle y sacrifieroit toujours ses inclinations les plus chères. »

Ce discours fit tout l'effet que madame de Maintenon en attendoit ; on se consola d'autant plus aisément que le zèle de la perfection et la ferveur pour la régularité s'étoient beaucoup accrus depuis les retraites et les exhortations que faisoit M. l'abbé Desmarets. Madame de Maintenon chargea la maison de faire à madame de Brinon deux mille livres de pension partout où elle se retireroit. Cette religieuse, libre de son choix, se retira à l'abbaye de Maubuisson, près de la princesse palatine qui en étoit abbesse, et qui étoit prévenue d'amitié pour elle. Ce fut vers l'année 1688 que madame de Brinon se retira, et la démission qu'elle donna de la supériorité est datée du 11 décembre de cette année. Au reste, madame de Maintenon crut qu'il étoit de la charité de couvrir la sortie de la supérieure du prétexte de son âge et de ses infirmités, et de la faire paroître volontaire de la part de cette dame ; c'est ainsi que madame de Maintenon pratiquoit cette maxime triviale, mais que la charité et la prudence autorisent de concert : que souvent il vaut mieux découdre que déchirer. Elle fit plus, car elle conserva avec cette dame absente une grande liaison d'amitié; elle lui écrivoit assez souvent et même avec une confiance particulière. On le voit par les lettres de madame de Maintenon qui nous restent [1].

[1] Voir les *Lettres historiques et édifiantes*, t. I et II.

LIVRE HUITIÈME.

Élection d'une nouvelle supérieure. — Union de l'abbaye de Saint-Denis à la maison de Saint-Louis de Saint-Cyr. — Introduction de l'état religieux dans la maison, qui prend forme de monastère. — Il est confié à la direction de messieurs les Pères de la Mission.

Madame de Brinon s'étant retirée, il fallut mettre à la tête de la communauté une autre supérieure, et une supérieure qui fût digne d'un tel gouvernement. Toutes les dames professes avoient un mérite singulier. Madame de Maintenon ne les avoit reçues qu'avec beaucoup de discernement et une épreuve longue et attentive; mais toutes étoient jeunes, et aucune n'avoit même l'âge que prescrit le concile de Trente pour exercer la supériorité. Madame de Maintenon laissa la place de supérieure vacante pendant six mois, incertaine si elle en prendroit une au dehors ou si elle se fixeroit dans le nombre de celles qui avoient vu le commencement de l'établissement. Enfin elle se détermina à ne point sortir de la maison et à laisser à la communauté des professes la liberté du choix, qui leur est donné par les constitutions. Elle obtint de M. l'évêque de Chartres la dispense nécessaire pour qu'une d'entre elles pût être élue supérieure, quoiqu'au-dessous de l'âge des canons, et assista à l'élection, mais en abandonnant le choix à Dieu et à la prudente piété de ses filles. Madame de Loubert, assistante, fut élue d'une commune voix pour être première supérieure triennale, selon les constitutions.

Ce choix fut applaudi de tout le monde, et il fut encore mieux justifié par la conduite que cette dame tint dans la supériorité ; formée depuis longtems par madame de Maintenon elle-même, ayant été auprès d'elle à la cour, elle avoit pris son esprit et ses manières, et le roi, qui l'avoit vue souvent chez elle, en avoit conçu de l'estime. Il fut fort content de l'élection ; il voulut même le témoigner d'une manière spéciale, et, un jour qu'il vint prendre madame de Maintenon à Saint-Cyr pour aller à la promenade, comme il le pratiquoit quelquefois, il descendit de son carrosse, entra dans la maison par la porte du jardin, fit appeler madame de Loubert et l'assura de son estime, de sa protection, et de la joie qu'il avoit qu'on eût jeté les yeux sur elle. Cela n'enfla point la nouvelle supérieure, qui avoit appris depuis longtemps à imiter la modestie de sa maîtresse.

Pendant ce tems-là, le roi travailloit à consommer l'union qu'il avoit projetée de la manse abbatiale de Saint-Denis avec la maison de Saint-Louis : c'étoit une grâce qui principalement dépendoit du pape, et alors siégeoit à Rome Innocent XI, peu disposé à accorder des faveurs au roi. Le payement des bulles et leur amortissement augmentoient la difficulté, car non-seulement les bulles de l'abbaye de Saint-Denis devoient être payées, mais leur amortissement, comme il est d'usage quand on procède à l'extinction d'un titre, afin de dédommager la cour de Rome, qui, après cette extinction, ne peut plus percevoir l'annate du bénéfice dont le titre est éteint. La grâce entière avoit été demandée de la part du roi par le duc de Chaulnes, son ambassadeur à Rome. Le pape en avoit renvoyé l'examen à une congrégation qui, voyant qu'il étoit question d'une somme de quatre-vingt mille livres, à laquelle devoient monter les bulles avec leur amortissement, n'étoit pas disposée à faire perdre au pape et aux officiers de sa cour une somme aussi considérable. Mais Innocent XI étant mort au mois d'août 1689, Alexandre VIII, qui lui succéda, se montra aussi favorable aux désirs de Louis XIV qu'Innocent XI lui avoit été contraire. Il accorda la grâce entière pour les bulles d'union, et cette générosité servit de prémisses à la réconciliation entière qui se fit sous ce pontificat entre la cour de France et celle de Rome. M. le duc de Chaulnes donna nouvelle à madame de Maintenon du succès de sa négociation ; le 6 décembre 1689, il lui manda expressément que le pape avoit accordé la grâce, non-seulement en considération des dépenses immenses que le roi faisoit pour l'établissement de la religion catholique dans son royaume, mais aussi en considération du bien que faisoit madame de Maintenon dans l'éducation charitable de tant de filles de condition. « Le pape m'a commandé deux fois, disoit-il, de vous faire savoir que votre considération avoit eu beaucoup de part à la concession de cette grâce. »

Le roi voulut en porter la nouvelle lui-même aux dames de Saint-Louis. Voici ce que j'en trouve écrit dans les recueils que j'ai déjà cités. « L'union de la maison abbatiale de Saint-Denis avec notre maison ayant été conclue, le roi nous fit la grâce de venir nous l'annoncer lui-même. Après nous avoir fait l'honneur de nous saluer avec sa bonté ordinaire, il nous dit : « Mesdames, je vous apporte
» une bonne nouvelle : le pape nouvellement élu m'a
» accordé les bulles nécessaires pour l'union de la manse
» abbatiale de Saint-Denis avec votre maison. Les nou-
» velles m'en sont venues aujourd'hui ; vous en aurez l'ex-
» pédition après le voyage de Fontainebleau, et j'en veux
» être moi-même le porteur. » Sa Majesté nous expliqua de nouveau ses volontés. « Mes intentions sont droites, dit-il,
» je n'ai en vue en tout cet établissement que la gloire de
» Dieu, le bien du royaume et le soulagement de la noblesse.
» Je les conjure au nom de Dieu, ajouta-t-il en parlant de
» nous, et regardant madame de Maintenon, de seconder
» mes vues en s'affermissant de plus en plus dans la vraie
» piété et dans toutes les vertus et observances de leur

» institut, alors je n'aurai aucune inquiétude sur la bonne
» éducation des demoiselles et sur les soins qu'elles en
» doivent prendre. Le principal de cette œuvre est que
» toutes les dames soient bien enracinées dans la perfec-
» tion de leur état, ou du moins qu'elles ne cessent d'y
» tendre. J'entends sur cela tous les jours des choses qui
» me font plaisir. » — « Il est impossible, dit madame de
» Maintenon, qu'elles ne soient pas toutes d'excellentes
» religieuses de Saint-Louis, après de si solides instruc-
» tions. » — « Je ne suis pas assez éloquent, reprit le roi,
» pour les bien exhorter, mais j'espère qu'à force de leur
» répéter les motifs de cette fondation, je les persuaderai
» et les engagerai à y être toujours fidèles; je n'épargnerois
» ni mes visites, ni mes paroles, pour peu que je les crusse
» utiles à produire ce bon effet ». Madame de Maintenon
lui raconta plusieurs traits édifiants de la piété de quelques
personnes de la communauté et de quelques-unes de nos
demoiselles. « Je ne suis pas surpris, dit le roi, de trouver
» tant de vertu dans les dames qui se sont consacrées à
» Dieu tout entières, et qui doivent être uniquement occu-
» pées à se perfectionner et à donner bon exemple à toute
» la maison; mais ce que j'admire et qui m'édifie beau-
» coup, c'est de voir cette même piété dans les demoiselles
» qui ne sont encore que des enfants. » Madame de Maintenon lui dit là-dessus : « Vous ne devez pas, Sire, vous
» repentir de toute la dépense que vous avez faite pour
» cette fondation, puisqu'elle tourne si heureusement à la
» gloire de Dieu. » — « Bien loin de m'en repentir, répon-
» dit le roi, si c'étoit à recommencer, je le ferois encore
» du meilleur de mon cœur. » — « Nous n'oserions nous
» flatter, dit madame de Maintenon, que, dans un si grand
» nombre de jeunes personnes qui passeront ici, aucune
» ne s'écarte du chemin de la piété et de la vertu qu'on
» s'efforce de leur inspirer; mais il sera difficile que celles-
» là même, faisant réflexion sur les saintes maximes et les

» vertus qu'on leur aura imprimées dans le cœur, ne re-
» viennent enfin à elles et ne rentrent dans leur devoir de
» parfaites chrétiennes ; mais ce qui doit faire grand plaisir
» à Votre Majesté, c'est que certainement le plus grand
» nombre vivra et mourra dans l'innocence, et que quan-
» tité se consacreront à Dieu pour toute leur vie. » — « Ah !
» dit le roi, si je pouvois en donner autant à Dieu que je
» lui en ai ravi par mon mauvais exemple ! »

Cette édifiante conversation, et surtout ces humbles sentiments d'un roi pénitent, méritoient bien d'interrompre notre récit. Reprenons-le.

Dès que la grâce fut assurée du côté de Rome, on fit en France les procédures nécessaires pour parvenir à l'extinction du titre abbatial de Saint-Denis et de l'union de sa manse à la maison de Saint-Louis. M. l'évêque de Chartres fut commis par le pape pour faire l'enquête régulière. Les témoins qui furent entendus dans le procès-verbal qu'on appelle *de commodo et incommodo* furent M. de Vallebelle, évêque d'Aleth ; M. le duc de Gesvres ; M. Colbert, évêque d'Auxerre ; M. l'abbé de Fourbin, archidiacre de Paris ; M. de Gesvres, abbé de Bernay, depuis cardinal et archevêque de Bourges ; M. Lepelletier, intendant des finances et depuis contrôleur général ; M. de Pontchartrain, aussi intendant des finances et depuis chancelier de France ; M. le duc de Beauvilliers, gouverneur des fils de France ; M. Bossuet, évêque de Meaux ; M. le maréchal de Noailles, père de celui qui l'est aujourd'hui ; M. l'abbé de Langeron, lecteur de M. le duc de Bourgogne ; M. l'abbé de Fénelon, précepteur des fils de France ; M. le marquis de Montchevreuil, gouverneur de Saint-Germain ; douze en tout, que je nomme selon l'ordre qu'ils tiennent dans la procédure. Elle fut continuée selon les formes juridiques, et suivie des bulles, des lettres patentes et des enregistrements convenables.

L'objet de la commission et de l'enquête qui fut faite

par M. l'évêque de Chartres ne se bornoit pas à l'extinction de l'abbaye de Saint-Denis et à son union; elle avoit un autre objet, qui étoit d'ériger en maison religieuse la communauté de Saint-Louis et de fixer l'état des dames qui la gouvernoient en les tirant de l'état séculier où elles étoient pour en faire un couvent de filles régulières d'une société religieuse approuvée et autorisée du Saint-Siége.

Jusque-là les dames de Saint-Louis n'avoient été que sur le pied de dames séculières, quoique liées par des vœux simples, exercées par un noviciat, unies par un habit uniforme et une vie commune et observant la clôture, elles avoient encore une sorte de liberté de sortir de cette société et de rentrer dans le monde, avec la dispense que l'évêque pouvoit accorder. Cet état ne paroissoit pas assez solide pour assurer la durée perpétuelle de l'institut, et cela fit penser qu'il seroit plus expédient de faire de cette maison une vraie maison religieuse, d'en faire appuyer l'établissement et les règles par l'autorité du Saint-Siége, et d'unir les dames entre elles et avec la maison par des vœux solennels.

Il y a apparence que ce fut l'union projetée de l'abbaye de Saint-Denis qui fit penser à ce changement, et qu'on ne pouvoit éteindre le titre de cette abbaye que pour donner son revenu à une maison et communauté religieuse. D'autres raisons pressèrent madame de Maintenon et les dames elles-mêmes de se dévouer entièrement à la vie religieuse, et d'en prendre les engagements et l'habit, sans cela elles n'étoient sûres ni d'elles-mêmes ni de leurs sœurs. On est plus aisément tenté, ou au moins on écoute plus aisément la tentation quand on a la facilité de s'y laisser entraîner : des filles qui peuvent quitter, qui, à la faveur de quelque dispense, peuvent profiter d'un établissement ou d'une succession qui se présente, sont exposées à changer d'état. D'autres événements peuvent y aider encore, comme des révolutions de l'État, les volontés des princes et de leurs ministres. Une maison fondée par le roi, où les religieuses ont pris des engagements solennels, est moins sujette à ces changements. On en a la preuve dans tant d'anciennes abbayes de filles qui subsistent en ce royaume dans leur entier et même dans leur splendeur depuis plus de dix siècles.

Il y avoit des obstacles à la transformation de la maison de Saint-Louis, et le premier venoit de madame de Maintenon elle-même : elle voyoit l'utilité de ce qu'on lui proposoit, mais son goût l'en éloignoit. Elle consulta diverses personnes, gens de bien et de piété, et elle fut ramenée par l'uniformité de leurs avis. A la tête de tous étoit le nouvel évêque de Chartres; les abbés de Brisacier et Tiberge, qui furent toujours estimés d'elle, furent du même avis; M. l'abbé Gobelin s'y rendit aussi. Tous ceux que madame de Maintenon consulta la confirmèrent dans la pensée de faire de sa maison un vrai monastère, et d'inspirer aux dames de Saint-Louis d'embrasser complétement l'état et la vie religieuse. Le goût du roi formoit un second obstacle : il s'étoit déclaré dès les commencements de l'établissement contre un couvent de religieuses; il n'en goûtoit ni l'habit ni les façons. A ce dégoût se joignoient des motifs qui paroissoient prudents : « Que pensera-t-on de tant de changements? disoit-il; on en parlera et on en rira; on dira que chaque année présente une scène nouvelle; qu'il faut s'attendre à quelque autre encore, etc. » Madame de Maintenon n'entreprit pas de combattre tout d'un coup le goût du roi; en femme habile, elle lui laissa le loisir de réfléchir lui-même sur les motifs qu'elle lui avoit exposés avec cette indifférence apparente et cette soumission qui plaît toujours à ceux qui ont l'autorité. Ses raisons firent à la longue leur impression, mais le qu'en dira-t-on retenoit encore le roi. Enfin il se détermina à préférer les conseils de gens de bien à son propre goût, et il dit à ce sujet ces paroles si dignes de la droiture de son cœur :

« On dira que nous avons mal pris nos mesures, mais il n'importe, il faut aller au plus grand bien, et laisser juger aux hommes ce qu'il leur plaira. »

Il y avoit un troisième obstacle dans la disposition de plusieurs d'entre les dames de Saint-Louis : les engagements religieux par des vœux solennels firent peur à quelques-unes, et encore plus quand elles apprirent que pour faire ces vœux solennels il falloit recommencer un noviciat. On laissa à celles qui eurent de la répugnance à se soumettre la liberté de se retirer. Quelques-unes le firent, et madame de Maintenon les traita honorablement, mais le grand nombre avoit trop de ferveur pour balancer sur le sacrifice nouveau que Dieu demandoit d'elles. La dame de Loubert montra l'exemple et se hâta de se présenter au joug du Seigneur. Elle assembla toutes les dames, leur exposa avec ferveur le mérite qu'elles auroient à se soumettre ; puis elle se mit à genoux devant celles qu'elle avoit conduites comme supérieure, leur demanda pardon des fautes qu'elle avoit commises, et se démit de sa supériorité. Les autres quittèrent de même toutes leurs charges et leurs offices et entrèrent avec joie dans le noviciat. Il falloit des religieuses professes pour faire faire le noviciat à ces postulantes d'une nouvelle espèce, et il falloit des maîtresses dignes de telles novices. Madame de Maintenon prit parmi les filles de la Visitation du couvent de Chaillot des religieuses d'un mérite singulier, pleines de l'esprit de saint François de Sales, c'est-à-dire de ce zèle et de cette charité aimable qui gagnent les cœurs. C'étoit cet esprit que madame de Maintenon goûtoit le plus. Elle aimoit le caractère de douceur et de persuasion qui règne dans les écrits de ce saint fondateur de l'ordre de la Visitation, et elle donnoit la préférence à ses écrits sur tous les autres livres de piété. Elle en recommandoit la lecture à ses filles. Elle disoit qu'elle trouvoit surtout dans ses épîtres une instruction merveilleuse pour former une conscience droite et aisée et pourtant très-tendre et fidèle à la grâce. Elle répétoit souvent que ce grand saint menoit à la perfection sans qu'il parût rien d'extraordinaire; que cependant il n'y avoit point de directeur qui portât à un plus grand renoncement à soi-même, en quoi consiste la vraie perfection.

Pleine de ces idées et de cette haute estime pour l'esprit de saint François de Sales, elle préféra des maîtresses pour son noviciat tirées de sa congrégation à toutes les autres qu'on essaya de lui faire choisir. La maison de l'ordre de la Visitation, qui est établie à Chaillot près Paris, étoit en réputation d'une grande ferveur. La mère Priolo, qui en étoit alors supérieure, passoit pour une des plus parfaites religieuses qu'il y eût dans l'ordre. Ce fut là où madame de Maintenon voulut prendre une supérieure et des maîtresses pour former ses dames à la vie plus parfaite. Elle trouva d'abord des obstacles difficiles à vaincre dans l'humilité de la mère Priolo, et dans l'attachement que sa communauté avoit pour elle; mais les sollicitations de madame de Maintenon furent si pressantes[1] que cette religieuse se décida à prendre la supériorité de Saint-Cyr pour un tems, sans perdre celle de Chaillot. Elle mena avec elle les mères Marie-Constance Gaubert et Marie-Élisabeth Lemoine, animées l'une et l'autre de zèle pour la gloire de Dieu et de charité pour le prochain. Elles arrivèrent le 1er décembre 1692.

Aussitôt le noviciat commença. Ce tems se passa dans le recueillement, la retraite, les pratiques de l'humilité et de la vie intérieure, et surtout dans l'exercice de l'obéissance absolue, si essentielle aux communautés et pratiquée si exactement, et j'ose le dire, si gaiement, dans l'ordre de la Visitation. Le roi s'intéressa vivement au succès de ce noviciat, et sur le récit que lui en fit madame de Main-

---

[1] Voir les lettres qu'elle écrivit à ce sujet dans les *Lettres historiques et édifiantes*, t. I, p. 258 et 259.

tenon, il voulut bien rendre visite à celles qui le conduisoient. Cette visite est rapportée ainsi dans les mémoires qu'on en a gardés :

« Peu après que les mères de Chaillot furent arrivées ici, le roi eut la bonté de les venir voir, et il les congratula sur le bien qu'elles avoient commencé d'établir parmi nous, et surtout la mère Priolo, à laquelle il parla plusieurs fois en particulier. Il dit à madame de Maintenon en lui montrant la maîtresse des novices : « N'est-ce pas là, » madame, la mère Marie-Constance ? » Celle-ci ayant dit qu'elle étoit fort édifiée de tous les bons exemples qu'elle recevoit dans cette maison, le roi répondit gracieusement : « Je ne leur en demande pas tant ; tout ce que j'exige » d'elles, c'est de suivre exactement les vôtres, et de bien » profiter de vos instructions, car elles n'en jouiront pas » toujours. » En regardant la sœur Marie-Élisabeth Lemoine qui étoit toute jeune et sous-maîtresse des novices, Sa Majesté dit à madame de Maintenon : « Voilà celle dont la » ferveur et la modestie vous charment si fort. »

» Il demanda des nouvelles de madame de Loubert, qui venoit d'être déposée de sa supériorité et étoit du nombre des novices. On lui dit qu'à peine pouvoit-on l'apercevoir, tant elle avoit soin de s'abaisser et de se mettre à la dernière place. « C'est ainsi, répondit le roi, qu'il convient à » une bonne religieuse d'agir et de donner en toute occa- » sion l'exemple de l'humilité. » Il nous recommandoit souvent cette vertu comme propre de notre état, et madame de Maintenon ayant loué madame de Loubert de ce qu'elle étoit toujours la première à tout le travail qui se présentoit à faire, il dit : « L'humilité veut que l'on fasse soi-même, » quand on le peut, tout ce que l'on est en droit de com- » mander aux autres. »

Madame de Maintenon lui fit remarquer que ma sœur de Bouju, qui n'avoit que dix-sept ans, se trouvoit au-dessus de madame de la Maisonfort, qui avoit été sa maîtresse dans les classes, parce que cette dernière n'étoit entrée au noviciat qu'après elle. Le roi dit : « Il faut que » madame la chanoinesse [1] pratique présentement l'humi- » lité qu'elle a prêchée aux autres. » Madame de Maintenon lui présenta une feuille de papier blanc, le priant d'écrire dessus ce qu'il croyoit de plus important pour nous. Il y mit ces deux mots : *bons sujets, régularité.*

» La mère Priolo lui dit, qu'outre le noviciat qu'il voyoit présent, il y avoit encore un grand nombre de demoiselles qui demandoient avec ardeur d'y être admises. Sa Majesté dit : « Il est bon de leur faire désirer cette » grâce pendant quelque tems, mais surtout ne prenez que » de bons sujets. » Madame de Maintenon lui dit : « Vous » avez cela bien à cœur, Sire, car vous ne perdez point » d'occasion de le leur recommander. » Il ajouta : « Et la » régularité. »

» La mère Priolo dit que c'étoit une chose admirable que le grand silence qui s'observoit dans cette maison, où demeurent plus de trois cents personnes, et que hors les heures d'exercices publics, elle étoit aussi paisible qu'un désert. Sa Majesté répondit : « Il faut avoir bien soin que le recueil- » lement intérieur réponde à cet extérieur si édifiant. »

» Madame de Maintenon dit en riant, qu'il étoit très-agréable d'être enseignée par un prédicateur tout en broderie. Il répondit : « Ces dames savent bien que je dois être » ainsi habillé, et elles ne s'en mésédifient pas. » La mère Priolo dit au roi, que le bien qui se faisoit ici étoit grand et excellent et iroit à l'infini. Le roi répondit : « Il est bien » juste qu'il y ait des lieux où il se fasse beaucoup de bien » en réparation de ce qu'il y en a tant où il se fait beaucoup » de mal. »

» Sa Majesté dit encore qu'elle avoit remarqué que pour ménager plus de tems pour le voir, on avoit omis ce jour-

---

[1] Madame de la Maisonfort avait été, avant d'entrer à Saint-Cyr, chanoinesse de Poussay. Voir sur cette dame le chapitre ix de *Madame de Maintenon et la maison royale de Saint-Cyr.*

là les litanies du Saint Nom de Jésus, après complies. Madame de Maintenon lui dit : « Vous leur seriez, Sire, un » bon surveillant, car vous avez du penchant à l'exactitude » dans les devoirs, et même un peu de sévérité sur cet » article. » Le roi répliqua : « Et sur la régularité. »

Les mères de Chaillot étoient tout à fait propres à inspirer cette régularité que le roi demandoit; aussi le noviciat se passa dans la plus grande exactitude, même avec une sorte de rigueur, et les maîtresses n'épargnèrent aux dames de Saint-Louis aucune des pratiques d'humiliation et de pénitence nécessaires pour apprendre aux novices à se détacher de toute affection purement humaine. La docilité de ces professes devenues enfants fut telle que ces bonnes mères en écrivirent ainsi à leur communauté de Chaillot :

« Leur esprit, disoient-elles, étoit si bien disposé, que nous n'eûmes pas de peine à les faire entrer dans tout ce qu'il y a de plus régulier et de plus propre à établir dans leur maison l'esprit religieux, comme de mettre en commun les habits, le linge, les meubles des cellules, et tout le reste de ce qu'elles possédoient en propre; de n'avoir point de cachet particulier, d'avoir des compagnes au parloir, d'avoir leur voile baissé devant les hommes, et d'autres pratiques qui nous sont particulières, comme les deux obéissances journalières, la manière de recevoir les corrections, les avertissements, les coulpes au réfectoire, les deux surveillantes, la correctrice de la supérieure, le souvenir de la présence de Dieu pendant la récréation, le rapport des lectures et la confiance en la supérieure. Ces pratiques ont été ajoutées à leurs constitutions et règlements, et ces règlements renferment toute la perfection chrétienne et religieuse.... Nous pouvons dire à leur louange que nous les avons trouvées bien différentes du portrait qu'on nous en avoit fait; nous en avions même grande peur, car nous croyions trouver des filles fières, enflées de leur faveur, qui se piquoient de bel esprit, accoutumées à faire des discours étudiés pour expliquer les Évangiles, et choses semblables. Nous pouvons assurer que bien qu'elles ne fussent pas religieuses, elles ne laissoient pas de remplir les pratiques essentielles de la religion, car il est certain qu'il n'y a point de communauté, même entre les régulières, qui vive dans une plus grande séparation du monde. Elles alloient rarement au parloir, et n'y alloient presque que pour leurs plus proches parents et pour peu de tems ; elles ne parloient quasi jamais aux personnes qui entroient chez elles, et elles évitoient tellement leur rencontre qu'elles passoient pour farouches. Elles étoient simples et sans hauteur, et nous ne concevons pas ce qui a pu donner lieu à ce qu'on nous en avoit dit. Dans le tems que l'on y jouoit les tragédies d'*Esther* et d'*Athalie* devant le roi et toute la cour, elles se retiroient dans des tribunes pour prier Dieu. Il fallut un ordre exprès du roi pour les y faire venir, et on remarqua qu'elles y avoient les yeux baissés, et que la plupart y faisoient oraison, ou disoient leur chapelet. »

Madame de Maintenon, pendant la durée du noviciat, qui fut d'une année, redoubla ses soins, son assiduité et son travail pour la conduite de la maison. En effet, tout tomba sur elle pendant la sainte oisiveté de ses élèves. C'étoit Marthe, mais qui ne prétendoit pas enlever à ces nouvelles Marie les délices de la contemplation, et qui pour leur donner plus de loisir, voulut bien se charger seule des embarras du ménage et de la conduite des deux cent cinquante demoiselles. Elle se fit aider alors, tant par la demoiselle Balbien, qu'elle mit à la place de la maîtresse générale des classes, que par des sœurs de la communauté de l'*Instruction* qu'elle appela en plus grand nombre, et qui furent chargées entièrement des classes pendant l'année du noviciat des maîtresses. Enfin, cette année finie, les dames furent admises à la profession religieuse sous la règle de Saint-Augustin, sans néanmoins changer leur habit, parce que le roi ne voulut pas alors y consentir. Elles n'avoient de singulier qu'un voile de taffetas noir, un grand manteau et une croix d'or, et elles prononcèrent publiquement leurs vœux en présence de Mgr l'évêque de Chartres, dans le cours du mois de décembre 1693.

Ces changements d'état et de règle se firent d'abord, comme je l'ai dit, sans changer d'habit, celui que les dames avoient pris dès le commencement n'étant proprement ni séculier ni religieux, mais un mélange de l'un et de l'autre, plus séculier néanmoins que monacal. Tels avoient été la volonté et le goût du roi ; par respect pour lui, Mgr l'évêque de Chartres ne jugea pas à propos alors de changer l'habillement, et hors le voile blanc qu'il avoit donné aux novices, et le voile noir aux professes au jour de leur profession, il les laissa dans l'usage où elles étoient de cette espèce d'habit régulier, et l'on resta ainsi plusieurs années; mais enfin madame de Maintenon pensa d'elle-même que cet habit pouvoit avoir son inconvénient, que, puisque ces filles étoient de vraies religieuses, il falloit qu'elles en portassent l'habit, et qu'on ne doit jamais se faire une peine de paroître par son habit ce qu'on est et ce qu'on veut bien être. La communauté y acquiesca sans peine, et le roi, dont madame de Maintenon craignoit le refus, se rendit sans peine la première fois qu'elle lui proposa la chose. Ce dernier changement se fit en l'année 1707 [1].

Les professions solennelles étant achevées, comme je l'ai dit, la mère Priolo se démit de sa supériorité, et M. l'évêque de Chartres jugea qu'il falloit essayer d'une supérieure tirée du nombre des professes, à la charge que la mère Priolo resteroit auprès d'elle pour la conduire. De concert avec cette religieuse et madame de Maintenon, il

---

[1] Voir, dans les *Lettres et entretiens sur l'éducation*, t. II, p. 188, une instruction remarquable de madame de Maintenon à ce sujet.

nomma lui-même la nouvelle supérieure, car les nouvelles professes ne devoient être vocales qu'après quatre ans de profession. La dame de Loubert s'étoit mise dans le cas de ne pouvoir être nommée à la supériorité ; quoiqu'elle se fût soumise à faire le noviciat, elle ne goûta point le parti de faire des vœux solennels, et demanda en grâce de rester dans la maison sous la seule obligation des vœux simples, s'offrant de servir en tout comme elle l'avoit fait, et de se tenir toujours au dernier rang. Son humilité avoit son mérite, comme le sacrifice que les autres faisoient avoit le sien. Madame de Maintenon, qui l'aimoit et l'estimoit, lui fit accorder sa demande. Ce fut madame de Fontaines[1] que M. l'évêque de Chartres nomma supérieure, et elle entra en charge le 7 janvier 1694. Le roi voulut honorer la nouvelle supérieure de sa présence et en même tems marquer à la mère Priolo et à ses compagnes la satisfaction qu'il avoit eue de leur travail dans la maison. Voici ce qui en fut écrit en ce tems-là dans les mémoires qui m'ont été communiqués.

« En 1694, la mère Priolo, qui s'étoit démise de la supériorité, demeura encore quelques mois dans la maison pour donner ses avis et ses conseils à notre mère de Fontaines ; et, étant sur le point de retourner à Chaillot, le roi lui fit l'honneur de venir exprès pour lui témoigner la satisfaction qu'il avoit de sa conduite. Madame de Maintenon amena Sa Majesté dans la communauté, où nous étions toutes assemblées ; il eut la bonté de nous faire asseoir comme à l'ordinaire. Après avoir remercié la mère Priolo et les autres mères dans les termes les plus honorables et

---

[1] Anne-Françoise Gautier de Fontaines, née en 1658, morte en 1743. Elle fut élue deux fois supérieure, et exerça souvent la charge de maîtresse générale des classes ; cette religieuse avait toute la confiance de madame de Maintenon, à cause de l'élévation et de la droiture de son esprit, de la simplicité de sa piété, de son humeur douce et accommodante unie à une grande fermeté. Elle était d'une telle beauté, qu'en la voyant on ne pouvait retenir son admiration.

les plus obligeants, de tout le bien qu'elles avoient établi dans cette maison, il dit à notre mère de Fontaines qu'il jugeoit de sa capacité et de son mérite par le choix que M. l'évêque de Chartres, les mères de Chaillot et madame de Maintenon venoient de faire d'elle, et qu'il ne doutoit pas qu'elle ne soutînt dignement l'estime que des personnes si éclairées faisoient de sa vertu et de sa régularité.

« Je vous recommande, ajouta-t-il, la fermeté à faire obser-
» ver tout ce qui vient d'être établi et d'accompagner cette
» fermeté d'une grande douceur. J'espère que les dames
» feront toujours connoître par leur soumission et leur obéis-
» sance que c'est de bon cœur et avec une pleine liberté
» qu'elles se sont consacrées à Dieu, et qu'elles ne se con-
» tenteront pas d'être seulement de profession, mais qu'elles
» seront de cœur de très-parfaites religieuses; car il faut que
» chacun s'efforce d'arriver à la perfection de son état, et
» surtout les personnes qui comme vous, mesdames, en font
» une étude particulière. » Il parla ensuite du dessein qu'il avoit eu d'abord qu'il n'y eût ici que trente-six dames du chœur, et il dit : « Je vois bien à présent, et je comprends
» que ce n'est pas assez pour gouverner toutes vos charges,
» et qu'il est beaucoup meilleur que vous vous serviez
» vous-mêmes que de prendre un plus grand nombre de
» sœurs converses pour vous servir, non-seulement parce
» que les choses en sont mieux faites, mais encore parce
» qu'il est plus convenable à une personne consacrée à
» Dieu de joindre cette pratique d'humilité à toutes les
» autres que l'on a coutume de faire dans les maisons reli-
» gieuses. »

» Dans cette même conversation, le roi nous recommanda expressément de prendre bien garde au bon choix des sujets que nous admettrions parmi nous à l'avenir, et répéta plusieurs fois : « Il ne faut qu'un seul mauvais
» esprit pour gâter tout le bien qu'on a établi ici, et peut-
» être pour le détruire entièrement. N'ayez jamais de com-

» plaisance sur cet article, ni égard ni considération : un
» mauvais esprit me fait peur partout, et surtout en cette
» maison, où il ne manqueroit pas de mettre le trouble. »

» La mère Angélique de Beauvais, qui étoit venue de
Chaillot après les autres mères pour servir de secrétaire à
la mère Priolo, avoit été fort en faveur auprès de la reine
mère avant d'être religieuse [1]. Le roi parut fort aise de la
voir et lui fit beaucoup de politesses ; et sur ce que la mère
de Beauvais dit au roi qu'elle étoit dans l'admiration de
l'entendre si bien parler sur les devoirs des religieuses, il
lui dit avec bonté : « Quand vous voudrez, j'aurai là-dessus
» une conférence avec vous, à laquelle il ne sera pas néces-
» saire que vous vous prépariez, étant très-capable de la
» bien soutenir ; mais en public, je n'y suis pas propre. » La
mère de Beauvais, entre autres paroles d'humilité, dit qu'elle
n'étoit qu'un sujet de scandale. — « De scandale ! reprit le
» roi ; si cela étoit, vous n'eussiez pas acquis l'estime géné-
» rale de tout le monde, et à la cour et dans votre maison. »
Puis adressant la parole à madame de Maintenon, en parlant de la même mère de Beauvais, il dit : « Je crois pour-
» tant, madame, qu'il sort quelquefois de bons sujets de
» cette cour que vous méprisez tant. » S'adressant en même
tems à la mère Priolo, il ajouta : « On peut dire que sa voca-
» tion a été bonne, car rien ne l'obligeoit à se faire religieuse.
» La reine ma mère l'en a empêchée longtems, et elle a bien
» soutenu ce qu'elle a bien commencé. » Le roi regardant
en même tems le maréchal de Noailles, qui étoit présent [2],
et la mère Priolo aussi : « Il est tout Priolo, Noailles. » C'est
que ce maréchal avoit fort parlé à Sa Majesté du père de
cette religieuse comme d'un homme de beaucoup d'esprit et de son histoire en latin [3], « que je n'entends point,

---

[1] Elle était fille de madame de Beauvais, première femme de chambre
de la reine mère et sa plus intime confidente.

[2] Anne-Jules de Noailles, né en 1650, mort en 1708.

[3] Benjamin Priolo, secrétaire du duc de Longueville, auteur d'une his-

» ajouta le roi, vous le savez, en s'adressant à la mère de
» Beauvais, car je suis un ignorant. » Il dit ensuite à la
mère Priolo : « Je sais les peines que vous vous êtes don-
» nées pour mettre toutes choses dans la perfection où j'ai
» le plaisir de les voir; vous avez sujet d'être contente de
» votre ouvrage. » Puis regardant madame de Maintenon,
il dit en parlant de la mère Priolo : « J'espère que, quoi-
» qu'elle quitte Saint-Cyr, elle ne l'abandonnera jamais et
» soutiendra par de saints avis et de bons conseils le bien
» qu'elle y a fait. » Toute la communauté témoigna qu'elle
l'aimeroit et honoreroit toujours comme leur mère. Madame de Maintenon prit la parole et fit nos honneurs communs, c'est-à-dire des mères de Chaillot et des nôtres, en
des termes et avec des manières que nous ne pouvons
exprimer. Le roi, dans la suite du discours, dit : « J'ai vu
» mourir à Lyon une religieuse de la Visitation pendant
» que j'y étois, à laquelle le prêtre qui la confessoit rendit
» témoignage qu'elle n'avoit pas matière d'absolution. C'est
» là, ajouta-t-il d'un air touché, le grand avantage de ceux
» qui se donnent à Dieu dès leurs premières années. » La
mère Marie-Constance avoit dit que le roi n'aimoit pas à
voir les religieuses. « A la vérité, dit le roi, je n'aime pas à
» voir celles qui courent par le monde, mais je respecte et
» honore toutes les bonnes. » Il remercia la mère Marie-
Constance des soins qu'elle prenoit de son nombreux noviciat. Cette mère répondit « qu'elle souhaitoit de remplir
» ses devoirs d'une manière qui fût agréable à Dieu et à Sa
» Majesté. » — « Vous en êtes très-capable, dit le roi, et
» vous y réussissez fort bien. » Enfin il laissa les mères de
Chaillot comblées de ses bontés et nous aussi, à qui il
marqua combien il étoit content de notre docilité à entrer
dans tout ce qu'on avoit établi. »

toire estimée des troubles de la minorité de Louis XIV, sous ce titre :
Benj. Prioli ab excessu Ludovici XIII de rebus Gallicis historia. Venise,
1 vol. in-4°.

J'omettois de dire que les dames de Saint-Louis embrassant la vie religieuse, comme il a été raconté, il falloit que leurs constitutions fussent accommodées à ce nouvel état. C'est ce que fit M. l'évêque de Chartres lui-même. Personne n'étoit plus propre que lui à y travailler avec succès, ayant, avec l'esprit de piété, l'expérience des communautés, et ayant lui-même vécu si longtemps dans celle du séminaire de Saint-Sulpice. Les nouvelles constitutions furent communiquées aux novices avant leur profession. Elles s'y soumirent de grand cœur, et c'est après les avoir bien étudiées qu'elles s'engagèrent à les observer, en conséquence de leur profession religieuse. Personne n'entra plus dans l'esprit de ces nouveaux règlements que madame de Maintenon; elle y entra si bien qu'elle étoit en état de donner des leçons salutaires tant sur les pratiques de la vie intérieure que sur les maximes qui entretiennent la paix, la régularité, l'union et la simplicité dans les communautés religieuses, et qu'elle répondit avec une lumière supérieure aux consultations fréquentes que lui faisoient les nouvelles professes (car elles lui en faisoient sans cesse), non-seulement sur ce qui regardoit le gouvernement de la maison et l'éducation des demoiselles, mais même sur leurs propres dispositions intérieures. Elles avoient, comme je l'ai déjà rapporté, toute liberté de lui écrire; elle se faisoit un devoir de leur répondre, et ses réponses étaient aussi saintes que judicieuses et agréables[1].

Quelques années auparavant, il étoit arrivé un autre changement important dans l'administration spirituelle de la communauté. Madame de Maintenon trouva de l'inconvénient et du danger à avoir pour confesseurs et pour chapelains des ecclésiastiques libres dont le choix étoit difficile, et dont les intentions pouvoient n'être pas toujours désintéressées. Elle conçut que des prêtres d'une

---

[1] Voir la plupart des *Lettres historiques et édifiantes*, et principalement celle du 27 février 1693, adressée à madame de Fontaines.

société connue par le zèle et le désintéressement lui fourniroient plus sûrement des confesseurs et des chapelains tels qu'elle le désiroit. De concert avec le roi, et avec l'abbé Gobelin qui alors vivoit encore, elle jeta les yeux sur les prêtres de la Mission dits de Saint-Lazare; le roi les avoit déjà établis dans les paroisses de Versailles et de Fontainebleau, et même il leur avoit donné la desserte de la chapelle du château de Versailles; il approuva fort le choix que faisoit madame de Maintenon de ces vertueux prêtres. Ce fut au mois d'août 1690 qu'ils prirent possession de ce nouvel établissement. Comme M. l'évêque de Chartres cherchoit en tout le bien spirituel de son diocèse, l'établissement de MM. de Saint-Lazare à Saint-Cyr lui donna l'envie d'y former sous leur conduite un petit séminaire. Madame de Maintenon saisissoit volontiers toutes les occasions de faire de bonnes œuvres, et en particulier de contribuer à former de bons prêtres qui servissent utilement l'Église par l'exemple et la parole. Ainsi, regardant ces jeunes gens saintement élevés pour l'état ecclésiastique comme une pépinière qui pourroit un jour fournir à l'Église de vertueux ministres des autels, elle s'affectionnoit spécialement à ce qu'ils profitassent de l'éducation qu'ils recevoient. Elle les envoyoit chercher de tems en tems, s'informoit de leur conduite et de leurs progrès, leur donnoit de petites récompenses et les soulageoit dans leurs besoins. Elle a continué cette bonne œuvre et soutenu cette maison jusqu'à ce que ce petit séminaire fût transporté à Chartres par M. l'évêque, pour l'unir à son grand séminaire près de sa ville épiscopale.

Je dois rapporter ici le bref que madame de Maintenon reçut en 1692 du pape Alexandre VIII, et qui lui fut apporté par Mgr Trevisani, camérier de Sa Sainteté, qui étoit aussi, disoit-on, son parent. Il fut dépêché en France pour apporter la barrette à M. de Forbin, nouvellement élevé au cardinalat. Ce bref étoit conçu en des termes qui font connoître en quelle estime madame de Maintenon étoit à Rome, et l'idée qu'on y avoit de sa piété aussi bien que de son crédit à la cour de France. Le bref étoit tel qu'il suit :

« *A notre très-chère fille en Jésus-Christ, la noble femme dame de Maintenon.*

» Chère fille en Jésus-Christ, noble dame, vos vertus insignes et vos recommandables prérogatives nous sont si connues, qu'elles nous engagent à vous donner des marques toutes particulières de notre affection paternelle; notre très-cher fils François Trevisani, notre camérier, vous en rendra un excellent témoignage en portant la barrette que nous envoyons à notre très-cher fils Toussaint de Forbin ; les effets le feront encore plus évidemment connoître dans les occasions qui se pourront présenter. Nous vous prions aussi de vouloir bien donner toute l'assistance et toute la protection possibles dans une cour où toutes les belles qualités que vous possédez vous ont acquis avec justice une faveur approuvée de tout le monde, à notre susdit fils, qui, par un mérite égal à sa naissance, et surtout par la commission que nous lui donnons, est digne d'une distinction particulière. Nous prions aussi avec un zèle également fort de faire valoir, toutes les fois que l'occasion s'en présentera, l'affection filiale que vous avez pour le saint-siége, et d'en défendre tous les justes intérêts, et sur cette espérance nous prions Dieu qu'il vous comble de ses grâces, et nous vous donnons, très-noble dame, notre bénédiction.

» Donné à Rome, etc. »

Le cardinal Ottoboni, qui alors avoit à Rome une grande part dans le gouvernement, accompagna ce bref d'une lettre dont voici la copie :

« Le mérite égal à la qualité que notre saint-père et

seigneur reconnoît en Votre Excellence, l'oblige de vous témoigner, dans les occasions, son estime et son affection. Ainsi, Sa Sainteté, envoyant à la cour de France M. Trevisani pour porter le bonnet à Mgr le cardinal de Forbin, elle l'a aussi chargé de voir Votre Excellence en son nom, et de lui rendre un bref de sa part avec tous les témoignages convenables.

» En exécutant cet ordre, M. Trevisani marquera aussi à Votre Excellence mon attachement particulier pour elle. J'espère qu'elle me fera connoître combien elle en est persuadée, par les commandements qu'elle me donnera, et je baise les mains à Votre Excellence. »

Il étoit naturel à madame de Maintenon de tirer quelque avantage de l'honneur qu'elle recevoit de la part du vicaire de Jésus-Christ. Mais ce n'étoit pas son esprit de rechercher sa propre gloire en rien. Elle tint le bref caché tant qu'elle put, et les dames de Saint-Louis n'en eurent connoissance que quand on en eut tiré des copies de la daterie de Rome, et qu'on l'eut répandu à son insu. Cet humble silence servit de leçon aux dames de Saint-Louis, et leur apprit à ne point s'enfler, à ne point parler même des distinctions et des honneurs que le roi leur faisoit assez souvent quand il venoit à Saint-Cyr. Une de ces dames voulut imiter dans la plus grande rigueur la modestie de madame de Maintenon. Ce fut madame de Loubert. Pendant sa supériorité elle avoit reçu plusieurs fois des lettres ou des billets de la main du roi; car ce prince avoit conçu beaucoup d'estime pour elle, sachant la sagesse avec laquelle elle remplissoit sa charge : elle les avoit gardés avec une complaisance qu'elle se reprocha. Par une émulation de modestie et de détachement, elle se détermina à brûler tous ces monuments qui flattoient son amour-propre, et les brûla en effet sans en rien réserver.

Le même pape Alexandre VIII, deux ans après, écrivit à madame de Maintenon un autre bref pour lui recommander et faire passer par ses mains les lettres qu'il écrivoit de sa propre main au roi, sur une affaire de très-grand poids et qui lui tenoit fort au cœur, afin qu'elle s'employât à la faire réussir. On ignore quelle fut cette affaire importante. Quoi qu'il en soit, les papes Innocent XII et Clément XI lui ont fait à diverses fois le même honneur, et elle l'a toujours reçu avec la même humilité et le même silence, bien rare surtout dans les personnes de son sexe.

Le roi fit encore l'honneur à la maison de Saint-Louis de la venir visiter peu d'années après cette visite dont j'ai rapporté le détail ci-devant; ce fut en 1695 ou 1696, et voici ce qu'on en a recueilli dans la maison :

« Le roi étant venu entendre vêpres ici, eut la bonté de venir à son ordinaire dans la salle de la communauté, et marqua qu'il étoit très-satisfait de la manière dont elles avoient été chantées, et de la gravité des cérémonies : « C'est, dit madame de Maintenon, parce qu'elles le font » ainsi tous les jours qu'elles y réussissent si bien ; ce ne » seroit pas de même si elles ne le faisoient que par extraor- » dinaire et pour se faire admirer. » — « Il ne faut jamais, » répondit le roi, se bien acquitter d'aucune de ces choses » extérieures qui regardent le culte de Dieu, parce qu'elles » doivent être vues, mais uniquement pour le glorifier et » l'honorer et parce que l'on est en sa présence. » Madame de Maintenon lui dit qu'on prioit beaucoup pour lui dans cette maison. Il dit : « J'en ai grand besoin dans l'état où » sont les affaires, mais j'espère tout de Dieu. » Elle lui dit aussi que nous la questionnions souvent sur son sujet, et que nous étions charmées de tout ce qu'elle nous disoit de sa confiance en Dieu. « Il n'y a, dit-il, que cela de bon » en moi. » Madame de Maintenon le remercia de l'honneur qu'il nous faisoit de venir ici, parce que c'étoit une marque qu'il étoit content de cette maison. « Les dames et la mai- » son, répondit le roi, me plairont toujours tant que le bien » s'y fera et qu'elle augmentera en vertu. » — « Le bien y

» va toujours croissant, répliqua madame de Maintenon, et
» il y a tout lieu d'espérer qu'il y sera bientôt dans sa per-
» fection. » — « Vous m'en parlez souvent, reprit le roi, et
» m'en paroissez toujours contente. Tout ira bien tant que
» les supérieures gouverneront avec sagesse et que les infé-
» rieures obéiront exactement. » — « Vous ne manquez
» point, Sire, d'occasions de leur recommander cette
» vertu, » dit madame de Maintenon. « — C'est, repartit le
» roi, qu'il n'y a rien de plus nécessaire pour l'ordre et la
» paix des sociétés et pour y maintenir la régularité. »

» La mère supérieure dit au roi que ma sœur de Radouay [1] désiroit une nouvelle fondation. Le roi répondit :
« Si elle savoit combien les anciennes ont de peine à se sou-
» tenir, elle aimeroit mieux contribuer à leur soulagement
» qu'à faire quelque chose de nouveau. On voudroit bien
» remédier à leur misère et aux inconvénients qui s'en-
» suivent, mais cela n'est pas aisé. » — « Il est bon à ma
» sœur de Bouju [2], dit madame de Maintenon, d'entendre
» qu'on ne peut pas remédier à tout ce qui en auroit besoin,
» car son zèle voudroit tout redresser et corriger. » — « Cela
» vient d'un bon principe, dit le roi, c'est qu'elle est ver-
» tueuse et régulière, et désireroit que tout le monde le fût
» de même. Mais que madame de Bouju sache que quelque
» zèle que l'on ait pour établir le bien ou pour détruire le
» mal, l'expérience apprend que cela n'est pas toujours
» possible et qu'il s'en faut beaucoup que l'on puisse faire
» tout le bien que l'on souhaiteroit et qui conviendroit. »
— « Il y a, reprit madame de Maintenon, quelque chose

---

[1] Nicole-Susanne de Raymond de Radouay, née en 1668, morte en 1736. Ce fut la douzième dame de Saint-Louis : elle avait fait profession des vœux simples en 1686, et des vœux solennels en 1694.

[2] Marie-Anne de Bouju de Montgras, née en 1672, morte en 1712. C'était une religieuse de grand esprit, d'une prodigieuse mémoire, de beaucoup de vertu, mais qui avait le désir d'une perfection idéale, une vivacité extraordinaire et une piété chimérique. Voir sur cette dame les *Lettres historiques et édifiantes*, t. I, p. 495.

» de bien plus pressé à faire qu'une nouvelle fondation,
» c'est de procurer par la paix le repos des peuples qui sont
» foulés, et le rétablissement de tant de familles ruinées. »
— « C'est là, répondit Sa Majesté, ce qu'un roi doit se
» proposer : la paix dans son royaume, le repos et le sou-
» lagement de son peuple; mais le malheur est qu'avant de
» pouvoir leur procurer ces avantages, on est forcé malgré
» soi de les fouler. Nous avons assurément grand besoin de
» la paix, mais d'une bonne paix, que je ne cesse de
» demander à Dieu, qui seul peut changer le cœur de ceux
» qui s'y opposent. »

» Madame de Maintenon lui dit en parlant de nos règlements que l'on dressoit alors, que l'on ne pouvoit dire de
qui ils étoient, parce que tout le monde y avoit eu part et
que l'on consultoit sur chaque article. « Si cela est, dit le
» roi, ils ne seront pas sitôt finis, parce que entre un
» nombre de personnes qui n'ont toutes qu'un même but,
» à peine s'en trouve-t-il deux qui ne pensent différem-
» ment. Je les exhorte toutes, ajouta-t-il en regardant
» madame de Maintenon, à ne guère faire de difficulté,
» mais à dire simplement leur sentiment, et à s'en tenir
» inviolablement à ce qui aura été arrêté et décidé même
» contre leur avis, parce qu'un particulier ne doit pas avoir
» la présomption de croire son sentiment meilleur que celui
» du plus grand nombre, et qu'il faut avoir assez de droi-
» ture et de probité pour faire valoir et soutenir ce qui a
» été ainsi établi légitimement contre notre opinion. »

» Madame de Maintenon, nommant à Sa Majesté les
noms de toute la communauté et de leurs charges, dit de
plusieurs qu'elles étoient fort jeunes. Il répondit : « Il n'y a
» point de charge dans cette maison qui ne soit importante.
» Il est nécessaire que les dames s'en acquittent toujours
» de bonne foi et non pas superficiellement. Il seroit à
» désirer que toutes les officières eussent de l'expérience,
» mais comme il est difficile d'allier cette expérience avec

» la force et la vigueur de la jeunesse, il faut pour y sup-
» pléer que les jeunes dames d'ici entendent parler les
» anciennes, prennent leurs conseils et les suivent. »

» La conversation ayant roulé sur la difficulté d'assembler toute la communauté quand il est question de former quelque délibération ou élection, à cause qu'il faut qu'il en reste toujours un certain nombre auprès des demoiselles, le roi dit : « Dans une pareille nécessité... « Madame de Maintenon crut qu'il alloit dire que l'on pouvoit laisser les demoiselles seules, et elle reprit vivement : « Oui, et
» pendant ce tems-là que deviendront-elles? » Le roi repartit : « Je sais bien qu'il faut tout quitter plutôt que
» de les abandonner un moment. Mais je crois qu'en ce
» cas il faudroit que les religieuses qui restent avec elles
» donnassent leur voix par écrit, ou que les secrétaires du
» chapitre vinssent les trouver aux lieux où elles seront
» avec les boîtes des suffrages, que la supérieure aura
» fermées auparavant et dont elle gardera la clef. » C'est
» en effet à cette manière qu'on s'est tenu. »

LIVRE NEUVIÈME.

Commencement du quiétisme. — Intrigues de madame Guion pour s'introduire dans la maison de Saint-Louis. — Elle y séduit plusieurs personnes. — Erreurs répandues dans ses écrits. — L'abbé de Fénelon prend sa défense. — Conduite de madame de Maintenon pour garantir sa maison de l'erreur.

Tout alloit bien tant pour le spirituel que pour le temporel dans la communauté de Saint-Louis de Saint-Cyr, et madame de Maintenon voyoit avec joie l'heureux succès de ses soins et l'accomplissement de ses désirs, lorsque Satan essaya d'introduire la séduction au milieu de cette troupe fidèle de servantes de Dieu, et l'homme ennemi vint sursemer dans un champ si bien cultivé la zizanie de l'erreur. Une communauté où l'on ne parloit que de piété, où l'on ne respiroit que ferveur et amour de Dieu, ne pouvoit être séduite que par des apparences pieuses et saintes; ce fut aussi par là que le démon essaya de corrompre un établissement qui faisoit triompher la vertu la plus pure, à la porte de la cour où règnent ordinairement toutes les passions.

C'étoit en effet sous le masque de la piété et du plus pur amour de Dieu que le quiétisme se répandoit dans le monde, et tandis que cette nouvelle hérésie semée par Molinos éprouvoit à Rome la vigilance du vicaire de Jésus-Christ, elle se glissoit dans le royaume par les soins d'une femme séduite par la dévotion apparente d'un religieux, et capable elle-même par son esprit et par son adresse d'en séduire beaucoup d'autres.

C'étoit la fameuse madame Guion. Elle étoit née à

Montargis, fille d'un gentilhomme du pays, nommé Delamotte. On l'avoit mariée à l'âge de dix-huit ans à M. Guion, fils de celui qui avoit entrepris le canal de Briare, et qui après y avoir amassé de grandes richesses, avoit acquis la noblesse, que le cardinal de Richelieu lui fit accorder par Louis XIII. Madame Guion n'avoit que vingt-huit ans quand elle resta veuve avec deux garçons et une fille. Les garçons moururent jeunes, et la fille, qui devoit être héritière de grands biens, fut mariée dans la suite à M. Fouquet, connu sous le nom de comte de Vaux, fils du fameux Fouquet, surintendant des finances. Dès sa jeunesse cette femme étoit adonnée à la piété, et elle avoit soutenu ce caractère pendant son mariage; elle étoit douée des grâces de la nature, et encore plus du côté de l'esprit que du côté de la beauté. Jamais personne ne sut mieux se servir de cet esprit brillant et insinuant propre à se faire applaudir et à se ménager des amies.

Les religieux barnabites ont une maison et un collége à Montargis. Le père Lacombe, religieux de cette congrégation, très-imbu des maximes des quiétistes, étant à Montargis où sa mauvaise doctrine étoit voilée sous un masque de régularité et d'austérité, fit en la personne de madame Guion une conquête importante. Ses principes plurent à cette dame, et elle s'attacha à la fois à la doctrine et à la personne du sectaire. Cependant elle se livroit à l'exercice des bonnes œuvres, et les grandes richesses qu'elle avoit héritées de son mari lui fournissoient les moyens de faire des aumônes continuelles et éclatantes; de sorte qu'on disoit d'elle qu'elle nourrissoit tous les pauvres du pays. Cette charité si libérale, l'assiduité à l'église, les communions fréquentes, lui procurèrent la connoissance et l'estime de madame la duchesse de Beauvilliers. Cette duchesse faisoit élever ses filles dans le couvent des bénédictines du faubourg de Montargis. La régularité de ce monastère avoit attiré la confiance de madame de Beauvilliers, qui faisoit elle-même profession d'une grande piété. Les voyages qu'elle faisoit de tems à autre à Montargis commencèrent ses liaisons avec madame Guion, et ces liaisons formèrent dans la suite celles que madame Guion eut aussi avec les duchesses de Chevreuse et de Mortemart, sœurs de madame de Beauvilliers, toutes trois filles de M. Colbert.

Nous verrons dans la suite la protection qu'elle trouva dans ces dames, toutes trois éminentes en piété, mais en même tems prévenues en faveur de la sainteté de madame Guion, et innocemment séduites par les discours de cette femme habile à s'insinuer dans l'esprit des gens de bien.

Ce seroit m'écarter de mon histoire, de placer ici ce qui concerne les voyages que fit madame Guion à Gex, à Annecy, à Turin, à Grenoble, sous les apparences d'établissements pieux qu'elle formoit ou qu'elle soutenoit de ses aumônes; mais au fond, pour suivre et pour se rapprocher du père Lacombe, son directeur, et pour avancer sous sa conduite dans les voies secrètes de la nouvelle spiritualité. Ce fut dans ces voyages qu'elle commença à imprimer des petits livres de sa façon, entre autres *Le moyen court et facile de faire oraison*, livre où les principes de la secte sont semés et couverts des apparences les plus dévotes. Elle en composa plusieurs autres dans la même vue, car elle avoit une prodigieuse facilité d'écrire; son style se sentoit de la fertilité de son esprit et de la vivacité de son imagination, et il étoit tout propre à se communiquer à ceux qui lisoient avec simplicité et sans précaution.

Vers la fin de l'année 1686, elle vint à Paris et le père Lacombe en même tems, et l'un et l'autre travaillèrent à se faire des sectateurs, le religieux par la direction et la dame par ses aumônes, par la distribution de ses livrets et par ses conversations pieuses; car jamais femme ne parla mieux qu'elle des choses de Dieu et de tout ce qui concernoit la dévotion. Elle ne négligea point de réveiller les liaisons qu'elle avoit formées à Montargis avec la duchesse de Beauvilliers; et celle-ci crut procurer un trésor à ses sœurs en leur donnant la connoissance de madame Guion. Elle forma une amitié encore plus étroite avec la duchesse de Charost, femme estimée aussi à la cour par sa piété, et elle devint telle que peu après madame Guion maria sa fille unique avec le comte de Vaux, frère de cette duchesse, et enfant comme elle de Fouquet. Toutes ces dames, qui étoient à la cour sur un grand pied de régularité et de dévotion, étoient fort étroitement liées avec madame de Maintenon, et c'étoit dans la faveur de cette dame que madame Guion cherchoit à s'introduire à titre de piété et de zèle pour les bonnes œuvres.

Dans ces circonstances, madame de Maintenon s'attacha une fille de condition nommée madame de la Maisonfort[1], chanoinesse de Poussay, et l'attira à Saint-Cyr. Cette fille étoit d'une famille noble du Berry, mais son père, étant en Lorraine à l'occasion de l'arrière-ban, ménagea pour sa fille, qui n'avoit alors que douze ans, une prébende dans le chapitre noble de Poussay. La jeune chanoinesse, qui avoit de la beauté, de l'esprit et un caractère doux et insinuant, fut bientôt la bien-aimée de l'abbesse de Poussay. Quelques années après, le bruit de l'établissement de la maison de Saint-Cyr en faveur de la noblesse s'étant répandu par tout le royaume, la dame de la Maisonfort désira y introduire sa sœur cadette, et elle vint à Paris dans ce dessein, y amenant sa jeune sœur. C'étoit en 1686, la même année que madame Guion étoit arrivée dans la même ville. Madame de la Maisonfort trouva moyen de se faire connoître à M. l'abbé Gobelin, qui se chargea volontiers de présenter les deux sœurs. Madame de Maintenon

---

[1] Marie-Françoise-Sylvine Lemaître de la Maisonfort, dame de Saint-Louis en 1694. Voir l'histoire de cette dame dans le chapitre IX de l'ouvrage : *Madame de Maintenon et la maison royale de Saint-Cyr.*

fut charmée de la beauté et de l'esprit de la jeune enfant qu'on lui présentoit, et elle le fut également de la sœur aînée, qui n'avoit pas moins d'agrément que sa cadette. Elle la questionna beaucoup sur son état, et la chanoinesse lui conta avec toute la grâce possible la malheureuse situation où elle étoit et sa famille aussi; la prébende de Poussay ne lui fournissoit pas de quoi vivre, et son père, qui venoit de se remarier, ne pouvoit subvenir à son entretien. Pour se tirer de peine, elle briguoit d'entrer au service de madame la grande-duchesse de Toscane, qui résidoit à Paris [1] et y faisoit une assez médiocre figure. Madame de Maintenon fut encore plus touchée des grâces et du caractère qu'elle remarqua dans la dame de la Maisonfort, connoissant le besoin où elle étoit. Comme elle cherchoit des dames propres à conduire le petit troupeau qu'elle formoit, elle crut que cette dame, en qui elle crut voir autant de piété et de sagesse que d'agrément, lui seroit utile, et elle lui proposa de s'attacher à elle et à la bonne œuvre qu'elle affectionnoit. La Maisonfort ne se fit pas presser; elle accepta l'offre. La cadette fut mise au nombre des demoiselles [2], et l'aînée s'attacha à madame de Maintenon, qui, lui trouvant de jour en jour plus d'esprit, de douceur et de complaisance, ne la borna pas à la conduite de la maison de Saint-Cyr : elle la prenoit assez souvent pour compagnie à Versailles, et la mit dans sa confidence.

Or, en s'attachant cette fille, madame de Maintenon s'attachoit une proche parente de madame Guion, et qui devint dans la suite une de ses fidèles disciples; mais ce ne fut pas tout d'un coup. M. de la Maisonfort, à son arrivée

[1] Fille de Gaston d'Orléans, frère de Louis XIII et de la sœur du duc de Lorraine. Mariée en 1661 à Côme de Médicis, elle s'en sépara, revint en France en 1669 et y vécut obscurément jusqu'à sa mort.

[2] Ce fut une des principales actrices d'Esther : elle faisait le personnage d'Élise : « Le roi la distinguoit, disent les dames de Saint-Cyr, à cause de sa grâce extrême et de sa jolie voix. »

à Paris, avoit mené sa fille chez cette dame pour faire avec elle la connoissance que la parenté sembloit exiger. Madame Guion, qui étoit caressante et agréable dans la conversation, se fit aimer par la jeune demoiselle; mais quand elle voulut l'attirer à la spiritualité, et la mettre sous la conduite du père Lacombe, elle ne la trouva pas disposée, et apparemment elle auroit négligé sa *cousine,* car c'est ainsi qu'elle l'appeloit, si peu de tems après elle n'eût appris que madame de Maintenon se l'étoit attachée, et si elle n'eût conçu qu'il lui seroit important de se ménager par elle un appui auprès de cette dame.

Madame Guion étoit devenue, comme je l'ai dit, amie particulière de la duchesse de Charost, et cette duchesse la menoit assez souvent avec elle à sa maison de campagne, qui étoit par delà Saint-Cyr. Il falloit, pour y aller, passer à la porte de la maison de Saint-Louis. A chaque voyage madame Guion rendoit visite à sa cousine, et entretenoit par ce moyen une liaison qui lui fut d'une grande ressource peu de tems après.

Cependant la prétendue spiritualité de madame Guion et du père Lacombe fit du bruit à Paris; on en connut le danger en examinant le livre latin intitulé *Analyse de l'Oraison mentale,* qui étoit l'ouvrage du père Lacombe, et celui du *Moyen court,* qui étoit celui de madame Guion. L'un et l'autre répandoient ces livrets parmi leurs disciples, et, de plus, les liaisons trop familières et trop fréquentes du directeur et de la pénitente donnoient lieu à de fâcheux soupçons. M. de Harlay, archevêque de Paris, prévit la conséquence de ces intrigues prétendues dévotes, et, voulant couper le mal par la racine, il fit enfermer le père Lacombe dans la maison des Barnabites de Paris, où il fut interrogé par M. Cheron, official, en présence de M. Pirot, professeur de Sorbonne. Madame Guion fut en même temps arrêtée par ordre du roi, et confiée aux religieuses de la Visitation de la rue Saint-Antoine. Ce fut en 1687. Le père Lacombe, après avoir été fréquemment examiné et interrogé par le commissaire ecclésiastique, fut ensuite transféré à la Bastille par ordre de Sa Majesté. Il avoit déclaré tout franchement les principes de sa nouvelle spiritualité, et avoit marqué une opiniâtreté invincible dans ses erreurs. De la Bastille il fut transféré en d'autres prisons, et spécialement au château de Lourdes, au diocèse de Tarbes, d'où enfin il fut ramené à Vincennes en 1698, où il mourut.

Quant à madame Guion, elle répondit humblement aux interrogatoires que lui fit subir M. Pirot, commissaire de M. l'archevêque, en huit ou dix séances. Elle marqua une docilité entière et une soumission parfaite à tout ce qu'on jugeroit à propos de lui ordonner. Jamais femme ne sut mieux qu'elle jouer la personne humble et soumise ; à l'entendre, elle étoit toujours prête à obéir, à se cacher, à garder le silence. Elle se donnoit pour une personne simple qui n'entendoit pas de mal à ce qu'elle avoit dit, pour une enfant toujours prête à signer, à condamner, à abandonner tout ce qu'on jugeroit à propos de lui défendre, et à faire tout ce qu'on voudroit lui prescrire. La suite fit voir que rien n'étoit moins sincère qu'une soumission si parfaite, mais pour le moment elle fit un grand effet. Elle accompagnoit ces sentiments de la conduite la plus édifiante et de la vie la plus sainte en apparence ; elle ne parloit que de Dieu et de son amour, de soumission à sa volonté et d'abnégation de soi-même, et elle parloit de tout cela d'une manière à ravir les cœurs. Elle paroissoit ne faire ses délices que de l'oraison, de la pénitence et de la sainte communion, et bientôt elle parut ce qu'elle désiroit paroître : une sainte persécutée injustement, et qui portoit la persécution avec la patience la plus héroïque.

Ce fut alors que sa parente, la dame de la Maisonfort, raconta à madame de Maintenon tout ce que faisoit et souffroit sa cousine. Elle peignit l'injustice dont avoit usé contre elle M. l'archevêque de Paris, et comme ce prélat n'avoit pas une bonne réputation du côté de la piété et des mœurs [1], il fut aisé de le dépeindre comme l'oppresseur injuste d'une sainte innocente. On dit même qu'on fit entendre que M. de Harlay ne détenoit cette sainte au couvent que pour l'amener, par l'insinuation ou par la crainte, à donner sa fille en mariage au marquis de Chanvallon, neveu du prélat. Enfin, on fit agir et parler un prêtre de la Mission nommé M. Jasseau, qui confessoit ordinairement madame de Maintenon à Versailles, et qui, d'intelligence avec la dame de la Maisonfort, fit tant d'éloges de la sainteté de madame Guion, de sa soumission, de l'injustice de sa détention, que madame de Maintenon crut enfin qu'il étoit de sa charité d'obtenir du roi sa liberté. Elle l'obtint en effet, et cette dame sortit du couvent à la fin de l'année 1688.

Le premier usage que fit madame Guion de sa liberté fut d'accourir à Saint-Cyr pour y remercier madame de la Maisonfort, et pour demander le moment de pouvoir marquer sa reconnoissance à madame de Maintenon : ce moment fut indiqué. Les duchesses de Chevreuse et de Beauvilliers, et la princesse d'Harcourt, qui étoit aussi du nombre des admiratrices de la dame Guion, voulurent s'y trouver. Madame de Maintenon ne put se défendre contre les dehors attrayants de madame Guion. Sa modestie, son humilité, la manière sainte dont elle parloit de sa détention, le concours de tant de personnes distinguées en piété qui louoient sa vertu, enfin ce je ne sais quoi qui est en nous et qui nous inspire de l'amitié pour les gens persécutés ou malheureux, tout cela concourut à former dans le cœur de madame de Maintenon l'estime et l'amitié qu'elle eut pendant un tems pour une dame qui lui paroissoit d'une vertu si sublime.

[1] Voir sur ce prélat ce que dit Saint-Simon, t. II, p. 112 et suivantes. (Édit. 1853.)

A la faveur de cette connoissance, madame Guion fréquenta plus souvent sa cousine et la maison de Saint-Louis ; ce n'étoient plus des visites en passant, en allant ou venant de la terre de la duchesse de Charost ; c'étoient de petits séjours de deux ou trois jours, pendant lesquels cette femme éloquente et insinuante enchantoit tout le monde de ses discours sur l'amour de Dieu et sur toutes les vertus chrétiennes. Des discours elle passa aux livres : elle distribua son *Moyen court,* qui fut goûté de madame de Maintenon elle-même, qui en portoit souvent un exemplaire dans sa poche. Ensuite elle répandit son explication du *Cantique des cantiques,* qui venoit d'être imprimé à Lyon par les soins des duchesses ses amies et à leurs dépens. A mesure qu'elle augmentoit en crédit dans la maison, elle distribuoit avec plus de confiance ses manuscrits, car elle en avoit en nombre. Elle avoit déjà commenté dans un sens mystique une bonne partie de la sainte Écriture, et elle avoit d'autres écrits sous divers titres, entre autres un, intitulé *les Torrents,* où ses erreurs et tout le système des quiétistes se trouvoient développés. Mais ces manuscrits ne se confioient qu'à celles qui en étoient dignes, et qui avoient déjà goûté les maximes de la nouvelle doctrine débitées par une bouche aussi insinuante que celle de madame Guion. *Les Torrents* ne furent lus que furtivement d'abord, et rien n'est plus séduisant pour des filles naturellement curieuses que des livres confiés ainsi sous le secret. Le poison fut avalé sans crainte, sans obstacle, sans remords, et madame Guion se trouva en peu d'années avoir dans Saint-Louis même, et dans ce que cette maison avoit de plus précieux, c'est-à-dire parmi les dames conductrices de la jeune noblesse, un nombre de sectatrices avides de son oraison et de ses écrits, et imbues de sa prétendue spiritualité.

Pendant ce temps, madame Guion ne négligeoit pas ses amies de la cour, et ces bonnes amies, qui ne se défioient de rien, se trouvèrent enchantées de tous les beaux discours de cette femme ainsi que de ses livres. Elle tenoit des conférences de spiritualité avec elles à Versailles même, et elle les tenoit en secret, dans la crainte que M. l'archevêque de Paris n'en fût instruit; elle y racontoit les visions qu'elle avoit eues, les miracles que Dieu avoit opérés sur elle ou pour elle; elle faisoit des prophéties sur l'avenir; elle communiquoit à ses élèves les grâces qu'elle disoit recevoir pour elle. En un mot le fanatisme se montroit dans toute son étendue, et ces bonnes âmes, qui ne voyoient en tout cela que l'amour de Dieu et l'amour le plus pur, et qui croyoient avoir trouvé le chemin le plus court pour arriver à la perfection, ne se défioient en rien des erreurs où l'on précipitoit leur simplicité.

Elles furent bien confirmées dans leurs préventions quand elles les virent approuvées par un homme aussi éclairé que l'étoit l'abbé de Fénelon, qui fut choisi à peu près dans ce même temps pour être précepteur des Fils de France, et qui depuis devint archevêque de Cambrai. C'étoit un homme de qualité, avec une assez médiocre fortune. Il avoit été élevé à Paris au séminaire Saint-Sulpice, et s'étoit occupé à toutes les bonnes œuvres convenables à son état. Il avoit été quelque temps occupé aux missions que le roi, au tems de la révocation de l'édit de Nantes, fit faire à ses frais, dans tous les pays où les huguenots étoient en grand nombre. Il étoit revenu à Paris, où il s'occupoit de la prédication et spécialement de la direction de la communauté des Nouvelles Catholiques, dont M. l'archevêque de Paris lui avoit confié la conduite. La bonne réputation qu'il en acquit lui attira un grand nombre d'amis, car s'il faisoit tout ce qu'il falloit pour se faire estimer, il avoit en même tems tout ce qu'il falloit pour plaire et se faire aimer. Plein d'esprit et de vivacité, sa conversation étoit amusante et insinuante; il avoit toute la politesse d'un homme de qualité, et toute la régularité d'un homme de bien, et c'est ainsi qu'il se fit aimer, spécialement dans les maisons des trois duchesses, filles de M. Colbert. Il y prit un grand crédit, et comme le vieux duc de Mortemart vint à mourir dans ce tems-là, il ne voulut point d'autre que l'abbé de Fénelon pour le disposer à la mort. Cet abbé le fit à la vue de toutes les trois maisons alliées avec un zèle, une assiduité et une édification dont tout le monde fut charmé, et que les trois duchesses ne cessoient de publier.

Les maisons de Luynes, de Mortemart et de Beauvilliers étoient des écoles de vertu et de régularité. L'abbé de Fénelon, à titre d'homme de bien, et surtout d'homme de bien aimable dans ses manières, doux et complaisant dans la société, fut bientôt entièrement accrédité auprès des trois duchesses, et si accrédité que le roi ayant choisi le duc de Beauvilliers pour gouverneur du duc de Bourgogne, et s'étant confié à ce duc du choix d'un précepteur pour ce prince, ce seigneur fit pencher la balance en faveur de M. de Fénelon. Un intime ami de cet abbé, nommé l'abbé de Langeron, homme de qualité aussi, élevé dans la piété comme lui, fut nommé lecteur du prince; l'un et l'autre avoient eu soin de se ménager cette faveur par leur assiduité auprès de M. Bossuet, évêque de Meaux. Ils ne doutoient pas que ce prélat ne fût écouté ou même consulté sur le choix d'un précepteur du duc de Bourgogne. Il avoit été lui-même précepteur du Dauphin; très-considéré du roi, il étoit devenu l'oracle de la cour par son immense érudition, par ses savantes controverses, par ses prédications éloquentes, et il étoit de l'intérêt des deux abbés de se le concilier; aussi se rendirent-ils l'un et l'autre très-assidus à lui faire leur cour. Ils mangeoient chez lui journellement, l'accompagnoient quelquefois à sa maison de campagne, aidoient à son délassement dans ses promenades, et ce prélat, qui ne vit rien que d'estimable et d'aimable dans l'un et l'autre, contracta avec eux une étroite liaison. Elle dura longtems, même pendant tout le tems que l'abbé de Fénelon fut à la cour auprès des princes, même jusqu'à son sacre. Nous verrons dans la suite comment ils rompirent, et comment madame Guion en fut la cause.

L'abbé de Fénelon étroitement lié avec les duchesses, qui étoient amies de madame de Maintenon et amies à titre de piété, le fut bientôt avec madame de Maintenon elle-même. Elle dont la dévotion étoit si aimable, ne pouvoit ne pas goûter un homme qui ne l'étoit pas moins dans sa régularité. Elle fut bien aise même de profiter de son talent et de ses lumières pour la maison de Saint-Cyr, et comme il avoit une grande facilité pour faire des exhortations et des conférences pieuses, elle lui donna occasion d'exercer son talent dans la communauté de Saint-Louis; des exhortations il passa à la direction des âmes, et une de celles qui goûta le plus cette direction et à qui M. de Fénelon réciproquement s'attacha le plus, ce fut la chanoinesse de la Maisonfort, que madame de Maintenon aimoit particulièrement, parce que, en lui trouvant de l'esprit, elle fondoit sur elle de grandes espérances pour son institut.

Par la société des trois duchesses, cet abbé eut aussi connoissance de madame Guion, et on lui eut bientôt vanté et fait connaître cet oracle de l'amour divin. M. l'abbé de Fénelon, avec tout l'esprit imaginable et tous les talents que la nature peut donner, manquoit de théologie. Il avoit négligé les études scolastiques de Sorbonne; même il en avoit conçu du mépris, et il s'en expliquoit assez librement. Il reconnut dans la suite combien elles étoient nécessaires, et il tâcha de réparer en lui ce défaut. Mais alors la philosophie, les belles-lettres, l'éloquence, la métaphysique et les livres de piété avoient épuisé toute son application. Il est vrai que la scolastique a ses défauts, et que celui qui s'y borne s'expose à être lui-même très-borné. Mais il est de cette étude dans l'ordre des sciences de la religion, comme de l'art de dessiner dans l'ordre de la peinture. Celui qui dans sa jeunesse a négligé le dessin, ne devient point un peintre parfait, nonobstant la hardiesse de son pinceau et la force de son coloris. Il en est ainsi de la théologie scolastique; celui qui n'en a pas pris une teinture suffisante dans sa jeunesse est exposé à se tromper dans des occasions importantes, à n'être pas assez en garde contre l'erreur, à la confondre avec la vérité et à la prendre pour elle.

C'est ce qui arriva à l'abbé de Fénelon. Il vit madame Guion tantôt à Versailles, tantôt à Saint-Cyr; il goûta son esprit, il fut touché de cette candeur, de cette simplicité qu'elle affectoit si naturellement; il fut épris du merveilleux qui paroissoit dans ses talents, dans ses écrits, dans ses aventures, où il croyoit voir une protection particulière et miraculeuse, et ébloui de toutes ces choses que cette femme adroite avoit l'art de bien débiter, il ne pénétra pas les erreurs qui faisoient le fond de ces beaux dehors. L'oracle des duchesses devint aussi le sien, et comme les autres, il la prit pour une femme inspirée, qui, comme il le disoit encore longtems après, étoit expérimentée et éclairée sur les voies intérieures; quoiqu'il convînt qu'elle étoit très-ignorante, il crut apprendre plus sur la pratique de ces voies en examinant avec elle ses expériences, qu'il n'eût pu faire en consultant des personnes fort savantes, mais sans expérience pour la pratique. Ce sont ses propres paroles[1].

Madame Guion avoit trop d'esprit pour ne pas sentir de quel poids seroit pour son parti un homme du mérite de l'abbé de Fénelon et placé si près du trône. Elle crut voir par lui une ouverture à l'accomplissement d'une de ses visions; car elle avoit la vanité de croire qu'elle en étoit favorisée; or, cette prétendue vision lui promettoit que le règne de la vraie spiritualité et de l'amour pur qui

[1] Réponse à la *Relation du quiétisme*, chap. I, p. 19.

seroit l'ouvrage du Saint-Esprit, devoit, après plusieurs contradictions, s'établir en liberté dans ce royaume sous la protection d'un prince enfant. Elle s'imagina follement que ce prince enfant étoit le duc de Bourgogne, instruit et gagné par son précepteur. Donc, pour faire réussir la prophétie, elle s'appliqua à ménager l'abbé de Fénelon et à lui faire goûter ses maximes, sous les dehors séduisants d'amour pur, de renoncement, de soumission à l'ordre de Dieu, d'abandon à sa conduite; car il n'est pas croyable qu'elle osât lui développer toute l'étendue de son système. On prétend que pour l'entretenir plus à loisir, elle l'engagea à aller passer avec la duchesse de Charost quelques jours à Beuue, maison de campagne de cette duchesse, qu'après deux ou trois jours ils revinrent ensemble dans le carrosse de la duchesse, que la dame profita de ce tems pour achever de le prévenir en faveur de ses maximes, et qu'après un long exposé, elle lui demanda s'il comprenoit ce qu'elle disoit et si cela entroit dans sa tête. « Cela y entre, dit l'abbé, et y entre par la porte cochère. » C'est ce que raconte l'abbé Phelippeaux dans sa *Relation de l'origine, du progrès et de la condamnation du quiétisme* [1]; mais on ne peut absolument compter sur cet auteur dans ce qu'il dit de l'abbé de Fénelon, contre lequel il paroît trop partial et avoir le dessein de le décrier en tout.

Quoi qu'il en soit de cet historien, il est constant que l'abbé de Fénelon goûta la spiritualité de madame Guion, qu'il en fit son *amie* (nom qu'il lui a conservé dans le plus fort de ses disputes avec M. l'évêque de Meaux) et qu'il la défendit jusqu'au bout; sur quoi on ne peut trop s'étonner qu'un abbé si pieux et si éclairé ait été la dupe d'une femme visionnaire et fanatique (car on ne peut lui donner d'autre nom, quand on a lu ses écrits pleins d'erreurs grossières, et spécialement sa vie qu'elle avoit elle-même composée), que cet abbé ait été si longtems trompé par

[1] 1 vol. in-8°. Paris, 1732.

cette femme, et que nonobstant les censures portées à Rome et en France contre les livres de cette visionnaire, il ait persisté à la défendre jusqu'au moment où il fut enveloppé lui-même dans son malheur, par la censure du livre des *Maximes des saints*. Que ce malheur serve de leçon à la postérité, surtout à ceux qui se sentent élevés au-dessus des autres par leur génie et leurs lumières! Ce sont ceux-là qui tombent plus aisément dans les plus grands égarements, parce que, comme dit l'Apôtre, *la science enfle*, et l'enflure de l'esprit cause l'attachement à ses propres lumières, attachement qui est ordinairement la porte de l'erreur et de l'égarement.

Nous avons rapporté ci-devant que les prêtres de la Mission furent admis et engagés à servir à Saint-Louis de confesseurs et de chapelains; ce fut peu de tems après que les insinuations de madame Guion commencèrent à opérer dans la maison et que ses écrits s'y lisoient avec avidité. M. Durand, supérieur des prêtres de Saint-Lazare à Saint-Cyr, ayant eu quelque occasion de connoître ce qu'étoit la nouvelle spiritualité de madame Guion, en découvrit les traces dans quelques-unes des dames de Saint-Louis. Il sut bientôt quels étoient les livres qu'on y avoit introduits, et il se crut obligé d'en avertir M. l'évêque de Chartres. Ce prélat vint aussitôt à Saint-Cyr prendre par lui-même connoissance de toutes choses. Il parla en particulier à chacune des dames; il se fit représenter les livres que madame Guion avoit répandus, et spécialement le *Moyen court*, le *Cantique des cantiques*, et le manuscrit intitulé les *Torrents*, écrit plus pernicieux que les livres imprimés, parce que madame Guion craignoit moins la censure pour un manuscrit furtif, qui ne se communiquoit que dans le secret et aux âmes déjà prévenues. M. l'évêque de Chartres vit le danger que couroit la maison avec de telles lectures; il instruisit madame de Maintenon de ce qu'il avoit découvert, et de la résolution où il étoit d'en purger la maison de Saint-Louis. Madame de Maintenon ne connoissoit que le *Moyen court;* elle l'avoit lu avec la simplicité d'une bonne chrétienne qui s'édifie de tout, et comme le volume en étoit petit et portatif, elle en avoit un dans sa poche quand M. l'évêque de Chartres lui fit connoître les soupçons qu'il avoit contre la doctrine de ce livre. Il ne fallut pas disputer avec elle pour lui inspirer une salutaire défiance; la parole de son évêque lui suffit; elle tira de sa poche le petit livret, le remit sur-le-champ au prélat, et lui promit aussitôt de travailler à en purger la maison, dès qu'il l'ordonneroit.

Madame de Maintenon ajouta à ce sacrifice celui de madame Guion elle-même, nonobstant l'amitié qu'elle avoit conçue pour elle et le goût qu'elle avoit pris à sa conversation. Elle fut éloignée de Saint-Cyr, et l'on défendit que personne eût avec elle aucune relation. Mais tout le monde n'avoit pas une foi aussi docile, aussi humble que celle de madame de Maintenon. La dame de la Maisonfort étoit plus attachée que personne à madame Guion, et déjà madame de Maintenon avoit éprouvé en elle le mauvais effet de la nouvelle spiritualité. Elle s'en étoit plainte plus d'une fois à l'abbé de Fénelon, qui étoit le seul en qui cette fille eût confiance; car, sous prétexte qu'elle n'en avoit pas aux prêtres de la Mission, elle avoit obtenu que cet abbé seroit seul chargé de sa direction. M. l'évêque de Chartres, qui alors étoit étroitement lié avec l'abbé de Fénelon et qui le considéroit comme un grand homme de bien, y avoit consenti. La dame de la Maisonfort, sous prétexte d'abandon total en Dieu, méprisoit les observances, n'aimoit pas à se gêner, et ne s'assujettissoit pas volontiers.

La visite épiscopale occasionna une scène qui manifesta ce que cette fille avoit dans le fond du cœur. M. l'évêque de Chartres avoit fait des règlements, et réformé en plusieurs points les anciennes constitutions; la Maisonfort ne se cacha point de témoigner du mépris des nouvelles ordonnances, et elle en parla fort mal, même en présence de M. l'évêque de Chartres et de madame de Maintenon. Celle-ci fut indignée de sa témérité. M. l'abbé de Fénelon en fut averti; il s'efforça aussitôt de ramener l'esprit de cette fille, et il écrivit à cet effet plusieurs lettres, tant à sa pénitente qu'à madame de Maintenon, où il blâmoit la Maisonfort de sa désobéissance et tâchoit d'effacer les soupçons qui en rejaillissoient sur son directeur. Il fit si bien que, nonobstant cette aventure, il ne perdit pas la confiance de madame de Maintenon, ni celle de M. l'évêque de Chartres. Cette dame aimoit la Maisonfort, et comme elle avoit le cœur bon et compatissant, elle reçut aisément les protestations de soumission de la religieuse et les explications que donnoit M. l'abbé de Fénelon.

Celui-ci continua encore à la diriger, et la détermina même à faire avec les autres ses vœux solennels, pour lesquels elle avoit aussi peu de penchant que madame de Maintenon en avoit de désir; car elle croyoit alors qu'il étoit important au bien de la maison d'y conserver une fille dont elle estimoit l'esprit et les talents, et qu'elle avoit admise à sa plus intime familiarité. La dame de la Maisonfort fit donc ses vœux avec les autres [1], mais sans dépouiller les erreurs dont madame Guion l'avoit imbue, et que son directeur n'avoit pas détruites.

Cependant M. l'évêque de Chartres examina à fond les ouvrages de madame Guion qu'il avoit trouvés répandus dans la maison de Saint-Cyr, et après un examen sérieux et avoir consulté les plus habiles théologiens de Paris, il se prépara à condamner solennellement ces écrits. Il le fit dans une ordonnance ou instruction pastorale du 21 novembre 1695, où il démontra, en faisant des

[1] Cela ne se passa pas aussi facilement que le dit Languet de Gergy. Voir le chapitre IX de la *Maison royale de Saint-Cyr*.

extraits des écrits de madame Guion, la fausseté, l'illusion et les funestes conséquences de ces maximes, car elles inspirent, sous le titre d'abandon et sous prétexte de perfection, une indifférence à tout, soit vertu, soit justice, soit paradis, soit enfer; elles posent pour fondement de cette perfection fantastique la perte totale des dons de Dieu, des vertus divines, de la prière et de la justice même; elles excluent la pratique des bonnes œuvres, des réflexions utiles, des austérités, même des prières et de la méditation des vertus et des mystères de Jésus-Christ; en un mot, elles réduisent la prétendue perfection à une orgueilleuse indifférence et à une quiétude oisive, sous prétexte d'attendre la volonté de Dieu ou son inspiration, sans s'inquiéter de la poursuite de cette divine volonté. Il ne faut que l'Oraison dominicale pour confondre tout ce fanatisme, puisque Jésus-Christ, dans cette prière, prescrit à tous les chrétiens, aux plus parfaits comme aux plus communs des fidèles, de désirer, de demander, de soupirer après le royaume de Dieu et le pain céleste, de chercher sa volonté, de vouloir exercer sa miséricorde envers le prochain, de demander le pardon des péchés, de craindre les tentations et de demander d'en être garanti.

Or ce qui m'étonne en tout ceci, ce n'est pas l'égarement prodigieux d'une femme vaine et orgueilleuse, c'est de voir qu'un génie aussi pénétrant et aussi sublime que l'abbé de Fénelon n'ait pas senti l'égarement grossier de ces maximes perverses; en effet, étant lié avec cette femme, ayant souvent conféré avec elle de spiritualité, ayant lu ses écrits, comment n'en a-t-il pas vu l'extravagance d'une part, et de l'autre, le faux, l'erreur et le danger? Ce qui est encore plus étonnant, c'est que ce beau génie ne put ignorer longtemps que ces écrits étoient blâmés par plusieurs personnages distingués, qu'ils venoient d'être condamnés à Rome, car l'*Analyse de l'Oraison mentale*, par le père Lacombe, le *Moyen court*, fait par madame Guion, et la *Règle des associés à l'enfance*, qu'elle donnoit et distribuoit à tout le monde, avoient déjà été censurés à Rome par les décrets de l'Inquisition du 9 septembre 1688 et du 30 octobre 1689; enfin M. l'évêque de Chartres, à qui l'abbé de Fénelon étoit intimement uni alors, ne lui laissa pas ignorer tout ce qu'il trouvoit d'abominable dans ces écrits. Cependant, avec tant de raison de se défier, de douter, d'examiner, il resta persuadé de la sainteté éminente de la dame Guion, et de la pureté de sa doctrine; il continua d'entretenir d'étroites liaisons avec elle, quoique avec plus de réserve et de secret, et de soutenir les duchesses et les autres dames séduites par cette fausse prophétesse dans l'estime de sa vertu et dans le goût de ses instructions. Enfin il lui conseilla de demander que M. Bossuet, évêque de Meaux, voulût bien examiner ses livres et ses écrits, que M. l'évêque de Chartres avoit blâmés ouvertement, quoique sa censure ne fût pas encore publiée. Madame de Maintenon approuva ce parti, et se concerta avec le duc de Chevreuse. Elle décida le prélat à donner son tems à cet examen. On lui remit non-seulement les écrits dont nous avons parlé, mais encore beaucoup d'autres que la dame Guion avoit composés et qui étoient manuscrits, et spécialement on lui remit la vie de madame Guion, écrite par elle-même, où ses visions, ses prophéties, les prétendus prodiges que Dieu avoit opérés par elle étoient détaillés. Ceux qui admiroient ces écrits se flattèrent que M. Bossuet en jugeroit comme eux, et ils espérèrent que le suffrage de ce savant évêque balanceroit ou effaceroit la mauvaise impression que M. l'évêque de Chartres en avoit donnée. Le duc de Chevreuse, en remettant cette multitude de papiers à M. Bossuet, lui remit en même tems une lettre de la dame Guion, qui, marquant la plus profonde humilité et la plus parfaite confiance, se soumettoit d'avance à sa décision, car le moyen le plus efficace que cette femme adroite employoit pour se concilier les esprits et pour séduire ses supérieurs, c'étoit de montrer une obéissance aveugle et une docilité d'enfant, de se dire toujours prête à croire, à obéir et à faire tout ce qu'on lui prescriroit. M. Bossuet lui-même y fut trompé; il ne fut désabusé que par les rechutes de madame Guion, et par l'attachement invincible de l'abbé de Fénelon à la justifier.

La lettre de madame Guion étoit du 5 octobre 1693; il n'y avoit que quelques semaines que M. Bossuet s'étoit retiré à Meaux pour y vaquer à l'examen demandé avec tant d'empressement. Je ne puis mieux rapporter le jugement qu'il en porta qu'en insérant ici ce qu'il raconte lui-même dans sa *Relation sur le quiétisme*, qu'il donna au public quelques années après [1].

« Il y avoit assez longtems que j'entendois dire à des personnes distinguées par leur piété et par leur prudence que l'abbé de Fénelon étoit favorable à la nouvelle oraison, et on m'en donnoit des indices qui n'étoient pas méprisables. Inquiet pour lui, pour l'Église et pour les princes de France, dont il étoit déjà précepteur, je le mettois souvent sur cette matière, et je tâchois de découvrir ses sentiments, dans l'espérance de le ramener à la vérité pour peu qu'il s'en écartât; je ne pouvois me persuader qu'avec ses lumières, et avec la docilité que je lui croyois, il donnât dans ces illusions, ou du moins qu'il y voulût persévérer s'il étoit capable de s'en laisser éblouir.

» J'ai toujours une certaine persuasion de la force de la vérité quand on l'écoute, et je ne doutois jamais que M. l'abbé de Fénelon n'y fût attentif. J'avois pourtant quelque peine de voir qu'il n'entroit pas avec moi dans cette matière avec autant d'ouverture que dans les autres que nous traitions tous les jours; à la fin, Dieu me tira de cette inquiétude, et un de nos amis communs, homme

[1] *Relation sur le quiétisme*, section II, p. 9.

d'un mérite comme d'une qualité distingués, lorsque j'y pensois le moins, me vint déclarer que madame Guion et ses amis vouloient remettre à mon jugement son Oraison et ses livres. Ce fut en l'année 1693, vers le mois de septembre, qu'on me proposa cet examen; de deviner maintenant pourquoi l'on me fit cette confidence, si ce fut là un de ces sentiments de confiance que Dieu met quand il lui plaît dans les cœurs pour venir à des fins cachées, ou si l'on crut simplement dans la conjoncture qu'il se falloit chercher quelque sorte d'appui dans l'épiscopat, c'est où je ne puis entrer; je ne veux point raisonner, mais raconter seulement des faits que me rappellent sous les yeux de Dieu, non-seulement cette mémoire fraîche et sûre comme au premier jour, mais encore les écrits que j'ai en main. Naturellement je crains de m'embarrasser des affaires où je ne sois pas conduit par une vocation manifeste. Ce qui arrive dans le troupeau dont je suis chargé, quoique indigne, ne me donne point cette peine : j'ai la foi au saint ministère et à la vocation divine. Pour cette fois, en me proposant d'entrer dans cet examen, on me répéta si souvent que Dieu le vouloit, et que madame Guion ne désirant que d'être enseignée, un évêque à qui elle prenoit confiance ne pouvoit pas lui refuser l'instruction qu'elle demandoit avec tant d'humilité, qu'à la fin je me rendis. Je connus bientôt que c'étoit M. l'abbé de Fénelon qui avoit donné le conseil, et je regardai comme un bonheur de voir naître une occasion si naturelle de m'expliquer avec lui. Dieu le vouloit. Je vis madame Guion; on me donna tous ses livres, et non-seulement les imprimés, mais encore les manuscrits, comme sa vie, qu'elle avoit écrite dans un gros volume, ses commentaires sur Moïse, sur Josué, sur les Juges, sur l'Évangile, sur les Épîtres de saint Paul, sur l'Apocalypse et sur beaucoup d'autres livres de l'Écriture. Je les emportai dans mon diocèse, où j'allois; je les lus avec attention; j'en fis d'amples extraits, comme on le fait des matières dont on doit juger ; j'en écrivis au long de ma main les propres paroles ; je marquai tout, jusqu'aux pages, et, durant l'espace de quatre ou cinq mois, je me mis en état de prononcer le jugement qu'on me demandoit.

» Je ne me suis jamais voulu charger ni de confesser ni de diriger cette dame, quoiqu'elle me l'ait proposé, mais seulement de lui déclarer mon sentiment sur son Oraison et sur la doctrine de ses livres, en acceptant la liberté qu'elle me donnoit de lui ordonner ou de lui défendre sur cela ce que Dieu, dont je demandois perpétuellement les lumières, voudroit m'inspirer.

» La première occasion que j'eus de me servir de ce pouvoir fut celle-ci : je trouvai dans la vie de cette dame que Dieu lui donnoit une abondance de grâces dont elle crevoit, au pied de la lettre ; il la falloit délacer (elle n'oublie pas qu'une duchesse avoit une fois fait cet office) ; en cet état on la mettoit souvent sur son lit ; souvent on se contentoit de demeurer auprès d'elle. On venoit recevoir la grâce dont elle étoit pleine, et c'étoit là le seul moyen de la soulager. Au reste elle disoit très-expressément que ces grâces n'étoient point pour elle, qu'elle n'en avoit aucun besoin, étant pleine par ailleurs, et que cette surabondance étoit pour les autres. Tout cela me parut d'abord superbe, nouveau, inouï, et dès là, du moins, fort suspect ; et mon cœur, qui se soulevoit à chaque moment contre la doctrine des livres que je lisois, ne put résister à cette manière de donner les grâces, car distinctement ce n'étoit ni par ses prières ni par les avertissements qu'elle les donnoit ; il ne falloit qu'être assis auprès d'elle pour aussitôt recevoir une effusion de cette plénitude de grâces. Frappé d'une chose aussi étonnante, j'écrivis de Meaux à Paris à cette dame que je lui défendois, Dieu par ma bouche, d'user de cette nouvelle communication de grâces jusqu'à ce qu'elle eût été plus examinée. Je voulois en tout et par tout procéder modérément, et ne rien condamner à fond avant que d'avoir tout vu.

» Cet endroit de la vie de madame Guion est trop important pour être laissé douteux, et voici comme elle l'explique dans sa vie : « Ceux, dit-elle, que Notre-Seigneur
» m'a donnés (c'est un style répandu dans tout le livre),
» mes véritables enfants, ont une tendance à demeurer en
» silence auprès de moi ; je découvre leurs besoins et leur
» communique en Dieu ce qui leur manque. Ils sentent fort
» bien ce qu'ils reçoivent et ce qui leur est communiqué
» avec plénitude. » — Un peu après : « Il ne faut, dit-
» elle, que se mettre auprès de moi en silence. » — Aussi cette communication s'appelle *la communication en silence,* sans parler, sans écrire ; c'est le langage des anges, celui du Verbe, qui n'est qu'un silence éternel. « Ceux qui sont
» ainsi auprès d'elle sont nourris, dit-elle, intimement de
» la grâce communiquée par moi en plénitude. » A mesure qu'on recevoit la grâce autour d'elle, « je me sentois, dit-
» elle, peu à peu vider et soulager. Chacun recevoit sa
» grâce selon son degré d'oraison, et éprouvoit auprès de
» moi cette plénitude de grâces apportée par Jésus-Christ ;
» c'étoit comme une chose qui se décharge avec profusion ;
» on se sentoit rempli, et moi je me sentois vider et sou-
» lager de ma plénitude ; mon âme m'étoit montrée comme
» un de ces torrents qui tombent des montagnes avec une
» rapidité inconcevable. »

» Ce qu'elle raconte avec plus de soin, c'est, comme on a dit, qu'il n'y avoit rien pour elle dans cette plénitude de grâces : elle répète partout que tout étoit plein ; il n'y avoit rien de vide en elle : c'étoit comme une nourrice qui crève de lait, mais qui n'en prend rien pour elle-même. « Je suis,
» dit-elle, depuis bien des années dans un état également
» nu et vide en apparence ; je ne laisse pas d'être très-
» pleine. Une eau qui rempliroit un bassin, tant qu'elle se
» trouve dans les bornes de ce qu'il peut contenir, ne fait

» rien distinguer de sa plénitude; mais qu'on lui verse
» une surabondance, il faut qu'il se décharge ou qu'il
» crève. Je ne sens jamais rien pour moi-même, mais lors-
» que l'on remue par quelque chose ce fond intimement
» plein et tranquille, cela fait sentir la plénitude avec tant
» d'excès qu'elle rejaillit sur les sens. C'est, poursuit-elle,
» un regorgement de plénitude, un rejaillissement d'un
» fond comble et toujours plein pour toutes les âmes qui
» ont besoin de puiser les eaux de cette plénitude; c'est le
» réservoir divin où les enfants de la sagesse puisent inces-
» samment ce qu'il leur faut. »

» C'est dans un de ces excès de plénitude qu'environnée
une fois de quelques personnes, « comme une femme lui
» eût dit qu'elle étoit plus pleine qu'à l'ordinaire, je leur
» dis, raconte-t-elle, que je mourois de plénitude, et que
» cela surpassoit mes sens au point de me faire crever. »
Ce fut à cette occasion que la duchesse qu'elle indique, et
que personne n'apprendra jamais de ma bouche, « me
» délaça, dit-elle, charitablement pour me soulager, ce
» qui n'empêcha pas que, par la violence de la plénitude,
» mon corps[1] ne crevât des deux côtés. » Elle se soulagea
en communiquant de sa plénitude à un confesseur qu'elle
désigne, et à deux autres personnes que je ne découvrirai pas. »

Je n'entrerai pas davantage dans le détail des extravagances orgueilleuses que M. de Meaux trouva dans les écrits de cette fanatique. Il en rapporte plusieurs autres dans le même ouvrage, comme de dire « qu'elle voyoit clair dans le fond des âmes; qu'elle recevoit une autorité miraculeuse sur le corps et sur les âmes de ceux que Notre-Seigneur lui avoit donnés; que Dieu l'avoit choisie pour détruire la raison humaine. « Ce que je délierai sera délié, ajoutoit-elle, et ce que je lierai sera lié. Je suis cette pierre fichée par la croix sainte, rejetée par les architectes. »

[1] Corset.

On frémira en lisant ces choses, qui tiennent du blasphème, car c'est blasphémer que d'attribuer à une femme ce qui est dit de Jésus-Christ, et de lui transférer le pouvoir du sacerdoce et de l'apostolat.

Le prélat acheva de lire ce qui lui avoit été confié, et revint à Paris au mois de janvier 1695. Madame Guion eut empressement de le voir, et elle espéra de le gagner par son langage mystique, qui en avoit séduit tant d'autres, en l'accompagnant des protestations les plus humbles de soumission. Elle lui écrivit selon cette idée, et ils convinrent d'un lieu où ils pourroient conférer. Ce fut chez l'abbé Jannon, rue Cassette, près les filles du Saint-Sacrement du faubourg Saint-Germain, dont cet abbé, connu de M. Bossuet, étoit directeur. Cette conversation n'est pas moins curieuse que les extraits de sa vie et de ses écrits. M. Bossuet en parle en ces termes :

« Ce qu'il y a de plus répandu dans ce livre (de sa vie) et dans tous les autres, c'est que cette dame est sans erreur. C'est la marque qu'elle donne partout de son état entièrement uni à Dieu et de son apostolat. Mais quoique ses erreurs fussent infinies, celle que je relevai alors le plus étoit celle qui regardoit l'exclusion de tout désir et de toute demande pour soi-même, en s'abandonnant aux volontés de Dieu les plus cachées, quelles qu'elles fussent, ou pour la damnation ou pour le salut. C'est ce qui règne dans tous les livres imprimés et manuscrits de cette dame, et ce fut sur quoi je l'interrogeai dans une longue conférence que j'eus avec elle en particulier. Je lui montrai dans ses écrits, et lui fis répéter plusieurs fois que toute demande pour soi est intéressée, contraire au pur amour et à la conformité à la volonté de Dieu, et enfin très-précisément qu'elle ne pouvoit rien demander pour elle. « Quoi ! lui disois-je, vous ne pouvez rien demander pour » vous ? » — « Non, répondit-elle, je ne le puis. » Elle s'embarrassa beaucoup sur les demandes particulières de

l'Oraison dominicale. Je lui disois : « Quoi ! vous ne pou-
» vez pas demander à Dieu la rémission de vos péchés? »
— « Non, » repartit-elle. — « Eh bien, repris-je aussitôt,
» moi, que vous rendez l'arbitre de votre oraison, je vous
» ordonne, Dieu par ma bouche, de dire après moi : Mon
» Dieu, je vous prie de me pardonner mes péchés. » —
« Je puis bien, dit-elle, répéter ces paroles, mais d'en
» faire entrer le sentiment dans mon cœur, c'est contre
» mon oraison. » Ce fut là que je lui déclarai qu'avec une
telle doctrine je ne pouvois plus lui permettre les saints
sacrements, et que sa proposition étoit hérétique ; elle me
promit quatre et cinq fois de recevoir instruction et de s'y
soumettre, et c'est par là que finit notre conférence. »

Le prélat ne se contenta pas d'avoir instruit madame
Guion dans la conférence, il poussa la charité jusqu'à lui
écrire une longue lettre pour lui donner le loisir de méditer
les raisons décisives qui devoient lui ouvrir les yeux. Cette
lettre sembla produire son effet ; madame Guion, qui
avoit aussi écrit au prélat quelques lettres de justification,
finissoit par lui promettre de se retirer, de se cacher même,
de ne plus écrire ni tenir d'assemblée, et de ne diriger
personne ; elle ajoutoit, après avoir donné quelques tours
spécieux à ses principales erreurs : « Je n'ai garde de faire
des difficultés sur votre lettre ; je crois tout sans raisonner, et je vous obéirai avec tant d'exactitude que je pars
demain dès le matin ; je n'aurai de commerce qu'avec les
filles qui me servent, et, afin de ne plus écrire à personne, personne ne saura où je suis. » C'est ce qu'elle
n'exécuta point, et la promesse de ne voir personne fut
aussi trompeuse que celle de se soumettre et de croire.

M. l'évêque de Meaux ne cacha rien à M. l'abbé de
Fénelon de tout ce qu'il avoit vu avec étonnement et
indignation dans les écrits de madame Guion, et cet
abbé ne se rendit pas : il essaya de la justifier par l'ignorance de son sexe et par sa soumission, et chercha à

donner des tours spécieux à ce qu'il y avoit de plus étrange dans sa doctrine et dans ses révélations, car il étoit réellement convaincu de ces prétendues révélations, et que cette femme étoit conduite de Dieu par une voie extraordinaire. Cette prévention l'emporta dans son esprit et dans celui des seigneurs et dames de la cour qui lui étoient unis, sur le jugement uniforme de M. l'évêque de Meaux et de M. l'évêque de Chartres. Intimement persuadés de la sainteté de madame Guion, et croyant voir du surnaturel et du divin dans sa conduite, par sa prétendue sainteté ils jugèrent de sa doctrine.

Madame de Maintenon fut plus éclairée parce qu'elle fut plus docile; cependant elle désira éclairer sa docilité même, non en prenant sur elle d'examiner par elle-même et de lire les écrits que son évêque lui rendoit suspects, mais en consultant diverses personnes telles que M. Joly, supérieur général de la congrégation de Saint-Lazare, M. de Noailles, évêque de Châlons, depuis archevêque de Paris, avec qui alors elle n'avoit pas encore de liaison particulière, MM. Tiberge et Brisacier, supérieurs des Missions étrangères, M. Tronson, supérieur du séminaire Saint-Sulpice, et le père Bourdaloue. C'étoit au printems de l'année 1698 qu'elle leur écrivit à chacun en particulier, et elle eut la consolation de voir que, sans se consulter, ils pensoient tous de même sur les écrits de la dame Guion.

Madame de Maintenon, fortifiée par tant de suffrages dans l'obéissance qu'elle avoit rendue à son évêque, travailla à inspirer cet esprit à toute sa maison, et à en déraciner celui que madame Guion y avoit mis, ce qui ne fut pas aisé; elle n'en vint à bout qu'avec le tems et par la patience[1]. Cependant, toute docile qu'elle fût à

---

[1] Voir dans les *Lettres historiques et édifiantes*, t. I, p. 482, une lettre écrite à ce sujet par madame de Maintenon à madame du Pérou, alors supérieure de la maison de Saint-Louis.

M. l'évêque de Chartres, elle étoit pleine d'estime pour l'esprit, les lumières et la piété de M. l'abbé de Fénelon, et elle entra volontiers dans le projet que cet abbé et ses amis de la cour suggérèrent, savoir, de faire examiner de nouveau la doctrine et la spiritualité de madame Guion par deux autres examinateurs qu'ils proposèrent : ce furent M. de Noailles, alors évêque de Châlons, et M. Tronson, supérieur du séminaire de Saint-Sulpice. Le prélat étoit recommandable par la piété éminente dont il faisoit profession ; le supérieur avoit la principale confiance de l'abbé de Fénelon, et la méritoit ; c'étoit un homme en qui tout étoit grand : la piété, la science, le talent de gouverner, de persuader, d'attirer les âmes à Dieu. L'abbé de Fénelon et les dévots de la cour se flattèrent qu'un tel homme éclaireroit les autres sur les voies intérieures, et qu'il jugeroit de celles de madame Guion comme ils en jugeoient eux-mêmes. M. l'évêque de Meaux étoit fort ami de M. l'évêque de Châlons, mais il ne connoissoit pas M. Tronson ; cependant il ne rejeta point la proposition qui lui fut faite de conférer avec ces deux nouveaux arbitres. Les excès de madame Guion lui étoient si évidents qu'il ne douta point que les nouveaux juges n'en fussent offensés comme lui, et il espéra que, conférant avec eux et M. l'abbé de Fénelon, celui-ci se rendroit absolument à l'autorité des juges qu'il avoit choisis lui-même. L'évêque de Chartres l'espéra aussi ; il fut instruit de tout ce projet aussi bien que madame de Maintenon, et ils s'y intéressoient l'un et l'autre plus particulièrement, à cause de la place qu'occupoit l'abbé de Fénelon, sentant dans quel malheur le royaume pourroit tomber un jour si les princes étoient élevés par un homme épris du fanatisme d'une fausse prophétesse, et s'ils recevoient de la main d'un tel précepteur les principes de la religion et de la piété. Cependant, par esprit de charité, ils concoururent à cacher au roi leurs soupçons sur l'abbé de Fénelon, ne doutant point que l'examen qu'on projetoit ne dût le détromper. On rendit compte seulement au roi de la soumission que madame Guion promettoit, et du désir qu'elle montroit d'être éclairée par les conférences des trois personnages que j'ai nommés. Le roi consentit à ces conférences, espérant de voir étouffer plus sûrement, par ce moyen, la secte naissante, en procurant la conversion de celle qui en étoit le chef.

LIVRE DIXIÈME.

Articles arrêtés à Issy, contre les erreurs des livres de la dame Guion. — L'évêque de Chartres fait la visite régulière de la communauté de Saint-Louis. — Docilité de madame de Maintenon. — Elle travaille à ramener celles que la dame Guion avoit séduites. — L'abbé de Fénelon publie son livre. — Condamnation de ce livre. — Soumission édifiante de cet abbé, devenu archevêque de Cambrai.

Je ne puis me dispenser d'entrer ici dans le récit du différend qui éclata entre l'abbé de Fénelon devenu archevêque de Cambrai, d'une part, et de l'autre M. Bossuet, évêque de Meaux, secondé de l'évêque de Chartres et de M. de Noailles, alors évêque de Châlons.

Mais avant d'entrer dans ce récit, je dois prévenir ceux qui le liront contre les jugements faux et téméraires que le monde injuste forma alors contre les deux principaux personnages de cette dispute, car chacun en raisonna selon ses préventions, et selon le penchant qu'ont les courtisans de juger mal des personnes que le mérite ou la fortune a élevées à de grandes places. On accusoit l'abbé de Fénelon d'ambition, d'abord dans toutes les démarches qui l'avoient conduit à la place de précepteur des fils de France, et ensuite dans ce qu'il fit pour défendre ses opinions. Le sieur Phelippeaux, attaché à M. l'évêque de Meaux, dans sa *Relation du quiétisme* [1], peint sans cesse cet abbé sous cette couleur, et avec une malignité injuste et grossière. C'étoit ambition, selon lui, quand cet abbé s'occupoit des missions pour les hugue-

---

[1] *Relation de l'origine, du progrès et de la condamnation du quiétisme*, 1 vol. in-12; Paris, 1732.

nots, quand il se livroit à la prédication, à la confession et à d'autres bonnes œuvres dans Paris, quand il se rendoit assidu chez M. Bossuet, évêque de Meaux, la lumière de son siècle; quand, tout occupé qu'il étoit à la cour, il trouvoit du temps pour faire dans Versailles des conférences pieuses, et pour donner à la maison de Saint-Louis de Saint-Cyr des exhortations et des directions spirituelles. Il ne trouve qu'artifice et duplicité dans ses lettres, ses maximes et ses démarches. Il va même jusqu'à décrier son air et sa figure, où il trouve quelque chose de *sinistre dans les yeux et d'égaré dans le visage*, quoique de l'aveu de tous ceux qui l'ont vu, il eût le visage doux, l'air riant et aimable et la physionomie très-attrayante : mais jusqu'où ne va pas la prévention de la haine! L'événement que je raconte en manifestant les erreurs où cet abbé est tombé, justifie ses bonnes intentions et la droiture de son cœur; si l'ambition eût été sa passion et sa règle, il n'eût pas manqué d'abandonner madame Guion dès qu'il la sut condamnée par M. l'évêque de Chartres et éloignée de Saint-Louis par les ordres de madame de Maintenon. Il avoit tout à craindre de celle-ci, en demeurant attaché à cette femme et à ses livres. Ainsi, en convenant des égarements de son esprit, je ne puis que lui rendre justice sur la droiture de ses intentions; il croyoit de bonne foi que les voies intérieures, l'oraison et le pur amour de Dieu, étoient en péril par la condamnation des livres de madame Guion, et il risquoit sa fortune pour les défendre. Un mot de madame de Maintenon ou de M. l'évêque de Meaux au roi l'eût perdu sans ressource; car ce prince qui étoit prévenu contre madame Guion, qui avoit en horreur toutes les sectes et les sectaires, qui en craignoit même le soupçon dans ceux qu'il avoit placés auprès des princes ses petits-enfants, sur un simple doute, auroit pris le chemin le plus sûr, et auroit cherché pour eux un autre précepteur. L'abbé de Fénelon ne fut garanti de ce danger, auquel il s'exposoit de gaieté de cœur, que par la charité et la retenue de madame de Maintenon et de M. Bossuet; mais il courut le risque tout entier et il s'y livra lui-même. L'erreur de son esprit sert à prouver la piété qui dirigeoit ses actions et doit le laver du soupçon d'ambition qu'on a jeté sur lui.

D'autre part, c'est encore à l'ambition et à la jalousie qu'on a attribué le zèle de M. l'évêque de Meaux contre les erreurs de l'abbé de Fénelon. Il avoit envie, disoit-on, de la place de premier aumônier de la nouvelle duchesse de Bourgogne, et il craignoit que l'abbé de Fénelon ne l'emportât à son préjudice; voilà ce que l'on débitoit dans le monde, et ce que j'ai ouï dire alors à nombre de personnes de la cour et de la ville; or on se trompoit grossièrement, car la charge fut assurée à l'évêque de Meaux dans le tems même que ce prélat cachoit au roi ses préventions contre l'abbé de Fénelon, avant qu'il se fût déclaré ouvertement contre le livre de cet abbé; or, la publication de ce livre ne se fit qu'au commencement de l'année 1697. La duchesse de Bourgogne étoit arrivée en France en l'année 1696. Les principales charges de sa maison furent réglées dès lors, et la place de premier aumônier destinée à l'évêque de Meaux. Mais indépendamment de ce fait, qui montre par des dates certaines la fausseté des conjectures malignes du monde, l'idée qu'on a voulu donner de M. Bossuet est tout à fait contraire à son caractère. C'étoit l'homme le plus simple, le plus vrai et le plus éloigné des basses jalousies qu'on lui imputoit. S'il eût été jaloux de l'esprit et de la réputation de l'abbé de Fénelon, eût-il caché si longtems ses égarements qui lui furent connus dès l'année 1693? Eût-il gardé ce secret sous les voiles de la charité pendant plus de quatre ans, c'est-à-dire jusqu'à ce que la publication du livre de M. de Cambrai le força à en relever les erreurs? Un homme ambitieux et jaloux eût-il manqué une occasion si simple et si aisée de perdre son ennemi, et se fût-il exposé aux reproches qu'il reçut du roi en 1697, de lui avoir caché si longtems un secret qui étoit si important à l'éducation des princes ses petits-enfants?

Je reviens à mon récit. Ce fut dans l'année 1694 que les évêques de Meaux et de Châlons s'assemblèrent à Issy, où résidoit ordinairement M. Tronson, à cause de ses infirmités. Les conférences durèrent huit à dix mois, et jusqu'au commencement de l'année 1695. L'abbé de Fénelon y vint fréquemment pour justifier les livres de madame Guion, les excuser dans ce qu'ils avoient de défectueux, les expliquer dans des sens favorables, et pour les comparer avec les auteurs approuvés, dont il rapportoit de longs extraits ; mais en même tems il redoubloit les assurances les plus précises de sa soumission à ce que les examinateurs voudroient prononcer.

Il écrivoit à M. de Meaux le 8 juillet 1694 : « Ne soyez point en peine de moi ; je suis dans vos mains comme un petit enfant. Je puis vous assurer que ma doctrine n'est pas ma doctrine ; elle passe par moi sans être à moi et sans y rien laisser. Quand ce que je crois avoir lu me paroîtroit plus clair que deux et deux font quatre, je le croirois encore moins clair que l'obligation de me défier de mes lumières et de leur préférer celles d'un évêque tel que vous. » Et dans une autre du 12 décembre de la même année : « Je ne puis m'empêcher de vous demander avec une pleine soumission si vous avez dès à présent quelque chose à exiger de moi ; je vous conjure, au nom de Dieu, de ne me ménager en rien, et sans attendre les conversations que vous me promettez, si vous croyez maintenant que je doive quelque chose à l'autorité et à l'Église, dans laquelle je suis prêtre, un mot sans raisonnement me suffira ; je ne tiens qu'à une seule chose qui est l'obéissance simple : ma conscience est dans la vôtre. Si je manque, c'est vous qui me faites manquer faute de m'avertir, c'est à vous à répondre de moi si je suis un moment dans l'erreur ; je suis prêt à me taire, à me rétracter, à m'accuser et même à me retirer, si j'ai manqué à ce que je dois à l'Église ; en un mot, réglez-moi tout ce que vous voudrez, et si vous ne me croyez pas, prenez-moi au mot pour m'embarrasser ; après une telle déclaration, je ne crois pas devoir finir par des compliments. »

Cependant les trois juges trouvèrent les écrits de madame Guion tout à fait répréhensibles, et ses maximes insoutenables et contraires aux règles de la foi et de la vraie piété. Pour qu'il résultât quelque chose de constant de leurs discussions et qui pût servir de règle sur ces matières, ils dressèrent d'un commun concert trente-quatre articles qui renfermoient la condamnation des principes de madame Guion, sans la nommer, et qui leur opposoient les vérités de foi que tout fidèle doit croire et suivre dans la pratique selon la doctrine de l'Écriture et de la tradition.

Ces articles convenus, les prélats espéroient que tout finiroit en les faisant adopter et souscrire par l'abbé de Fénelon, qui dans cet intervalle fut nommé archevêque de Cambrai. C'étoit pour lui une porte favorable pour se séparer de la cause de madame Guion, mais l'abbé de Fénelon, après tant de docilité promise, hésita, disputa, et enfin ne céda que par déférence et non par conviction. Il essaya dans la suite de disputer la vérité d'une partie de ces faits ; il prétendit avoir été dans cette affaire non le défenseur des maximes de madame Guion, mais un des juges ; qu'il n'avait jamais voulu, disait-il, disputer la vérité des trente-quatre articles, mais qu'il vouloit seulement les expliquer, soutenant qu'on y avoit laissé des obscurités qui méritoient d'être éclaircies. Ce fut le prétexte qu'il prit peu après pour composer son livre des *Maximes des saints*. Quant aux faits que j'ai rapportés, ils sont constatés par les lettres de ce prélat, par la relation qu'en donna M. l'évêque de Meaux deux ans après, et par le témoignage de M. l'évêque de Châlons, devenu dans cette même année 1695 archevêque de Paris. Il est bon de rapporter ce qu'il en a écrit en 1697, dans une lettre adressée à M. l'archevêque de Cambrai et qui devint publique :

« Vous savez, lui dit-il, qu'en 1694 je fus appelé pour examiner les livres de madame Guion ; vous en fûtes cause en partie. Cette femme que vous admiriez et que vous vouliez qu'on admirât, détruisit bientôt par sa conduite l'opinion que des personnes distinguées par leurs vertus en avoient conçue sur votre témoignage. On me pressa de m'expliquer sur son sujet ; vous pourrez voir quand il vous plaira le jugement que j'en portai. L'original est en bonnes mains. (C'étoient celles de madame de Maintenon, à qui M. l'évêque de Châlons avoit mandé son sentiment.)

» Je déclarai dès lors que la doctrine de madame Guion renfermoit sous une apparence de piété des propositions dangereuses condamnées dans le concile de Vienne, et qui tendent à renouveler les erreurs du quiétisme, que les idées de perfection qu'elle débite ont été non-seulement inconnues aux apôtres, à qui toute vérité a été révélée, mais qu'elles sont formellement opposées aux règles qu'ils nous ont laissées, aux enseignements des Pères qui les ont suivis, et à la pratique de tous les saints. Que par ce nouveau genre de spiritualité, elle bannissoit adroitement les prières vocales, la méditation à la loi de Dieu, l'attention aux maximes et aux exemples de Jésus-Christ, les examens de conscience, la mortification des sens, et tous les moyens par où les saints se sont élevés de tout tems à la perfection chrétienne. Que cette spiritualité ne pouvoit faire que des chrétiens d'une espèce toute différente de ceux que l'Église forme sur les règles de l'Évangile ; car par des tours étudiés et captieux on insinuoit qu'une âme de la nouvelle oraison ne pouvoit déchoir de la pureté où elle étoit élevée, comme l'or épuré jusqu'à un certain degré ne peut contracter même en tombant dans la boue qu'une impureté tout au plus apparente ; qu'on autorise par là les plus honteuses conséquences du quiétisme.

» Remarquez, Monseigneur, que je rendis ce jugement dans un tems que je n'avois pas encore conféré avec les personnes dont vous voulez faire entendre que j'ai suivi les impressions contre votre amie. Je tâche de suivre les lumières de ma conscience, et non les préventions d'autrui. Quelque foiblesse que vous m'imputiez, vous savez mieux que personne qu'on ne me tourne pas comme on veut. Que n'avez-vous pas fait pour changer les idées que les livres de madame Guion et ce que je savois de sa conduite m'avoient données? J'ai pourtant résisté à votre éloquence et à votre autorité ; ce que vous n'avez pu faire, croyez-vous qu'un autre le puisse ?

» Je ne laissai pas, mettant toute prévention à part, d'examiner encore avec M. de Meaux et M. Tronson, que vos amis et vous aviez choisis pour arbitres, ces divers ouvrages où vous preniez tant d'intérêt. Vous pouvez vous souvenir si j'apportai à cet examen un esprit malin ou critique ; je fis ce que je pus pour trouver vos explications supportables ; mais avec tous vos mémoires, toutes vos apologies et toutes vos peines, vous ne pûtes jamais justifier ces livres que le Saint-Siége avoit déjà condamnés. Je veux espérer, sur vos promesses, que vous ne serez pas si zélé pour vos propres ouvrages si le pape les censure.

» Il est pourtant vrai que malgré les censures de Rome, que vous direz peut-être que vous ignoriez, vous vous donnâtes bien du mouvement pour défendre madame Guion. Vous n'avez pas oublié ce que je vous disois si souvent dans nos conférences : Pourquoi faites-vous un tel personnage? Vous devriez être juge et non partie ; ne prévoyez-vous pas à quoi vous vous exposez en soutenant avec tant d'ardeur une femme qui dogmatise sans vocation, sans science, et contre toutes les règles ?

» Je dois vous rendre ce témoignage, Monsieur, que vous nous promettiez de vous soumettre à notre sentiment, et que vous ne demandiez que le tems et la liberté de vous éclaircir. Vous eûtes six mois entiers pour écrire et pour conférer, après quoi nous arrêtâmes les articles d'Issy, et vous proposâmes de les signer pour sauver votre réputation, qui commençoit à recevoir quelque atteinte. Vous les signâtes, ces articles; mais avec quelle peine, sur ce que nous rejetâmes des additions qui, sous prétexte d'éclaircir notre doctrine comme vous le disiez, la ruinoient de fond en comble! Vous déclarâtes que vous *ne signeriez point par persuasion, mais simplement par déférence.* C'est à vous à voir comment, après cela, vous avez pu déclarer à la face de l'Église, que les articles d'Issy sont votre ouvrage comme le nôtre? »

Ce fut dans le cours de cette année que madame de Maintenon procura à M. l'évêque de Châlons l'archevêché de Paris, qui vaqua au mois d'août 1695, par la mort de M. de Harlay, prélat d'un grand génie, mais peu régulier dans ses mœurs. Elle désiroit voir dans cette place un homme de vie sainte et de mœurs édifiantes; elle crut trouver les qualités qu'elle désiroit dans M. l'évêque de Châlons, qui avoit une grande réputation de régularité, de charité et de zèle pour la discipline ecclésiastique. Heureux si sa soumission pour l'autorité de l'Église et son éloignement pour les jansénistes eût mieux répondu à ces belles qualités! Madame de Maintenon, qui ne se mêloit presque jamais des bénéfices, crut devoir cette fois-là, par conscience et pour le bien de l'Église, procurer cette grande place à un évêque qu'elle ne connoissoit guère que par sa réputation, car alors elle n'avoit encore que de médiocres liaisons avec la maison de Noailles; le mariage de sa nièce avec le comte d'Ayen, neveu du cardinal, n'étoit pas même projeté. Elle sollicita donc le roi pour l'évêque de Châlons, et l'emporta sur le père de la Chaise, confesseur du roi, qui craignoit ce qui arriva depuis, et que nous verrons en son lieu. Madame de Maintenon m'a dit plusieurs fois en propres termes « qu'elle avoit eu grand tort de contribuer à cette nomination, qu'elle s'en étoit bien repentie depuis, et que le père de la Chaise avoit bien raison de s'y opposer, parce qu'il craignoit que M. de Noailles ne gâtât tout avec une dévotion mal entendue. »

Je reviens aux articles d'Issy. L'abbé de Fénelon ayant signé ces articles en qualité d'archevêque nommé de Cambrai, les trois arbitres espérèrent qu'un homme qui avoit promis avant son épiscopat une soumission si absolue, en soutiendroit le caractère après sa consécration, et trois mois après la signature [1], M. Bossuet, évêque de Meaux, assisté de MM. les évêques de Châlons et d'Amiens, sacra le nouvel archevêque à Saint-Louis de Saint-Cyr, en présence de madame de Maintenon, qui avoit conservé toute son estime pour lui.

M. l'évêque de Meaux avoit publié peu auparavant son ordonnance pour la condamnation des livres des quiétistes, et il opposa à leur fausse doctrine les trente-quatre articles d'Issy. Son ordonnance est datée du 16 avril 1695. M. l'évêque de Châlons, qui n'étoit pas encore archevêque de Paris, publia le 25 avril 1695, dans son diocèse, une pareille condamnation, et M. l'évêque de Chartres en fit autant au mois de novembre de cette année.

Cependant madame Guion s'étoit tenue cachée à Paris dans la crainte qu'on ne la fit arrêter ; s'ennuyant de cette gêne, elle espéra être plus libre dans un autre diocèse, et elle fit demander à M. l'évêque de Meaux la permission de s'y retirer au couvent de la Visitation. Elle allégua pour raison, qu'elle auroit plus de facilité pour recevoir de lui les instructions dont elle avoit encore besoin et pour

[1] 10 juin 1695.

conférer sur ses doutes. Le prélat lui accorda sa demande. Elle fut conduite à Meaux par la duchesse de Mortemart, et mise au couvent, où elle trouva que M. de Meaux avoit pris des précautions pour qu'elle n'eût aucun commerce au dehors ni au dedans, sinon avec quelques personnes qu'il avoit désignées.

M. de Meaux, de retour dans son diocèse, présenta à madame Guion les articles arrêtés à Issy, et voulut l'engager à les signer; mais elle en fit difficulté et demanda des éclaircissements. M. Phelippeaux raconte que le prélat, indigné de ses résistances, avoit résolu de l'interroger juridiquement, et ensuite de procéder contre elle selon les saints canons : « Il m'avoit, dit-il, averti pour me trouver à l'interrogatoire et le signer comme témoin. » Mais madame Guion prévint cette procédure en donnant un nouvel acte de soumission où elle reçoit et adopte les trente-quatre articles : « Elle promet de s'y conformer tant en créance qu'en pratique; elle condamne de cœur et de bouche tout ce qui y est ou peut y être directement ou indirectement contraire; elle reconnoît avoir écrit le *Moyen court* et le *Cantique des cantiques;* elle se soumet à toute condamnation qu'ont fait ou peuvent faire de ces livres ceux à qui Dieu en a donné la puissance, notamment à celle de MM. les évêques de Meaux et de Châlons; elle désavoue tout autre livre qu'on voudroit lui attribuer. Enfin elle réitère la promesse qu'elle avoit déjà donnée à M. de Meaux, de ne plus écrire, ni enseigner, ni dogmatiser, ni de se mêler de la conduite des âmes. » Cette soumission est datée du 15 avril 1695.

Elle renouvela cette déclaration de sa soumission le 1er juillet suivant, après que le mandement de M. l'évêque de Meaux et celui de M. l'évêque de Châlons furent publiés; elle adhéra expressément, et sous le serment, à la censure portée par ces deux mandements, et elle ajouta une protestation qu'elle n'avoit jamais eu intention de rien avancer qui fût contraire à la foi de l'Église catholique, apostolique et romaine ; comme aussi que tout ce que l'on lui imputoit dans sa conduite de contraire aux bonnes mœurs étoit absolument faux et calomnieux.

Après des protestations et des soumissions si précises, on auroit cru que tout devoit être fini. Madame Guion demanda à M. de Meaux son agrément pour aller aux eaux, sous prétexte de ses infirmités, l'assurant qu'elle reviendroit à Meaux dans la sainte maison où elle étoit, si le prélat y vouloit consentir. M. de Meaux, persuadé que la dame Guion agissoit sincèrement et de bonne foi, consentit à ce voyage, mais il dit qu'allant lui-même à Paris dans peu de jours, il en rendroit compte au roi, qui devoit être instruit de sa sortie, et qu'il auroit soin de lui rendre bon témoignage de sa soumission. Mais madame Guion étoit mieux servie par ses amis et plus diligemment. Le roi fut sans doute informé par eux de cette soumission, aussi trompeuse que les autres. Le jour même où le prélat partit, arrivèrent à Meaux la duchesse de Mortemart et la comtesse de Guiche, depuis maréchale de Gramont, qui prirent cette dame et la ramenèrent à Paris. Quand madame Guion fut à Paris, il ne fut plus question des eaux ; elle n'y alla point ; elle se retira et se cacha dans une petite maison du faubourg Saint-Antoine, vers la Roquette, où elle n'étoit visible que pour ses intimes, qui s'autorisoient de sa soumission pour continuer à prendre dans ses avis spirituels une entière confiance. Le roi fut averti de cette supercherie, et jugea qu'il ne falloit pas laisser en liberté une femme si dangereuse ; il donna ordre de l'arrêter. Le fameux Desgrez, officier du guet, en fut chargé ; il la chercha plusieurs mois sans la trouver, tant le secret étoit bien gardé par les amis et les amies. Enfin il découvrit que dans une petite maison du faubourg Saint-Antoine on ne frappoit jamais à la porte, mais que différentes personnes qui y venoient en avoient la clef; il y pénétra et y trouva madame Guion avec deux demoiselles et un certain abbé Couturier, qui fut relâché peu après. Il conduisit la dame Guion à la Bastille : ce fut au mois de décembre 1695.

Cependant, au mois d'août de la même année 1695, M. l'évêque de Chartres jugea à propos de faire une seconde visite régulière dans la maison de Saint-Louis de Saint-Cyr, et il y trouva que les écrits de madame Guion y ayant été répandus, ses opinions n'y avoient fait que trop de progrès. Il commença par retirer tous les écrits de cette femme qui avoient échappé à sa première visite, et surtout les manuscrits; il trouva entre autres qu'on avoit tiré des copies secrètes de celui intitulé *les Torrents*, manuscrit où madame Guion avoit développé plus clairement que dans les imprimés sa pernicieuse doctrine. Il ne se borna pas aux écrits de madame Guion; il voulut aussi qu'on lui remit ce que l'abbé de Fénelon avoit écrit pour l'instruction de celles des religieuses qu'il dirigeoit ; madame de Maintenon donna l'exemple de l'obéissance la plus entière, et fit tout ce qui dépendoit d'elle pour que toutes les religieuses fussent aussi simples et aussi dociles qu'elle envers l'autorité épiscopale. On verra par la suite combien cette docilité fut salutaire à elle et à sa communauté. M. de Chartres fit la visite de toutes les cellules et de tous les livres et écrits pieux ; chacune lui présenta ce qu'elle avoit entre les mains, et il ôta tout ce qui lui parut suspect ou douteux pour l'examiner. La dame de la Maisonfort eut peine à se rendre; elle demanda qu'au moins on lui laissât les écrits de l'archevêque de Cambrai, et elle espéra qu'elle obtiendroit quelque grâce sur cet article, à cause de l'estime que madame de Maintenon faisoit de ce prélat. Elle écrivit donc à cette dame pour réclamer sa protection; mais elle, qui ne connoissoit que l'obéissance, lui écrivit le 16 août, de Marly où elle étoit alors, une grande lettre pour lui exposer le mérite et la nécessité de l'obéissance, et pour l'engager à s'y livrer sans réserve, et quant aux écrits de M. l'archevêque de Cambrai, elle ajoutoit :

« Pourquoi faut-il que vous les gardiez, et croyez-vous soutenir cette singularité? Vous savez que nous les avons montrés malgré lui, et ce que votre imprudence et la mienne ont fait là-dessus. Il nous a dit et écrit plusieurs fois que ces écrits n'étoient point propres à toutes sortes de personnes, et qu'ils pouvoient devenir très-dangereux; qu'il les avoit faits pour chaque particulière à qui il répondoit et sans y apporter aucune précaution. Vous êtes convenue en plusieurs occasions qu'ils ont fait du mal, parce qu'on ne les entendoit pas ou qu'on les prenoit par parties, sans examiner le tout ensemble. Je suis assurée qu'il voudroit qu'ils ne fussent pas chez nous. »

On admirera sans doute l'esprit d'obéissance et de simplicité de madame de Maintenon qui lui fait sacrifier sans peine les écrits d'un homme qu'elle estimoit, et dans lesquels elle ne soupçonnoit aucune erreur; c'est avec la même simplicité qu'elle ne balance pas à s'accuser elle-même d'imprudence; mais une autre réflexion me saisit : elle roule sur les précautions que prenoit l'archevêque de Cambrai pour que ses écrits ne fussent pas communiqués à tous. Est-ce que la perfection la plus sublime, exprimée dans les termes consacrés par l'Écriture et par les saints Pères, pouvoit être préjudiciable à quelqu'un? La plus sublime perfection est bien marquée dans l'Évangile, et Jésus-Christ n'en a rien caché, ni ses apôtres non plus, et on n'a besoin d'en rien cacher aux simples fidèles. Cette défiance du prélat est une marque qu'il sentoit lui-même la nouveauté et la singularité de ce qu'il enseignoit, et la conformité de ses expressions avec celles qu'on condamnoit dans les écrits de madame Guion. Quoi qu'il en soit, la Maisonfort obéit, mais sans se dépouiller encore des principes dont elle étoit imbue.

Elle n'étoit pas seule, et madame de Maintenon, de

concert avec M. de Chartres, travailla à ramener doucement les esprits sans les aigrir. Pour y réussir, elle engagea M. l'évêque de Meaux, au commencement de l'année 1696, à venir faire à Saint-Cyr des conférences sur la piété, propres à détruire les fausses idées d'une perfection prétendue. Le prélat fit la première le 5 février. Il attaqua le dogme affreux de l'indifférence pour le salut; c'étoit un des points de la nouvelle spiritualité. Sous prétexte d'abandon parfait et de soumission à la volonté de Dieu, les âmes élevées à la façon du nouvel Évangile devoient tellement être absorbées dans l'amour pur, qu'elles devoient être indifférentes pour le salut éternel et s'en remettre à Dieu, les désirs du ciel étant traités de désirs intéressés, indignes de la pureté de l'amour. M. Bossuet tonna contre un principe si faux en lui-même et si dangereux dans ses suites. Après la conférence, chacune eut la liberté de proposer au prélat ses difficultés, et il les résolvoit avec douceur et avec ce style noble, familier et persuasif dont il savoit assaisonner tout ce qu'il disoit. La dame de la Maisonfort fut ébranlée; elle demanda une entrevue particulière avec le prélat, elle l'obtint, et la conversation avança beaucoup ce que le discours avoit commencé. Mais elle ne put s'empêcher d'en donner avis à l'archevêque de Cambrai. Elle le consulta même si elle demanderoit une seconde entrevue à M. l'évêque de Meaux. M. l'archevêque de Cambrai ne l'approuva pas. « Si c'est pour vous détromper sur le quiétisme, disoit-il, ou pour répondre de vos sentiments, il y a longtemps que je vous en ai répondu. »

M. Bossuet fit une seconde conférence le 7 mars, où il traita de l'oraison passive; la Maisonfort fut encore plus émue, et elle commença à se défier de la doctrine de l'archevêque; elle désira consulter encore M. Bossuet; elle vouloit lui proposer par écrit ses doutes, et que M. Bossuet les accolât de ses réponses sur une autre colonne.

Elle consulta madame de Maintenon, qui, par son billet du 9 mars, lui manda : « Je trouve très-bon que vous me donniez vos questions bien cachetées, et que vous demandiez que les réponses me soient adressées de même. Je n'ai pas dit un mot pour prévenir M. de Meaux; j'en conçois trop l'inutilité, et combien il pense comme ceux qui vous gouvernent. »

On peut voir dans l'ouvrage de M. Phelippeaux, qui nous a conservé en partie cet écrit, les impressions que faisoient les maximes de M. de Cambrai sur les esprits qu'il dirigeoit, et ce qu'il y avoit dans ces maximes de contraire à la saine spiritualité. On n'y voit aucune trace de ce que nous avons vu de grossier et de propre à induire au péché dans les extraits des écrits de madame Guion, mais on y voit le plus fin et le plus délié des erreurs de cette femme, et ce que nous verrons reparoître dans le livre des *Maximes des saints*.

La dame de la Maisonfort écrivit à ce sujet une lettre qui montre le profit qu'elle avoit fait des instructions de M. l'évêque de Meaux, et la connoissance qu'elle avoit de la fausse spiritualité de l'archevêque de Cambrai. « Ce fut, dit-elle, par l'avis de M. de Meaux que je pris le parti de ne plus m'adresser à M. de Cambrai, dont il me parla avec éloge et tendresse, mais il me dit en même tems qu'il croyoit que je ferois bien d'être quelque tems sans avoir de relations avec lui, parce qu'assurément, sur certains points qu'il m'expliqua, ce prélat se trompoit; mais qu'il ne falloit pas s'en inquiéter, parce que de la droiture dont il étoit il en reviendroit immanquablement. Croyant donc que le plus sûr étoit de s'attacher au sentiment de M. de Meaux, je pris ce parti sans cesser d'écrire et de goûter M. de Cambrai. » Ceci se passoit au mois de mai 1696.

Cependant M. l'évêque de Meaux, qui, comme on vient de le voir par le témoignage de la dame de la Maisonfort, estimoit et aimoit M. l'archevêque de Cambrai, se flatta que la docilité absolue qu'il avoit témoignée si souvent et si longtems dureroit jusqu'au bout, et que cet archevêque ne se désisteroit pas de l'unité de sentiment avec lui et avec les deux autres prélats qui lui étoient unis dans la condamnation des livres de madame Guion. Dans cette espérance, il travailloit à donner au public une instruction plus profonde sur les états d'oraison et sur les voies intérieures. Là, il rassembloit tout ce que l'Écriture et la tradition nous enseignent sur cette matière, et il se proposoit en même tems, en établissant les vérités catholiques, de réfuter pied à pied les erreurs des quiétistes répandues dans les livres de Molinos, du père Lacombe et de madame Guion.

Dans cet ouvrage il s'abstenoit de nommer celle-ci, dont d'ailleurs le nom ne paroissoit pas à la tête de ses écrits; mais il ne faisoit aucune grâce à l'erreur ni à aucune des subtilités dont on l'enveloppoit pour la pallier ou pour l'excuser. Il comptoit que son livre seroit muni de l'approbation de MM. les archevêques de Paris et de Cambrai, et de M. l'évêque de Chartres, et que l'union de ces prélats dans la censure de l'erreur donneroit à cette censure une plus grande force. M. l'archevêque de Paris, M. l'évêque de Chartres, donnèrent effectivement leur approbation sans peine; mais M. l'archevêque de Cambrai refusa la sienne, et donna pour excuse de son refus que M. l'évêque de Meaux maltraitoit *son amie,* madame Guion, et qu'il lui imputoit des erreurs dont elle étoit innocente. « Que ceux, disoit-il, qui ne connoissent que ses écrits les prennent dans un sens rigoureux, je les laisse faire; pour moi je dois, selon la justice, juger du sens de ses écrits par ses sentiments que je sais à fond, et non pas de ses sentiments par le sens rigoureux qu'on donne à ses expressions, et auquel elle n'a jamais pensé. » Ceci se trouve dans un grand mémoire que dressa M. de Cambrai, et qu'il remit secrètement à madame de Maintenon au mois de septembre 1696, pour la préparer à son livre des *Maximes des saints*. C'étoit trop risquer que de répondre des sentiments intérieurs d'une femme adroite, subtile et dissimulée, qui en avoit trompé tant d'autres. C'étoit encore trop risquer que de vouloir répondre de la pureté de ses mœurs et de la droiture de ses sentiments, après les aventures qu'elle avoit eues avec le père Lacombe, les voyages qu'elle avoit faits pour le suivre, et le scandale que le défunt archevêque de Paris avoit voulu corriger en faisant enfermer en un même jour et le père Lacombe et madame Guion ; enfin de tenir pour un principe propre à justifier tous les livres hérétiques en voulant qu'on juge des livres qui contiennent des erreurs formelles par les sentiments que déclarent ceux qui les ont compris.

Quoi qu'il en soit de ces réflexions qui échappent à ma plume, M. de Cambrai fit davantage, car, sous prétexte d'expliquer les articles d'Issy, il se mit à composer ses *Maximes des saints*, où, adoucissant les erreurs des livres de madame Guion, et paroissant condamner ce qu'il y avoit de plus grossier et de plus choquant dans le système des quiétistes, il établissoit des principes qui lui étoient trop favorables et avançoit comme des vérités certaines propositions que le saint-siége censura peu de tems après, et contre lesquelles l'archevêque de Paris et les évêques de Meaux et de Chartres s'élevèrent par divers écrits.

Jusqu'au moment que M. de Cambrai refusa son approbation au livre de M. de Meaux, livre que celui-ci lui communiqua en manuscrit, l'union étoit toujours la même entre eux ; mais le refus de cette approbation commença leur division, surtout quand M. de Cambrai eut fait dire à M. de Meaux qu'il prétendoit publier aussi un livre pour expliquer les articles d'Issy. M. de Meaux comprit aussitôt que ce prélat avoit dessein de s'écarter des points dont ils étoient convenus en signant ensemble les trente-quatre articles ; il le comprit d'autant plus aisément que M. de Cambrai se garda bien de lui communiquer son livre, et qu'il le fit imprimer avec un profond secret et une prodigieuse diligence. Il prétendit l'avoir communiqué à M. l'archevêque de Paris et à M. Pirot, fameux professeur de Sorbonne, et même à M. Tronson, et avoir obtenu d'eux des éloges; mais il ne put en justifier : il n'eut l'approbation par écrit d'aucun d'eux. M. l'archevêque de Cambrai espéra que son nom seul, et l'évidence prétendue de ce qu'il avançoit donneroit assez de crédit à son livre. Ses amis en poussèrent secrètement l'impression, pour pouvoir devancer celle du livre que préparoit M. l'évêque de Meaux; elle le devança en effet, et ce fut en février 1697 que parut le livre des *Maximes des saints*.

M. le duc de Beauvilliers, seigneur d'une grande piété et ami intime de l'archevêque de Cambrai, persuadé du mérite du livre par celui qu'il connoissoit dans l'auteur, ne douta pas que ce livre ne fût reçu avec éloge, et il se chargea de le présenter au roi. Ce prince ne se défioit de rien : il n'étoit pas instruit de ce qui s'étoit passé, ni des soupçons qu'on avoit formés contre la doctrine de M. l'archevêque de Cambrai. On lui avoit rendu compte de tout ce qui étoit arrivé concernant madame Guion seule, et il ignoroit l'attachement que ce prélat avoit pour elle. Madame de Maintenon avoit poussé jusque-là sa charité pour l'archevêque de Cambrai, quoique convaincue par ce qui s'étoit passé d'une partie des torts qu'il avoit. Mais M. de Pontchartrain, alors contrôleur général, ne tarda pas à ouvrir les yeux au roi, et il lui dit nettement que par ce livre M. de Cambrai affichoit le quiétisme, qu'il étoit composé pour excuser la dame Guion et pour la justifier. L'étonnement du roi fut grand, mais il le fut encore plus quand M. l'évêque de Meaux se crut obligé enfin de lui raconter tout ce qui s'étoit passé, les soupçons qu'on avoit formés sur la doctrine de M. l'archevêque de Cambrai, les moyens qu'on avoit pris pour l'éclairer, la docilité qu'il avoit montrée d'abord, les espérances qu'on en avoit conçues, enfin toutes les raisons qu'on croyoit avoir eues de ménager un prélat d'ailleurs recommandable par tant de belles qualités. Le roi ne put s'empêcher de montrer à M. l'évêque de Meaux du dépit et de la colère du secret qu'on lui avoit fait, et madame de Maintenon eut aussi à essuyer les reproches de ce prince sur le même sujet; il la blâma vivement d'avoir ménagé un homme à qui il avoit confié l'éducation des princes ses petits-enfants. J'ai appris des personnes qui étoient auprès de madame de Maintenon que le mécontentement du roi contre elle ne fut pas moins vif que celui qu'il marqua à M. l'évêque de Meaux; que les reproches que lui fit ce monarque furent très-amers, au point même qu'elle avouoit n'avoir jamais été si près de sa disgrâce que dans ce moment.

Ce prince avoit la religion en recommandation par préférence à tout; il aimoit l'obéissance à l'Église, haïssoit tout sectaire, et tout ce qui pouvoit en avoir l'apparence; il en craignoit jusqu'à l'ombre. Il avoit banni les huguenots de son royaume, il avoit en toute occasion poursuivi et opprimé le jansénisme, il croyoit avoir étouffé le quiétisme dans sa source en procurant les rétractations de madame Guion, et en la faisant enfermer aussi bien que le père Lacombe, et il voyoit reparoître des traces de cette nouvelle secte dans son palais, même auprès des princes ses enfants, et cela en la personne d'un prélat qui, distingué par de grandes qualités, et appuyé par de puissants amis, pouvoit former dans sa cour un grand parti et exciter dans le royaume un grand incendie. Sa colère, cependant, se borna à exiler M. l'archevêque de Cambrai dans son diocèse, à ôter d'auprès des fils de France l'abbé de Langeron et l'abbé de Beaumont, tous deux lecteurs de ces princes, et quelques gentilshommes qui étoient plus étroitement liés avec le prélat.

Le prétexte que prit M. de Cambrai pour donner son

livre au public, *c'étoit*, disoit-il, *d'expliquer les principes des articles d'Issy dans une plus grande étendue* [1]. Il prétendoit n'y rien dire de contraire à ces articles; il disoit même hautement et il le marqua à la tête de ce livre, qu'il ne prétendoit enseigner que la même doctrine que MM. les archevêque de Paris et évêque de Meaux avoient voulu établir touchant l'amour de Dieu, l'oraison et les voies intérieures. Mais le commun des gens éclairés crurent y voir des choses bien différentes de la doctrine de ces prélats; ils crurent y retrouver plusieurs des principes erronés de madame Guion et de ses livres, et par conséquent y apercevoir une doctrine toute différente de celle des trente-quatre articles; ils regardèrent même les maximes de ce livre comme un moyen préparé pour éluder la précision et l'autorité de ces articles.

Il est vrai que M. de Cambrai ne donnoit pas dans les excès que l'on a vus ci-dessus, tirés des livres de madame Guion. Il condamnoit de bonne foi ces excès, et sur cela il ne vouloit que justifier la personne de cette femme et ses intentions; mais en abandonnant le plus grossier, il réservoit le plus subtil, en sorte que plusieurs erreurs de Molinos, du père Lacombe, de Malaval et de madame Guion, se trouvoient justifiées par ses maximes, qu'il qualifioit de *maximes vraies et constantes*.

Il s'efforçoit de leur donner un bon sens, et il dénioit le sens naturel de ces propositions, sans doute parce qu'il en sentoit lui-même le défaut. De là vient sans doute que dans l'assemblée provinciale tenue à Cambrai pour la réception du bref du pape contre le livre des *Maximes des saints*, il déclara qu'il ne pouvoit avouer contre sa conscience qu'il eût jamais cru aucune des erreurs qu'on lui avoit imputées, qu'il avoit cru seulement que son livre, avec les correctifs qu'il avoit cru y mettre, ne pouvoit signifier ces erreurs ni les favoriser. Or, c'étoit une mau-

---

[1] Avertissement du livre des *Maximes des saints*, p. 16.

vaise manière de défendre ou d'excuser un texte condamnable. Il avoit déjà employé cette manière pour excuser les écrits de madame Guion, et il n'avoit réussi qu'à montrer jusqu'à quel point il s'étoit laissé tromper par cette femme fanatique. Ce qu'il fit de mieux en cette occasion, ce fut de se soumettre absolument, et d'ajouter aux paroles que je viens de transcrire « qu'il renonçoit à son jugement pour se conformer pleinement à celui du saint-siége. »

Quand M. l'archevêque de Paris et M. l'évêque de Meaux virent que M. de Cambrai avoit avancé que sa doctrine n'étoit que le précis et l'extrait de celle qu'ils avoient arrêtée dans les articles d'Issy, et que ce prélat se glorifioit d'une unité qui n'avoit rien de réel, ils se crurent obligés de s'élever hautement contre le livre de sa doctrine. M. l'évêque de Chartres se joignit à eux, et ils publièrent de concert un premier écrit sous le titre de *Déclaration*, où ils relevoient les principaux traits du livre des *Maximes des saints* et ce qu'ils y trouvoient de plus blâmable. D'autre part, M. l'archevêque de Cambrai ayant fait demander au roi et en ayant reçu la permission, de s'adresser au saint-siége pour en obtenir une décision sur son livre, il s'y adressa en effet. Le roi lui-même pressa le souverain pontife de prononcer sur une contestation qui devenoit fort vive dans son royaume, et où M. de Cambrai avoit le malheur d'être combattu par l'unanimité de trois prélats qui étoient spécialement recommandables par de grands talents et de grandes vertus.

Je ne m'arrêterai point à rapporter ce qui se passa en France et à Rome dans le cours des deux années que dura cette dispute, ni de faire l'extrait des écrits qui parurent en grand nombre de part et d'autre, jusqu'au jugement. Je renvoie tout cela à ceux qui écriront l'histoire de l'Église ou celle du règne de Louis XIV.

Je me contenterai de dire ici que rien ne fut plus édifiant que la conduite de M. l'archevêque de Cambrai quand il se vit condamné à Rome par le saint-siége et que son livre fut proscrit. Le décret solennel qui y fut publié contenoit vingt-trois propositions qui avoient été extraites du livre des *Maximes des saints,* et elles furent *condamnées respectivement comme téméraires, scandaleuses, malsonnantes, offensives des oreilles pieuses, pernicieuses dans la pratique, et même erronées.* M. de Cambrai avoit promis une entière soumission, et il tint parole. Dès que le décret de Rome parut, il l'annonça lui-même en chaire dans son église métropolitaine, et il publia le décret du pape par un mandement qu'il répandit aussitôt dans son diocèse. Il tint ensuite l'assemblée des évêques de sa province; il y reçut avec solennité, conjointement avec les prélats ses comprovinciaux, le décret de Rome, et protesta de la plus parfaite obéissance et de l'intégrité de sa soumission. Il fit présent dans la suite à son église métropolitaine, d'un riche vase pour l'exposition du saint-sacrement, et que j'ai vu dans le trésor de cette église. On y voit un ange qui tient en ses mains le soleil contenant la sainte hostie, et foule de son pied plusieurs livres réprouvés de l'Église, et sur un de ces livres est gravé le titre de celui de l'archevêque de Cambrai : *Maximes des saints.*

Rien ne fut plus édifiant que cette humble soumission; aussi le prélat en reçut-il des applaudissements de toutes parts, qui le dédommagèrent de l'humiliation de sa condamnation. Cette soumission eut tout le succès qu'on en devoit attendre : les semences d'une fausse spiritualité qui s'étoient répandues en plusieurs lieux séchèrent bientôt et ne se reproduisirent plus, et l'on vit en cette occasion combien il seroit aisé de finir dans l'Église les contestations qui s'y élèvent et de les finir promptement, si chaque fois qu'on dispute on vouloit consulter le saint-siége et l'écouter avec paix et soumission. Ces disputes serviroient à éclaircir le dogme et ne feroient jamais de secte ni de schisme. Heureuse l'Église de France, si dans les années qui se sont écoulées depuis cet événement, on avoit voulu mettre en pratique cette sainte et salutaire méthode, et si les décisions du saint-siége de Pierre et du vicaire de Jésus-Christ n'avoient trouvé que des disciples humbles et dociles comme le fut M. l'archevêque de Cambrai!

Revenons à la maison de Saint-Louis. Madame de Maintenon n'attendit pas l'événement de la condamnation du livre de M. de Cambrai pour achever de purger cette maison de ce que le quiétisme avoit gâté[1]. Nous avons remarqué les soins qu'elle prit, de concert avec M. l'évêque de Chartres, pour ramener les esprits prévenus et pour les faire instruire de l'erreur et du danger de la nouvelle spiritualité. Elle n'avoit pas attendu l'exil de M. de Cambrai pour l'éloigner de la direction des dames de Saint-Cyr, et pour supprimer dans sa maison les écrits de dévotion qu'il y avoit semés; elle avoit appris à en craindre les mauvais effets par la prétendue spiritualité de la dame de la Maisonfort. Quand le roi fut instruit au vrai des préventions de M. l'archevêque de Cambrai pour madame Guion, et de la dispute de ce prélat avec les évêques de Chartres et de Meaux, il voulut savoir ce qui s'étoit passé à Saint-Cyr et quel progrès y avoit fait l'erreur; il fallut lui tout dire : ce prince comprit bientôt qu'il étoit nécessaire de couper dans le vif, et d'écarter sans délai celles de ces dames qui gardoient encore de l'attachement pour les erreurs de madame Guion. L'amie et l'ancienne confidente de madame de Maintenon ne fut pas épargnée : je parle de la dame de la Maisonfort. C'étoit elle qui avoit fait le plus d'éclat; peut-être que ses résolutions que nous avons rapportées plus haut, de renoncer à la direction de M. de Cambrai, et d'ouvrir les yeux sur les faux prin-

---

[1] Voir, dans les *Lettres historiques et édifiantes*, t. I, les lettres qu'elle écrivit sur ce sujet.

cipes qu'elle y avoit puisés ne furent pas constantes ; peut-être aussi que le roi voulut punir en elle sa trop longue résistance, et qu'il craignit ses liaisons avec M. l'archevêque de Cambrai. Quoi qu'il en soit, il ordonna qu'elle sortît de Saint-Cyr avec les dames du Tour et de Montaigle, et ces trois religieuses furent envoyées par lettres de cachet en des monastères éloignés.

Le roi ne se contenta pas de cette précaution salutaire ; il prévit qu'après lui et après madame de Maintenon on pourroit, sous prétexte du mérite personnel de ces dames et des talents et des vertus qu'on avoit vus en elles, prendre envie de les rappeler dans la maison ; il crut devoir y mettre obstacle autant qu'il étoit en lui, et il écrivit à la supérieure et aux dames de Saint-Cyr la lettre suivante :

« L'intérêt particulier que je prends au bien de votre maison, et la connoissance que j'ai de quel préjudice il seroit pour elle que les dames du Tour, de la Maisonfort et de Montaigle, qui en sont sorties par mon ordre avec l'obédience du sieur évêque de Chartres, pour les raisons que j'ai connues et que je lui ai communiquées, y rentrassent quelque jour, m'engagent à vous déclarer ici que mon intention en les renvoyant a été que ce fût sans espérance de retour, et pour vous mettre à couvert des entreprises qu'elles pourroient faire sur cela à l'avenir. Après y avoir bien pensé, par toute mon autorité de roi et de fondateur, je vous défends, et à toutes celles qui vous succéderont, de souffrir jamais que ces trois dames rentrent parmi vous sous quelque prétexte que ce soit. Je ne doute pas que tous ceux qui voudroient peut-être dans la suite les y faire rentrer, ne soient arrêtés par une déclaration aussi expresse que celle de ma volonté.

» Fait à Compiègne, le 5 septembre 1698.

» Signé : Louis. »

Le roi fit davantage : revenu de Compiègne, il vint à Saint-Cyr, accompagné de quelques personnes de la cour, et entre autres de la jeune duchesse de Bourgogne, et ayant trouvé toutes les dames de Saint-Louis dans la salle commune où madame de Maintenon les avoit assemblées, le roi s'assit au milieu d'elles et eut la bonté de les faire asseoir aussi. Puis il leur parla sur la nécessité où il s'étoit trouvé d'écarter des dames qui avoient d'ailleurs du mérite et qui pouvoient leur être chères ; il leur dit « que c'avoit été avec peine qu'il en étoit venu là, mais que la conservation de la vraie piété et de la pureté de la foi dans cette maison l'avoit exigé de lui ; qu'il n'y avoit rien qu'elles ne dussent sacrifier, et qu'il ne sacrifiât lui-même pour un objet si digne de l'attention d'un chrétien. Il ajouta qu'il avoit toujours eu en recommandation la pureté de la foi dans son royaume et le désir d'en écarter toute mauvaise doctrine ; qu'il avoit encore plus de zèle pour l'écarter d'une maison qui lui étoit aussi chère, et qui par l'éducation des demoiselles de toutes les provinces de son royaume pourroit l'infecter tout entier en peu de tems si l'erreur y prenoit racine ; il dit enfin, que sentant qu'il devoit mourir un jour, il vouloit tellement assurer la vraie foi et la saine doctrine dans cette maison, qu'on ne pût profiter de sa mort pour y introduire un autre esprit. »

A ce mot où ce prince parla de sa mort qu'il prévoyoit, quoiqu'il n'eût guère que soixante ans, la jeune duchesse de Bourgogne ne put retenir ses larmes, et les dames en firent de même, et ces larmes servirent à rendre plus mémorable et à graver plus profondément dans l'esprit de toutes cette célèbre journée, où l'on voit Louis XIV assis au milieu d'une nombreuse communauté de religieuses, leur parler avec toute la majesté d'un grand roi et avec toute la force d'un prédicateur zélé.

La sortie des trois dames mit le calme dans la maison, et y affermit pour jamais l'obéissance à l'Église et la confiance en l'autorité de ses premiers pasteurs. Aussi cette maison a-t-elle cette vertu en recommandation, et il y a lieu d'espérer que Dieu y conservera toujours cet esprit. Mais si la communauté fut docile, elle ne fut pas insensible à la perte qu'elle faisoit de trois sujets qui paroissoient supérieurs à d'autres par leurs talents, et qui étoient chers à plusieurs par les liens de l'amitié. « Vous ne pleurerez jamais tant vos sœurs, disoit madame de Maintenon en écrivant à l'une d'entre elles, que je les ai pleurées depuis quatre ou cinq ans, que je voyois qu'il faudroit en venir à ce qui a été fait; je les aimois par inclination et par estime, les voyant très-vertueuses; mais je dois préférer le bien de la maison à toute autre considération. J'espère de la bonté de Dieu pour Saint-Cyr, qu'il vous donnera des supérieurs spirituels et temporels incapables de tolérer la moindre nouveauté sur la religion. » Elle eut, en effet, la consolation d'être assurée que ces mauvais exemples ne furent pas suivis, et de voir la paix et l'unité établies dans toute la communauté d'une manière durable, par la simplicité et l'obéissance.

LIVRE ONZIÈME.

Caractère de la piété de madame de Maintenon. — Elle recommande spécialement l'obéissance à ses religieuses. — Le roi, à sa sollicitation, donne la paix à son peuple. — Arrivée de la jeune princesse de Savoie en France pour épouser le duc de Bourgogne. — Madame de Maintenon est chargée par le roi de son éducation. — La manière dont elle s'en acquitte.

L'événement qui a fait la matière du livre précédent a dû faire connoître d'une manière sensible quel a été le vrai caractère de la piété de madame de Maintenon, et il me présente une occasion de le développer encore davantage, en montrant dans une âme aussi élevée et un génie dont on peut dire avec vérité qu'il a été aussi grand que le rang qu'elle occupoit, de montrer, dis-je, dans cette grande âme ce caractère de docilité et d'obéissance si peu communs, et qui a son principe dans la sincère humilité que Jésus-Christ a tant recommandée à ses disciples.

Déjà on a vu en plusieurs occasions ce que j'ai rapporté de sa soumission envers tous les supérieurs ecclésiastiques, de sa prompte disposition dans tous les tems de sa vie à soumettre, à sacrifier même ses inclinations et ses dévotions à l'obéissance. Si jamais femme eut le droit de se conduire elle-même par ses propres lumières et de s'en servir pour se décider, comme le font tant d'autres dans les choses de la foi, c'eût été celle-là. Elle avoit une grande pénétration, beaucoup de lecture et de connoissances ; elle possédoit parfaitement l'histoire sainte, et le texte de l'Écriture lui étoit familier ; elle entendoit même un peu le latin, outre les langues espagnole et italienne qu'elle savoit et parloit même passablement. Que de matières pour enorgueillir l'esprit d'une femme qui croit tout savoir parce qu'elle sait beaucoup de choses que d'autres ne savent pas! Ajoutez à cela l'autorité dont elle jouissoit, les complaisances, les flatteries dont les grands sont entourés : qui peut tout croit aisément savoir tout. Madame de Maintenon n'a pas été séduite par ces avantages; elle a posé pour principe solide de sa foi et de sa dévotion la docilité et même la simplicité. Sa piété se fixoit aux lectures saintes qui n'avoient rien de relevé ni de curieux; saint François de Sales faisoit ses délices, elle aimoit sa simplicité, sa franchise et même son vieux langage; elle inspiroit ce même goût à ses filles de Saint-Cyr. « Je vous conjure, leur disoit-elle, je vous conjure, mes chères filles, de garder une grande simplicité dans le choix de vos livres; attachez-vous aux choses que vous y trouverez et point aux termes. Lisez pour profiter, et n'ayez point d'autres vues, elles sont toutes vaines et dangereuses, et nous sommes trop heureuses d'être obligées, par notre sexe et notre ignorance, à être simples et soumises, puisque c'est la voie la plus facile et la plus sûre. » Elle aimoit aussi beaucoup la lecture du Nouveau Testament, et elle la recommandoit à ses filles, mais en leur disant : « Lisez avec simplicité; ce que vous n'entendez pas, adorez-le, et bornez-vous à bien mettre en pratique ce que vous entendez. »

Ce fut cet amour pour la simplicité, la docilité et l'obéissance qui lui inspira de tout tems de l'horreur pour le jansénisme et le soin qu'elle prit d'en garantir sa communauté. Elle avoit vu naître les disputes sur cette matière, et avoit connu dès sa jeunesse, par la société des personnes qu'elle fréquentoit le plus, toutes les ruses et les adresses dont les jansénistes se servent pour attirer des prosélytes, pour décréditer ceux qui leur sont opposés, et pour éluder toutes les décisions de l'Église. Elle trouva le roi également prévenu contre eux, et elle servit beaucoup à le maintenir dans cette disposition, et à lui faire éviter plusieurs piéges qu'ils lui tendoient ; mais ce à quoi elle s'appliqua plus particulièrement, ce fut à garantir la maison de Saint-Louis de tout ce qui pouvoit y glisser un esprit si contraire à celui de l'obéissance qui seule peut maintenir le bon ordre et la ferveur dans les communautés. Elle ne se contenta pas d'éloigner de sa maison les personnes ou les livres connus pour favoriser ce parti, elle alla jusqu'à craindre les liaisons de ceux qui en étoient soupçonnés. Une dame veuve de qualité, d'un âge mûr, ayant de grands biens et de grands talents, voulut se donner à sa communauté et se soumettre même au noviciat. Madame de Maintenon la goûtoit beaucoup à cause de sa piété, de son esprit noble et de son caractère doux et liant ; elle croyoit même avoir besoin d'une femme déjà avancée en âge pour l'associer à tant de jeunes demoiselles qu'elle avoit adoptées pour former sa maison. Mais, dans une conversation, cette dame s'expliqua de manière à lui faire concevoir des doutes sur ses sentiments. Ce soupçon lui suffit pour se défaire d'elle et pour se priver de tous les avantages qu'elle s'étoit promis d'un tel sujet. Elle lui fit dire honnêtement de se retirer, et elle disoit aux autres dames qui la regrettoient : « qu'il étoit important que des demoiselles qui devoient se répandre dans tout le royaume, entrer dans toutes les familles, y porter, selon leur éducation, la bonne odeur de Jésus-Christ, fussent non-seulement garanties de la séduction de l'erreur, mais qu'elles eussent assez de lumières et de zèle pour en garantir les autres. » C'est pourquoi elle n'aimoit pas entendre dire qu'on ne se mêloit de rien, qu'on ne prenoit aucun parti, qu'on vouloit être neutre, et une dame ayant tenu devant elle ce discours : « Quoi ! répondit-elle avec vivacité, être neutre entre l'Église et le parti qu'elle condamne ? Il ne faut se mêler de rien pour disputer, ajouta-t-elle, mais il faut se mêler de tout quand il est question d'obéir et d'en donner l'exemple. »

Elle raconta un jour à la récréation que M. Bossuet, évêque de Meaux, avec qui elle venoit de converser, lui avoit dit que le jansénisme faisoit du progrès dans le royaume, et qu'entre autres singularités qui dominoient parmi ses défenseurs, ils avoient à mépris les images et le chapelet, que même quelques-uns d'entre eux parloient et prêchoient contre la dévotion à la sainte Vierge : « Depuis, dit-elle, que j'ai entendu cela, je voudrois m'environner d'images; j'en veux garnir ma chambre, et je veux porter sur moi toujours un chapelet, afin que si je meurs subitement, on me reconnoisse pour vraie fille de l'Église. »

La maîtresse d'une des classes la pria de vouloir bien dire quelque chose aux demoiselles qu'elle avoit sous sa conduite pour les instruire et les prémunir contre le jansénisme. Elle lui répondit : « Je leur dirai aisément tout ce que je sais là-dessus, car ce que je sais est très-peu de chose, et ce peu de chose est que nous sommes trop heureuses dans notre sexe de n'être pas obligées à rien savoir pour décider; pourvu que nous sachions nous soumettre et obéir, c'est assez. Il est vrai, ajouta-t-elle, que je sais que les opinions des jansénistes sur la prédestination et sur la mort de Jésus-Christ sont très-dangereuses dans la pratique, car si l'on est persuadé que, comme ils le disent, Jésus-Christ n'est mort pour le salut que du petit nombre prédestiné, s'il refuse aux autres fidèles les moyens avec lesquels ils peuvent mériter le ciel, cela tend à décourager le plus grand nombre et à le porter à ne pas se mettre en peine d'assurer son salut par de bonnes œuvres. »

Ce n'étoit pas seulement dans les choses de la foi qu'elle avoit la soumission et l'obéissance pour règle capitale, elle aimoit à pratiquer cette vertu en toute autre chose. Ainsi le roi lui avoit donné par brevet toute autorité dans la maison de Saint-Louis, avec tous les priviléges de fondatrice ; M. l'évêque de Chartres lui avoit confié en quelque façon toute son autorité spirituelle sur cette communauté, en lui donnant par écrit le droit de régir et gouverner la maison tant au spirituel qu'au temporel ; mais elle ne s'en prévaloit pas ; elle consultoit ce prélat en tout et à tout moment, et elle disoit « que c'étoit un moyen sûr d'attirer sur elle et sur la maison les bénédictions de Dieu. »

On voit par ses lettres à l'abbé Gobelin, son premier directeur, quelle fut dès le commencement sa fidélité à lui rendre compte de sa conduite, de ses dépenses, de ses amusements, du règlement journalier de sa vie, pour avoir par son avis le mérite de l'obéissance. Ce fut lui qui la détermina à rester à la cour, et elle lui mandoit souvent : « Si vous voulez que j'en sorte, j'obéirai comme un enfant. » Elle eut pour M. l'évêque de Chartres la même obéissance que pour l'abbé Gobelin. L'on voit par les lettres de ce prélat à quels détails elle portoit ses consultations, non-seulement sur ses communions, ses pénitences secrètes, ses oraisons et ses lectures pieuses, mais aussi sur mille choses où elle vouloit sanctifier sa conduite par l'obéissance. « Je ne trouve, disoit-elle, de paix et de sûreté que dans la soumission. » Pour mettre son directeur plus en état de juger de tout ce qui se passoit en elle, elle écrivoit ordinairement chaque jour les fautes qu'elle avoit remarquées en elle dans la journée, et, au bout du mois, elle lui en rendoit compte avec une humilité et une exactitude scrupuleuse [1].

Elle n'a cessé d'inspirer cet esprit de docilité et d'obéissance à ses filles de Saint-Cyr, et elle a réussi à y mettre ce goût pour la soumission et la dépendance, comme étant le point capital de la sainteté et de la perfection chrétienne. Dieu l'y veuille conserver toujours ! « Obéis-

---

[1]. Il reste quelques-unes de ces *redditions de compte*. M. H. Bonhomme en a publié une dans ses documents sur *Madame de Maintenon et sa famille* ; M. Feuillet de Conches en possède une autre, etc.

sons, disoit-elle, et nous serons bénies de Dieu. N'ai-je pas aussi, ajoutoit-elle quelquefois, mes obédiences et mes règles qu'il faut que je suive, non selon ma volonté, mais celle d'autrui? Je ne suis maîtresse ni de mon tems ni de mes actions; je ne sais jamais qu'à dix heures du soir ce que je dois faire le lendemain, et, quand le roi sort de chez moi, je reçois mon obédience de lui. »

C'est dans cet esprit qu'elle aimoit les règles de la maison, et, quand elle y étoit, elle tâchoit de s'y conformer autant qu'il lui étoit possible; elle se rendoit au chœur, au réfectoire, aux récréations avec la communauté, et elle croyoit devoir donner cet exemple de ne rien faire hors de la règle ou contre la règle sans en avoir rendu compte à la supérieure. Je reviens à la suite de son histoire, que j'avois interrompue.

Ce fut pendant la dispute qu'occasionna le livre de M. de Cambrai que la paix se rétablit dans l'Europe, agitée par une guerre fort longue et fort ruineuse. Le roi ne cessa, nonobstant ses victoires presque continuelles, de la désirer, de la proposer même à des conditions assez avantageuses à ses ennemis, et madame de Maintenon n'oublia rien dans le secret pour nourrir ces sentiments dans le cœur du roi. Elle mandoit un jour à madame de Brinon ces paroles : « Toutes nos victoires me font d'autant plus de plaisir qu'elles ne changent point le cœur du roi sur ses bonnes intentions pour la paix; il connoît la misère de ses peuples, rien ne lui est caché là-dessus; on cherche tous les moyens de les soulager, et il n'y a qu'à désirer que Dieu éclaire nos ennemis sur la folle assurance qu'ils ont d'abattre la France; on les battra partout, c'est la cause de Dieu que le roi défend (il étoit question alors du roi d'Angleterre injustement détrôné). Vous seriez bien contente si vous voyiez la modération du roi, et combien il est persuadé que les avantages qu'il remporte viennent de Dieu. »

Enfin, en l'année 1696, le duc de Savoie écouta les propositions avantageuses qui lui furent faites de la part du roi ; il se détacha de la ligue et donna aux autres princes de l'Europe l'exemple qu'ils suivirent l'un après l'autre peu de tems après. Le gage précieux de cette paix avec la Savoie, ce fut la princesse Marie-Adélaïde, fille aînée du duc, qui fut destinée pour être l'épouse du duc de Bourgogne. La paix fut signée, et la princesse, alors âgée seulement de onze ans, fut conduite en France. Le roi étoit à Fontainebleau ; il alla au-devant d'elle avec toute la cour jusqu'à Montargis, où la princesse arriva le 4 novembre de cette année 1696. Elle étoit trop jeune pour qu'on pût célébrer alors son mariage ; il fut remis au mois de décembre de l'année 1697. On résolut en même tems d'en différer la consommation jusqu'à deux ans par delà. Cependant le roi avoit formé la maison de la princesse sur le pied qu'elle devoit être quand elle seroit duchesse de Bourgogne, et madame de Maintenon, qui eut grand crédit pour le choix des dames qui devoient composer sa cour, s'attacha beaucoup à faire entourer cette princesse de personnes de conduite régulière et d'une vie exemplaire. Elle-même fut chargée de veiller à l'éducation de ce précieux enfant ; elle y fut intéressée par la confiance que prit en elle la duchesse de Savoie, princesse d'une grande sainteté, qui, sachant quelle étoit la piété aussi bien que le crédit de madame de Maintenon, crut devoir lui demander ses soins pour sa fille, et ordonner à celle-ci d'avoir pour madame de Maintenon la plus intime confiance. La duchesse de Bourgogne eut dans la suite, lorsque j'avois l'honneur d'être à son service, la bonté de me laisser voir un jour les avis secrets que la duchesse sa mère lui avoit donnés par écrit pour régler sa conduite à la cour de France, et un de ces articles lui recommandoit nommément d'avoir grande attention pour madame de Maintenon, de lui marquer une amitié et une confiance entière, et de prendre goût à ses conseils; aussi est-ce à tort que Larrey, dans son *Histoire de Louis XIV*[1], a dit que la duchesse de Bourgogne n'avoit eu que du mépris et de l'éloignement pour madame de Maintenon jusqu'à l'année 1706, qu'elle commença à s'attacher à elle. J'ai été pendant quelques années témoin du contraire.

La princesse de Savoie arriva, comme je viens de dire, le 4 novembre à Montargis, où le roi l'étoit venu recevoir; madame de Maintenon ne fut pas du voyage; soit modestie, soit infirmité, elle étoit restée à Fontainebleau. Le roi fut charmé de la jeune princesse dès qu'il la vit, et le soir même il écrivit à madame de Maintenon ce qu'il en pensoit[2]; elle-même crut ne devoir pas différer d'en instruire madame la duchesse de Savoie, et dès le 5 au matin elle lui écrivit cette lettre :

« Je voudrois qu'il me fût permis d'envoyer à Votre Altesse la lettre que je viens de recevoir du roi. Il n'a pu attendre jusqu'à ce soir à me dire comment il a trouvé la princesse; il en est charmé; il conclut par ce qu'il voit en elle que son éducation n'a pas été négligée. Il se récrie sur son air, sa grâce, sa politesse, sa retenue, sa modestie. Madame s'est chargée de faire savoir à Votre Altesse Royale tout ce que je lui en ai dit, ainsi je ne le lui répéterai point. Je ne saurois comprendre comment Votre Altesse Royale a pu si bien tromper sur une princesse qui a été vue de tout le monde, mais il est certain qu'on l'a trouvée bien différente des portraits que Votre Altesse Royale a faits d'elle et de ceux qu'elle a envoyés.

» La princesse est arrivée, et je n'ai cessé de désirer que Vos Altesses Royales pussent voir comment on l'a reçue, et à quel point le roi et Monseigneur en sont contents. Il n'est pas possible de se tirer de cette entrevue comme elle

[1] Tome III, p. 682.
[2] La lettre a été publiée, d'après l'autographe, par la Société des bibliophiles, en 1822. Paris, Firmin Didot.

a fait; elle est parfaite en tout, ce qui surprend bien agréablement dans une personne de onze ans. Je n'ose mêler mon admiration à celles qui seules doivent être comptées, mais je ne puis pourtant pas m'empêcher de dire à Votre Altesse Royale que cette enfant est un prodige, et que, selon toutes les apparences, elle sera la gloire de son tems. Vos Altesses Royales me font trop d'honneur d'approuver que j'y donne mes soins; je crois qu'il faut les borner à empêcher qu'on ne la gâte, et prier Dieu de bénir cet aimable mariage.

» Monsieur et Madame instruiront Votre Altesse Royale de tout le détail, et il ne me reste qu'à l'assurer de mon très-profond respect. »

Le lendemain, 6 novembre, madame de Maintenon écrivoit encore une lettre à la duchesse de Savoie.

« Voici une lettre qui ne convient guère au respect que je dois à Votre Altesse Royale, mais je crois qu'elle pardonnera tout au transport de joie où nous sommes du trésor que nous recevons, car madame la duchesse du Lude, qui n'en parle plus que les larmes aux yeux, dit que l'humeur est aussi accomplie que ce que nous voyons; pour l'esprit, elle n'a que faire de parler pour le montrer, sa manière d'écouter et tous les mouvements de son visage font assez voir que rien ne lui échappe. Votre Altesse Royale, quoi qu'on puisse lui mander, ne croira point jusqu'où va la satisfaction du roi. Il me faisoit l'honneur de me dire hier qu'il falloit qu'il fût en garde contre lui-même, parce qu'on la trouveroit excessive. Elle a trouvé (je dis la princesse, car je ne puis finir d'en parler) Monsieur un peu gros, mais, pour Monseigneur, elle le trouve menu, et le roi de la plus belle taille du monde. Elle a une politesse qui ne lui permet pas de rien dire de désagréable : je voulus hier m'opposer aux caresses qu'elle me faisoit parce que j'étois trop vieille; elle me répondit : « Ah! point si vieille! » Elle m'aborda quand le roi fut sorti de sa chambre, en me fai-

sant l'honneur de m'embrasser; ensuite elle me fit asseoir, ayant remarqué bien vite que je ne puis me tenir debout, et se mettant d'un air flatteur presque sur mes genoux, elle me dit : « Maman m'a chargée de vous faire mille ami-
» tiés de sa part et de vous demander la vôtre pour moi.
» Apprenez-moi bien, je vous prie, tout ce qu'il faut faire
» pour plaire au roi. » Ce sont ses paroles, madame; mais l'air de douceur, de gaieté et de grâce dont elles sont accompagnées ne se peut mettre dans une lettre. Quelque longue que soit celle-ci, je suis persuadée qu'elle n'ennuiera pas Votre Altesse Royale. J'aurai l'honneur de lui en écrire d'autres, quand je connoîtrai encore mieux l'aimable princesse que je m'en vais voir.

» Françoise d'Aubigné Maintenon. »

On voit par ce récit naïf que la jeune princesse, tout enfant qu'elle étoit, avoit bien compris, selon les avis de sa sage mère, combien il lui étoit important de plaire au roi, et qu'elle n'y réussiroit pas sans marquer de l'amitié à madame de Maintenon. Celle-ci, malgré le désir du roi, avoit d'abord montré quelque répugnance à se charger de l'éducation de la princesse; elle en craignoit l'assujettissement, parce que cela la détourneroit de ses bonnes œuvres et la tireroit de sa retraite de Saint-Cyr, mais son confesseur la pressa d'obéir; elle consulta l'évêque de Chartres, qui, à l'occasion de l'Évangile où il est parlé des ouvriers que le père de famille envoie dans sa vigne, lui fit cette réponse :

« Tenez-vous, madame, sous le joug de l'obéissance; vous le devez au roi, vous le devez aux ministres de Jésus-Christ auxquels la Providence vous a soumise; soyez-le donc au premier comme à votre maître et à votre chef, aux seconds comme à vos guides et aux envoyés de Dieu qui tiennent sa place pour vous conduire au chemin du salut. Travaillez à la vigne qui vous est confiée; donnez-vous tout de nouveau aux peines et aux fatigues, aux embarras de votre état ; non-seulement votre âme est votre vigne, mais la paix de l'État est votre vigne, la princesse est votre vigne, Saint-Cyr est votre vigne ; allez donc à votre vigne, portez-y le poids du jour et de la chaleur. Le maître de la vigne vous promet une grande récompense. Oh! que la place que vous occupez dans le royaume de Dieu est grande! Qu'il vous est aisé de vous avancer, si vous le voulez! Vous êtes un grand spectacle aux anges et aux hommes. »

Madame de Maintenon, déterminée par cette leçon, se livra de bonne foi au soin qu'on lui imposoit de surcroît. Elle s'adonna à voir fréquemment la princesse, à l'amuser, à entrer dans ses intérêts, dans ses désirs, dans ses petites peines, même dans ses jeux, et toutes ces caresses tendoient à former son caractère de manière que cette princesse pût contribuer un jour au bonheur du royaume. La jeune duchesse de Bourgogne répondit parfaitement à ses caresses et à son amitié. Voyant autour de madame de Maintenon la jeune d'Aubigné, depuis duchesse de Noailles, qui la nommoit *ma tante,* elle voulut par émulation l'appeler aussi du même nom, comme pour ambitionner dans son amitié la même part qu'avoit sa nièce. Effectivement, depuis ce moment elle ne la nomma plus que *ma tante.*

Madame de Maintenon aimoit par goût à instruire les enfants, et jamais femme ne sut mieux les instruire en les caressant et les caresser en les instruisant. Tout âgée qu'elle étoit, car elle passoit alors soixante ans, elle mêloit encore des grâces à tout ce qu'elle faisoit, et elle en eut assez pour s'attacher la jeune duchesse. Elle lui fit connoître la maison de Saint-Cyr. La princesse y fut reçue la première fois avec le respect et les cérémonies dus à son rang ; mais après cela elle y venoit aussi familièrement que fréquemment et elle s'y plaisoit beaucoup. Elle y passoit quelquefois la journée entière, et s'occupoit dans les différents offices de la maison, à faire ce que faisoient les demoiselles, car elle vouloit qu'on l'employât comme elles, et s'assujettissoit avec grâce au silence, aux exercices et aux pratiques usitées parmi elles dans les récréations. Elle s'occupoit à leur ouvrage dans les tems du travail, elle écoutoit les instructions et les leçons qu'on leur donnoit, et, allant de classe en classe, elle recueilloit de chacune ce qui pouvoit servir à orner son esprit et à former son cœur, comme une abeille qui, voltigeant de fleur en fleur, ramasse peu à peu de quoi composer son miel.

Madame de Maintenon s'étoit proposé deux objets dans les amusements qu'elle lui procuroit dans la maison de Saint-Louis : l'un de lui inspirer l'amour de la vertu, la piété envers Dieu, la compassion envers les pauvres, la bonté, l'humanité, la générosité, vertus qui font le mérite des reines et l'ornement du trône, l'autre d'affectionner cette princesse à la maison de Saint-Louis, et de procurer à cette maison naissante une protection puissante lorsqu'elle-même ne vivroit plus, car, hélas! elle n'imaginoit pas qu'elle dût elle-même survivre à cette enfant et pleurer sur son tombeau!

Outre ces voyages de Saint-Cyr qui étoient assez fréquents dans les commencements quand le roi étoit à Versailles, la duchesse de Bourgogne se rendoit tous les jours sur le soir chez madame de Maintenon, et y passoit depuis six heures jusqu'à dix heures. Là, elle étoit avec le roi et madame de Maintenon jusqu'à son souper. Outre cela, dans la journée elle venoit presque à tout moment chez cette dame, leurs appartements étant fort voisins ; souvent même elle dînoit avec elle. Madame de Maintenon étoit sa confidente et sa ressource dans les petites disputes d'enfance qui arrivoient de tems à autre entre un mari de seize ans et une femme de quatorze, et elle profitoit de tout pour former la jeune duchesse à cet esprit de raison, de justesse et d'équité qui doit dominer dans toutes les actions, surtout dans celles des grands. La princesse, de son côté, ne s'ennuyoit pas de ses avis, parce que madame de Maintenon savoit les assaisonner, pas même de ses reproches, car elle lui en donnoit souvent des occasions par sa vivacité et spécialement par son goût trop ardent pour le jeu. On verra ici avec plaisir deux lettres de cette princesse à madame de Maintenon dont la date ne m'est pas connue, qui peignent fort naturellement tout ce que j'ai raconté de la confiance de la jeune princesse, et du soin de madame de Maintenon pour l'instruire et la corriger de ses défauts :

« Je suis au désespoir, ma chère tante, de ce que vous êtes fâchée contre moi. Je vous assure que je ne le mérite pas, et que je ne songe depuis le matin jusqu'au soir qu'à vous plaire et me rendre de plus en plus digne de votre amitié, par ne point faire de sottise. Je vois bien que c'est par la tendresse que vous avez pour moi, que vous êtes si vive sur ce qui me regarde ; je vous assure que je ne m'en plains point ; tout au contraire j'en suis ravie et je voudrois bien que cela ne diminuât pas par tout ce qu'on vous dit de moi, dont je puis vous assurer qu'il y en a bien qui ne sont point vraies. Je vois bien que vous commencez à vous dégoûter de moi, et que dans peu de tems vous ne m'aimerez plus. Vous auriez raison de ne me plus aimer s'il étoit vrai que je me cachasse de vous, et si je ne vous disois pas la vérité, comme vous commencez à le croire ; mais je vous assure qu'il n'est point vrai et jamais je ne vous ai tant aimée ; je suis bien malheureuse que vous ne croyiez plus ce que je vous dis. Voyez jusqu'où cela ira si vous me croyez menteuse, car il est impossible que vous n'ayez pas de mépris pour moi, d'abord que vous aurez cette opinion-là de moi. Quand je songe que je vais perdre votre amitié je suis au désespoir, et ce n'est pas tant par ma faute que par de faux rapports. Je suis prête à faire tout ce que vous voudrez pour que cela ne m'arrive pas. Monseigneur m'avoit conviée à retourner mardi à Meudon parce que je n'avois pas pu me promener aujourd'hui, et que s'il faisoit beau je pourrois le faire, sinon s'il faisoit vilain l'on joueroit. Voyez, ma chère tante, ce que vous voulez que je fasse; si vous voulez que je n'y aille pas, je manderai à Monseigneur que je le prie de m'excuser, mais que je ne saurois y aller. Enfin il n'y a rien que je ne fasse pour pouvoir garder l'amitié que vous avez pour moi, que je me flatte qui n'est pas tout à fait partie. »

L'autre est dans le même goût.

« Vendredi à minuit.

» Je suis au désespoir, ma chère tante, de faire toujours des sottises, et de vous donner lieu de vous plaindre de moi. Je suis bien résolue de me corriger, et de ne plus jouer à ce malheureux jeu qui ne sert qu'à nuire à ma réputation, et à diminuer votre amitié, ce qui m'est plus précieux que tout. Je vous prie, ma chère tante, de n'en point parler en cas que je tienne la résolution que j'ai prise. Si je manque une seule fois, je serai ravie que le roi me le défende, et d'éprouver ce qu'une telle impression peut faire contre moi sur mon esprit. Je ne me consolerai jamais d'être la cause de vos maux, et je ne pardonnerai point à ce maudit lansquenet. Pardonnez-moi donc, ma chère tante, mes folies passées; j'espère que dorénavant ma conduite réparera généralement mes sottises, et que je mériterai votre amitié. Tout ce que je souhaiterois au monde, ce seroit d'être une princesse estimable par ma conduite, ce que je tâcherai de mériter à l'avenir; je me flatte que mon âge n'est pas encore trop avancé, ni ma réputation assez ternie pour qu'avec le tems je n'y puisse parvenir. Je suis comblée de toutes vos bontés, et de ce que vous m'avez envoyé pour achever de payer mes dettes; j'ai été bien fâchée tantôt de ne pouvoir vous en parler, et comme je ne ferois que recommencer ce que j'ai dit tant de fois, j'ai cru qu'il valoit mieux vous écrire, afin de ne vous point donner encore un nouveau sujet de vous faire mal. Je suis au désespoir de vous avoir déplu ; j'ai abandonné Dieu, et il m'a abandonnée ; j'espère qu'avec son secours, que je lui demande de tout mon cœur, je me corrigerai de tous mes défauts, et vous rendrai une santé qui m'est si chère et que je suis la cause que vous avez perdue pour mon malheur. Je n'oserois me flatter que vous oubliiez mes fautes, ni vous redemander, ma chère tante, votre amitié dont je me suis rendue indigne ; j'espère pourtant, qu'avec bien du tems je la remériterai ; c'est la seule occupation que je vais avoir. »

On voit par ces lettres que madame de Maintenon ne flattoit pas la jeune duchesse sur ses fautes, et qu'elle le faisoit avec tant de douceur et d'amitié, que la duchesse l'aimoit nonobstant ses reproches. Madame de Maintenon ne se borna pas à des avis de vive voix donnés selon l'occasion ; elle voulut mettre entre les mains de la duchesse de Bourgogne des instructions par écrit, qui servissent à diriger sa conduite quand elle ne seroit plus au monde ; car madame de Maintenon, au milieu de sa faveur, envisageoit sans cesse sa fin et croyoit toujours sa mort prochaine, et qu'elle lui étoit annoncée par ses fréquentes infirmités. Ces avis dressés pour la duchesse de Bourgogne se trouvèrent à sa mort dans sa cassette. Le roi les lut et les goûta beaucoup ; il vouloit les garder, disant qu'ils devoient appartenir aux enfants de la princesse défunte. La modestie de madame de Maintenon s'y opposa ; elle trouva moyen de les obtenir du roi, les remit entre les mains de mademoiselle d'Aumale qui étoit présente ; celle-ci les garda et les a communiqués aux dames de Saint-Louis après la mort de madame de Maintenon [1].

---

[1] J'ai inséré ces *avis* dans les *Conseils et instructions de madame de Maintenon aux demoiselles de Saint-Cyr*, t. I, p. 159 et suivantes.

LIVRE DOUZIÈME.

Dispute occasionnée par le livre des *Réflexions morales* du père Quesnel. — Le cardinal de Noailles approuve ce livre. — L'évêque de Chartres en relève les erreurs. — Le royaume est affligé de divers fléaux. — Sensibilité de madame de Maintenon dans les misères publiques. — Elle inspire au roi une patience chrétienne au milieu des disgraces qu'il éprouve. — Quelques évêques condamnent le livre de Quesnel. — Le cardinal de Noailles entreprend de le soutenir.

Les attentions que donna madame de Maintenon à l'éducation de la jeune duchesse de Bourgogne ne l'empêchèrent point d'en donner à l'affaire du quiétisme, dont j'ai parlé ci-devant, car cette affaire avoit commencé avant l'arrivée de la princesse de Savoie et ne finit qu'en 1699, par la condamnation du livre de l'archevêque de Cambrai; mais je n'ai point cru devoir partager ce que j'avois à en raconter. Peu d'années après, il s'éleva une autre affaire qui n'intéressoit pas moins la religion, et qui a eu des suites bien plus longues et plus fâcheuses. Ce fut celle du livre des *Réflexions morales sur le Nouveau Testament*, composé par le père Quesnel, célèbre entre les défenseurs de Jansénius. La part qu'eut madame de Maintenon dans cette affaire, et la sage conduite qu'elle y tint, exige de moi que j'en parle d'une manière aussi brève qu'il me sera possible.

Le père Pasquier Quesnel étoit un prêtre de la congrégation de l'Oratoire, fort prévenu en faveur des opinions de Baius et de Jansénius. Il quitta cette congrégation lorsque, dans son assemblée générale de l'année 1678, pour prévenir les progrès que le jansénisme commençoit à faire dans son sein, elle régla que tous ceux qui s'y étoient associés souscriroient le formulaire établi par le pape et le clergé de France pour la condamnation du livre de Jansénius sur la grâce. Quesnel ne put s'assujettir à la loi portée dans sa congrégation, et comme tous les membres qui la composent sont entièrement libres et ne sont liés par aucun vœu, pas même par des vœux simples, il s'en retira sans peine et sans obstacle, craignant sans doute la vigilance du roi et la sévérité de ses ordres envers ceux qui s'élevoient contre les décisions de l'Église. Il se retira en Hollande, près de M. Arnaud, alors regardé comme le chef de ceux qui défendoient la doctrine de Jansénius : c'étoit lui qui primoit dans ce parti par la science et par les talents, et qui y avoit le principal crédit.

« Quesnel, plusieurs années avant sa sortie de France, avoit composé un petit livre de réflexions morales sur les Évangiles ; c'étoit un in-douze assez mince. Il le fit approuver, en 1671, par M. de Vialar, évêque de Châlons en Champagne, et le fit imprimer en 1672, sous le titre d'*Abrégé de la morale de l'Évangile*. Ce livre ne contenoit point, à beaucoup près, toutes les erreurs que l'on y a condamnées depuis, quand il a été enflé jusqu'à en faire quatre gros volumes in-octavo. En examinant cette première édition, je n'y ai trouvé que cinq des cent une propositions qui ont fait l'objet de la censure de Clément XI. Il n'est pas étonnant que ces cinq propositions aient échappé à l'attention du prélat, premier approbateur d'un écrit qui n'étoit encore qu'un livret quand il lui fut présenté.

Quesnel grossit successivement son livre et en fit trois éditions nouvelles, en 1674, 1679 et 1687. Enfin le livre parut complet en l'année 1692, et, les années suivantes, en quatre gros volumes in-octavo ; mais, par une infidélité remarquable, on mettoit toujours à la tête de ces éditions nouvelles, ces mots trompeurs : « Imprimé par l'ordre de M. l'évêque de Châlons », quoique ce prélat n'eût approuvé que le mince volume à lui présenté en 1671 et imprimé en 1672. On en a usé de même à la tête des éditions qui ont été données longtemps après sa mort, car ce prélat mourut en 1680, et l'on donna ainsi au public, comme appuyé de l'autorité d'un évêque que sa vie régulière avoit rendu respectable, un ouvrage qui n'a été composé et publié complet que plus de douze ans après sa mort.

Ce fut peut-être cette fraude qui trompa M. le cardinal de Noailles lorsqu'il approuva trop facilement l'ouvrage complet des *Réflexions morales,* et qu'il en recommanda la lecture à son diocèse de Châlons-sur-Marne, par un mandement du mois de juin 1695, approbation qui a été la première cause de toutes les divisions qui ont agité l'Église de France et qui l'agitent encore, sans qu'on sache quand elles pourront être entièrement apaisées.

Quoi qu'il en soit, M. de Noailles, alors évêque de Châlons, ne comprit pas sans doute la malignité de ce livre et ne connut pas les erreurs et l'artifice qui y dominoient; il donna son mandement pour l'approuver, et, peu de mois après, ce prélat fut élevé sur le siége de Paris, c'est-à-dire au mois d'août de la même année 1695. Soit par jalousie, soit par zèle, on examina alors avec plus de soin le livre des *Réflexions morales,* dont le nouvel archevêque de Paris venoit de se faire le panégyriste. L'auteur étoit connu de tout le monde, et ne pouvoit manquer d'être suspect à ceux qui savoient la conduite qu'il avoit tenue autrefois, le lieu où il s'étoit retiré avec M. Arnaud, les intrigues qu'il avoit nourries pour soutenir le parti janséniste, les voyages qu'il avoit faits secrètement à Paris; tantôt déguisé en bénédictin et tantôt en religieux de Sainte-Geneviève. Par les sentiments qu'on lui connoissoit sur la doctrine de Jansénius, il n'étoit pas difficile de la reconnoître dans un livre qui n'avoit été composé que pour l'y répandre.

M. Godet Desmarets, évêque de Chartres, fut un des

premiers qui en prit l'alarme; mais, avant de faire aucune démarche, il fit examiner le livre par plusieurs docteurs, et ceux-ci firent un extrait du livre contenant deux cents propositions qu'ils jugèrent répréhensibles, soit à raison des erreurs qu'elles contenoient, soit à raison des expressions captieuses qui, sous une apparence de vérité, cachoient le venin déguisé du jansénisme.

Alors la dispute sur madame Guion et les conférences tenues à Issy avoient commencé une union étroite entre M. l'évêque de Chartres et le nouvel archevêque de Paris. L'évêque suffragant, en même tems qu'il travailloit à révéler, avec son métropolitain, les erreurs du quiétisme, crut qu'il étoit aussi de son devoir de pénétrer celles que contenoit le livre des *Réflexions morales,* et il ne laissa pas ignorer à M. de Paris combien l'approbation de ce livre le rendoit suspect à tous ceux qui avoient de l'horreur pour la doctrine de Jansénius.

L'archevêque ne put se résoudre à toucher à un livre qu'il avoit approuvé si solennellement; il sut même mauvais gré de ces avis aux jésuites, qu'il croyoit être la cause des soupçons qu'on formoit contre sa doctrine. Il n'aimoit pas leur société, et il n'ignoroit pas que le père de la Chaise avoit contredit son élévation au siége de Paris; il regarda donc tout ce qu'on disoit contre lui comme l'effet d'une cabale formée par les jésuites, et qui faisoit agir l'évêque de Chartres. Cependant, pour se laver de tout soupçon sur le jansénisme, il publia un mandement célèbre pour condamner un autre écrit où les erreurs de Jansénius étoient assez clairement développées. Ce livre, que quelques-uns attribuoient au père Quesnel, étoit intitulé : *Traité de la grâce et de la prédestination.* Ce que l'archevêque avoit regardé comme un remède à sa réputation tourna à mal pour lui. Tandis que les bons catholiques s'affligeoient de ce qu'il épargnoit le livre des *Réflexions morales,* les jansénistes se trouvèrent mortellement blessés par la condamnation du livre *de la grâce et de la prédestination*, et voici la vengeance qu'ils en tirèrent :

Le père Gerberon, bénédictin de la congrégation de Saint-Maur, s'étoit réfugié en Hollande, afin d'y professer plus librement la doctrine de Jansénius et d'y écrire sans contrainte pour la défense de ses erreurs. Il composa un écrit sous le titre de *Problème ecclésiastique*, dans lequel, faisant la comparaison de la doctrine du livre des *Réflexions morales*, approuvé par M. de Noailles, avec celle du livre *de la prédestination et de la grâce*, condamné par le même, et montrant assez palpablement que c'étoit la même doctrine, les mêmes principes, les mêmes expressions dans l'un et l'autre livre, il demandoit malignement à qui on devoit croire : ou à M. de Noailles, évêque de Châlons, approuvant, ou à M. de Noailles, archevêque de Paris, condamnant, l'approbation et la condamnation portant sur la même doctrine. Le père Gerberon trouva moyen de faire tomber son manuscrit entre les mains d'un jésuite de Flandre qui crut rendre un grand service à l'Église en le faisant imprimer furtivement en Flandre, d'où l'écrit vola en peu de tems à Paris. Là, il fut bientôt recherché par les deux partis, qui en triomphèrent chacun à sa manière, parce que chacun d'eux étant blessé par la conduite de l'archevêque, se trouvoit vengé par la contradiction humiliante qu'on lui attribuoit dans ce libelle. Tous ces faits sont connus et constants, et le père Gerberon, revenu, dans la suite, de ses erreurs, a avoué, avant sa mort, et la composition du *Problème*, et l'artifice dont il avoit usé pour en faire tomber le reproche sur les jésuites.

L'archevêque de Paris fut outré de chagrin en voyant ce livret. Il jeta feu et flammes, et ayant fait faire des recherches, il découvrit enfin que des jésuites l'avaient fait imprimer et colporter partout. C'en fut assez pour juger que c'étoient les jésuites qui étoient auteurs de cet écrit, pour redoubler de haine contre la société et pour se croire en droit dans la suite de lui imputer tout ce qu'il éprouvoit de contradictions. Cependant le ministère public essaya de venger le prélat de l'injure qui lui avoit été faite. Le livre fut déféré au Parlement, qui le condamna au feu, et ordonna des informations contre ses auteurs et ses distributeurs.

Madame de Maintenon fut plus affligée que personne de l'injure qu'on avoit faite à un prélat dont elle avoit procuré l'élévation ; mais en même temps elle sentit vivement ce qui résultoit de tout cela, savoir : que le livre des *Réflexions morales* restoit approuvé, et qu'il étoit répandu dans les mains de tout le monde, tandis que le livre condamné n'étoit presque pas connu. M. l'évêque de Chartres l'excita à se joindre à lui pour engager l'archevêque à examiner de nouveau ce livre, et à en procurer au moins une autre édition, où, laissant dans ce livre ce qu'il y avoit de bon, on en retrancheroit ce qu'il y avoit de dangereux et de suspect.

Quoique madame de Maintenon évitât de se mêler des affaires publiques, cependant, quand la religion y étoit intéressée, elle ne refusoit pas d'y donner ses soins et d'y employer son crédit, surtout quand son saint directeur parloit. Elle conféra donc avec l'archevêque ; mais d'abord elle ne gagna rien sur lui, et il prit même ses avis pour des reproches. Alors l'évêque de Chartres engagea madame de Maintenon à en parler au roi, pour qu'il pressât lui-même l'archevêque de corriger le livre qu'il avoit approuvé. M. de Noailles ne put résister à l'autorité d'un prince à qui lui et sa maison devoient tout et de qui elle avoit tout à attendre ; il laissa espérer une nouvelle édition avec des corrections, et parut y faire travailler.

M. l'évêque de Meaux, qui étoit en liaison étroite avec l'archevêque de Paris et l'évêque de Chartres à l'occasion du quiétisme, fut instruit de ce qui se passoit sur le livre des

Réflexions morales; il connoissoit fort peu ce livre, et, sur quelques témoignages de gens de bien, qui n'en approfondissoient pas l'artifice, il en avoit parlé d'abord avec quelques éloges. Il en conféra plusieurs fois avec l'évêque de Chartres, et bientôt il fut au fait des erreurs du livre et de l'artifice qui y dominoit; mais en même tems il jugea le remède facile. Il crut qu'on pouvoit se réduire à la correction et au changement d'un certain nombre de propositions évidemment fausses ou malignes, et que l'on pourroit donner un bon tour à toutes les autres qui étoient équivoques ou captieuses, en les réduisant à un bon sens, et en mettant pour cela à la tête du livre un avertissement ou préface théologique dans laquelle l'archevêque de Paris établiroit clairement le dogme catholique contraire aux erreurs de Jansénius. Il fournissoit ainsi à l'archevêque de Paris un expédient pour corriger le livre sans être obligé d'en venir ou à une censure ou à un nouveau mandement, qui auroit paru être une rétractation du premier qu'il avoit donné.

Cet expédient plut à l'archevêque de Paris, car, tandis qu'il pressoit l'archevêque de Cambrai de se rétracter, il n'avoit pas de goût pour prendre lui-même une potion pareille à celle qu'il présentoit à son confrère; il consentit même que M. l'évêque de Meaux travaillât aux corrections. Ce prélat fit à ce sujet un petit écrit que les jansénistes ont publié depuis sa mort sous son nom, et sous le faux titre de *Justification du livre des Réflexions morales.* Ils l'avoient mal examiné quand ils le publièrent, car jamais écrit ne fut plus fatal à leur cause. J'ai fait voir dans plusieurs de mes ouvrages[1] que sur chacune des erreurs de Baius et de Jansénius M. Bossuet, dans cet écrit, donnoit le coup mortel à ces erreurs, et qu'en justifiant ou excusant quelques expressions du livre des *Réflexions morales,* que l'on

[1] Voir le *Recueil des ouvrages polémiques* de Languet de Gergy, 2 vol. in-folio. Sens, 1748.

critiquoit peut-être avec trop de vigueur, et montrant le bon sens dans lequel il falloit prendre ces expressions, il tranchoit enfin par un mot décisif en faveur de la vérité catholique. Je l'ai si bien et si clairement démontré que les défenseurs de Quesnel se sont trouvés réduits à abandonner cet écrit, et à dire avec esprit « que M. Bossuet n'avoit pas assez bien étudié ces matières-là, et qu'il n'étoit pas en droit de faire des articles de foi ».

M. Bossuet dressa donc cette préface explicative et livra à l'archevêque de Paris la liste des propositions à changer et à corriger. Mais M. de Noailles, qui étoit entouré de gens favorables au jansénisme, se laissa aller au conseil qu'ils lui donnèrent de communiquer au père Quesnel la liste des corrections demandées. C'étoit, comme on dit, se confesser au renard, et communiquer à une partie le projet de l'arrêt qui devoit le condamner. M. de Noailles devoit prononcer en juge sur la doctrine de Quesnel, suivant l'avis de ses confrères et de ses suffragants, et non demander au novateur la permission de le blâmer ou de le réformer. Aussi arriva-t-il que cet homme plein de lui-même, et encore plus enflé de cette condescendance, ne voulut user d'aucune déférence pour un conseil aussi respectable ; lui qui a dit dans la suite que les « cent et une propositions condamnées étoient cent et une vérités capitales », dès lors jugea et décida que son livre ne méritoit aucune correction.

On ne put cacher à l'évêque de Meaux la résistance qu'apportoit le père Quesnel à la correction de son livre ; il en fut indigné, et retira son projet de préface ou d'avertissement des mains de M. l'archevêque de Paris. Tous ces faits, que beaucoup de gens ignoroient, m'ont été développés par M. l'abbé de Saint-André, qui avoit été long-tems confident de M. Bossuet, son confesseur et son grand vicaire dans le diocèse de Meaux, et il me les a certifiés dans une lettre qu'il m'a permis de rendre publique et que j'ai effectivement insérée en le nommant dans un de mes ouvrages [1].

Cependant M. de Noailles se voyoit pressé de corriger le livre, d'un côté par le roi et par madame de Maintenon, et de l'autre par l'évêque de Chartres; il parut se rendre aux conseils de son suffragant, conseils appuyés de l'autorité de Louis XIV et de madame de Maintenon : il fit faire une édition nouvelle des *Réflexions morales,* où il fit quelques changements pour complaire au roi, et ne corrigea presque rien pour ne pas déplaire à Quesnel. En effet, ces corrections se réduisoient à huit propositions entre toutes celles qui ont été condamnées depuis, et il épargna toutes les autres; c'est en cet état que parut en 1699 la nouvelle édition qui fut imprimée par son autorité, et qui ne contenta pas le zèle de ceux qui s'intéressoient à la foi et à la religion.

Environ vers ce tems-là, M. de Noailles fut revêtu de la pourpre romaine, et presque aussitôt il alla à Rome pour l'élection du pape Clément XI, élection qui se fit à la fin de 1700. Le nouveau relief que lui donna son éminente dignité, et la grande élévation de sa maison que le roi favorisoit au-dessus de toutes les autres, amortirent pendant quelque tems les murmures et les plaintes contre le livre des *Réflexions morales* et contre son approbateur. Cependant l'évêque de Chartres revenoit de tems en tems à la charge auprès de son métropolitain; il lui dit même un jour, que n'étoit le respect qu'il avoit pour lui, il condamneroit ce livre solennellement, mais qu'il lui promettoit de ne pas lui faire cette injure; parole dont il a dit depuis qu'il se repentoit beaucoup, quand il vit dans la suite le cardinal de Noailles déterminé à tout sacrifier pour soutenir le livre. Ce prélat même a rapporté à quelques-uns de ses amis, par qui je l'ai appris, que l'amour-propre du cardinal étoit blessé quand on lui parloit contre ce livre, et qu'un

---

[1] Voir *Lettres pastorales,* 1re part., n° 115.

jour lui ayant dit qu'il auroit le chagrin de le voir condamné par le saint-siége, le cardinal lui répondit avec dépit : « *Eh bien, si cela arrive, je ferai schisme* », parole échappée, sans doute, à un esprit sans réflexion, dont néanmoins nous aurions pu voir le funeste accomplissement, si Dieu n'avoit touché le cœur de ce prélat avant sa mort, en lui donnant le courage, quoique bien tardif, de se soumettre aux décrets du saint-siége contre le livre de Quesnel.

Cependant madame de Maintenon, quelque attachée qu'elle fût à la famille de Noailles, gémissoit sur les liaisons que le cardinal avoit avec les jansénistes, et sur la protection qu'il paroissoit accorder aux gens de ce parti dans son diocèse. En 1703 ou 1704, je fus envoyé vers elle par l'évêque de Chartres pour lui rendre compte de quelques affaires secrètes. Elle me donna rendez-vous à Saint-Cyr, où elle me retint par une conversation de près de deux heures. Sans doute que l'évêque de Chartres l'avoit prévenue à mon avantage plus que je ne le méritois, car elle m'ouvrit son cœur sur le chagrin qu'elle ressentoit touchant la religion et les désordres que le jansénisme y causoit et sur la protection que les partisans de cette erreur trouvoient auprès du cardinal de Noailles. Ce fut à cette occasion qu'elle m'avoua ce que j'ai rapporté plus haut du regret qu'elle avoit d'avoir contribué à le placer sur le siége de Paris ; mais ce regret n'alloit pas jusqu'à le détruire dans l'esprit du roi ; elle respectoit son archevêque ; elle estimoit sa piété et la régularité édifiante de ses mœurs ; elle sentoit combien il étoit nécessaire pour le bon gouvernement de Paris que l'archevêque eût quelque part à la confiance du roi ; et ne voulant pas s'élever au-dessus de ce que son sexe lui prescrivoit de retenue et de modération dans les choses de la religion, elle se bornoit à gémir dans son cœur du mal qu'elle apercevoit, et elle abandonnoit à la Providence d'y apporter remède selon ses ressorts secrets. C'est de là qu'est venue l'alliance de ces deux caractères qu'on a remarqués en elle dans tout ce tems-là, d'estime et de protection qu'elle accordoit au cardinal de Noailles, et du mécontentement réel qu'elle ressentoit du penchant de ce prélat pour les partisans d'une secte qu'elle avoit appris à détester.

L'affaire du livre des *Réflexions morales* ne dormit pas longtems. Dès l'année 1704, l'évêque d'Apt condamna le livre comme contenant les erreurs de Jansénius, et les plaintes que faisoient plusieurs personnes de France contre le danger de ce livre allèrent jusqu'à Rome. Le cardinal attribuoit tout aux jésuites, et il voyoit dans leur cœur une antipathie égale à celle que lui-même nourrissoit contre eux. Cependant les jésuites n'étoient pas les seuls qui s'alarmassent de ce livre et de l'affectation avec laquelle le parti en répandoit les exemplaires et en multiplioit les éditions. Jamais livre ne fut tant prôné, tant imprimé, tant distribué que celui-là : on le donnoit à vil prix, et on le répandoit même gratuitement, dans l'espérance que le peuple, séduit par le beau langage, la morale austère et la tendre dévotion que ce livre présentoit, prendroit feu pour son auteur, si jamais l'Église entreprenoit de le proscrire.

Clément XI en fut instruit. Ce pape connoissoit bien le jansénisme de longue main, et il en craignoit les artifices. Nonobstant la considération que l'on a à Rome pour les cardinaux, et l'amitié personnelle que ce pape avoit liée avec le cardinal de Noailles, il voulut qu'un livre qui faisoit tant de bruit en France fût examiné par l'Inquisition ; il y fut en effet déféré, et en 1708 il en sortit un décret qui condamna le livre des *Réflexions morales* « comme contenant une traduction vicieuse en plusieurs points et contraire au texte sacré, comme ayant adopté une version françoise déjà condamnée (c'étoit celle de Mons) ; comme remplie de réflexions pieuses en apparence, mais tendantes à anéantir le vrai esprit de la piété ; dans lesquelles réflexions on trouve plusieurs doctrines et propositions séditieuses, téméraires, pernicieuses, erronées, déjà condamnées, sentant manifestement les hérésies du livre de Jansénius. » Telle fut la teneur du décret solennel rendu alors par le souverain pontife, car ce fut en sa présence que le rapport en fut fait, et par son ordre exprès qu'il fut publié.

J'interromps la suite du récit de ce qui se passa au sujet de ce livre des *Réflexions morales,* pour dire ici un mot de la guerre qui commença en 1701, et qui fut occasionnée par la succession de la monarchie d'Espagne, guerre longue et ruineuse pour le royaume, où la France, après quelques années de prospérité, tomba tout à coup du haut point de gloire où Louis XIV l'avoit portée, et pensa succomber à ses malheurs. Les batailles qu'elle perdit, les conquêtes qui lui furent enlevées, l'épuisement des peuples par les impôts nécessaires, ne furent pas les seuls malheurs dont le royaume fut affligé ; au milieu de tout cela arriva une famine cruelle, en 1709, causée par la rigueur de l'hiver par où cette année commença ; et après la famine succédèrent des maladies qui firent périr des milliers d'hommes de tout état. Cependant les ennemis de la France, conjurés et réunis contre elle, insultoient à ses malheurs ; et comme le roi, touché des souffrances de son peuple, vouloit la paix, les alliés la lui voulurent faire acheter à des conditions si odieuses et si impossibles qu'on voyoit bien que ce n'étoit pas la paix qu'ils vouloient, mais qu'ils espéroient envahir la France et l'Espagne. Il est vrai que ces insultes des nations conjurées contre la France firent son salut, car ces conditions intolérables réveillèrent le courage de la nation et son attachement pour son roi ; en sorte que dans la suite, ce prince, après avoir fait les plus grands efforts pour se relever de ses pertes, conclut enfin en 1714 une paix favorable, où la

France, conservant la meilleure partie des conquêtes du roi, maintint son petit-fils sur le trône d'Espagne. Mais avant que cette paix fût conclue, le roi, et madame de Maintenon avec lui, porta longtems le poids de tant de malheurs accumulés.

Madame de Maintenon en fut vivement touchée : sa tendresse pour le roi, et sa compassion naturelle pour les personnes dans l'affliction, les lui firent ressentir au double, dès qu'elle en vit les commencements et qu'elle en prévit les suites. On la trouva un jour seule dans sa chambre à Saint-Cyr, qu'elle fondoit en larmes. Elle dit à la demoiselle qui la surprit dans sa douleur, et qui en fut alarmée : « J'envisage une famine prochaine, et l'horreur de cet état me fait frémir. » Mais en même tems elle profita de l'occasion de ces malheurs pour inspirer au roi les sentiments que la religion forme dans un cœur chrétien, et elle l'engagea à envisager dans ces événements fâcheux la punition de ses désordres passés. Il se soumit à la main de Dieu qui l'affligeoit, et il regarda tous ses revers comme une punition salutaire. Il pourvut au besoin de ses peuples dans le tems de la famine ; il n'épargna ni inquiétudes ni dépenses pour faire venir de tous côtés des blés qui sauvèrent le royaume ; il répandit des aumônes abondantes de toutes parts. Madame de Maintenon fit de son côté ce qu'elle pouvoit, non-seulement en inspirant au roi ces libéralités, mais en y contribuant de tout son revenu. Elle retrancha ce qu'elle put de sa dépense déjà assez modique ; elle engagea sa vaisselle d'argent pour avoir de quoi fournir plus abondamment aux besoins publics ; elle se refusa les plus légitimes commodités pour secourir les pauvres ; au défaut de son revenu trop court pour tant de gens qui imploroient son assistance, elle s'adressoit au roi, et l'engageoit à prodiguer en bonnes œuvres les fonds que l'on fournissoit chaque mois à sa cassette, selon la coutume, pour ses menus plaisirs, et ces fonds qui avoient servi autrefois à nourrir ses passions, se trouvèrent épuisés souvent par des libéralités aussi saintes que celles de sa jeunesse avoient été criminelles.

La douleur que madame de Maintenon conçut du mauvais état des affaires du roi et de la misère qu'éprouvoient les peuples, pensa lui coûter la vie; ses charités abondantes et celles qu'elle engageoit le roi de répandre ne la consoloient pas : elle étoit d'une tristesse et d'un abattement qui parurent non-seulement dans son humeur et sur son visage, mais encore dans sa santé; elle devint languissante et accablée, au point d'alarmer les personnes qui l'approchoient. Alors ses amis crurent qu'il falloit l'engager à se dissiper par quelque amusement : on sera surpris de voir celui qu'elle choisit, et qui réussit.

La cour étoit à Fontainebleau. Nous avons vu que madame de Maintenon avoit établi autrefois à Avon, village près de Fontainebleau, deux écoles, une de garçons, l'autre de filles. Elle y alloit assez souvent dans les commencements de l'établissement, afin de voir le succès de ces écoles pour l'éducation des pauvres. Le délassement donc et la dissipation qu'on lui conseilloit de chercher, ce ne fut ni dans les spectacles, ni dans le jeu, ni dans la musique qu'elle les chercha; elle les trouva dans ces écoles. Elle se remit à y aller tous les jours, à y interroger les enfants, à leur distribuer des robes et des habits pour leur récompense, et cette assiduité eut tout le succès qu'on en pouvoit espérer. Ce qui eût dégoûté d'autres personnes à cause de la malpropreté des pauvres et de l'ennui de leur conversation, satisfit le goût de la dame charitable; elle reprit sa gaieté et ses forces dans ce pieux exercice, et l'inquiétude où le roi étoit lui-même pour elle se dissipa.

Ce fut dans ce tems de calamité que je fus témoin moi-même d'une action de piété de madame de Maintenon qui mérite d'être rapportée, et qui prouve combien cette piété étoit solide, et, si j'ose le dire, comme naturelle en elle, et avec quelle bonne foi elle désiroit l'inspirer aux autres.

Au mois de janvier de l'année 1709, dans le tems de ces froids rigoureux qu'on n'avoit pas éprouvés depuis longtems, la marquise d'Heudicourt[1], veuve du grand louvetier, tomba malade à Versailles d'une fluxion de poitrine. Madame de Maintenon étoit et avoit été de tout tems amie de cette dame, qui étoit de l'illustre maison de Pons d'Albret. Les fréquentations de la jeune veuve Scarron à l'hôtel d'Albret les avoient liées d'amitié l'une à l'autre; madame de Maintenon dans sa fortune ne l'oublia point; elle lui procura et à ses enfants plusieurs grâces du roi, elle la menoit souvent avec elle à Saint-Cyr, et elle l'admettoit dans sa familiarité la plus secrète. C'étoit une bonne femme, demi-dévote et demi-mondaine, et madame de Maintenon désiroit fort la conduire, par l'amitié qu'elle lui témoignoit, à une vie plus parfaite et plus sainte; son zèle pour son salut redoubla quand elle la vit malade et en danger. Cette femme redoutoit la mort avec une crainte qui alloit jusqu'à la petitesse et à l'enfance, et on contoit à ce sujet des histoires très-risibles de la peur qu'elle avoit de tout ce qui pouvoit réveiller en elle l'idée de la mort. Cependant il falloit qu'elle y vînt, qu'elle la prévit et qu'elle s'y préparât. « *O mort, dit le sage, que tu es amère à celui qui vit en paix dans son abondance,* » et encore plus à ceux qui, enivrés de la faveur dont ils jouissent sur la terre, s'occupent vivement de ses biens!

Madame de Maintenon entreprit de préparer à la mort cette femme si peureuse, et comme j'en étois assez connu et même ami, le même dessein m'associa, par hasard, à cette bonne œuvre. Elle se hâta de persuader à son amie de recevoir les sacrements de l'Église dès les premiers jours de sa maladie. La malade déféra à ce conseil, mais ce secours salutaire ne fit qu'augmenter son trouble et ses

[1] Voir page 118.

frayeurs. C'est à les calmer que madame de Maintenon travailla, et elle le fit en réveillant dans le cœur de cette dame les sentiments de confiance en la miséricorde de Dieu et de soumission à sa volonté. Étant obligée de la quitter pour aller rendre au roi ses assiduités ordinaires, et espérant que son amie iroit encore assez loin, elle me confia le soin de continuer ce qu'elle avoit commencé avec succès. Je passai le jour et la nuit avec la moribonde, qui me consola fort en persévérant dans les dispositions saintes de résignation que madame de Maintenon lui avoit inspirées. Elle passa constamment toute la nuit dans ces sentiments, et elle s'en occupoit avec une connoissance parfaite, lorsque sur les six heures du matin, nonobstant les ténèbres de la nuit et les horreurs du froid, madame de Maintenon arriva dans l'appartement de la mourante et y fut bientôt suivie par sa jeune et brillante nièce, la comtesse de Caylus. C'étoit un peu à regret que celle-ci donnoit à sa tante et à l'amie de sa tante cette marque de sa complaisance; car aimable et jeune comme elle étoit, on ne se seroit pas imaginé qu'elle se fût levée si matin pour assister à l'agonie d'une personne aussi vieille que l'étoit alors madame d'Heudicourt.

Madame de Maintenon s'assit au pied du lit de la mourante, et, pendant deux heures entières, elle l'entretint avec une éloquence divine du bonheur de la mort, des joies célestes du paradis, du peu de regret que mérite le monde, de l'avantage qu'il y a de le quitter pour être affranchi du joug du péché, des délices de cet amour éternel qui nous unira avec Dieu. J'écoutois avec admiration, et à peine osois-je mêler quelques mots pour suggérer des actes à la mourante qui répondissent aux sentiments que madame de Maintenon lui inspiroit. Celle-ci goûta tout le fruit de son zèle, car la malade vit venir la mort avec constance, et avec un courage et une résignation qu'on n'auroit osé attendre d'elle. Elle conserva la connoissance presque jusqu'au bout; elle s'aperçut quand ses yeux s'obscurcirent, quand la sueur de la mort se répandit sur elle; elle nous avertissoit elle-même des symptômes qu'elle éprouvoit et qui lui annonçoient sa fin prochaine; en sorte que cette dame que le mot de mort effrayoit auparavant, parut vis-à-vis de la mort pour ainsi dire comme si c'eût été une ancienne connoissance à laquelle elle fût accoutumée.

Quelques convulsions la saisirent. Je commençai les recommandations de l'âme pendant lesquelles la vieille mourante devint un spectacle affreux. Madame de Maintenon, à genoux auprès du lit, ne perdit rien ni de ce spectacle, ni des prières. Enfin, madame d'Heudicourt expira, et la mort ne l'embellit pas. Quand j'eus récité le *De profundis* avec madame de Maintenon, je sortis un moment avec elle pour aider à la consoler, car elle fondoit en larmes. La comtesse de Caylus se hâta de sortir aussi avec nous, mais quand on fut dans l'antichambre, les porteurs de madame de Maintenon ne s'y trouvèrent pas; peut-être étoient-ils allés se recoucher, car à peine étoit-il jour. Madame de Maintenon, obligée de rester, choisit pour les attendre la place qu'une personne moins sainte et moins courageuse qu'elle n'auroit jamais choisie. Elle rentra dans la petite chambre où le cadavre affreux étoit étendu sur son lit avec toutes les horreurs de la mort répandues sur un visage sec, décharné, décoloré, défiguré, qu'on n'avoit pas encore couvert. Madame de Maintenon se mit de sang-froid et sans émotion à genoux en prières à côté de ce spectre. La comtesse de Caylus, engagée par bienséance à tenir compagnie à sa tante, crut beaucoup faire de la suivre dans cette triste chambre, et ne se crut pas obligée de repaître ses yeux de cet objet hideux. Elle se plaça donc vers le coin du lit, cachée derrière les rideaux, dans lesquels elle enveloppoit sa frayeur et son dépit. Madame de Maintenon aperçut sa délicatesse, et pour que cette chère nièce ne perdît rien de la leçon qu'elle devoit prendre auprès de ce cadavre, elle se leva, et sans rien dire elle ouvrit le rideau qui cachoit la morte à la jeune dame, et la laissa dans une situation où malgré elle elle devoit voir ce qui blessoit ses yeux ; après quoi madame de Maintenon se remit tranquillement et sans dire mot à genoux pour continuer sa prière. J'étois présent, et peut-être n'étois-je guère plus content du spectacle affreux qui étoit sous nos yeux ; mais je ne pus m'empêcher d'admirer moi-même cette ferveur courageuse de madame de Maintenon, que la présence de la mort n'alarmoit pas au milieu de l'éclat de sa fortune, et aussi cette malice sainte dont elle usoit pour forcer sa nièce à tirer de ce spectacle des réflexions salutaires, et à apprendre par cet exemple que la mort effaceroit un jour les grâces qui étoient en elle, comme elle venoit d'effacer pour jamais les traits d'une femme qui dans sa jeunesse avoit été une beauté.

Je reviens aux calamités qui affligeoient le royaume dans ces années 1708 et 1709, fameuses par nos pertes et nos misères. Le peuple, qui souffroit, ne souffroit pas toujours patiemment, et, sans tenir compte à madame de Maintenon de ses libéralités, il rejetoit sur elle une partie de ses malheurs aussi bien que sur les ministres du roi. Je ne dois point dissimuler ici ce que l'on disoit d'elle à cette occasion, et ce que Larrey, dans son *Histoire de Louis XIV*, a recueilli peut-être trop légèrement. On disoit donc que, comptant la perte du roi comme le plus grand malheur qui pût arriver à l'État, et craignant que sa santé ne fût altérée par les nouvelles des fâcheux événements qui se suivoient coup sur coup, de concert avec les ministres, elle lui en cachoit la plus grande partie, et que de là résultoit que le roi, mal instruit de l'accablement de ses peuples, ne faisoit pas tout ce qui dépendoit de lui pour les soulager, ou pour leur procurer la paix. Ces bruits se répandoient même à la cour de mon tems; mais on a pu voir, par ce que j'ai rapporté, qu'ils étoient mal fondés, car, premièrement, on ne pouvoit cacher au roi ni la prise des villes que les alliés lui enlevoient l'une après l'autre, ni la déroute de ses troupes, qui s'étoient trouvées obligées d'abandonner successivement l'Espagne, l'Italie, la Bavière et une partie de la Flandre. Il n'en étoit pas de Louis XIV comme de ces rois qui font régler tout dans leur conseil sans s'y trouver, et qui abandonnent à des vizirs le détail de toutes les affaires. Louvois n'étoit plus, et chacun des ministres et des secrétaires d'État travaillant selon son département seul avec le roi (outre les conseils communs qu'il tenoit en personne avec eux), ces ministres, dis-je, n'étoient à son égard que comme des premiers commis, et le roi étoit seul à réunir leurs diverses opérations et à les amener à un même point. Il n'auroit pu rien régler avec espérance de succès, s'il eût ignoré l'état de ses troupes, le nombre et la force de ses bataillons, la situation des villes qu'il avoit à pourvoir et des garnisons qu'il y devoit employer, ni prévoir les opérations d'une campagne. Le nombre de ceux avec qui le roi travailloit seul et séparément étoit grand; ils n'auroient pu si bien concerter entre eux le secret qu'il ne fût pénétré, et le roi eût éclaté contre ceux qui l'auroient trompé. D'ailleurs, le roi distribuoit journellement des récompenses aux généraux et aux officiers de ses troupes; il le faisoit avec discernement et en pleine connoissance des faits; et, quoique la faveur y eût part souvent, plus souvent encore il accordoit les grâces aux services réels, aux belles défenses de places, aux retraites prudentes, aux attaques courageuses. Il est constant de même que le roi n'ignora point l'état des finances, la cherté des grains et la misère du peuple. Les aumônes qu'il répandit partout et les ordres qu'il donna justifient qu'il en avoit la connoissance, et qu'il en étoit touché; il y avoit même des personnages qui se faisoient un mérite dans le monde de dire hardiment au roi l'état de ses peuples, et le mot de M. de Harlay, premier président du parlement de Paris, est célèbre. Le roi lui demanda, par conversation, s'il n'y avoit rien de nouveau à Paris : c'étoit le tems de la cherté et de la mortalité ; ce grand magistrat lui répondit : « Sire, les pauvres meurent, et les riches prennent leur place. » Ainsi, je ne crois pas qu'il eût été possible de cacher au roi l'état de ses peuples, de ses armées, de ses pertes, de ses malheurs, quand même madame de Maintenon en eût eu le désir, et le soupçon qu'on a formé sur elle me paroît sans autre fondement que le dépit des peuples oppressés qui, respectant encore la majesté du trône, font tomber leurs soupçons, leurs jugements et leurs murmures sur ceux qui en approchent [1].

Larrey, tout étranger et tout protestant qu'il étoit, rapportant ce que j'ai dit ci-dessus, ne laisse pas de rendre justice à Louis XIV sur le désir qu'il montra d'avoir la paix, sur les démarches qu'il fit faire par Chamillard et Torcy pour s'aboucher avec les chefs des Hollandois, sur le ridicule et l'impossible des conditions de paix que les alliés vouloient exiger par préliminaires. Un des premiers articles de leur demande étoit qu'avant que les conditions de la paix fussent convenues, le roi donneroit passage à travers son royaume à quarante mille hommes des alliés pour aller détrôner le roi d'Espagne son petit-fils ; qu'il y joindroit son armée, et qu'il iroit faire avec eux cette horrible entreprise, après leur avoir livré un certain nombre de places de son royaume pour leur sûreté. On exigeoit même de lui ces conditions par provision, remettant à régler les autres articles de la paix quand celui-là seroit accompli. Louis XIV fut-il condamnable de rejeter

---

[1] Toute la correspondance de madame de Maintenon répond victorieusement à ces absurdes accusations, principalement celle qu'elle entretint avec le duc de Noailles, le comte d'Harcourt, la princesse des Ursins, etc. Elle démontre qu'elle était animée, comme le roi, des sentiments les plus patriotiques.

de pareilles propositions? et, si madame de Maintenon y a eu part, a-t-elle eu tort de soutenir le roi dans la résolution qu'il prit de continuer la guerre plutôt que de la finir par des voies si odieuses en elles-mêmes et si incertaines dans le succès? Mais revenons à l'affaire ecclésiastique, à laquelle madame de Maintenon eut plus de part qu'à celle de la guerre, parce qu'elle intéressoit la religion et l'Église, qu'elle avoit à cœur par préférence. Elle y étoit engagée nécessairement, d'un côté par les conseils de l'évêque de Chartres, et de l'autre par le respect et l'estime qu'elle avoit pour son archevêque.

Le décret que l'Inquisition avoit porté contre le livre des *Réflexions morales* blessa vivement le cardinal de Noailles, mais ne le changea point. Il attribua encore ce coup aux jésuites, et il les en haït davantage, mais il n'osa encore éclater. Alors le père de la Chaise vivoit et avoit une bonne part dans la confiance du roi. Il mourut au mois de janvier 1709, et il fallut lui choisir un successeur. Le roi n'en voulut point prendre ailleurs que chez les jésuites, et il en voulut un qui fût inconnu à la cour, qui ne se mêlât point dans ses intrigues, et qui fût assez éclairé pour aider Sa Majesté à être en garde contre les surprises des jansénistes. Le choix du roi fut fixé par le conseil de madame de Maintenon, et celle-ci fut guidée par l'évêque de Chartres et par le curé de Saint-Sulpice : c'étoit alors M. de la Chétardie, homme de condition, fort respecté par son mérite. L'un et l'autre lui peignirent le père Letellier tel que le roi le désiroit, et leur suffrage fixa le choix. Le roi trouva en ce religieux ce qu'il désiroit. C'étoit un homme de basse naissance, simple dans ses manières, qui avoit passé sa vie dans l'étude et dans l'application du cabinet, mais qui ayant peu commercé avec les hommes ne les connoissoit pas, et étoit en danger d'être souvent trompé par eux. Il étoit homme de bien; il fit profession d'une grande modestie dans la place où il fut élevé, et cette modestie augmenta la confiance que le roi prit en sa piété. Ce père étoit animé d'un grand zèle contre le jansénisme, et peut-être, son zèle fut-il trop vif. Le peu d'expérience de ce religieux dans les usages du monde et dans la manière d'attirer les hommes lui fit faire bien des démarches qui aigrirent les disputes. Le cardinal de Noailles, qui n'avoit eu aucune part au choix de ce confesseur, comprit qu'on lui avoit suscité un ennemi en sa personne, et il lui fit une part abondante de l'antipathie qu'il avoit conçue depuis long-tems contre la société. L'antipathie fut réciproque, et chez l'un et chez l'autre elle étoit enveloppée sous les motifs les plus saints. Le cardinal regardoit les jésuites comme des gens d'une morale ou relâchée ou dangereuse, et les jésuites regardoient ce prélat comme le fauteur et le protecteur d'un parti odieux à l'Église, révolté contre son autorité et funeste à ses doctrines.

Cependant le bref de Rome qui avoit condamné le livre de Quesnel enhardit quelques évêques à le censurer aussi dans leur diocèse. L'évêque d'Apt, comme je l'ai dit, l'avoit déjà condamné; les évêques de Luçon et de la Rochelle s'unirent pour le condamner aussi par un mandement commun; l'évêque de Gap suivit leur exemple. Ce fut en 1710 que ces divers mandements parurent. Le cardinal en fut vivement piqué, et plus particulièrement de celui des deux évêques de Luçon et de la Rochelle. Ce mandement avoit été affiché dans Paris. L'usage est que les affiches qui annoncent des livres nouveaux s'affichent par tous les lieux les plus fréquentés, et spécialement aux murs de la cathédrale, dans la première cour de l'archevêché de Paris et aux portes de son palais. On fit entendre au cardinal que c'étoit pour le braver et lui faire insulte que l'on avoit affiché à sa porte la censure d'un livre qu'il protégeoit. Les deux prélats avoient chacun un neveu au séminaire de Saint-Sulpice, où ils faisoient leurs études de Sorbonne. Le cardinal de Noailles, par une petite et stérile vengeance, donna ordre au supérieur de ce séminaire de les en exclure sur-le-champ, et il fut obéi.

Les deux prélats crurent devoir se plaindre de lui au roi même et lui exposer la justice de la censure qu'ils avoient portée contre le livre de Quesnel, le tort que l'archevêque de Paris faisoit à l'Église et à la foi en se déclarant si vivement protecteur de ce livre, qui renouveloit tous les principes pernicieux de Jansénius et les mettoit dans les mains du peuple, et cela sous l'écorce du style le plus séduisant. Ils ajoutoient que de tout tems c'étoit par les évêques des villes impériales que les erreurs s'étoient accréditées. La lettre devint bientôt publique par les copies qu'on en tira, et le cardinal de Noailles ne pouvoit manquer d'en être outré. Il le fut en effet; il en porta à son tour ses plaintes au roi, et lui demanda justice contre les deux prélats. Le roi le reçut avec bonté et lui fit espérer la justice qu'il demandoit; il lui promit même à ce sujet une audience particulière à Marly, où Sa Majesté devoit aller. Mais l'archevêque de Paris ne crut pas devoir l'attendre : il se hâta de publier un mandement contre l'instruction pastorale des deux évêques, et il se donna la liberté de la condamner solennellement et d'en défendre la lecture dans son diocèse. Pour justifier sa censure, il prétendit avoir trouvé des erreurs dans cette instruction; il prétendit même y avoir trouvé quelques-unes des erreurs de Jansénius et de celles de Baius; car, que ne trouve-t-on pas dans un écrit qu'on lit avec dépit et avec envie de le critiquer?

Ce mandement déplut au roi, et, le 3 mai 1711, il fit écrire au cardinal de Noailles par M. de Pontchartrain, secrétaire d'État, que puisqu'il s'étoit fait justice lui-même il n'en avoit point à demander à Sa Majesté, et qu'il l'avertissoit de sa part de ne point venir à Marly. Le cardinal voulut justifier sa démarche : il écrivit au roi et à madame de Maintenon pour faire l'apologie de sa censure. Celle-ci, usant du droit que lui donnoit sur le cardinal l'amitié et l'estime qu'elle avoit toujours conservées pour lui, lui manda tout naturellement que son mandement faisoit un fort mauvais effet; qu'elle avoit été blessée comme lui de la lettre injurieuse des deux évêques, mais que le mandement nouveau le mettoit dans son tort. « Hier, écrivoit-elle, on disoit tout haut, dans le salon de Marly, que jusque-là vous faisiez pitié, mais qu'on ne pouvoit plus vous excuser. » Elle ajoutoit : « J'avois vu votre mandement, et je croyois tout simplement qu'il ménageoit les évêques ; on se moque de moi, et l'on prétend qu'ils en seront très-offensés ; tout cela me passe ; mais, encore une fois, ne vous brouillez pas avec le roi. Vous connoissez sa religion, sa bonté pour toute votre famille et son estime particulière pour vous ; est-il possible que vous vouliez augmenter ses peines, et qu'un intérêt personnel vous puisse faire rompre avec lui ? »

Cependant le cardinal, quoiqu'il se fût vengé, vouloit encore que le roi le vengeât de nouveau de l'insulte que les deux évêques lui avoient faite ; il ne cessa de crier, de se plaindre et d'intéresser par ses lettres madame de Maintenon dans sa cause. Le roi étoit alors sur le point de convoquer une assemblée extraordinaire du clergé au sujet du dixième qu'il imposoit sur tout son royaume, et il étoit convenable de déférer la présidence de cette assemblée au cardinal de Noailles. Sa Majesté, pour se débarrasser de l'affaire des évêques, la renvoya à M. le Dauphin [1], et souhaita que M. le cardinal de Noailles, content d'un juge si éclairé, si impartial, ne l'importunât plus de son différend personnel. Le cardinal ne fut pas satisfait, et il réitéra ses sollicitations et ses plaintes auprès du roi par madame de Maintenon. Elle se prêtoit par bonté à ses désirs, quelque importuns qu'ils pussent lui paroître ; mais le roi ne voulut rien entendre, en sorte qu'elle eut charge de demander au

[1] Le duc de Bourgogne.

cardinal de suspendre sa querelle jusqu'à la fin de l'assemblée. Elle le fit, et elle ajoutoit : « Voilà la dernière fois que je vous écrirai de cette malheureuse affaire ; j'ai trop de raisons de ne m'en pas mêler. Je reprendrai le personnage que je dois faire, qui est de prier Dieu que tout se passe à sa gloire, au bien de l'Église et au vôtre particulier, monseigneur, qui m'intéresse vivement. »

Madame de Maintenon tint parole : elle se renferma autant qu'elle put dans le personnage que son sexe lui imposoit, et que sa modestie lui faisoit aimer. Alors son saint directeur, Godet Desmarets, étoit mort[1]. Il s'étoit vu dépérir de langueur, et avoit eu le loisir d'indiquer à la confiance de cette dame, pour diriger sa conscience, M. de la Chétardie, curé de Saint-Sulpice. Dans la même vue, il avoit substitué l'évêque de Meaux[2] (depuis cardinal de Bissy) dans la confiance du roi, et il avoit conseillé à Sa Majesté de prendre les avis de ce prélat dans les affaires de la religion, lui répondant de sa droiture, de sa piété et de son zèle contre les nouveautés du jansénisme. Une des premières marques que le roi donna de sa confiance à l'évêque de Meaux, ce fut de l'adjoindre au Dauphin comme conseil, avec l'archevêque de Bordeaux, dans l'affaire du cardinal de Noailles, que le roi avoit remise ès mains de ce prince ; il ajouta M. le duc de Beauvilliers et MM. Voisin et Desmarets, conseillers d'État. Ce fut en conséquence des conférences que ce prince eut avec les prélats et les autres commissaires, qu'il proposa au cardinal de Noailles, par forme d'accommodement, de faire un mandement pour condamner le livre des *Réflexions morales,* moyennant quoi il l'assuroit d'une satisfaction entière de la part des deux évêques de Luçon et de la Rochelle.

Tout eût été fini si le cardinal avoit goûté l'expédient ; et combien de maux eût-il épargnés à l'Église de France, s'il eût bien voulu dans ce moment se rendre maître de

---

[1] En 1709. — [2] Bossuet était mort en 1704.

son amour-propre, et censurer pour le bien de l'Église ce qu'il avoit approuvé avec trop de facilité! On n'auroit eu besoin ni de Rome ni de *Constitution*, et l'affaire du livre des *Réflexions morales* eût été étouffée comme celle du livre des *Maximes des saints*. Il ne falloit pour cela que verser dans le cœur du cardinal de Noailles quelque portion de cette courageuse docilité dont M. de Fénelon lui avoit donné l'exemple douze ans auparavant. Le prince parla en vain. L'évêque de Meaux et le curé de Saint-Sulpice exhortèrent, pressèrent, conjurèrent le cardinal de donner à l'Église la satisfaction qu'elle attendoit de lui; ils ne purent réussir ni même l'ébranler. Madame de Maintenon y employa aussi inutilement toute l'amitié qu'elle conservoit encore pour un archevêque qui lui devoit toute sa fortune, mais le cardinal persista à croire qu'il seroit déshonoré s'il rétractoit authentiquement l'approbation imprudente qu'il avoit donnée autrefois.

Ce qui rendoit le cardinal si ferme dans sa résolution, c'étoit l'idée qu'il s'étoit formée, comme je l'ai dit, que les jésuites étoient les seuls auteurs de la persécution que ce livre éprouvoit, et il attribuoit à leurs intrigues tout ce qui se passoit là-dessus à la cour, à Paris, à Rome. C'étoient les jésuites, selon lui, qui, pour lui faire dépit, lui suscitoient ces contradictions, et il regardoit comme un point d'honneur de ne pas reculer devant une société qu'il haïssoit et qu'il croyoit conjurée à sa perte. Le père Letellier, confesseur du roi, étoit, selon lui, le promoteur de toute l'intrigue; le pape et le roi, les prélats et les docteurs qui blâmoient ce livre, le Dauphin lui-même et madame de Maintenon, n'étoient à ses yeux que les échos de la société, et il crut que le moyen de se débarrasser de toutes ces importunités seroit de faire perdre au religieux la confiance du roi et de lui donner un autre confesseur. Il espéra que madame de Maintenon, qui n'avoit jamais eu grande liaison avec les jésuites, le serviroit dans ce dessein, et il saisit, pour réussir, une occasion que le hasard lui présenta. L'abbé Bochard, trésorier de la Sainte-Chapelle de Paris, étoit neveu de l'évêque de Clermont; il s'avisa d'écrire à son oncle, comme de concert avec le père Letellier, pour l'engager à faire au roi une lettre dont il lui envoyoit un projet, où il prendroit la défense des deux évêques de Luçon et de la Rochelle, et marqueroit à Sa Majesté combien le livre des *Réflexions morales* méritoit d'être censuré. Le père Letellier, disoit cette lettre, étoit instruit qu'un grand nombre d'évêques pensoient de même sur l'un et l'autre point, et il se flattoit que plus de soixante écriroient des lettres pareilles, qu'il en avoit déjà un grand nombre en main.

On ne sait par quelle aventure cette lettre tomba ès mains du cardinal de Noailles, qui s'efforça d'en tirer bon parti. Il crut pouvoir démontrer, par cette lettre, que ce n'étoit qu'à la sollicitation du père Letellier que les évêques marquoient du zèle contre le livre de Quesnel, et que le confesseur du roi régloit la conscience et la religion de tout le clergé de France. Il envoya cette lettre au roi, à M. le Dauphin, à madame de Maintenon, et l'accompagna des déclamations les plus violentes contre le père Letellier et contre la société entière. Non content de ces premières lettres, il en écrivit encore d'autres où il s'efforçoit de persuader au roi de renvoyer le père Letellier, en l'assurant « qu'il ne méritoit pas la confiance dont Sa Majesté l'honoroit; qu'il étoit incapable de la conduire dans la voie du ciel, et que la conscience du roi n'étoit pas en sûreté entre ses mains; il l'accusoit de tromper le roi, de séduire les évêques, et d'abuser de son crédit pour les diviser et exposer l'Église à un schisme. » Il déclaroit « que ce prince ne pouvoit en conscience laisser son âme en de telles mains, et que lui, archevêque, ne pouvoit laisser les pouvoirs ecclésiastiques à un homme qui en faisoit un si mauvais usage. » Enfin il ajouta « que dans une autre lettre il démasqueroit encore les jésuites sans ménagement et les montreroit attachés opiniâtrément à leur dangereuse morale, pleins d'un esprit de hauteur et de domination, divisant l'épiscopat et même l'avilissant par les sujets foibles et quelquefois mauvais qu'ils y font entrer, trompant le roi et abusant de sa confiance. »

Le cardinal écrivit dans le même style à madame de Maintenon, mais ses lettres n'eurent pas le succès qu'il en espéroit. Rien de plus vif ni de plus aigre que les lettres du cardinal, rien de plus modéré que la réponse qu'il reçut de madame de Maintenon. « Bien des raisons, lui disoit-elle, doivent me retenir de parler. Ce n'est point à moi à juger et à condamner, je n'ai qu'à me taire et prier pour l'Église, pour le roi et pour vous, monseigneur, dont les intérêts me sont chers. J'ai donné votre lettre, elle a été lue d'un bout à l'autre, et c'est assurément tout ce que je puis vous en dire. Je crois que le secret sera gardé de ce côté-là; l'on ne pense pas tout à fait comme vous, mais j'espère que l'affaire s'accommodera et que le tems adoucira les esprits. C'est, monseigneur, tout ce que j'ai eu la force d'écrire aujourd'hui, étant plus abattue de tristesse et d'incommodité qu'à l'ordinaire. »

On voit par cette réponse que madame de Maintenon n'étoit pas disposée à favoriser le dessein du cardinal et à contribuer à faire renvoyer le père Letellier. Ce n'étoit pas l'avis de l'évêque de Meaux ni du curé de Saint-Sulpice; aussi le père Letellier resta confesseur du roi; le cardinal lui-même n'osa lui refuser le renouvellement de ses pouvoirs, et le Dauphin prit le parti de conseiller au roi de renvoyer l'affaire au pape. En effet, Sa Majesté consentit que les deux évêques dont le cardinal avoit censuré le mandement réclamassent le jugement du saint-siége et demandassent l'examen du livre des *Réflexions morales*. Le roi se joignit à la demande des évêques, et fit prier le

Saint-Père, par son ambassadeur, de vouloir bien porter un jugement sur le livre qui occasionnoit la querelle. Il se flatta de procurer dans ses États une obéissance respectueuse au décret qui interviendroit de la part du vicaire de Jésus-Christ, et de prévenir par ce moyen la division qu'il voyoit avec douleur s'élever dans le clergé de son royaume.

Ce fut peu de tems après ces mouvements que le roi, qui avoit déjà perdu le premier Dauphin, son fils unique, eut la douleur de voir mourir encore sous ses yeux, en peu de tems, le second Dauphin, son petit-fils, la Dauphine son épouse, et le fils aîné du Dauphin, tous trois d'une maladie qui parut être la même, et dont fut attaqué dans le même tems le second fils du Dauphin, qu'on nommoit le duc d'Anjou, qui est le roi qui règne aujourd'hui. La Dauphine mourut la première, le Dauphin son époux six jours après, et le Dauphin leur fils presque aussi promptement, en sorte que les trois corps furent portés ensemble à la sépulture dans le même chariot funèbre. Ce triste événement arriva au mois de février de l'an 1712. Il appartient à l'histoire de Louis XIV, et je laisse à ceux qui l'écriront à en faire le détail ; il n'appartient à celle de madame de Maintenon que par la vive douleur qu'il lui causa, et le soin qu'elle prit d'aider le roi à se consoler chrétiennement dans une perte si étrange et si subite.

Rien n'avoit été plus aimable que la jeunesse de la Dauphine, et madame de Maintenon, qui s'étoit appliquée à lui inspirer des sentiments nobles et chrétiens, qui avoit profité pour cela de la confiance que cette princesse lui témoignoit, s'étoit acquis le droit de lui donner les avis que demandoit sa grande jeunesse, et de le faire sans lui déplaire. Elle avoit réussi au point qu'elle avoit eu la consolation de voir que la princesse étoit devenue, en avançant en âge, aussi raisonnable dans sa conduite qu'elle avoit été aimable dans son enfance. Rapprochée tout d'un coup du trône par la mort précipitée du Dauphin son beau-père, et devenue

Dauphine, elle avoit voulu se concilier les cœurs des grands et du peuple dont elle devoit être un jour la reine. Elle y avoit réussi : on ne parloit que de son affabilité, de sa douceur, de l'envie qu'elle marquoit de faire plaisir à tous, de sa compassion pour le peuple, de son généreux désintéressement, et c'étoit autant par goût que par intérêt qu'on s'empressoit de lui faire sa cour.

Le Dauphin son époux, de son côté, se rendoit recommandable par une piété éminente, jointe à un esprit sublime, occupé continuellement de tout ce qui pouvoit le former à un bon gouvernement. Il entroit assidûment dans tous les détails de l'état du royaume, pour en connoître la force et pour en réparer les malheurs. Il sacrifioit tout pour secourir les pauvres, jusqu'à se refuser à lui-même toute dépense d'amusement ou même de commodité.

Madame de Maintenon étoit le témoin et la confidente la plus ordinaire des sentiments des deux époux. Il ne se passoit presque point de jour que, à l'exemple du roi, ils n'allassent chez elle, souvent même la Dauphine y alloit dîner et n'en sortoit point le reste du jour, parce qu'elle se trouvoit là plus libre et plus à son aise que dans son appartement et au milieu de la cour. Quelle consolation n'étoit-ce pas pour madame de Maintenon de pouvoir espérer qu'un jour, à un roi aussi chrétien que Louis XIV succéderoit un autre roi qui seroit encore plus saint, qui feroit revivre sur le trône les vertus et les exemples de saint Louis, qui édifieroit les peuples par sa sainteté, en même tems qu'il les gouverneroit par sa sagesse et les soulageroit par sa bonté !

Dieu en avoit disposé autrement, et il voulut, par ces pertes affligeantes, sanctifier le roi et lui faire expier sur la terre les fautes trop éclatantes de sa jeunesse. Madame de Maintenon ne quitta presque point la Dauphine pendant sa maladie ; elle y venoit avant le jour et ne sortoit d'auprès d'elle que bien avant dans la nuit. Sa principale attention fut de lui procurer le bonheur de recevoir les sacrements de l'Église, et elle ménagea pour cela le peu de jours où cette princesse eut la tête véritablement libre. La Dauphine reçut avec fermeté et avec résignation l'avis que madame de Maintenon, et ensuite le père de la Rue, son confesseur, lui donna du danger prochain où elle étoit, et elle se prépara à la mort en faisant à Dieu un sacrifice courageux de sa vie; elle passa à diverses fois des tems considérables avec son confesseur, et après environ un jour et demi d'une espèce de délire dans lequel elle tomba après avoir reçu les sacrements, la connoissance lui étant revenue quelques quarts d'heure avant sa mort, elle les employa à tourner son cœur vers Dieu avec soumission, et à embrasser le crucifix qu'on lui présentoit. Je fis cette triste fonction, étant actuellement auprès d'elle en quartier de service, et je fus le témoin de la piété qu'elle témoigna dans ses derniers moments. Dans l'agonie même elle répondit avec dévotion à tous les actes que je lui suggérois de moment à autre, et ce fut presque en produisant ces actes qu'elle expira.

Le roi s'étant retiré aussitôt à Marly avec le Dauphin, celui-ci y mourut aussi peu de jours après, et mourut avec les sentiments les plus héroïques de ferveur et d'amour de Dieu, tels qu'ils ont été écrits par le père Martineau, son confesseur.

Le roi sentit vivement la perte qu'il faisoit de ce qu'il avoit de plus cher sur la terre, mais il le sentit en chrétien. Il se vit poursuivi pour ainsi dire par la mort qui infestoit tour à tour ses domiciles, et il sentit qu'elle exerçoit sur lui les vengeances de Dieu. Madame de Maintenon ne lui dissimula pas qu'il devoit envisager à ce point de vue ces événements tragiques, et qu'il devoit y trouver même sa consolation, puisque Dieu a coutume de ne punir ses enfants en ce monde que pour les épargner en l'autre. Ce furent en effet les sentiments de ce roi, plus grand dans l'adversité qu'il ne l'avoit été au milieu des triomphes, et je ne doute pas que les sentiments chrétiens avec lesquels il se soumit aux fléaux de Dieu ne lui aient attiré le bonheur qu'il eut, peu d'années après, de faire lui-même une mort chrétienne et édifiante.

Si le roi fut vivement touché de la mort de la jeune Dauphine, madame de Maintenon ne le fut pas moins. Elle avoit en tendre affection cette aimable princesse, et celle-ci lui marquoit tant d'attachement et tant de confiance qu'elle fut sensible à sa perte comme à celle d'une enfant bien-aimée. Ainsi, outre la douleur du roi qui pénétroit son cœur, elle avoit encore la sienne propre, qui l'auroit jetée dans la désolation si elle s'y étoit livrée. Mais la piété vint à son secours, et, quoiqu'elle pleurât la mort de cette princesse, elle disoit aux dames de Saint-Cyr : « Qu'elle est heureuse que Dieu l'ait retirée de bonne heure de ce monde, et dans des dispositions où il y a apparence qu'il l'aura reçue dans sa miséricorde ! Peut-être qu'elle se seroit perdue si elle avoit vécu davantage. Si Dieu, ajoutoit-elle, me demandoit présentement : Voulez-vous que je vous la rende ? il me semble que je ne le voudrois pas, car je la crois plus en sûreté qu'elle ne seroit, vivante, exposée à mille dangers comme le sont ces personnes-là. »

LIVRE TREIZIÈME.

Suite de la dispute sur le livre de Quesnel. — Bulle du pape qui condamne ce livre. — Division que forme le cardinal de Noailles. — Conduite que tient madame de Maintenon dans cette affaire. — Le roi fait la paix. — Il tombe malade. — Madame de Maintenon le dispose à la mort. — Elle se retire à Saint-Cyr.

Le roi, au milieu des malheurs de l'État, ne pouvoit être frappé d'une plaie plus sensible que celle qu'il reçut dans son cœur par la mort précipitée du Dauphin et de la Dauphine; mais il eut des sentiments si chrétiens sur ces tristes événements, qu'il eût éprouvé, au milieu de ses peines, une vraie joie si le cardinal de Noailles eût voulu alors rendre la paix à l'Église de France, en abandonnant, comme on l'en sollicitoit de toutes parts, le malheureux livre du père Quesnel. C'étoit tout ce que le roi demandoit de lui, comme aussi de rendre aux jésuites le pouvoir de prêcher et de confesser, que le prélat leur avoit ôté en les interdisant presque tous, et le roi qui ne voyoit dans cette sévérité qu'une vengeance indigne d'un homme de bien, espéroit qu'à sa prière le cardinal pourroit leur pardonner. Mais ce fut en vain. Le prélat vint à Marly pour faire sa cour au roi et lui marquer la part qu'il prenoit à sa douleur. Le prince, quoique mécontent du cardinal, le reçut avec bonté; il lui dit même avec tendresse et les larmes aux yeux : « Quoi! ne voulez-vous rien sacrifier pour adoucir ma douleur? » Le cardinal ne se tira d'une prière si touchante qu'en alléguant sa conscience, et promettant de faire ce qu'elle lui indiqueroit. Cette conscience trompée ne lui disoit donc pas qu'il falloit pardonner à ses ennemis, et condamner l'erreur aux dépens de son amour-propre !

Madame de Maintenon lui en faisoit souvent des reproches, et toujours sans succès ; car écoutant son ancienne tendresse pour lui, et respectant en lui la qualité de son archevêque, elle ne rompit jamais avec lui, lui écrivoit souvent, et espéroit toujours que le prélat se rendroit aux conseils pacifiques qu'elle lui suggéroit. « Vous ne vous tromperez jamais, monseigneur, lui disoit-elle dans une lettre du mois de juillet de cette funeste année, vous ne vous tromperez jamais quand vous compterez sur ce que vous appelez mes bontés : je ne puis jamais cesser de respecter mon archevêque, d'estimer vos vertus, et, si j'ose le dire, d'aimer votre personne. Mais il est vrai que tous ces sentiments ne me donnent plus que de l'amertume. Je ne répondrai point à tous les articles de votre lettre, parce que nous les avons traités cent fois inutilement. Il y en a un que vous ne touchez pas, monseigneur, c'est celui des jésuites, que le roi ne regarde pas comme intéressant votre conscience, mais comme une pure vengeance que vous pourriez lui sacrifier, soit que vous ayez voulu en effet vous venger ou les punir de manque de respect pour vous. »

Quelques mois après elle lui écrivit encore en ces termes et dans le même esprit : « Mon cœur ne peut se résoudre à vous flatter, et mon respect ne me permet pas de m'expliquer sincèrement. Vous traitez l'affaire des jésuites d'affaire spirituelle, et Sa Majesté la regarde comme un procédé particulier, comme une vengeance contre des gens que vous avez cru qui vous offensoient, et qui vous ont offensé en effet. C'est le ressentiment de cette vengeance que le roi voudroit que vous sacrifiassiez à ce que vous lui devez, et à l'amitié qu'il a toujours eue pour vous ; car de dire que les jésuites sont incapables de confesser, il n'est pas possible qu'ils soient devenus tels en un moment. »

Ces fragments de lettres sont de nouvelles preuves du zèle qu'avoit madame de Maintenon pour la pureté de la foi, et de la modeste retenue avec laquelle elle entroit dans cette affaire, car elle étoit continuellement attentive à ne point s'élever au-dessus de son sexe, à ne point juger par elle-même, et à se contenir dans les bornes du respect qu'elle croyoit devoir aux pasteurs de l'Église. Ainsi elle allioit celui qu'elle croyoit devoir à son archevêque avec le juste éloignement qu'elle ressentoit pour le livre qui avoit occasionné la dispute, selon les instructions qu'elle avoit reçues du défunt évêque de Chartres; et sans se mêler de juger des personnes, elle donnoit à la foi, d'une part, ce qui lui appartenoit de fidélité, tandis qu'elle donnoit à la charité ce que cette vertu paroissoit exiger d'elle.

Cependant le pape ayant reçu la dénonciation des évêques contre le livre des *Réflexions morales,* s'appliqua sérieusement à l'examen de ce livre. Il nomma une congrégation de cardinaux pour y travailler avec des théologiens tirés de différents ordres religieux; les jésuites n'y avoient pas plus de crédit que les autres, ils en avoient même bien moins que les jacobins qui tiennent à Rome les premières places. Aussi est-ce une calomnie aussi ridicule que grossière qu'avancent les jansénistes, quand ils disent que la constitution *Unigenitus* a été à Rome et en France l'ouvrage des jésuites; les jacobins et les thomistes n'ont pas eu moins de part qu'eux à la composition de cette bulle et à sa défense. Or, tandis qu'on examinoit à Rome, on travailloit en France à amener le cardinal à faire quelque démarche qui le réconciliât avec le roi, et qui mît la paix parmi les théologiens; mais ce fut inutilement. Enfin, la bulle arriva à Fontainebleau au mois de septembre 1713; le livre des *Réflexions morales* étoit condamné, avec cent et une propositions qui en étoient extraites et qui étoient qualifiées de « fausses, captieuses, malsonnantes, pernicieuses, téméraires, injurieuses à l'Église et aux puissances séculières et ecclésiastiques, séditieuses, blasphématoires, sentant l'hérésie, favorables à l'hérésie et au schisme, enfin erronées et hérétiques respectivement; » c'est-à-dire que chacune de ces cent et une propositions avoit mérité quelqu'une des qualifications que le pape leur attribuoit en gros, que les unes étoient hérétiques ou erronées, et d'autres n'étoient que captieuses ou téméraires, et qu'en même tems il n'y avoit aucune de ces qualifications qui ne pût être appliquée à quelqu'une de ces propositions, d'où il résultoit (ce qui pouvoit suffire pour l'instruction des fidèles) qu'ils devoient se défier et être en garde contre ces propositions, et encore plus contre le livre qui les avoit répandues.

Madame de Maintenon, dès l'arrivée de la bulle *Unigenitus*, en manda la nouvelle aux dames de Saint-Cyr par la lettre suivante, écrite à madame du Pérou, où elle relève par ironie tout ce qu'on disoit contre le défunt évêque de Chartres, à cause du livre condamné :

« Je veux triompher avec vous, ma chère fille, sur la constitution du pape contre le livre de Quesnel. Vous la verrez dès qu'elle sera traduite; il y a plus de cent propositions condamnées. Et voilà le merveilleux livre que notre saint évêque condamnoit à tort par des scrupules, disoit-on, et une âpreté trop grande contre le jansénisme dont il se faisoit un fantôme. Il lui en a coûté la vie; mais il en est bien récompensé présentement, et M. de Meaux m'assure qu'il est sensible dans le ciel à la joie de le voir condamné [1]. »

Cependant, dès que la constitution fut arrivée, le cardinal de Noailles se crut obligé, selon la parole qu'il en avoit donnée, d'abandonner le livre de Quesnel. Il fit aussitôt un mandement, c'est-à-dire dès le 28 du même mois de septembre, « portant révocation de l'approbation qu'il

---

[1] Voir dans les *Lettres historiques et édifiantes*, t. II, une autre lettre sur le même sujet, du 29 octobre 1713.

avoit donnée au livre des *Réflexions morales*, et défendant la lecture de ce livre à ses diocésains. » Il envoya le projet de son mandement à M. Voisin, ministre, pour le communiquer au roi, mais il lui recommanda qu'il ne fût vu de personne, et surtout du père Letellier. Le roi l'ayant approuvé, il le publia aussitôt, et tout le monde applaudit à cette démarche, quoique imparfaite, car ce mandement ne contenoit aucune condamnation du livre ni de ses erreurs, mais une simple défense de le lire. Quoi qu'il en soit, le mandement fut cause que le roi, prenant confiance aux dispositions du cardinal de Noailles, le destina pour présider l'assemblée du clergé dans laquelle la bulle devoit être lue et acceptée solennellement. Cette assemblée se composa de cinquante évêques. Ce qui s'y passa ne regarde pas mon histoire ; je dirai seulement ce qui peut être nécessaire à ce que j'aurai à écrire encore et qui a rapport aux événements qui suivirent.

L'archevêque de Paris, après bien des incidents, prit enfin le parti de refuser l'acceptation de la bulle, et de déclarer qu'il vouloit se pourvoir auprès du pape même pour lui demander des explications. Sept prélats se joignirent à lui ; mais les autres, au nombre de quarante-trois, ayant à leur tête le cardinal de Rohan et le cardinal de Bissy, reçurent la constitution.

Ce fut là le commencement de cette division qui a duré jusqu'à ce jour, et qui a enfanté dans la suite tant de monstres. La constitution fut adoptée par environ soixante-dix autres évêques, et le petit parti du cardinal ne put se grossir que jusqu'à quatorze ou quinze ; mais il diminua beaucoup dans la suite par le retour ou la mort de plusieurs d'entre eux ; en sorte qu'aujourd'hui que j'écris [1], il n'y a plus dans le royaume qu'un seul évêque appelant de cette bulle, et depuis vingt-six ans qu'elle a été donnée, aucun autre évêque dans tout le monde chrétien ne l'a

[1] En 1740.

contredite. Au contraire, on a les monuments certains de toutes les métropoles de l'Europe, que cette constitution a été connue et reçue sans contradiction dans toutes les Églises. Cinq papes consécutivement l'ont autorisée, et un d'entre eux l'a fait dans un concile de toute l'Italie ; deux autres conciles tenus en France, à Embrun et à Avignon, en ont porté le même jugement, en sorte qu'on ne peut nier qu'elle ne soit autorisée par le concert général des premiers pasteurs que le Saint-Esprit a établis évêques pour gouverner l'Église de Dieu.

La résolution du cardinal de Noailles offensa extrêmement le roi, et jeta la consternation et la douleur dans le cœur de madame de Maintenon. Elle aimoit le cardinal, mais elle aimoit encore plus l'Église de Dieu. La simplicité et la droiture de sa foi la portèrent naturellement à la soumission envers le vicaire de Jésus-Christ. Elle contribua beaucoup à maintenir le roi dans les mêmes sentiments, mais elle servit aussi beaucoup à le détourner des partis violents que diverses personnes lui suggéroient. Il se contenta de renvoyer dans leurs diocèses les évêques qui avoient formé la scission, et de défendre au cardinal de venir à la cour. Il écouta volontiers tous ceux qui s'entremirent pour tâcher de négocier un accommodement entre le cardinal de Noailles et les prélats acceptants.

Il y eut bien des expédients proposés, bien des personnes employées, bien des mouvements mis en œuvre pour former cette conciliation. Le cardinal parut tantôt s'y prêter et tantôt s'y rendre difficile, mais jamais il ne se départit de ce point capital qu'il avoit résolu d'emporter ; savoir : ou que le pape donnât des explications, ou qu'il souffrit que lui, cardinal, n'acceptât qu'avec celles qu'il publieroit en acceptant.

Madame de Maintenon ne voulut point entrer dans ces négociations ; elle les regardoit comme au-dessus de son état et de son sexe, et elle crut devoir se renfermer dans les sages conseils qu'elle donnoit au roi pour calmer son ressentiment, et dans les reproches d'amitié qu'elle faisoit au cardinal sur le danger où il mettoit la religion, sur le chagrin qu'il donnoit au roi et qui *minoit sa santé*. Ce fut une fois son terme, dont le cardinal parut blessé ; madame de Maintenon lui en écrivit ainsi : « C'est une expression de ma peine, Monseigneur, qui m'a fait demander si vous vouliez miner le roi, car je suis très-persuadée que vous voudriez prolonger ses jours. Je n'ai rien à dire sur le reste de votre lettre, Monseigneur, et mon respect pour vous m'empêche d'y répondre. Je ne puis que prier Dieu d'éclairer ceux qui sont prévenus ; mais, Monseigneur, vous avez le pape et bien des évêques contre vous, et c'est dans ce cas-là que le nôtre peut nous être suspect. Je n'en voulois pas tant dire, et suis avec respect, Monseigneur, votre, etc. »

Madame de Maintenon se tint si fort éloignée de toutes ces négociations qui se succédoient les unes aux autres sans succès, que le cardinal de Polignac, qui pendant un tems fut avec le cardinal d'Estrées un des négociateurs, ayant voulu la voir pour lui en rendre compte, non-seulement elle lui refusa modestement de l'entendre, mais elle ne voulut pas même que sa nièce la comtesse de Caylus reçût sa visite à ce sujet, et « elle lui fit dire par cette dame qu'elle ne s'occupoit qu'à prier Dieu tous les jours, et à faire prier Dieu par toutes les personnes de piété, qu'il inspirât au cardinal de Noailles de quitter l'archevêché de Paris et de suivre l'exemple de M. de Pontchartrain, chancelier, qui depuis peu s'étoit démis de sa dignité. »

Les négociations qui se faisoient en France n'en empêchoient pas d'autres qui se faisoient à Rome, mais avec aussi peu de succès. Le saint-père n'étoit pas moins offensé que Louis XIV de la résistance du cardinal, mais sa prudence l'empêchoit d'éclater, de peur d'occasionner un schisme dans le royaume. C'est ce qui fit écouter à

Rome plus paisiblement et plus patiemment les divers expédients que chacun proposoit, même en prévoyant qu'aucun ne réussiroit.

Au fond, ceux qui essayoient de négocier cette affaire n'avoient pas bien pénétré les vraies dispositions du cardinal de Noailles, et c'est ce qui les fit échouer, et ces dispositions secrètes ne furent bien connues que de ceux qui surent les démêler à travers les discours de paix et de concorde dont il n'étoit pas avare. Madame de Maintenon qui le connoissoit mieux que personne, prédit toujours que le cardinal ne se rendroit jamais, à moins qu'on n'épargnât au livre qu'il avoit approuvé la flétrissure que ce livre avoit reçue par la bulle. Ce fut en effet uniquement dans cette vue et par ce motif que sa vanité lui suggéroit, que dans tous les projets qu'il dressa pour faire une sorte d'acceptation, il évitoit toujours qu'il y eût rien qui parût attribuer au livre même de Quesnel le mauvais sens des propositions condamnées, et surtout jamais il ne vouloit consentir à dire que ce livre renouveloit le erreurs déjà condamnées dans Jansénius. Il ne refusoit pas de porter des censures assez précises contre les erreurs en elles-mêmes, même contre celles de Jansénius, mais il ne vouloit pas qu'on pût dire que de son aveu Quesnel les avoit enseignées; il ne se voulut jamais départir de ce point, et il couvroit l'odieux de sa résistance par les plus belles protestations qu'il faisoit sans cesse de vouloir condamner toutes les erreurs. C'est son attachement à ce point qui lui fit dire un jour, au sujet d'une forme d'acceptation, que le père Massillon, de l'Oratoire, fait depuis évêque de Clermont, vouloit l'engager à adopter : « qu'on ne lui proposoit que des choses impossibles; qu'il y avoit longtems qu'il prévoyoit qu'on ne lui ouvriroit jamais pour sortir d'affaire que la porte du déshonneur. » Ainsi toutes les négociations venoient à échouer contre ce point d'honneur que le cardinal s'étoit fait de sauver le livre, et de ne pas avouer qu'il avoit eu tort de l'approuver. Funeste point d'honneur qui a mis la religion en péril dans ce royaume, et dont les suites ne furent pas même arrêtées par la soumission trop tardive du cardinal. C'étoit cette soumission que madame de Maintenon désiroit uniquement et ce qui faisoit l'objet de ses prières ; mais elle n'eut pas la consolation d'en être témoin ; elle mourut avant le jour où Dieu toucha le cœur du cardinal ; elle mourut après avoir gémi longtems sur les résistances de ce prélat, qui lui devoit son élévation ; et elle s'affligea jusqu'à la mort d'avoir aidé à placer sur le siége de Paris un homme qui, après avoir édifié la capitale du royaume par sa conduite pieuse et régulière, mettoit le royaume entier en combustion par sa résistance au vicaire de Jésus-Christ.

Si le roi ne put réussir à la paix de l'Église de France, il eut la consolation de voir celle de l'Europe, et de finir une guerre qu'il n'avoit soutenue si longtems que par nécessité, et dont il désiroit ardemment de voir la fin pour procurer du repos à son peuple. Il l'avoit désirée de si bonne foi, que dès l'année 1709 il l'avoit fait proposer aux puissances alliées à des conditions très-dures pour lui-même, pour sa gloire et pour les princes de sa maison ; car il consentoit alors à rappeler le roi d'Espagne et à abandonner cette monarchie au prince de la maison d'Autriche qui la disputoit à son petit-fils. Ses démarches furent méprisées, et les offres qu'il faisoit furent regardées par les puissances alliées comme une marque de l'extrême foiblesse où il étoit réduit. Ses ennemis se flattèrent d'achever de l'écraser et de se partager ses provinces. On ne se contenta pas de la promesse qu'il faisoit de rappeler le roi d'Espagne, ou de l'abandonner aux attaques des puissances ennemies, en cas que ce prince voulût conserver son trône ; on exigeoit encore de Louis XIV qu'il fournît une armée pour accompagner celle des alliés qui iroit envahir l'Espagne, qu'il fournît un passage à cette armée par le milieu de son royaume, et que pour sûreté il livrât en otage quelques-unes de ses principales villes. Or, ceux qui faisoient ces propositions aussi ridicules qu'odieuses, ne comptoient pas que la fortune reviendroit favoriser les armes des rois de France et d'Espagne, et que Dieu, satisfait de l'humiliation d'un prince pénitent, lui rendroit sa protection et le délivreroit enfin d'une oppression qu'il avoit portée avec un courage héroïque et une patience vraiment chrétienne. C'est pourtant ce qui arriva.

Après tant d'années de défaites et de misères, le roi eut la consolation de jouir de quelques succès qui rétablirent la gloire de ses armes. Les Espagnols, fidèles à leur roi au-dessus de toute espérance, le maintinrent par leur fermeté sur son trône ; les Anglais se détachèrent du reste de la ligue et devinrent les arbitres de la paix. Enfin Louis XIV la conclut avec gloire et avec de grands avantages ; il conserva, à quelques villes près, toutes les conquêtes qui avoient excité la jalousie de ses voisins ; il maintint son petit-fils dans la possession des Espagnes et des Indes, et le fit reconnoître pour roi par toutes les puissances de l'Europe.

Mais ce prince ne devoit pas longtems jouir du repos qu'il avoit procuré à la France. Deux ans après, sa santé commença à s'affoiblir, et enfin, au mois d'août de l'année 1715, environ vers la fête de l'Assomption, il tomba malade.

Il y avoit longtems qu'il se préparoit à la mort par une vie chrétienne et par beaucoup de bonnes œuvres, car depuis que madame de Maintenon avoit eu le principal crédit sur son esprit, elle avoit travaillé à lui communiquer les sentiments chrétiens qui étoient dans son propre cœur. Elle avoit compris que Dieu ne l'avoit élevée au rang où elle se trouvoit que pour aider le roi à faire succéder la piété et la vie réglée et vertueuse aux passions qui l'avoient dérangé pendant sa jeunesse, et elle y avoit réussi. On a vu par plusieurs traits de sa vie, que j'ai rapportés dans ces Mémoires, et par les discours pleins de piété et d'humilité qu'il a tenus plusieurs fois en présence des dames de Saint-Louis, le progrès qu'avoient fait dans son cœur les maximes les plus pures de l'Évangile. J'en rapporterai encore ici deux ou trois traits.

Lorsqu'il partit pour le siége de Mons, madame de Maintenon étoit inquiète des périls qu'il alloit courir en attaquant cette place qu'on disoit imprenable; il lui dit : « Pourvu que la volonté de Dieu s'accomplisse en moi et dans mes entreprises, je serai content, quoi que ce soit qu'il permette qu'il m'arrive. »

Quand il marcha pour faire le siége de Namur, il voulut que madame de Maintenon fût du voyage et qu'elle ne s'éloignât pas de l'armée, et il lui en dit cette raison : « Afin que vous me rendiez quelque assistance si je tombe malade, car, pour les autres accidents, je m'abandonne à la Providence. »

Quand il perdit coup sur coup ce qu'il avoit de plus cher dans sa famille, le Dauphin son petit-fils, la Dauphine et le troisième Dauphin, fils de l'un et de l'autre, et qu'il vit prêt à périr le dernier rejeton de cette illustre tige, il s'humilia sous la main de Dieu qui le punissoit par l'endroit le plus sensible, et dit au cardinal de Janson qui étoit allé à Marly pour le consoler : « Il y a longtems, monsieur le cardinal, que je suis préparé à recevoir de la main de Dieu, dans ma personne et dans ma famille, tout ce qu'il lui plaît de m'envoyer pour l'expiation de mes péchés. »

Au retour d'une campagne qu'il fit sans aucun succès, parce que ses projets avoient été éventés et prévenus par les ennemis, comme il étoit à Saint-Cyr, madame de Loubert lui témoigna la joie que toute la maison avoit de son retour; il lui dit : « Il faudroit plutôt en être fâché, car je n'ai rien fait. » Elle lui répondit que ses officiers avoient agi pour lui. Il répondit modestement : « Ils font mieux que moi. »

On a appris de madame de Maintenon qu'il avoit pris depuis longtems l'habitude de se faire lire par elle tous les jours un chapitre de l'Évangile ou du Nouveau Testament, et que c'étoit là que ce prince puisoit journellement les sentiments pieux qui paroissoient régler ses démarches et ses résolutions.

Madame de Maintenon, qui s'occupoit volontiers de la mort, qui l'envisageoit toujours comme prochaine, et encore plus dans les derniers tems, à cause de son âge et de ses infirmités, avoit accoutumé le roi à l'envisager aussi avec fermeté et avec une prudence chrétienne, et on le reconnut à sa dernière maladie, lorsqu'il en soutint les approches avec une résolution si digne et si humble tout ensemble. Louis XIV avoit pensé d'une manière plus particulière à ce dernier moment en faisant son testament. Il l'avoit concerté avec M. Voisin, devenu chancelier depuis quelque tems, et avec madame de Maintenon. Voisin étoit conseiller d'État, et en cette qualité il avoit été chargé du détail des affaires de la maison de Saint-Louis, et il s'en étoit acquitté au gré de madame de Maintenon aussi bien que du roi. Elle avoit remarqué en lui un génie élevé, un esprit laborieux et un grand éloignement pour le parti janséniste; c'est ce qui lui servit pour passer à la charge de secrétaire d'État de la guerre, et peu après il fut revêtu de la dignité de chancelier par la retraite et la renonciation volontaire de M. de Pontchartrain. M. Voisin eut alors le principal crédit auprès du roi, et comme celui-ci voulut pourvoir à l'état du royaume après sa mort, il crut le faire sûrement par un testament qu'il concerta, comme je l'ai dit, avec le chancelier Voisin et madame de Maintenon. On vit dans la suite quel avoit été le but du roi dans ce testament : c'étoit d'entourer le roi futur et le prince qui devoit être régent sous sa minorité de personnes sûres et éloignées du parti nouveau qui se formoit dans son royaume en faveur des jansénistes, et de perpétuer dans le jeune roi et dans son conseil les précautions qu'il avoit prises pour étouffer cette secte naissante.

Dès que Louis XIV tomba malade [1], madame de Maintenon ne le quitta plus ; elle vouloit même passer les nuits pour le veiller, mais le roi ordonna qu'on lui préparât une chambre à côté de la sienne où elle pût reposer la nuit sans cesser d'être à portée de lui donner ses soins. Elle employa tout le tems qu'elle passoit auprès du roi à lui suggérer des sentiments chrétiens pour sanctifier sa maladie et pour se préparer au terme qu'elle pourroit avoir selon les desseins de Dieu. Dès qu'elle fut avertie que le danger étoit grand, elle ne balança pas à en avertir le roi et à lui proposer de recevoir les sacrements de l'Église. Ce prince ne s'offensa ni ne s'effraya de cette parole. Il l'en remercia de bonne foi. « C'est de bonne heure, dit-il, car je me sens bien ; mais c'est toujours bien fait de se prémunir de ce secours. » Effectivement, il vécut encore près de huit jours après avoir reçu le saint viatique.

Pendant ces derniers jours le roi, tant qu'il eut de la connoissance, s'occupa de ce qui regardoit son salut, et, outre son confesseur qui lui suggéroit souvent les actes convenables à son état, madame de Maintenon lui inspiroit des sentiments de patience, de pénitence et de soumission aux ordres de Dieu. Ce prince vit venir la mort avec une fermeté purement chrétienne, et dit aux princesses ses filles, qui fondoient en larmes autour de son lit : « Eh quoi ! est-ce que vous m'avez cru immortel ? Ne faut-il pas que je paye à Dieu le tribut de ma vie qui est à lui ? »

[1] Le récit détaillé que va faire Languet de Gergy des derniers jours de Louis XIV paraît emprunté à ses propres souvenirs, aux manuscrits des dames de Saint-Cyr et aux lettres de madame de Maintenon. Il est de tous points parfaitement exact. Madame de Maintenon a raconté elle-même la mort de Louis XIV, et avec des détails touchants, dans une lettre à madame de Villette, que j'ai insérée dans la *Maison royale de Saint-Cyr*, ch. XIII. On peut lire aussi l'intéressant récit de Dangeau, publié dans son *Journal*, t. XVI, p. 117.

Il recommanda aux princes et princesses d'être toujours unis, et, comme il savoit la brouillerie qui étoit entre deux d'entre elles, il leur adressa la parole et les exhorta de se réconcilier, ce qu'elles firent dès le jour même. Comme on lui dit que la gangrène étoit à une de ses jambes, il proposa sans hésiter qu'on la lui coupât s'il étoit nécessaire, et comme on lui répondit franchement que cela ne remédieroit point au mal, en ce que la gangrène étoit dans le sang, il acquiesça sans chagrin aux suites qu'il en prévoyoit.

Il fit venir son arrière-petit-fils, le Dauphin, pour lui donner sa bénédiction, et il lui dit ces belles paroles :

« Mon cher enfant, vous allez être bientôt roi d'un grand royaume. Ce que je vous recommande le plus fortement est de n'oublier jamais les obligations que vous avez à Dieu. Souvenez-vous que vous lui devez tout ce que vous êtes.

» Tâchez de conserver la paix avec vos voisins. J'ai trop aimé la guerre, ne m'imitez pas en cela, non plus que dans les trop grandes dépenses que j'ai faites. Prenez conseil en toutes choses, et cherchez à connoître le meilleur pour le suivre toujours.

» Soulagez vos peuples le plus tôt que vous le pourrez, et faites ce que j'ai eu le malheur de ne pouvoir faire moi-même.

» N'oubliez jamais les grandes obligations que vous avez à madame de Ventadour. Pour moi, madame, ajouta-t-il en se tournant vers elle, je suis bien fâché de n'être plus en état de vous en marquer ma reconnoissance. »

Il finit en disant à M. le Dauphin : « Mon cher enfant, je vous donne de tout mon cœur ma bénédiction », et il l'embrassa ensuite deux fois avec de grandes marques d'attendrissement.

Quelques moments après le roi répéta encore à M. le Dauphin « de ne pas l'imiter dans tout ce qu'il avoit fait de mal. » Il lui dit encore « de juger, par l'état où il le voyoit, du peu de cas qu'il devoit faire des grandeurs humaines. »

Ce jeune prince, âgé seulement de quatre ans et demi, fut plus touché de ce spectacle qu'on ne l'est ordinairement à cet âge. Il pleura tout le jour, et se cachoit pour pleurer en liberté.

Les cardinaux de Rohan et de Bissy s'étant trouvés ensemble à la messe qu'on disoit dans sa chambre, il leur dit : « qu'il étoit satisfait du zèle qu'ils avoient eu pour la défense de la bonne cause ; qu'il les exhortoit à avoir la même conduite après sa mort, et qu'il avoit donné de bons ordres pour les soutenir. » Il ajouta « que Dieu connoissoit ses bonnes intentions et les désirs ardents qu'il avoit d'établir la paix dans l'Église de France ; qu'il s'étoit flatté de la procurer, mais que Dieu ne vouloit pas qu'il eût cette satisfaction ; que peut-être cette grande affaire finiroit plus heureusement en d'autres mains que dans les siennes ; que quelque droite qu'eût été sa conduite, on auroit cru qu'il auroit agi par prévention et porté son autorité trop loin, qu'ainsi il valoit mieux qu'un autre la terminât. Il exhorta les deux cardinaux à se montrer toujours aussi courageux, et leur ajouta qu'il vouloit mourir comme il avoit vécu, dans la religion catholique, apostolique et romaine, et qu'il aimeroit mieux perdre mille vies que ces sentiments. Le curé de Versailles, qui assistoit aussi le roi, lui parla des vœux que tout le peuple faisoit pour sa conservation. « Il n'est point question de ma vie, répondit le roi, mais de mon salut, et je vous prie de le bien demander pour moi ; j'ai confiance en vos prières. »

Quelque tems après, le roi fit approcher de son lit les princes et les seigneurs qui étoient près de sa chambre, et il leur dit : « Messieurs, je vous demande pardon des mauvais exemples que je vous ai donnés. J'ai bien à vous remercier de la manière dont vous m'avez servi et de la fidélité que vous m'avez toujours marquée. Je suis fâché de n'avoir pu faire pour vous tout ce que j'aurois voulu. Je vous demande pour mon petit-fils la même fidélité que vous avez eue pour moi. J'espère que vous contribuerez tous à l'union, et que, si quelqu'un s'en écartoit, vous l'aideriez à le ramener. Je sens que je m'attendris et que je vous attendris, je vous en demande pardon. Adieu, messieurs, je compte que vous vous souviendrez quelquefois de moi. »

Toutes ces paroles furent exactement recueillies par madame de Maintenon et rapportées aussitôt par elle à mademoiselle d'Aumale, qui lui faisoit compagnie à Versailles, et elle a pris soin de les écrire comme madame de Maintenon les lui avoit rapportées. J'y trouve encore que le roi fit appeler le maréchal de Villeroy et lui dit : « Monsieur le maréchal, je vous donne une nouvelle marque de mon amitié et de ma confiance en mourant : je vous fais gouverneur du Dauphin, qui est l'emploi le plus important que je puisse donner après ma mort. Vous saurez, par mon testament, ce que vous devez faire à l'égard du duc du Maine. Je ne doute pas que vous ne me serviez avec la même fidélité après ma mort que vous avez fait pendant ma vie. J'espère que mon neveu vivra avec vous avec la considération et la confiance qu'il doit avoir pour un homme que j'ai toujours aimé. Adieu, monsieur le maréchal; j'espère que vous vous souviendrez de moi. »

Le roi s'occupa aussi avec la même fermeté à régler quelque cérémonial touchant ses obsèques et le deuil du Dauphin, et, parlant de lui, il le nomma quelquefois du nom de *roi*. A ce mot, ceux qui étoient présents ne purent s'empêcher de frémir. Il s'en aperçut et leur dit : « Eh pourquoi! cela ne me fait point de peine. » Et du même ton assuré, il dit à M. de Pontchartrain, secrétaire d'État : « Faites expédier un brevet pareil à celui du roi mon père, sans y rien changer, pour que mon cœur soit porté après ma mort aux jésuites. »

Sa constance et sa tranquillité étoient telles qu'il dit encore : « Je suis le plus heureux homme du monde, car j'espère que Dieu m'accordera mon salut. » Une autre fois il dit : « Nous n'avons qu'une seule chose à faire en ce monde, qui est notre salut, mais on y travaille trop tard. » Il étoit d'ailleurs pénétré de profonds sentiments d'humilité, et on l'entendoit souvent répéter ces paroles : « O mon Dieu! ayez pitié de moi selon votre grande miséricorde. » Il se formoit en lui de saints désirs d'aller à lui, et on l'entendit dire une fois : « O mon Dieu, quand me ferez-vous la grâce de me délivrer de cette misérable vie? Il y a long-tems que je le désire, et je vous le demande de tout mon cœur. »

Il eut une syncope qui lui fit perdre connoissance, mais il en revint, et, dès qu'il fut à lui, il pria le père Letellier de lui donner encore une absolution générale. Ce religieux voyant que, de tems en tems, il répétoit souvent à demi-voix le *Pater* et l'*Ave, Maria*, lui fit faire une attention particulière à ces mots : « Priez pour nous maintenant et à l'heure de la mort », comme convenant à l'état où il étoit. Le roi les répéta plusieurs fois, et appela madame de Maintenon en lui disant : « Oui, maintenant et à l'heure de ma mort. » Sa tête s'embarrassa peu après, mais quand son confesseur lui parloit de Dieu, et lui suggéroit des actes de foi, d'amour, de contrition et d'espérance, il paroissoit revenir à lui. Les dernières paroles qu'on entendit de lui distinctement, ce furent celles du psaume : « Faites-moi miséricorde, mon Dieu, venez à mon aide, hâtez-vous de me secourir. » Depuis ce tems-là, on ne put discerner ce qu'il disoit, sinon qu'on aperçut qu'il récitoit ses prières et se frappoit quelquefois la poitrine comme on le fait en récitant le *Confiteor*.

Madame de Maintenon étoit presque toujours auprès du lit du roi; nonobstant la douleur dont elle étoit pénétrée, elle ne pleura point devant lui; mais, quand elle sentoit ne pouvoir résister aux larmes, elle se retiroit à part, puis revenoit ensuite l'entretenir de pieuses pensées propres à le disposer à la mort, et, lorsque ce prince se préparoit à sa dernière confession, elle le fit souvenir de s'accuser de plusieurs fautes qu'elle avoit remarquées et qu'elle craignoit qu'il n'oubliât, et il l'en remercia avec de grands sentiments d'humilité et de pénitence. Quelquefois il vouloit être seul avec elle ou avec son confesseur pour s'entretenir librement des pensées de l'éternité et des miséricordes que Dieu avoit exercées sur lui. Il prit un de ces moments pour visiter avec madame de Maintenon ses cassettes, et pour brûler les papiers qui seroient inutiles. Il lui fit brûler en particulier quelques mémoires dont il lui dit qu'ils pourroient brouiller ensemble deux ministres, si ces mémoires étoient connus; il eut même assez de gaieté dans l'esprit pour regarder en riant quelques autres mémoires que sa mort alloit rendre inutiles; puis trouvant un chapelet dans une de ses poches qu'il visitoit, il le donna à madame de Maintenon en lui disant : « Au moins ce n'est pas comme une relique, c'est pour mon souvenir. »

Le roi étendit ses attentions sur les affaires de l'État et sur tout ce qui regardoit la régence du royaume pendant la minorité de son successeur. Il entretint plusieurs fois le duc d'Orléans en particulier et seul avec lui des affaires de l'État et de la conduite qu'il devoit tenir pour maintenir le royaume dans la paix. Madame de Maintenon fut présente à un de ces entretiens; elle avoit avec elle mademoiselle d'Aumale; ils n'étoient qu'eux quatre dans la chambre. Le roi, après avoir parlé au duc d'Orléans de ces objets qui intéressoient le royaume, lui parla de madame de Maintenon et lui dit ces paroles : « Mon neveu, je vous recommande madame de Maintenon; vous savez la considération et l'estime que j'ai eues pour elle; elle ne m'a donné que de bons conseils; j'aurois bien fait de les suivre; elle m'a été utile en tout, mais surtout pour mon salut.

Faites tout ce qu'elle vous demandera pour elle, pour ses parents, pour ses amis, elle n'en abusera pas. Qu'elle s'adresse directement à vous pour tout ce qu'elle voudra. » Il ajouta qu'elle étoit pauvre et qu'elle avoit besoin de la pension qu'il lui payoit, et qu'il désiroit que le duc d'Orléans voulût bien la lui continuer.

Le duc d'Orléans étoit à genoux auprès du lit pour écouter avec plus d'attention et recevoir avec plus de respect les ordres du roi. Lorsqu'il entendit ce que le roi lui dit sur madame de Maintenon, il se tourna en s'inclinant profondément vers elle, comme pour l'assurer des sentiments qu'il auroit pour elle, et qu'il a eus effectivement, comme on le verra dans la suite.

Cependant le cardinal de Noailles n'osoit venir à Versailles, et il étoit peiné de ne pouvoir rendre ses devoirs à son maître et à son bienfaiteur. Il en écrivit à madame de Maintenon, qui communiqua cette pensée au cardinal de Rohan, grand aumônier de France, et au chancelier Voisin, et, de concert, ils en parlèrent au roi, en lui demandant s'il n'avoit rien contre le cardinal. « Non, dit le roi, et s'il veut venir tout à l'heure, je l'embrasserai de bon cœur, pourvu qu'il se soumette au pape, car je veux vivre et mourir comme j'ai vécu, catholique, apostolique et romain. » Et en même tems il ordonna au chancelier de le lui mander de sa part. Le chancelier écrivit aussitôt au cardinal « qu'il avoit été témoin que madame de Maintenon avoit rendu au roi un compte fidèle de la peine que Son Éminence souffroit de ne pouvoir lui rendre ses devoirs, et même d'avoir lieu d'appréhender qu'il ne restât à Sa Majesté quelque ressentiment contre Son Éminence; que le roi lui avoit commandé sur-le-champ de lui écrire qu'il ne reste dans son cœur ni dans son esprit rien de personnel contre elle, Sa Majesté ayant fait un sacrifice à Dieu de tout ce qui pouvoit intéresser son autorité dans la résistance que Son Éminence avoit apportée à l'exécution des ordres du roi pour la réception et la publication de la constitution, après avoir été acceptée par plus de cent quinze évêques de France; que Sa Majesté le recevroit avec plaisir, et qu'elle auroit une consolation particulière de mourir entre les bras de son archevêque. » Le ministre en marquoit la condition, savoir : qu'il promît sincèrement de faire son acceptation suivant le projet qui avoit été remis au duc de Noailles au mois de mai précédent. Le chancelier ajoutoit que « si M. le cardinal étoit prêt d'acquiescer à cette condition, il pouvoit venir sur-le-champ, qu'il seroit reçu à bras ouverts; que rien ne pouvoit faire au roi un plaisir plus sensible, mais que tant qu'il demeurera dans le sentiment de se séparer du corps des pasteurs, ne voulant déférer ni à l'autorité du saint-siége, ni à l'exemple de presque tous les évêques du royaume, ni à l'autorité du roi, que Sa Majesté n'emploie en cette occasion que pour appuyer la décision de l'Église, Sa Majesté ne croit pas devoir consentir que Son Éminence vienne le trouver, de peur de paroître autoriser, par cette dernière action, la conduite qu'a tenue Son Éminence. »

On dépêcha sur-le-champ un courrier au cardinal pour lui porter cette réponse. Elle ne fit aucun effet sur son esprit, trop attaché à son sens pour céder à une exhortation si juste de la part de son maître.

Cependant le roi s'affoiblissoit, et madame de Maintenon continuoit son office d'amie chrétienne qui, n'ayant pas d'espérance qu'il pût vivre, désiroit de le voir mourir dans les sentiments les plus purs d'amour de Dieu et de pénitence. Ce prince, se croyant plus près de sa fin qu'il n'étoit, dit adieu à madame de Maintenon, en lui ajoutant : « Je n'ai de regret que de vous quitter, mais nous nous reverrons bientôt... » Madame de Maintenon l'arrêta et lui dit « de ne s'occuper que de Dieu, et non d'elle qui n'étoit rien. » Une autre fois, le roi la voyant seule, lui demanda pardon de n'avoir pas assez bien vécu avec elle;

il ajouta qu'il ne l'avoit pas rendue heureuse, mais qu'il l'avoit toujours aimée et estimée également. Il s'attendrit en lui parlant ainsi, et versa des larmes, et il demanda s'il n'y avoit personne dans sa chambre; madame de Maintenon l'assura que non. Il dit alors : « Quand on entendroit que je m'attendris avec vous, personne n'en seroit surpris. » Les larmes couloient aussi des yeux de madame de Maintenon malgré elle, et elle se retira pour que le roi n'en fût pas ému de nouveau au préjudice de sa santé. Une autre fois le roi lui dit : « Qu'allez-vous devenir? vous n'avez rien. » Madame de Maintenon, avec ce caractère de désintéressement, de modestie et de générosité qu'elle avoit toujours eu dans le plus brillant de sa fortune, lui dit, sans s'inquiéter de l'avenir : « Je suis un rien, ne vous occupez que de Dieu. » Et comme le roi la pressoit, elle lui demanda seulement de la recommander au duc d'Orléans, ce que le roi fit peu après en la manière que j'ai rapportée.

Le dernier jour qu'elle vit le roi, ce fut le jeudi 29 du mois d'août. Le roi tiroit à sa fin, et on croyoit qu'il ne passeroit pas la journée, mais il avoit une connoissance entière; il s'entretenoit de la mort avec son confesseur et répondoit aux actes de ferveur qu'il lui suggéroit. Voyant madame de Maintenon, il lui dit : « J'admire votre courage et votre amitié d'être toujours là et à un si triste spectacle. » Mais comme ce jour-là même le roi perdit connoissance, et qu'on le crut même en agonie, madame de Maintenon songea à se retirer. Elle avoit fait venir M. Briderey, son confesseur, et elle le pria de voir l'état du roi et de lui dire s'il pouvoit encore recevoir d'elle quelques secours. Ce pieux missionnaire lui ayant dit que sa présence ne pouvoit désormais lui être d'aucune utilité, madame de Maintenon partit aussitôt pour Saint-Cyr. Le roi fut deux jours dans cet état, où il sembloit qu'il n'y avoit plus en lui que la machine; cependant on remarqua qu'il ne cessoit presque point de réciter des prières. Enfin ce grand prince expira le dimanche matin, 1ᵉʳ de septembre, âgé de soixante-dix-sept ans.

Madame de Maintenon ayant pris la résolution de se retirer à Saint-Cyr dès qu'elle vit le roi sans connoissance, s'imagina que peut-être elle seroit insultée dans sa retraite, sachant qu'il étoit arrivé souvent que les personnes en faveur devenoient un objet de mépris au moment que leur faveur s'éclipse. Elle communiqua son inquiétude au maréchal de Villeroy, qui envoya des gardes du roi pour se poster de distance en distance jusqu'à Saint-Cyr, et lui prêta son carrosse pour la conduire ; mais ces précautions de sa timidité furent inutiles, personne ne se montra sur la route, et d'ailleurs le peuple de Versailles, nourri souvent par ses charités, n'avoit aucune envie de lui faire peine. Montant en carrosse avec mademoiselle d'Aumale, qui l'accompagnoit, elle lui dit : « Ma douleur est grande, mais elle est douce et tranquille ; je pleure souvent, mais ce sont des larmes de tendresse, car je me sens dans le cœur une grande joie de la mort chrétienne du roi. J'en ai déjà offert à Dieu mes actions de grâces ; je n'ai jamais demandé sa vie depuis qu'il est malade, mais son salut. » Elle disoit encore le long de la route : « Nous allons le pleurer et travailler à hâter sa gloire dans le ciel par nos prières, et puis nous n'allons plus songer qu'à notre salut et à faire de bonnes œuvres. »

Quand elle approcha de la maison de Saint-Louis, elle dit en soupirant : « Cette maison perd son père et sa mère, car je vais lui être bien inutile après avoir eu tout pouvoir pour elle. » Telles étoient les pensées qui l'occupoient dans ce triste événement, où une autre attachée au monde eût eu d'autres pensées et d'autres regrets. On lui donnoit d'heure en heure des nouvelles de l'état du roi : c'étoit le maréchal de Villeroy qui prenoit ce soin. Elle passa jusqu'au dimanche en prières et en pleurs ; toute la maison étoit dans l'inquiétude, et jusqu'aux plus petites demoiselles, tout fondoit en larmes. Dès son arrivée à Saint-Cyr, elle avoit voulu réunir à la fois tout ce qui pouvoit redoubler sa tristesse, se livrant avec constance à la douleur que Dieu vouloit qu'elle ressentît; ainsi, au lieu de se renfermer seule, elle voulut voir toutes ses filles; elles défilèrent devant elle tout en pleurs. Elle se remit cependant un peu, et dit aux demoiselles : « J'espère, mes chers enfants, que je vous reverrai sans cet attendrissement dans la suite, mais il n'y a pas moyen aujourd'hui. » Quelques heures après elle dit aux dames : « Il faudra employer le reste de notre vie à inspirer à nos filles cette piété solide qu'avoit celui que nous pleurons. »

Le dimanche matin on n'osoit lui avouer que le roi étoit expiré; mademoiselle d'Aumale lui dit seulement que toute la maison étoit en prière au chœur; elle en comprit le motif et se rendit à l'église, où elle assista à l'office des morts qu'on récitoit, et ne songea plus qu'à sanctifier ses regrets par la prière. Cependant elle restoit presque sans revenu, et ignoroit encore comment elle seroit traitée sous la régence, mais elle ne songea qu'à tirer de cet événement ce qui pouvoit tourner à son salut et à sa sanctification, et sa confiance en Dieu ne lui laissa pas la moindre inquiétude sur l'avenir. L'évêque de Chartres[1], accompagné de M. d'Aubigné, archevêque de Rouen[2], arriva à Saint-Cyr aussitôt après la mort du roi, accompagné de M. Briderey. Elle les fit entrer dans sa chambre, et, dès qu'elle vit M. l'évêque de Chartres, elle se mit à genoux, lui demanda sa bénédiction et lui dit : « Je me remets entre vos mains comme mon supérieur, et j'y mourrai apparemment. » Le prélat, qui étoit très-jeune, eut peine

---

[1] M. de Mérinville, neveu et successeur de Godet-Desmarets.

[2] Parent éloigné de madame de Maintenon, et avec lequel elle avait une correspondance fréquente et intime, jusqu'à présent inédite, et que je me propose de publier.

de voir en cet état une dame si respectable et de l'âge de quatre-vingts ans : il n'osoit lui donner sa bénédiction. Cependant, pressé par l'archevêque de Rouen, il la lui donna et la fit relever, et ils s'entretinrent ensemble, autant que leurs larmes le leur permirent, de la perte irréparable que l'État, la religion et la maison de Saint-Louis venoient de faire.

Le duc d'Orléans, devenu régent du royaume, donna les premiers jours aux soins que le gouvernement exigeoit de lui ; mais dès le 8 septembre il vint à Saint-Cyr pour voir madame de Maintenon. Il avoit toujours eu de la considération pour elle, il le montra bien en cette occasion, et il dit d'elle ces mots remarquables : « Elle a fait du bien à tout le monde tant qu'elle a pu, et n'a jamais fait tort à personne. » Il n'attendit pas au moment de sa visite à lui faire dire, sans qu'elle l'eût sollicité, qu'il lui assuroit la même pension que le feu roi lui faisoit, qui étoit de quatre mille livres par mois. Il vint donc à Saint-Cyr, entra dans la maison et vint à l'appartement de madame de Maintenon, qui étoit sur son lit. Dès que le prince fut sorti, madame de Maintenon dit à mademoiselle d'Aumale toute la conversation qu'elle avoit eue avec lui en ces termes, que je vais copier.

« Le prince m'a dit qu'il venoit m'assurer de toute la considération que je pourrois désirer. J'ai voulu le remercier, il m'a interrompue en disant qu'il ne faisoit que son devoir, et que je savois ce qui lui avoit été prescrit. Je lui ai dit que je voyois avec plaisir la marque de respect qu'il donnoit au feu roi en me faisant cette visite. Il a répliqué qu'il n'avoit garde d'y manquer par cette raison-là, et qu'il la faisoit aussi par son estime pour moi. Il m'a dit qu'il avoit pris des mesures pour qu'on me donnât exactement ce que le roi me donnoit sur sa cassette. J'ai répondu qu'on me l'avoit appris hier soir, et que je l'en remerciois très-humblement ; que c'étoit trop dans l'état où sont les finances, et que je n'en désirois pas tant. Il a répliqué que c'étoit une bagatelle, mais qu'il étoit vrai que les finances étoient en mauvais état. J'ai dit que ce qu'il me donnoit seroit employé à des prières pour lui, pour obtenir de Dieu le secours dont il avoit besoin. Il m'a répondu qu'il sentoit déjà le poids du fardeau qu'il portoit. Je lui ai dit qu'il le sentiroit encore davantage. Il m'a dit qu'il seroit à Vincennes le plus souvent qu'il pourroit, mais que les affaires l'appelleroient souvent à Paris; qu'il alloit faire son possible pour les rétablir; que c'étoit là toute son ambition, et qu'il s'estimeroit trop heureux s'il pouvoit dans quelques années rendre au jeune roi le royaume en meilleur état qu'il n'étoit. Je lui ai dit que ce projet étoit très-glorieux. Il m'a dit qu'il n'y avoit personne qui eût tant d'intérêt que lui à la conservation du jeune prince; qu'il avoit présentement toute l'autorité, et qu'il seroit ravi de la lui remettre pour jouir du repos et de l'honneur qu'il se seroit acquis. Je lui ai répondu que s'il n'avoit point le désir insatiable de régner dont il avoit toujours été accusé, ce qu'il projetoit étoit cent fois plus glorieux. Il m'a répliqué que si on perdoit le jeune roi, il ne régneroit pas en repos, et qu'on auroit la guerre avec l'Espagne. Je l'ai prié de ne rien écouter de tout ce qu'on voudroit m'imputer sur son sujet; que je connoissois la malice des hommes; que je n'avois plus rien à dire, que je ne pensois qu'à me renfermer, et que la seule obligation que je lui avois du bienfait dont il m'assuroit suffiroit pour m'engager d'honneur à ne jamais rien dire ni rien faire contre lui; qu'on pourroit encore m'accuser de commerce en Espagne, que tout cela seroit faux, et que je ne penserois plus aux affaires que pour prier pour le bonheur de la France.

» Il m'a renouvelé toutes sortes de protestations pour moi et pour Saint-Cyr, et m'a priée de m'adresser à lui directement. Je lui ai répondu que mes plus grandes instances seroient pour achever la fondation de Saint-Cyr.

» Il demanda d'aller voir les dames à la communauté ; il leur dit : « J'ai demandé à vous voir, mesdames, pour » vous assurer de la protection que vous trouverez toujours » en moi ; je n'ai rien à vous dire pour vous le persuader ; » il suffit que le roi vous ait recommandées. Je connois le » mérite de votre maison, si utile à la noblesse et à tout le » royaume ; ce que vous souhaiterez, mesdames, et que » madame de Maintenon désirera, vous pouvez vous » adresser à moi, je serai toujours prêt à vous rendre les » services qui sont en mon pouvoir, je viens moi-même » vous en assurer. Je me recommande à vos prières pour » que Dieu me donne la force et les lumières dont j'ai » besoin pour soutenir le terrible fardeau dont je suis » chargé. »

Après que le régent fut retiré, madame de Maintenon raconta aux dames, qui étoient inquiètes pour elle à cause de sa pension, que le régent la lui conservoit, et elle leur dit que si quelque chose pouvoit aider à sa consolation, c'étoit de penser qu'elle pourroit continuer à assister les pauvres, et surtout la noblesse ; qu'elle ne désiroit du bien que pour les soulager, mais que, pour elle-même, elle en auroit toujours assez. Le régent ordonna qu'on mît dans le brevet de la pension de quarante-huit mille livres qu'il lui fit expédier, « que son désintéressement lui avoit rendu cette pension nécessaire, » voulant rendre à cette vertu que tout le monde admiroit en elle un témoignage authentique.

Le même jour que le duc d'Orléans vint à Saint-Cyr, Madame douairière, mère du régent, y vint aussi, et annonça à madame de Maintenon que madame la duchesse d'Orléans et madame la duchesse de Berri alloient venir de même lui rendre leur visite. Madame de Maintenon envoya sur-le-champ prier ces princesses de ne lui point faire cet honneur, disant qu'elle ne songeoit qu'à pleurer dans la solitude; elle demanda la même grâce aux princes et princesses qui l'avoient envoyé complimenter, et fit dire qu'elle ne recevoit personne, que même elle avoit défendu qu'on lui annonçât aucune visite.

La duchesse d'Orléans, femme du régent, voyant que madame de Maintenon fermoit sa porte à tout le monde, lui écrivit ce billet : « J'avois dessein, madame, d'aller aujourd'hui mêler mes larmes aux vôtres; mon frère (le duc du Maine) m'a dit que cela vous feroit de la peine, et que vous craindriez que cela ne vous attirât d'autres visites. Je ne désire que ce qui vous convient; je vous prie de me le mander franchement. Je vous prie aussi, madame, de recevoir les nouvelles assurances de mon ancienne et tendre amitié, et de vouloir bien me continuer la vôtre, que je désirerai toute ma vie. »

Cette princesse fut refusée comme les autres, et madame de Maintenon n'excepta de la solitude à laquelle elle se condamna que les évêques et les ecclésiastiques de piété avec qui elle espéroit s'entretenir des choses de Dieu et de ce qui pouvoit intéresser sa gloire; aussi ne vit-elle guère depuis ce tems-là que le chancelier Voisin, qui avoit conservé la commission du gouvernement temporel de la maison de Saint-Louis; le maréchal de Villeroy, le duc de Noailles, qui avoit épousé mademoiselle d'Aubigné[1]; le duc du Maine, jusqu'au tems de sa prison, et deux ou trois dames de la cour et de ses amies particulières.

Elle ne put refuser néanmoins la reine d'Angleterre, femme plus illustre par sa sainteté qu'elle ne l'étoit par sa couronne et ses malheurs. Elle étendoit sur madame de Maintenon la reconnoissance qu'elle avoit des bienfaits de Louis XIV envers elle et envers le feu roi son mari; elle savoit combien cette dame y avoit contribué par ses conseils et la compassion qu'elle avoit eue de son état exilé et fugitif. Ces sentiments avoient passé dans le cœur du

[1] Fille unique du frère de madame de Maintenon.

roi son fils, connu sous le nom du chevalier de Saint-Georges. A la mort de la reine sa mère, madame de Maintenon étant retirée à Saint-Cyr, ce prince écrivit à la marquise de Dangeau en des termes bien propres à exprimer la considération qu'il avoit pour madame de Maintenon. « Je vous prie, disoit-il, d'assurer madame de Maintenon de mes respects, et, si j'ose le dire, de mille amitiés. Dans cette triste conjoncture pour moi, ses bontés pour la reine et pour moi ne s'effaceront jamais de ma mémoire. Je n'aurois pas manqué de lui écrire moi-même, mais je crois plus selon son goût de lui envoyer mes compliments par votre canal, qui lui seront par là plus agréables et moins importuns. »

Quant à la reine d'Angleterre, dont madame de Maintenon respectoit la haute et éminente piété, elle n'estimoit pas moins madame de Maintenon, elle la regardoit comme une sainte; elle a continué de la venir voir à Saint-Cyr de tems en tems jusqu'à sa mort, et c'est la seule liaison illustre que madame de Maintenon ait voulu conserver depuis sa retraite [1].

Elle se priva aussi du commerce des lettres, et, excepté celles que la charité ou la piété exigeoit d'elle, elle n'en écrivoit presque plus, hors le commerce fréquent qu'elle conserva avec la comtesse de Caylus, sa nièce, et madame de Dangeau, son amie, qu'elle avoit associées depuis longtems à la plupart de ses œuvres de charité. Elle se résolut pareillement à ne plus sortir, sinon quand il étoit question d'aller dans le village de Saint-Cyr pour y secourir des pauvres ou des malades, et quand ses forces diminuèrent, elle s'y faisoit porter en chaise. Dans les premiers jours de sa douleur, elle écrivit quelques mots à quelques amies

---

[1] Il y a des lettres assez nombreuses de la reine d'Angleterre à madame de Maintenon : elles offrent généralement peu d'intérêt. Celles du chevalier de Saint-Georges à la même dame sont plus importantes. Je me propose de publier les unes et les autres.

particulières comme pour leur dire adieu. Il m'est tombé en main de ces lettres qui peuvent trouver place ici, parce qu'elles peignent au naturel ses sentiments sur la mort du roi. L'une étoit à la princesse des Ursins, son amie presque dès l'enfance.

« Vous avez bien de la bonté, madame, d'avoir pensé à moi dans le grand événement qui vient de se passer; il n'y a qu'à baisser la tête sous la main qui nous a frappés. Je voudrois de tout mon cœur que votre état fût aussi heureux que le mien. J'ai vu mourir le roi comme un saint et comme un héros ; j'ai quitté le monde, que je n'aimois pas ; je suis dans la plus aimable retraite que je puisse désirer, et partout, madame, je serai toute ma vie, avec le respect et l'attachement que je vous dois, votre, etc. »

M. Fagon avoit été ami de madame de Maintenon, de tous les tems ; la connoissance s'étoit faite, comme nous l'avons vu, au voyage de Baréges, avec le jeune duc du Maine ; ainsi elle étoit ancienne et en même tems bâtie sur le fondement solide d'une estime réciproque. Madame de Maintenon, après sa retraite, lui écrivit aussi pour la dernière fois :

« J'avois une grande impatience de pouvoir écrire de ma main, monsieur, pour vous assurer de la reconnoissance que j'aurai toute ma vie des bontés que vous avez eues pour moi depuis plus de quarante ans. Aussi ai-je répondu par toute la considération, l'estime et l'amitié dont je suis capable. Je mourrai avec ces sentiments, bien persuadée que vous ne changerez point ceux dont vous m'avez donné tant de marques. On m'a dit que vous vous retirez au Jardin du roi ; rien n'est plus convenable ; j'espère que vous y trouverez du repos, et je vous conjure de ne plus vivre que pour vous... Ma retraite est très-aimable. J'ai vu mourir le roi comme un saint, c'est ce que j'avois toujours désiré. J'ai quitté le monde, que je n'aimois pas, comme vous le savez ; ma vie sera courte, et je ne me trouve point à plaindre. Ma santé commence à se rétablir, et je me trouve bien de mon nouveau régime.

» Je serai toute ma vie, monsieur, etc. (18 septembre 1715.) »

Elle écrivit encore à M. l'archevêque de Rouen en ces termes, qui montrent parfaitement les dispositions saintes de son âme : c'étoit le 19 septembre.

« Je suis à peu près dans l'état où vous m'avez quittée. Je crains l'orgueil. En repassant dans ma mémoire les grâces admirables que Dieu m'a faites, je crains l'ingratitude en ne reconnoissant pas avec assez d'actions de grâces sa main qui me soutient et me rend presque insensible à la perte et à la chute que je fais. Je ne sens que paix, douceur, joie et confiance dans la première, et une profonde indifférence pour l'autre. Ne m'écrivez point, monsieur, sans quelques mots d'exhortation : c'est votre personnage, et le mien de vous écouter attentivement. Nos chères filles font ce qu'elles peuvent pour rendre ma retraite agréable ; elles n'y auront pas de peine. »

LIVRE QUATORZIÈME.

Retraite de madame de Maintenon à Saint-Cyr. — Vertus qu'elle y pratique. — Elle se prépare à la mort. — Ses derniers moments. — Ses funérailles.

Dès que madame de Maintenon se fut retirée à Saint-Cyr, elle songea à diminuer sa dépense pour augmenter ses aumônes. Elle se défit d'abord de tous ses domestiques, les récompensa et leur dit adieu en les remerciant de leurs bons services, et en leur distribuant ses menus effets, ses meubles et son linge. Elle ne garda que deux femmes et un valet de chambre au dehors pour les commissions. Elle voulut se défaire de même de son carrosse ; on lui conseilla de ne le pas faire, en lui exposant que peut-être voudroit-elle sortir ; elle ne déféra au conseil que pour un tems qu'elle fixa à six semaines ; mais bientôt elle l'abrégea, et, au bout de huit jours, elle fit vendre ses chevaux, en disant : « Je ne puis consentir à nourrir des chevaux, tandis que tant de noblesse meurt de faim. » Elle eut la même économie pour sa dépense : elle ne voulut se servir que de ce qu'il y avoit de plus simple et de plus commun ; elle ne voulut à ses repas qu'une seule chose, et, quoiqu'elle eût toujours été fort sobre, elle trouva encore de quoi retrancher dans la dépense de sa bouche. Depuis longtems elle ne soupoit plus, et prenoit seulement une tasse de chocolat. Dès le soir qu'elle arriva à Saint-Cyr, elle ne voulut point en prendre, et elle se l'interdit pour toujours, dans la crainte, dit-elle, d'apporter dans la maison l'usage d'une délicatesse qui y étoit inconnue. Elle voulut de même que sa table fût sans aucune recherche, et elle se contenta des mets ordinaires de la maison. Enfin, quoique par lettres patentes il fût ordonné par le roi qu'elle y seroit nourrie, elle et ses gens, tant qu'elle y voudroit rester, elle voulut payer une grosse pension pour n'être point à charge à celles qu'elle avoit comblées de biens, et leur donner l'exemple du désintéressement.

Elle exerça la même économie et la même sévérité par rapport à ses habits, ses coiffures, ses bijoux. Elle retrancha tout ce qui lui parut superfluité ou tenir de la vanité ; elle ne voulut plus user ni d'essence pour ses cheveux ni de pâtes pour ses mains. « Je n'ai plus, disoit-elle, celui pour qui je me servois de ces choses-là. » Elle distribua ce qu'elle avoit de hardes un peu propres ; elle envoya à la comtesse de Caylus ce qu'elle avoit de plus précieux en habits ; le reste, elle le donna avec ses garnitures et ses dentelles à la dame maîtresse générale, pour qu'elle en fît des présents aux demoiselles qui sortiroient de Saint-Cyr. Elle donna jusqu'à ses toilettes, quoiqu'elles fussent de simple mousseline brodée et sans dentelles ; elle les trouvoit trop belles pour elle, et dit que c'étoit assez d'une serviette pour la propreté. Elle fit ôter les galons d'or de quelques jupes qu'elle gardoit, sous prétexte que cela étoit trop lourd, et elle ne se fit plus faire d'habits que d'étoffes simples et même grossières. Mademoiselle d'Aumale, qui l'avoit toujours accompagnée dans les dernières années de sa vie, et qui préféra de la suivre à Saint-Cyr et de lui tenir compagnie aux établissements avantageux qu'elle eût pu espérer, en nous racontant tous ces détails, ajoute qu'elle avoit fait présent à madame de Maintenon, quelque tems auparavant, d'une fort jolie corbeille pour y mettre chaque soir ce qui l'embarrassoit dans ses poches ; mais, dès le premier soir qu'elle arriva à Saint-Cyr, madame de Maintenon la lui rendit en lui disant : « Reprenez-la, elle est maintenant trop belle pour moi. » Le principal motif d'un dépouillement si général étoit le désir d'épargner pour donner plus fréquemment et plus abondamment. « Donner, disoit-elle, est le seul plaisir qui me reste, et, quoique j'aie eu bien des chagrins, je n'en pourrois ressentir maintenant un plus vif que de me voir obligée de retrancher les pensions que je paye à diverses personnes qui sont dans le besoin. »

C'étoit madame de Vertrieu qui étoit supérieure quand madame de Maintenon se retira à Saint-Louis, et madame de Maintenon la regarda en entrant comme sa supérieure, et se soumit volontairement à son autorité, ne se regardant plus que comme membre de la communauté et comme devant donner aux autres l'exemple de l'obéissance. Peu de tems après madame de Vertrieu mourut ; on élut madame de Glapion, fille d'un mérite supérieur, qui avoit été liée à madame de Maintenon, comme il paroit par les conversations secrètes que cette pieuse fille a recueillies[1]. Madame de Maintenon fut d'autant plus ravie de son élection, que ce fut la première supérieure qui eût été élevée dès son enfance à Saint-Louis.

Le séjour de madame de Maintenon à Saint-Louis ne fut pas oisif, et son loisir ne lui fut pas ennuyeux, quoique âgée alors de quatre-vingts ans. Elle s'occupa elle-même de l'éducation des demoiselles, et en partagea les soins avec les religieuses qui les gouvernoient. Tout le tems qu'elle ne donnoit pas à la prière, elle l'employoit aux classes à voir les exercices des demoiselles, à examiner leurs ouvrages, à s'informer de leurs progrès ou de leurs défauts, à les interroger sur leurs leçons, et, quand ses forces ne lui permirent plus de monter dans les salles communes, elle demanda qu'on lui envoyât des demoiselles dans sa chambre pour leur enseigner à lire, à écrire, à travailler, à répéter le catéchisme. Elle s'attacha aussi aux novices ; elle les faisoit venir dans sa chambre, leur parloit de Dieu et de leurs devoirs dans des termes ravissants, et

---

[1] Voir sur cette personne, la plus remarquable des dames de Saint-Louis, *Madame de Maintenon et la maison royale de Saint-Cyr*, chap. XIV.

ces jeunes élèves ne sortoient d'auprès de madame de Maintenon qu'en se disant entre elles, comme les disciples d'Emmaüs : « Notre cœur n'est-il pas tout embrasé lorsqu'elle nous parle? » Elle excitoit les jeunes demoiselles à lui faire des questions sur les devoirs de la vie religieuse, car elle aimoit à leur inspirer du goût pour cet état, où elle croyoit que ces filles seroient plus heureuses, et elle répondoit à leurs questions avec netteté, solidité et ferveur. Enfin elle avoit fait de son appartement comme une classe où l'on enseignoit même les plus petites d'entre les demoiselles, et, quand madame de Maintenon ne pouvoit vaquer à cette œuvre de charité, elle désiroit que mademoiselle d'Aumale l'exerçât pour elle. Son amusement ordinaire étoit d'enseigner elle-même à lire à une petite demoiselle qui, entrée ayant moins de six ans à Saint-Cyr, lui parut trop petite et trop faible pour être mise à la classe rouge; elle la prit chez elle et se fit sa gouvernante [1]. Cet enfant montroit beaucoup d'esprit et d'enjouement avec de la docilité, et madame de Maintenon l'aima au point de lui donner place dans son testament; et, comme cette fille étoit d'une famille noble, pauvre et nombreuse, elle fit recevoir deux de ses sœurs parmi les demoiselles, et elle payoit pension à quelques-uns de ses frères.

C'étoit ordinairement les après-dînées dans lesquelles elle s'occupoit d'instruire les demoiselles; le matin elle se levoit à six heures, elle alloit à la messe, et elle communioit ordinairement trois fois par semaine; elle étoit dans ce pieux usage à la cour même et longtems avant sa retraite. A son retour, elle se coiffoit et s'habilloit, et pendant sa toilette elle se faisoit lire ou l'Évangile ou les psaumes de l'office du jour. Elle retournoit ensuite à l'église entendre une seconde messe, et elle avoit tant de

---

[1] Mademoiselle de la Tour, qui devint religieuse de Saint-Louis et mourut en 1760.

dévotion au saint sacrifice qu'elle s'y faisoit porter lors même qu'elle étoit malade, et souvent même avec la fièvre. Quand on lui représentoit qu'elle s'incommoderoit par cette assiduité, elle disoit : « J'y vais si commodément, et j'y suis si à mon aise, que cela ne peut faire de mal. » Aussi plaisantoit-elle les médecins quand ils vouloient lui reprocher ce qu'ils appeloient un excès de ferveur. « Je ne sais pourquoi, leur disoit-elle, vous avez pris la messe en aversion; vous vous prenez à elle de tous mes maux, auxquels elle n'a aucune part. » Elle retournoit à l'église les après-midi à quatre heures et y restoit jusqu'à six. Là, elle vaquoit à l'oraison, à des lectures spirituelles et à ses autres prières. Outre ces exercices journaliers, elle prenoit chaque mois un jour pour le passer en retraite, « pour y éplucher son âme devant Dieu », selon l'expression du prophète, et s'y préparer à la mort, car elle la voyoit toujours présente; et, comme quelque personne de la maison lui désiroit une longue vie, disant qu'elle étoit nécessaire à tant de monde, elle répondit : « Si je suis nécessaire, à la bonne heure; sinon, je ne puis trop tôt mourir. »

Elle s'arrangeoit pour ses repas de manière qu'elle pût assister à la récréation avec les dames de Saint-Louis, et elle s'y assujettit autant qu'elle put et tant que sa santé le lui permit. Elle alloit avec elles aux salles ou au jardin, selon la saison, et elle le faisoit, soit pour montrer de l'amitié à ces dames, soit pour glisser dans la conversation mille choses qui devoient leur être utiles pour la bonne éducation des demoiselles. « Ces choses-là, disoit-elle, s'insinuent plus sûrement et plus efficacement quand elles se disent comme par occasion et dans une conversation enjouée que si elles se disoient par manière d'avis et de reproche »; car elle a conservé jusqu'à sa mort non-seulement son bon sens, mais même cette gaieté et cet enjouement de l'esprit dans la société qui lui avoient été propres dans tous les tems. Elle badinoit même fort agréablement sur sa vieillesse, et elle étoit en garde contre les défauts qui accompagnent souvent cet âge. Craignant déjà d'en avoir contracté quelques-uns, elle marquoit volontiers la peur qu'elle avoit d'ennuyer et d'être à charge, et elle disoit à ses confidentes : « Avertissez-moi quand je branlerai la tête, quand je radoterai, car je voudrois n'être à charge à personne. Qu'est-ce qu'on souhaite, leur disoit-elle encore, quand on désire une longue vie ? Mille défauts attachés à la vieillesse. En vérité, si j'aimois quelqu'un, je ne lui voudrois pas une longue vie. »

Le désir d'une longue vie est naturel et ordinairement plus vif dans une personne âgée qui passe quatre-vingts ans. Madame de Maintenon étoit dans une disposition tout autre, et elle disoit tout naturellement à ses amies que la mort seroit pour elle un bien qu'elle désiroit de bonne foi, et cela par la vive confiance qu'elle avoit en Dieu. Enfin, dégagée du monde par la mort du roi, et retirée dans la solitude qu'elle avoit désirée longtems sans pouvoir en jouir, elle ne s'occupa plus que de Dieu et des pensées de l'éternité. Elle se prépara à la mort, que son âge de quatre-vingts ans et des infirmités presque continuelles lui faisoient envisager comme devant être plus prochaine qu'elle ne fut en effet, car elle vécut encore trois ans et demi dans la maison de Saint-Louis après la mort de Louis XIV.

Ç'avoit été son goût et sa dévotion toute sa vie de penser à la mort, et lors de sa plus grande fortune elle y pensoit, elle en parloit librement et elle aimoit à s'en occuper. La dame dont j'ai parlé et qui recueilloit ses conversations[1], rapporte ainsi celle qu'elle eut avec elle en 1706 :

« Madame me dit un jour en me consolant sur une maladie dont on croyoit que je ne reviendrois pas : « Mon » Dieu, que je suis ravie de ce que vous ne craignez plus » tant la mort ! Pour moi je vous avoue que loin de la

[1] Madame de Glapion.

» craindre je la désire, et que depuis déjà bien du tems, si
» Dieu me demandoit ce que je veux, il me semble que ce
» seroit de mourir ; je ne vois rien de si bon à faire que
» cela puisque c'est une chose nécessaire, et qu'on n'est ni
» meilleur ni plus détaché de la vie pour vivre longtems ;
» car comptez, ma fille, que les vieilles gens craignent
» autant de faire ce pas-là que les jeunes. On n'est jamais
» prêt, on augmente tous les jours le nombre de ses
» péchés, on fait trop peu de bien ; qu'est-ce qu'il y a
» donc de meilleur que de finir au plus vite et de s'en aller
» voir Dieu ? Il y a un endroit dans saint Paul qui me fait
» toujours de la peine, c'est quand il dit qu'il est terrible
» de tomber entre les mains du Dieu vivant. Je respecte
» cette parole, et je sais bien qu'elle est très-vraie par
» rapport aux pécheurs, mais cela me fait toujours peine à
» entendre, car je trouve, moi, qu'il est bien doux de
» tomber entre les mains de Dieu, entre les mains de son
» Père, de celui qui nous veut sauver, qui nous aime et
» que nous aimons. Encore une fois, cela me parait bien
» doux. » Puis, en finissant un autre jour sur une matière
semblable, elle me dit : « Croyez-moi, c'est pour nous que
» nous craignons de perdre nos amis, car si nous les
» aimions véritablement, nous ne serions pas si fâchés de
» les voir mourir. Il n'y a rien de si bon à faire. »

Le 13 mars 1719, elle ressentit un peu de fièvre ; on n'en fut pas effrayé, parce que depuis vingt ans elle en avoit souvent, et ne passoit guère quinze jours sans en ressentir quelques accès ; elle y étoit comme accoutumée, et à la cour cette fièvre ne l'arrêtoit pas dans ses exercices de piété et dans son assiduité près du roi ; elle alloit à Saint-Cyr, elle en revenoit, elle restoit avec le roi ; surmontant la maladie, elle ne se rendoit pour se reposer que quand ses forces étoient épuisées, et après un peu de repos elle reprenoit un nouveau courage. Cette fois-ci elle en voulut user de même, mais la fièvre s'augmenta de jour en jour; elle fut accompagnée de rhume et d'une toux violente et fréquente. Elle comprit aussitôt que ce seroit sa dernière maladie, et elle l'annonça sans crainte aux personnes qui lui étoient chères, comme au duc de Noailles, qui, après la mort du chancelier Voisin, avoit obtenu du régent de le remplacer dans la direction de la maison de Saint-Louis. Madame de Maintenon dit la même chose à la comtesse de Caylus, sa nièce, et l'instruisit de toutes les dispositions qu'elle avoit faites par son testament. Sa tête étoit parfaitement libre, et elle la conserva tout entière pendant sa maladie jusqu'à la mort.

Quand ses forces se trouvèrent affoiblies, et qu'elle ne put plus se faire porter à l'église, selon sa coutume, M. l'évêque de Chartres voulut, pour sa consolation, qu'on dît la messe chaque jour dans sa chambre; cette faveur lui parut trop grande, elle y résista d'abord par humilité, puis elle céda par obéissance et par le désir d'approcher de la sainte table plus aisément. Mais bientôt elle ne put le faire parce qu'elle étoit obligée de prendre la nuit de la nourriture, et elle ne put se résoudre à faire lever des prêtres à minuit pour la communier, dans la crainte de leur être à charge, car c'est ce qu'elle craignoit toujours, par goût et par caractère, ou plutôt par vertu, c'étoit de gêner quelqu'un et de lui causer de la peine. Toute sa vie elle a été attentive à pratiquer ce que dit saint Paul : « *Nemini dantes ullam offensionem,* » c'est-à-dire de ne blesser, de ne gêner personne, et de ne faire peine à aucun autant qu'il est en nous. Pour cela, dans les occasions, elle savoit prendre sur soi et sur ses commodités, sur sa santé même pour ne fatiguer personne. Réduite à garder le lit dans ces derniers jours, elle faisoit avec une grande humilité des excuses aux dames, même aux sœurs domestiques, de la peine qu'elle leur donnoit, comme si on l'eût gardée dans la maison par charité. Au milieu de sa foiblesse, elle suivoit dans son lit, autant que son état le pouvoit permettre, les exercices spirituels qui avoient coutume de partager sa journée. La saison devint alors plus rude et le froid très-piquant; elle pensa d'elle-même que les pauvres du lieu devoient souffrir beaucoup, et elle leur fit distribuer sur-le-champ de nouveaux secours pour avoir du bois.

La fête de Pâques arriva, elle la célébra dans son lit et y fit sa communion pascale. Elle s'affligea beaucoup de ne pouvoir assister aux offices de l'Église avec les autres fidèles, et elle s'unit à eux de cœur et d'esprit.

Huit jours avant que de mourir elle dit à mademoiselle d'Aumale : « Quoique je sois malade, il ne faut pas pour cela négliger les bonnes œuvres; il faut penser à envoyer les pensions ordinaires, car voilà le tems venu, il ne faut pas que les pauvres attendent après nous. » On étoit dans les premiers jours du mois d'avril qui commençoit le second quartier de l'année. Sa générosité avoit toujours été telle, que les pensions qu'elle faisoit elle les payoit d'avance; elle voulut qu'on payât encore le quartier commençant; sur quoi elle dit à madame de Glapion : « Quel plaisir de penser que je ferai l'aumône encore après ma mort, car le jour que je mourrai, ces gens-là auront au moins le tems de chercher ailleurs d'autres secours! » Elle voulut dans le même tems revoir son testament; elle se fit apporter la cassette où il étoit resserré, elle le relut tout entier, et puis le cacheta en mettant de sa main une inscription sur l'enveloppe; puis elle fit quelques plaisanteries sur la modicité de son testament et de tout ce dont elle pouvoit disposer.

Le 14 avril on la crut beaucoup mieux. Le pouls parut tranquille; elle avoit été saignée quelques jours auparavant, contre son inclination, mais par obéissance au médecin. On espéra la sauver, la joie fut dans toute la maison; on se flattoit sur ce que son visage étoit bon, et que son esprit avoit toute sa vivacité et son agrément; on lui marqua la joie et l'espérance qu'on concevoit d'avoir un mieux si

marqué. « Je suis mieux, dit-elle, mais je m'en vais. »
Elle dit à madame de Glapion : « Il n'y a plus rien à faire, ma fille, qu'à prier Dieu qu'il épargne à mon impatience les grandes douleurs. » Elle lui dit encore un peu après : « En vérité, j'abuse de vos bontés ; vous ne sortez point d'ici. » Telle fut jusqu'au bout sa modestie. Elle regardoit comme des grâces les services que lui rendoient les personnes qui lui étoient dévouées par reconnoissance. Comme on la croyoit hors de danger, madame de Blosset lui apporta une lettre qu'on venoit de recevoir pour elle, mais elle ne voulut pas s'en occuper et elle dit : « C'en est fait, ma fille, je m'en vais. »

Elle jugeoit juste de son état, car sur le soir il survint un orage qui fit dans sa santé autant de changement que dans l'air ; la fièvre redoubla avec une telle violence qu'on se pressa à minuit de lui donner le saint viatique. Depuis ce moment elle tomba dans un assoupissement presque continuel, et on ne la tiroit de cet état que par les pensées pieuses que lui suggéroit son confesseur.

Sur les dix heures du matin il jugea qu'il falloit lui donner l'extrême-onction ; on le lui dit sans avoir besoin de prendre aucun détour. Elle sortit aussitôt de son assoupissement et dit : « Il faut donc prendre sa résolution. Je savois bien que cela viendroit là ! N'y a-t-il rien à préparer autour de mon lit? » Puis elle ajouta : « J'ai grande dévotion à l'extrême-onction. » Elle la reçut avec une pleine connoissance et une grande ferveur, priant en elle-même, et répondant à toutes les prières de l'Église. Son confesseur lui demanda ensuite sa bénédiction pour toutes ses filles. Elle répondit : « J'en suis indigne. » Il la pressa de le faire, et par obéissance elle y consentit. Elle leva la main pour la donner, mais elle étoit trop foible pour pouvoir rien dire. Dans cet instant elle retomba dans son assoupissement, qui la conduisit jusqu'à l'agonie et jusqu'à la mort. Dieu lui accorda la grâce que son humilité lui avoit fait désirer : il lui épargna les grandes douleurs, dans lesquelles elle craignoit que sa patience ne fût pas assez parfaite. Elle resta tranquille comme une personne qui dort, jusqu'au moment qu'elle passa à une meilleure vie. Son agonie fut douce, on ne s'en aperçut que par le changement qu'on remarqua sur son visage; elle dura trois heures, et elle expira sans convulsions et sans efforts sur les cinq heures du soir, le quinzième d'avril 1719, dans la quatre-vingt-cinquième année de son âge, trois ans et sept mois et demi après la mort de Louis XIV.

Dans ce triste moment toute la maison fut dans la consternation; chacune de celles qui la composoient se crut comme frappée du même coup qui avoit enlevé à la terre une si vertueuse dame. Toutes devinrent comme immobiles de saisissement. Peu après la douleur se faisant jour à travers l'accablement, ce ne furent que des larmes et des sanglots, des cris même, dont toutes les salles, les dortoirs, les offices retentissoient de toutes parts. Les dames, les demoiselles, les servantes même s'écrièrent qu'elles avoient perdu leur mère, leur bienfaitrice, qu'elles avoient tout perdu avec elle. Tout se ressentit du trouble où chacun étoit, et à peine put-on garder le reste du jour et jusqu'à son enterrement quelque forme de règlement dans la maison. Chacune étoit occupée de la perte qu'elle sentoit avoir faite; chacune croyoit presque l'avoir faite seule, et être chargée de tous les regrets que cette perte méritoit. On l'appeloit une sainte, on se reprochoit de ne l'avoir pas assez écoutée, admirée, imitée; et si les larmes et la douleur laissoient quelque intervalle, c'étoit pour se raconter les unes aux autres des traits de ses vertus et ses exemples de ferveur.

On la laissa deux jours exprès sur son lit sans être ensevelie; elle y paroissoit comme dans un doux sommeil, et il sembloit que la mort lui eût épargné ses rigueurs, tant son air paroissoit doux et dévot.

L'enterrement ne se fit que le dix-sept du même mois. M. le duc de Noailles qui étoit accouru à la nouvelle du danger où étoit madame de Maintenon, et qui avoit donné tous ses soins pour son soulagement, prit sur lui tous ceux qui regardoient les funérailles, car aucune des dames de la maison n'étoit en état de penser à autre chose qu'à sa propre douleur, et à pleurer. Ce seigneur fit ouvrir le testament et le déposa entre les mains du juge du lieu. Ce testament contenoit quelques pensions à des pauvres, et quelques legs. Elle laissoit son bien, qui consistoit en la seule terre de Maintenon, à sa nièce, la duchesse de Noailles, et elle demandoit d'être enterrée dans le cimetière des religieuses, mais celles-ci ne voulurent pas acquiescer en ce point à son humble désir.

Le duc de Noailles se chargea de tous les soins des obsèques ; il fit embaumer le corps de madame de Maintenon, et le fit mettre dans un cercueil de plomb couvert d'un autre cercueil de chêne, et il fut, dans cet état, le 17 avril sur le soir, porté en cérémonie dans l'église de la maison. L'évêque de Chartres, en habits pontificaux, fit la cérémonie de la sépulture. M. le général de Saint-Lazare s'y transporta avec tous ceux de sa congrégation qui se trouvèrent à Versailles, pour rendre ces obsèques plus solennels. Ils étoient au nombre de plus de quarante, et chantèrent seuls l'office et les prières ordinaires, car il n'y avoit personne dans la communauté qui fût en état de le faire ; chacun pleuroit et se faisoit effort pour ne pas éclater dans l'église. Le corps fut déposé et enterré au milieu du chœur des religieuses, et le lendemain les mêmes prêtres de la Mission vinrent célébrer la messe des morts. Toute la pompe mortuaire consista dans le concours du peuple, dans les regrets de la maison et dans les larmes des pauvres, pompe plus précieuse que les luminaires et les tentures funèbres. La mémoire d'une femme aussi sainte n'avoit pas besoin de faste pour être conservée à la postérité; seulement on plaça sur son sépulcre une tombe de marbre noir où fut gravée l'épitaphe suivante, dressée par le célèbre abbé de Vertot :

CI-GÎT
MADAME FRANÇOISE D'AUBIGNÉ, MARQUISE DE MAINTENON,
FEMME ILLUSTRE, FEMME VRAIMENT CHRÉTIENNE,
CETTE FEMME FORTE QUE LE SAGE CHERCHA VAINEMENT DANS SON SIÈCLE,
ET QU'IL NOUS EUT PROPOSÉ POUR MODÈLE
S'IL EUT VÉCU DANS LE NOTRE.
SA NAISSANCE FUT TRÈS-NOBLE.
ON LOUA DE BONNE HEURE SON ESPRIT ET PLUS ENCORE SA VERTU;
LA SAGESSE, LA DOUCEUR, LA MODESTIE,
FORMOIENT SON CARACTÈRE, QUI NE SE DÉMENTIT JAMAIS.
TOUJOURS ÉGALE DANS LES DIFFÉRENTES SITUATIONS DE SA VIE,
MÊMES PRINCIPES, MÊMES RÈGLS, MÊMES VERTUS;
FIDÈLE DANS LES EXERCICES DE PIÉTÉ,
TRANQUILLE AU MILIEU DES AGITATIONS DE LA COUR,
SIMPLE DANS LA GRANDEUR,
PAUVRE DANS LE CENTRE DES RICHESSES,
HUMBLE AU COMBLE DES HONNEURS,
RÉVÉRÉE DE LOUIS LE GRAND,
ENVIRONNÉE DE SA GLOIRE,
AUTORISÉE PAR SA PLUS INTIME CONFIANCE,
DÉPOSITAIRE DE SES GRACES,
QUI N'A JAMAIS FAIT USAGE DE SON POUVOIR
QUE PAR SA BONTÉ;
UNE AUTRE ESTHER DANS LA FAVEUR,
UNE AUTRE JUDITH DANS LA RETRAITE ET L'ORAISON,
LA MÈRE DES PAUVRES,
L'ASILE TOUJOURS SUR DES MALHEUREUX.
UNE SI ILLUSTRE VIE A ÉTÉ TERMINÉE PAR UNE MORT SAINTE
ET PRÉCIEUSE DEVANT DIEU.
SON CORPS EST RESTÉ DANS CETTE MAISON,
DONT ELLE AVOIT PROCURÉ L'ÉTABLISSEMENT,
ET ELLE A LAISSÉ A L'UNIVERS L'EXEMPLE DE SES VERTUS.
DÉCÉDÉE LE 15 AVRIL 1719, NÉE LE 27 NOVEMBRE 1635.

Cette épitaphe renferme en abrégé les principaux traits de la vie et du caractère de madame de Maintenon, et quoique son éloge soit pompeux, il n'est point enflé. Messieurs les abbés Tiberge et Brisacier, supérieurs alternatifs du séminaire des Missions étrangères, qui avoient eu part à sa confiance et à son estime, rendirent à ses vertus et à sa mémoire un illustre témoignage dans une lettre commune qu'ils écrivirent aux dames de Saint-Louis pour les consoler sur la perte qu'elles venoient de faire. Elle mérite d'être insérée ici tout entière, soit parce que le témoignage de ces deux personnages, célèbres par leur piété et leurs talents, doit être précieux, soit parce qu'ils connoissoient à fond cette grande âme qui avoit tâché, pendant sa vie, de dérober au monde la connoissance de toutes les vertus qu'elle pratiquoit. C'est avec ce monument que je termine ces mémoires :

« Mesdames,

» S'il y avoit des afflictions sur la terre où l'on ne pût recevoir de consolation, la vôtre, indubitablement, seroit du nombre dans la perte que vous venez de faire de madame de Maintenon, votre institutrice, votre bienfaitrice, votre protectrice, et, selon Dieu, votre mère, votre conductrice et votre modèle. Elle a tout fait pour la maison de Saint-Louis qui est également l'ouvrage de son cœur et de son crédit ; et on peut dire qu'en perdant une personne si excellente et si chère, vous perdez ce qui vous restoit, après Dieu, de plus précieux ici-bas, non-seulement par la cessation des bienfaits qu'elle vous a promis, et dont elle vous combloit continuellement elle-même, mais encore par la privation de ses instructions, de ses conseils et de ses exemples. D'ailleurs s'il y a quelqu'un au monde à qui l'exhortation de saint Paul convienne en semblables occasions, c'est à vous, quand il dit aux premiers fidèles sur la mort de leurs proches et de leurs amis, qui appartenoient aussi bien qu'eux à Jésus-Christ : « Ne vous attristez pas comme des personnes qui n'auroient point d'espérance. » Ces paroles s'adressent aujourd'hui singulièrement à vous, car pour qui aura-t-on l'espoir d'une heureuse immortalité, si on ne l'a pas pour celle qui part de ce monde les mains pleines de toutes sortes de bonnes œuvres, et qui porte avec elle au pied du souverain Juge et du souverain Rémunérateur des trésors immenses de mérites et de vertus? Aumônes sans nombre et sans mesure, prières longues et ferventes, communions édifiantes et fréquentes, charités infatigables, secours de toute espèce donnés à toutes sortes de personnes et répandus sur toutes sortes de besoins, mortifications secrètes, et, malgré la gloire qui l'environnoit, humiliations volontairement recherchées et vertueusement reçues, travail et instructions sans relâche, support et patience sans bornes et sans fin, voilà durant plus de trente années de quoi vous avez été témoins, sans parler de ce qui étoit éloigné de vos yeux et de ce qui se passoit dans un pays où elle auroit été bien fâchée que vous eussiez porté vos regards : à la cour, mille et mille actions héroïques de générosité, de bons offices, d'avis salutaires, de pardon des injures et des calomnies, sans se démentir jamais sur ce point; là, et sans qu'il lui soit arrivé de tirer la moindre vengeance dans la facilité qui s'offroit tous les jours à elle d'en exercer de grandes envers ceux qui avoient l'injustice ou l'indiscrétion d'en user mal à son égard, Dieu même ayant voulu lui faire rendre presque universellement ce témoignage par la bouche des amis et des ennemis, qu'elle avoit fait du bien à tout le monde et qu'elle n'avoit fait de mal à personne. Elle a donc été, cette femme héroïquement forte, capable des plus grandes choses, et se rabaissant volontiers aux plus petites, entrant avec sagesse et avec fermeté dans les desseins les plus importants, lorsqu'il lui paroissoit que Dieu vouloit se servir d'elle, et se renfermant aussitôt qu'il lui étoit possible dans les occupations qu'elle trouvoit plus conformes à la modestie et à l'humilité, vertus qui lui étoient particulièrement chères et qu'on a vues croître avec elle à mesure que son élévation croissoit. Mais par ce discernement que la prudence du ciel lui donnoit, elle sut toujours choisir dans le nombre des choses que le monde nomme petites, ce qu'elle jugeoit de plus avantageux à la gloire de Dieu et au salut des âmes, qui est inséparable de la véritable utilité d'un état chrétien. Appliquée tout entière parmi vous à l'instruction d'un enfant, comme elle l'auroit été au gouvernement d'un empire, et estimant au delà de l'or et des pierreries le bonheur de donner par elle-même et par vous, qu'elle regardoit comme d'autres elle-même, une éducation pieuse à des filles nobles que le dérangement des affaires de leurs familles en auroit privées, elle a eu la consolation de voir que de cette source féconde en bon esprit et piété se sont déjà répandues dans toutes les provinces du royaume et dans tous les états de la vie chrétienne, dans les monastères et dans les établissements du siècle, des filles propres à les sanctifier. Votre douleur et vos larmes vous avertissent qu'elle n'est plus, mais la source qu'elle a ouverte coule encore et coulera jusque dans l'avenir le plus reculé. C'est trop peu dire : ces eaux saintes font partie de celles dont le Sauveur du monde disoit à la femme samaritaine qu'elles rejailliroient jusque dans la vie éternelle. Il vous est permis de pleurer. Que vos larmes, au moins, soient assez pleines de religion pour mériter de se mêler avec ces eaux pures, et qu'elles portent dans toutes les personnes qui les verront, les sentiments de la grâce et du salut. Que vos larmes soient dignes de vous et dignes de celle pour qui vous les versez : sa vie entière a été dans son siècle une manifestation éclatante, ou, si on l'ose dire dans un autre sens, un mystère de la Providence et de cette sagesse souveraine qui atteint d'une extrémité à l'autre avec force, et qui dispose tout avec douceur. Son premier âge et son premier état a été une longue épreuve; la multitude et la diversité de ses grands talents, son rare assemblage de dons exquis, son élévation, un prodige; la durée et l'égalité de son crédit, une merveille; sa vertu et sa tendre piété au milieu du plus grand nombre et au plus haut point de sa faveur, un miracle de la grâce; sa retraite et sa mort, un grand exemple, et le degré de gloire où il y a lieu d'espérer que Dieu la fera paroître dans le jour de la récompense, un sujet singulier d'étonnement et d'admiration pour tous ceux à qui l'ignorance ou la malignité aura fait prendre d'elle d'autres idées. Nous vous exposons ainsi, à cœur ouvert, les principales considérations dont nous nous sommes servis nous-mêmes pour nous consoler les premiers sur une perte qui nous est commune avec vous. Ce qui vous regarde en particulier, est l'obligation où vous êtes toutes de soutenir par votre vertu ce qu'elle a commencé par sa piété. Il vous reste d'elle trois grands trésors : son corps, ses écrits, ses exemples. Son corps pourra subir la loi générale et se réduire en poussière; mais il ne faut pas que jamais rien s'affoiblisse dans votre cœur, ni de ses écrits, ni de ses exemples. Que son esprit vive éternellement parmi vous; n'oubliez rien de ce qu'elle vous a enseigné; ne négligez rien de ce qu'elle vous a prescrit, et observez religieusement et inviolablement les vertus que vous lui avez vu pratiquer. C'est, avec vos prières, ce qu'il y aura pour elle de plus utile devant Dieu. »

TABLE.

Préface.. 1
La famille d'Aubigné et l'enfance de madame de Maintenon..... 1
Mémoires sur madame de Maintenon, par Languet de Gergy..... 91
   Avant-propos...................................... 93

LIVRE PREMIER.
Naissance de madame de Maintenon. — Aventures de son enfance. — Son mariage avec M. Scarron. — Son veuvage............ 99

LIVRE DEUXIÈME.
Madame Scarron est choisie pour élever les enfants du roi. — Elle vient à la cour. — Commencement de sa fortune.............. 123

LIVRE TROISIÈME.
Madame de Maintenon s'adonne à faire élever de jeunes demoiselles. — Commencements de l'établissement de la communauté qu'elle forma à Noisy. — Disgrâce de madame de Montespan............. 152

LIVRE QUATRIÈME.
Le roi ayant renoncé à ses amusements illicites, s'attache à madame de Maintenon. — Quels furent les liens sacrés de cet attachement... 184

LIVRE CINQUIÈME.
Usage que madame de Maintenon fait de sa faveur. — La communauté des demoiselles établie à Noisy est transférée à Saint-Cyr. — Fondation de la maison de Saint-Louis de Saint-Cyr. — Les autres bonnes œuvres dont madame de Maintenon s'occupe à la cour............ 214

LIVRE SIXIÈME.
Crédit de madame de Maintenon dans les affaires publiques. — Dans quelle sorte d'affaires elle se renferme. — Sa conduite avec Louvois et à l'époque de la révocation de l'édit de Nantes. — Sa conduite respectueuse envers les princes du sang. — Les sentiments qu'ils eurent pour elle. — Elle entretient leur union avec le roi. — La contrainte dans laquelle elle vit à la cour, et les croix que sa faveur même lui attiroit........ 250

LIVRE SEPTIÈME.

Madame de Maintenon s'occupe de la direction spirituelle de la maison de Saint-Louis. — Moyens qu'elle emploie pour y faire vivre la piété et la ferveur. — Sa conduite pour le gouvernement temporel de cette maison et l'éducation des demoiselles dans l'ordre de la vie civile. — Discipline qu'elle y établit et maximes qu'elle y inspire. — Sortie de madame de Brinon.................. 284

LIVRE HUITIÈME.

Élection d'une nouvelle supérieure. — Union de l'abbaye de Saint-Denis à la maison de Saint-Louis de Saint-Cyr. — Introduction de l'état religieux dans la maison, qui prend forme de monastère. — Il est confié à la direction de messieurs les Pères de la Mission........... 315

LIVRE NEUVIÈME.

Commencement du quiétisme. — Intrigues de madame Guion pour s'introduire dans la maison de Saint-Louis. — Elle y séduit plusieurs personnes. — Erreurs répandues dans ses écrits. — L'abbé de Fénelon prend sa défense. — Conduite de madame de Maintenon pour garantir sa maison de l'erreur................. 341

LIVRE DIXIÈME.

Articles, arrêtés à Issy, contre les erreurs des livres de la dame Guion. — L'évêque de Chartres fait la visite régulière de la communauté de Saint-Louis. — Docilité de madame de Maintenon. — Elle travaille à ramener celles que la dame Guion avoit séduites. — L'abbé de Fénelon publie son livre. — Condamnation de ce livre. — Soumission édifiante de cet abbé, devenu archevêque de Cambrai................. 370

LIVRE ONZIÈME.

Caractère de la piété de madame de Maintenon. — Elle recommande spécialement l'obéissance à ses religieuses. — Le roi, à sa sollicitation, donne la paix à son peuple. — Arrivée de la jeune princesse de Savoie en France pour épouser le duc de Bourgogne. — Madame de Maintenon est chargée par le roi de son éducation. — La manière dont elle s'en acquitte................. 396

LIVRE DOUZIÈME.

Dispute occasionnée par le livre des *Réflexions morales* du père Quesnel. — Le cardinal de Noailles approuve ce livre. — L'évêque de Chartres en relève les erreurs. — Le royaume est affligé de divers fléaux. — Sensibilité de madame de Maintenon dans les misères publiques. — Elle inspire au roi une patience chrétienne au milieu des disgraces qu'il éprouve. — Quelques évêques condamnent le livre de Quesnel. — Le cardinal de Noailles entreprend de le soutenir.......... 411

LIVRE TREIZIÈME.

Suite de la dispute sur le livre de Quesnel. — Bulle du pape qui condamne ce livre. — Division que forme le cardinal de Noailles. — Conduite que tient madame de Maintenon dans cette affaire. — Le roi fait la paix. — Il tombe malade. — Madame de Maintenon le dispose à la mort. — Elle se retire à Saint-Cyr. 443

LIVRE QUATORZIÈME.

Retraite de madame de Maintenon à Saint-Cyr. — Vertus qu'elle y pratique. — Elle se prépare à la mort. — Ses derniers moments. — Ses funérailles. 473

FIN DE LA TABLE.

www.ingramcontent.com/pod-product-compliance
Lightning Source LLC
Chambersburg PA
CBHW071720230426
43670CB00008B/1066